U0562372

SM

社会学教材教参
方　法　系　列

主编◎谢宇　郭志刚

SM 社会学教材教参方法系列

社会学方法与定量研究

（第二版）

SOCIOLOGICAL METHODOLOGY AND QUANTITATIVE RESEARCH

(SECOND EDITION)

谢 宇 / 著

社会科学文献出版社
SOCIAL SCIENCES ACADEMIC PRESS (CHINA)

目录 CONTENTS

二版序言   1

一版前言   9

方法篇   1

1 当代社会学方法上的矛盾   3

2 奥迪斯·邓肯的学术成就
　　——社会科学中用于定量推理的人口学方法   9

3 社会科学研究的三个基本原理   34

4 社会科学与自然科学的关系   54

5 因果推理   65

6 研究设计和抽样理论的基础   75

7 忽略变量偏误和生态学分析   90

8 相关模型   98

9 流动表比较研究的对数可积层面效应模型   105

研究篇   129

10 美国亚裔的人口统计描述   131

11 下乡给知青带来了好处吗？
　　——对中国"文化大革命"期间城乡人口流动的社会后果的
　　再评价   190

12 改革时期中国城市居民收入不平等的地区差异   212

13	市场回报、社会过程和"统计至上主义"	251
14	认识中国的不平等	260
15	人口学：过去、现在和将来	278
16	人口模型	286

词汇表	292
后　记	302

CONTENTS

Preface to the Second Edition 1

Foreword to the First Edition 9

Methodology Section 1

1. Methodological Contradictions in Contemporary Sociology 3
2. Otis Dudley Duncan's Legacy: The Demographic Approach to Quantitative Reasoning in Social Science 9
3. Three Basic Principles of Social Science Research 34
4. Relation of Social Science to Natural Science 54
5. Causal Inference 65
6. Basics of Research Design and Sampling Theory 75
7. Omitted-Variable Bias and Ecological Analysis 90
8. Association Model 98
9. The Log-Multiplicative Layer Effect Model for Comparing Mobility Tables 105

Research Section 129

10. A Demographic Portrait of Asian Americans 131
11. Did Send-down Experience Benefit Youth?
    —A Reevaluation of the Social Consequences of Forced Urban-rural Migration during China's Cultural Revolution 190

12	Regional Variation in Earnings Inequality in Reform-Era Urban China	212
13	Market Premium, Social Process, and Statisticism	251
14	Understanding Inequality in China	260
15	Demography: Past, Present, and Future	278
16	Demographic Models	286

Glossary 292

Notes 302

二版序言*

中国正在经历一场巨大的社会变革，其范围之广、速度之快、影响力之大在人类历史上史无前例。在我看来，自20世纪末以来中国正在发生的这场社会变革，其在世界历史长期进程中的重要性并不亚于14世纪意大利文艺复兴、16世纪德国宗教改革、18世纪英国工业革命这样一些通常被认为是历史转折点的事件。

近几十年发生在中国的这场急剧、大规模且不可逆转的社会变革是多方面的。中国人的生活几乎没有一个方面不受其影响，其中最重要的变化体现在经济增长、教育普及和人口转型三个方面。

中国的经济产出自20世纪80年代以来经历了大规模的持续增长。自1978年经济改革以来，中国的GDP和人均GDP显著增长。扣除通货膨胀因素，人均GDP在1978~2008年间的年增长率为6.7%。[①] 相较于如此大规模、持续、快速的经济增长，就连美国的黄金工业化时期（1860~1930年）也黯然失色——当时美国的人均GDP年增长率仅为1.5%，[②] 远远低于中国近年来人均

---

* 本序依据"Evidence-Based Research on China: A Historical Imperative"一文整理而成（Xie, Yu. 2011. "Evidence-Based Research on China: A Historical Imperative," *Chinese Sociological Review* 44: 14-25）。感谢张春泥、胡婧炜、旎莎、赖庆在本序写作过程中所提供的帮助。

① 根据国家统计局2010年数据计算得来，同时扣除了通货膨胀因素的影响。资料来源：国家统计局，2010，《新中国六十年统计资料汇编（1949~2008）》，中国统计出版社；国家统计局，2010，《中国统计年鉴（2010）》，中国统计出版社。

② 根据Measuring Worth（2011）提供的数据计算，http://www.measuringworth.com/。

GDP 年增长率。

中国人的受教育水平在近年来也明显提高，尤其体现在高等教育阶段。长期以来，中国大学生的人数以平稳增长为主，但从 20 世纪 90 年代末起开始激增。受过高等教育的中国年轻人数量的快速增长既是中国近年来经济增长的结果，也是经济增长的原因。经过这场非凡的教育扩张，中国完成大学教育的人口比例有可能迅速超过美国。

在这几十年间，中国同时也完成了从高生育率、高死亡率到低生育率、低死亡率的人口转型。中国的总和生育率（TFR）自 20 世纪 70 年代末以来急剧下降，从 6 降为 2，正好处于人口更替水平。预期寿命自 20 世纪 50 年代以来稳步提高，目前为 70 岁，与发达国家 1970 年左右的水平相当，并远远超过其他欠发达国家。①

经过这场人口转型，中国开始享受"人口红利"（demographic bonus），这是一种有利于经济增长的年龄结构。不过，人口老龄化很可能在不久的将来成为中国面临的一个严峻问题。

我认为这三个领域的变化——经济增长、教育普及和人口转型——是中国在过去 30～40 年间发生的最重要的社会变化。当然，在其他领域，很多重要的社会变迁也正在发生并且值得社会科学研究者关注。比如，社会不平等的日益加剧，离婚率的上升，婚前同居现象的增多，大规模的劳动力流动，等等。

我们这一代社会科学家是幸运的，因为我们能够目睹中国发生的这些社会变化，并有机会在它们发生的同时对其进行观察、记录、分析和解读。当然，中国的变化并不是孤立的，而是在全球化的大背景下发生。中国的社会变革恰恰是由于伴随着全球化才显得尤为令人瞩目，它不仅反映了世界整体发生的社会变革，而且显现了中国在政治体制、历史、文化和社会结构方面的独特之处。

有的读者也许会不同意我的观点，他们会问："中国与美国等西方国家有什么明显的不同吗？"由于篇幅所限，对这一问题的详细论述要留到我日后的研究中。而在此处，我仅强调在以下几个方面中国与美国等西方国家确实存在类型上或至少程度上的差异。

首先，从中央到地方，中国政府的作用和影响力非常强大。原因有三点：第

---

① 资料来源：United Nations, Department of Economic and Social Affairs, Population Division. 2011. *World Population Prospects: The 2010 Revision*. CD-ROM Edition.

一，政府在为全民提供福利方面占据核心地位，并且政府在意识形态上拥有对所有关键资源的控制权，这些资源包括土地、金融机构、通信、交通、教育、能源、自然资源和医疗卫生。第二，庞大的国家官僚体系及覆盖各个领域（尤其是经济领域）的控制体系，强化了政府的控制力。第三，在过去几十年，中国经济在其总体环境中的迅速增长强化了包括中国官员在内的很多中国人的这样一种观念，即一个强大的中国政府的确有益于中国人民。

其次，与上述特征相关，企业和政府结成联盟，并分享共同利益。这一点在地方层级表现得尤其明显。这种联盟形成的一个重要原因是地方政府能在推动地方经济发展的过程中获利，并以此为治下民众提供福利和公共服务。

最后，中国长期的层级式家长统治（layered paternalism）传统不仅在家庭、血缘关系和社会网络中根深蒂固，而且延伸到工作单位和政府机构中。这里的"家长统治"指的是一种等级结构，在该结构中，处在较高地位的人不仅有权对晚辈和下属发号施令，而且有义务对晚辈和下属的福祉负责。在儒家传统中，一个理想的官员亦是一个道德权威，是一位能对治下民众负责的"父母官"。"层级式"则意味着这种家长统治是层层相嵌的，因此，夹在中层的官员极容易陷入对上级忠诚和对下级负责的矛盾中。这种结构通过一种精心设计、以业绩为基础的晋升体制来维系，并从汉代延续至今。由此看来，单位对今天中国人生活的重要影响，不仅是共产主义时代的遗物，而且可以看作是古代层级式家长统治传统的延续。①

综上所述，我们不能天真地认为中国经济必然走向美国式的完全资本主义模式。在自由市场经济中，经济参与者作为"理性人"追求各自的利益，彼此之间在很大程度上难以协调。因此，供求定律在控制这些独立行动者之间的关系上变得尤为重要。而在中国，这种关系却受到政府行政的强烈干预，政府不仅垄断关键资源，而且通过社会结构强化层级式家长统治的传统。因此，中国社会的大部分不平等并非来自与生产力相关的个人禀赋的差异，如受教育程度和职业，而是产生于各种将人划分为不同类别的社会界限，如地区、城乡、单位和社会网络。

即使如上文所言，中国社会的变革具有独特性，而且需要我们研究这种独特性，但这是否就意味着中国作为一个特例除了满足社会科学家的学术好奇心之外

---

① 谢宇、董慕达：《天地之间：东汉官员的双重责任》，《社会》2011年第4期，第1~28页。

就没有其他更普遍的借鉴意义了呢？我认为当然不是。中国所经历的这场独特的社会变迁，不仅其独特性本身具有研究价值，而且它还具有改变世界历史进程的潜力。在过去将近三个世纪里，由于西方社会主导了世界发展的潮流，其演变路径几乎成了"现代化"、"发展"和"进步"的同义词。我们知道，西方社会的演变建立在两大支柱的基础之上：一是作为唯一合法政治体制的民主制度；二是作为唯一可行经济体制的自由市场。而如今，中国自近三个世纪以来头一次在经济发展模式上对西方提出了严峻的挑战。在既没有西方式民主政治体制也没有真正的市场经济体制的情况下，中国经济的高速、平稳增长却持续了30多年。相比之下，美国等西方经济体在近年来却面临滞涨与衰退。这是否说明中国模式可能也是一种切实可行，甚至更好的发展路径呢？

对这个问题，我没有答案。对我来说，这个问题与许多其他问题一样，不仅有趣，而且迫切地需要我们加以关注。为了从社会科学的角度研究这些问题，我们必须搁置对中国的先入之见——这些先入之见或来自对别国经验的照搬，或出于理论上的推断。一个朴素的事实是：社会科学家即使做出了研究上的努力，也依然对中国正在发生的一切知之甚少。要了解中国，我们必须将中国置于它自身的历史、文化、政治和经济的情境中；要了解中国，我们还必须以谦虚的态度来对待我们的研究对象，并将我们的研究构筑在经验证据的基础上而非纯粹的想象上。

尽管有些社会科学家追求的是普遍有效的理论、不受具体情境影响的社会研究，然而，很多研究者也开始认识到这些宏大理论的价值局限性，并开始相信最好的社会研究一定是在具体情境下的研究。如果社会理论应该在社会情境中构建，社会研究应该在社会情境中进行，那么，我上文所例证的那些当代中国所发生的大规模、快速的社会变革将尤其值得研究：它们的独特性存在于今天的中国——既不是别处任何一种社会变革的翻版，也不会在未来的中国重现。我们可以将其理解为一种仅发生在当代中国背景下的社会现象，这种背景包括中国当前的政治、经济、文化和社会环境，这些是别处都不具备的。因此，我们需要设计出在理论和方法论上具有创造性的研究框架，专门用于研究中国当代的社会现象，而盲目地将美国式的西方社会科学照搬到中国，不仅是天真的，而且注定会失败。

我已经看到，中国的社会科学也如这个社会的其他方面一样正在经历快速的变化。随时间的推移，以意见为主、意识形态化的、思辨式的讨论已渐渐失去了市场，实证研究开始被越来越多的中国社会科学家接受。这是必然的趋势。无论是公众、政府还是学术界都欢迎高质量的实证研究，因为这样的社会研究符合他们的利益。首先，与我们这些社会科学家一样，普通的中国人也不完全理解他们的国家正在经历的一切，因此，他们自然有兴趣也切实需要去理解那些最直接地影响他们生活的变化。其次，中国的政策制定者在决策之前也需要掌握更准确的信息或依据，以便理性决策。最后，中国是重要的世界大国，它在所有重要的领域——从艺术、体育和金融，到自然科学、技术和世界和平——都发挥着不可忽视的作用。我们希望未来的中国在社会科学领域也能做出卓越的贡献，这些贡献能在世界范围的学术圈中得到认可和赞誉。

中国巨大的社会变革为当今的社会科学家们提出了挑战，也提供了机遇。如果我们不能理解这些变革，那么我们对社会的理解就仍不全面。尽管当代社会科学家能否完全理解中国正在经历的变化这一点值得商榷，但至少我们不应该错过这样一个收集经验资料的黄金时期，以便未来的社会科学家有可能超越我们对当代中国的现有理解。我们有独一无二的机会来记录和保存中国社会的这段历史。因此，中国的实证研究是历史对当今社会科学家提出的迫切要求。为了应对这一迫切要求，我们更需要有专业的、严谨的社会科学研究方法。

正因如此，我在《社会学方法与定量研究》一书中特别强调了社会科学研究方法的独特性，我将这种独特性总结为三个原理，即变异性原理、社会分组原理和社会情境原理。我认为，这三个原理可作为我们运用实证方法分析社会现象的重要指南。本书的第一版自出版以来，在读者中收获了良好的反响，有的读者针对这三个原理提出了自己的看法，也有读者建议能否增加更多关于中国的实证研究案例。为此，我们推出新版以回应读者的要求。

在第二版中，我们除了修订第一版的印刷错误之外，还新增了三篇文章。第一篇文章《奥迪斯·邓肯的学术成就——社会科学中用于定量推理的人口学方法》的英文原文于 2007 年发表在 *Research in Social Stratification and Mobility* 上。在这篇文章中，我着重介绍了邓肯对总体逻辑思维的贡献。总体逻辑思维区别于类型逻辑思维，是社会科学与自然科学的本质区别。这一思维意味着社会科学研究应该以经验为基础、以量化为导向去概括总体变异的系统模式，而不是去追求"普适法则"。这一思维还意味着由于总体变异的真实存在，利用观测数据获得的精算概率无法代替真正的个人概率，因此我们尽管能得到准确的描述，但仍然难以在个体层面上做出准确的因果预测。变异性问题是令邓肯困惑的难题，也是当前社会科学界研究因果关系的兴趣所在。我的三个原理正是基于邓肯对总体逻辑思维及定量方法的灼见提出的，我在本书中收录此文，不仅仅是纪念邓肯对定量社会科学研究方法的贡献，更是希望引起读者对总体变异性问题的关注。

第二篇新增的文章《下乡给知青带来了好处吗？——对中国"文化大革命"期间城乡人口流动的社会后果的再评价》是用定量方法对中国人曾经历过的一个重大历史事件的研究。该文章的英文原文于 2008 年发表在 *Social Science Research* 上。在这篇文章中，我们对 Zhou 和 Hou① 提出的短期下乡对日后的教育可能带来正面影响这一观点的因果性提出了疑问：是由于考上大学而提早结束了下乡，还是短期下乡对年轻人的磨练有助于他们日后取得更高的教育成就？在分析上，我们强调了选择性或不同群体的异质性给因果推理所造成的干扰，即下过乡者和未下过乡者、短期下乡者和长期下乡者在社会经济后果上的差别也许是由这些群体间的原有差别造成的，而非下乡经历本身造成的。为了验证这一点，我们使用了兄弟姐妹对数据（sibling data），比较了同时期兄弟姐妹中下过乡者和未下过乡者在受教育程度、收入、职业地位等多方面的差异。因而从方法上，我们控制了下过乡者和未下过乡者在家庭背景上诸多难以观测到的异质性，从而获得更可靠的估计。

我在前文中提到，中国这场史无前例的社会变迁需要更多高质量的实证研究来观察、记录、分析与解读。本书新增的第三篇文章《认识中国的不平等》总结了我对中国社会变迁中不平等现象的一些观察与思考。该文章根据 2009 年我在华中科技大学讲座的录音整理而成，并于次年发表在《社会》杂志上。在这篇文章中，我对中国的社会不平等提出三点看法：中国社会的不平等很大程度上要归因于集体因素（如单位、城乡、区域等）；中国传统的政治意识形态助长了以业绩为基础的不平等；中国人对不平等有较高的容忍度，认为不平等是国家经济发展不可避免的后果。在文中，我用过往研究和宏观数据对这三点看法加以佐证，但这三点看法是否成立仍有待未来的中国实证研究去检验。

由于篇幅所限，我不可能将近年来我对中国的所有研究尽收录于此书，但希望以上这三篇新增的文章能够抛砖引玉，引导更多的读者关注并研究中国的社会变化。如果本书所提出的理论、方法以及研究实例能够给读者带来一定的启发与帮助，我将从中感到无比的欣慰，本书的再版也将具有真正的价值与意义。

---

① Zhou, Xueguang and Liren Hou. 1999. "Children of the Cultural Revolution: The State and the Life Course in the People's Republic of China," *American Sociological Review* 64: 12-36.

最后，我要感谢我在世界各地的学生、同事、合作者和助理。他们对我工作的支持、鼓励与帮助不仅仅使我有可能完成我的工作，更重要的是，他们一直让我觉得我应该把我的想法写出来贡献给读者。当然，我能预料到，有些读者会比另一些读者更喜欢我的著作，这已恰恰符合了我的社会科学研究第一原理——变异性原理。

谢　宇

2012 年 7 月 7 日于北京

一版前言

在人类社会的发展进程中，为了了解自然界和人类社会的发展，人们从自身经验和学习过程中不断地积累知识。随着人类社会的不断发展，社会变得越来越复杂，人类积累的知识体系也越来越复杂。

学术研究的任务是在社会发展过程中不断观察、分析和总结自然界与人类社会的基础结构和变化规律，从中提炼和创造新的知识。这些知识将被补充进人类的知识体系，使之不断丰富和更新。要能够真正认识前人没有经历、尚未发现的新的知识，社会责任、科学精神和研究方法是学者们进行知识开拓的三个重要的前提。

学术研究是枯燥和辛苦的工作，特别是从事基础知识研究的工作，无论是自然科学还是社会科学，研究成果转化为社会财富和社会效益需要一个过程，研究者通常不能从社会及时得到回报，没有社会责任感和使命感的人，很难选择这样一种生活方式去默默无闻地辛苦耕耘。

有了社会责任感，并不一定就能够探求到社会演变的规律。有时客观事实背后的道理是与我们感情上的期待和价值追求相违背的，是很残酷的，这时就需要具有真正的客观精神和科学态度，承认客观事实，尊重研究结果所揭示出来的客观规律，努力在认识和思考当中做到"价值中立"，只有这样才能冲破传统思想框架和个人利害关系的无形束缚，做出真正带有科学价值的研究成果。

有了尊重事实的客观态度，也有了立足于实证研究去认识客观世界的科学精神，在从事每个具体问题的研究中，还需要有适当的研究方法，才能事半功倍，把错综复杂、瞬息万变的社会发展规律总结和提炼出来。就好像一个木匠需要一套锐利高效的工具，一个生物学家需要一架高倍的精密显微镜，一个渔夫需要一张精巧坚韧的渔网，一个从事社会调查研究的社会学家同样需要符合自己专业特点的研究方法。当年，创立社会学的学者们所追求的是建立一个与自然科学相似的社会科学体系。自然科学的实证研究方法应当是在社会研究领域发现知识、论证知识的基础方法，所以社会学与社会哲学之间，有着本质性的区别。

自从 20 世纪 70 年代末社会学在中国大陆重建以来，人们一直在讨论基础研究与应用研究两者之间的关系，也一直在讨论如何发展社会学研究方法的问题。

中国文化的传统始终强调"学以致用"，换言之，强调应用性研究而轻视基础性研究。过去历朝历代的科举考试，所考察的题目与内容，或者是对四书五经这些儒家经典的诠释，或者是应用性"国策"的论述。毛泽东说"书读得越多越蠢"，批评一些学者到了田里不识五谷，指的主要是那些在实验室长期从事基础研究或只在图书馆读书而不接触实际社会的学者。也正因为中国文化中的这一传统，基础学科直到近代始终没有在中国真正发展起来，这些基础学科不仅包括物理、化学、生物等理科学科，材料、建筑、机械等工科学科，经济学、政治学、社会学等社会科学，甚至包括历史、语言、逻辑等人文学科。建国以来在这些领域中取得成绩的中国学者，也大多受过西方学术界的影响。一个国家要想真正在世界民族之林占有一席之地，仅有从外国学习和复制技术的能力是远远不够的，必须发展自己的基础科学，并在一系列基础领域发展出独立创新的实力。所以现在最需要的是一大批学者长期默默无闻地在各个基础学科的研究领域里耕耘，不断积累本国学术创新的基础与能力，并逐步建构起一个国家在基础研究和应用研究之间的彼此衔接、相对平衡的学术研究体系。

现在中国社会正处于急剧转型时期，技术更新步伐加快，经济生产发展面临新的挑战，许多重大社会问题引起全社会的高度关注，人们很容易再次把主要注意力放到现时急需应对的那些应用性研究课题上去。但也正是在这个时期，更应同时加强对自然科学和社会科学基层研究的重视与投入。中国社会与西方社会的差别与距离，不在于表面层次的相似或不同，而在于一些最基础的、根植于几千年不同文化传统在社会理念之间的差别，对于这些深层面专题的研究和讨论将有助于国人理解世界并更好地与他国在政治、经济与文化领域进行对话。

一

在社会学的教学中，理论与研究方法一直是各高校社会学系课程体系的重要组成部分。但是必须指出的是，在研究方法特别是在定量分析方面，我们与西方国家社会学的差距仍然十分明显，不仅在各自的研究中存在不同的方法论倾向，而且人们在如何看待定性研究和定量分析的问题上，还存在一些不同意见。2005年6月谢宇教授来北京大学与社会学系的学生座谈时，一个集中的话题就是应当如何认识和对待定性研究和定量研究这两类主要的研究方法。

其实，无论是自然科学还是社会科学，各个学科都同时需要定性和定量研究，两者实际上不可能完全分割开，也不应当把它们相互对立起来。

一些从事定量研究的学者，认为定性研究缺乏科学性。其实，根据某种特征和规则把社会现象进行类型的划分，是定量研究的前提，而这本身就是定性分析。矿物、植物和动物分类学可作为自然科学的代表。当我们计算城市与农村的收入差距时，首先就需要对两者进行分类，分别定义，这就是定性分析。如果前人在定性分析方面已有所积累，那么有些从事定量研究的人就可以直接运用已有的分类方法、基本概念而不需要自己来讨论分类及定义，这并不是说，定性研究对于他来说是不重要的。定量分析通常是以定性分析的结果为基础，再对社会现象的变化过程、社会不同因素之间的相互作用进行数据分析，从而总结出带有规律性的结论。比如社会学家对教育水平与收入水平之间的关系进行定量分析，但是学术界对于"教育"和"收入"这两个变量各自的定义和测量指标首先需要具有共识，这是开展这一研究的前提条件。

同时，定性研究和定量研究也都有各自的局限性。如果在实际研究过程中严格地把两者区别开，只提倡或基本偏重其中一种方法，有时可能会出现偏差。

定量分析方法在实际应用中是有局限性的。社会处于不断变化之中，一些"变量"的内涵及其对社会现象的解释能力，也必然处在变化过程中，对于这些变化的分析，可能就需要定性研究者的观察与概括。大家都承认量变发展到一定程度可能会导致质变，那么质变发生的这个临界点在哪里？在什么时候、什么条件下会发生质变，从而导致一般的定量分析无法真正客观地认识已经在性质上发生变化的客观事物？这是社会学研究中必须关注的问题。相对来说，西方国家的政治制度、社会结构长期以来比较稳定，社会的发展主要是量变而很少质变,所以西方国家从事定量分析的社会学家们可能会忽视定量研究的局限,这是我们在对比中国和西方社会学研究时必须注意的问题。

有些学者长期从事定量研究和数据分析,他们可能与被分析的对象完全没有任何直接的接触或感受,他所分析的研究对象就是数据库中的变量和数字,他的分析从数学的角度讲是无懈可击的,但是当有些"变量"(如教育、收入甚至年龄)的性质发生某种重要变化时,我们还应当考虑这些变量的"承载者"(一个个活生生的人)对此的实际感受。无论对定性分析还是定量分析,都要看到各自可能存在的局限性。

在一些经济和社会组织程度比较发达的国家,社会调查已经成为许多部门和机构定期开展的常规性活动,这些调查所使用的"变量"及其测度的方法已经成为学术界的惯例。当然在最初开展这些调查时,关于"变量"及测度方法的选定是经过大量的论证并达成共识的。这些国家的研究者不需要自己去实地调查、自己去收集数据,他们的主要工作,就是利用现有的数据,思考采用什么统计分析方法来研究变量之间的复杂关系,各种分析工具、统计方法、数学模型都是在这些定量分析研究者的辛勤工作中发展出来的。作为统计学、概率论、分析数学,这些成果的价值是毋庸置疑的。但是把这些复杂的数学研究方法应用到社会调查的数据中时,特别是在一个社会制度、经济体制、统计体系处于迅速变化的国家里,它的"科学程度"可能就会发生一定的变化。

与此同时,从事定量研究的学者也经常指出定性研究(如个案观察访谈)所存在的不足之处。一是研究对象的代表性问题,即使你调查访谈得到的信息都是准确无误的,它究竟能够代表这个社会中多大比例的一部分人?是属于多数人的代表还是只是若干罕见的个案?定性调查如果没有一定的规模,对于研究对象的代表性缺乏论证,人们对其结果和结论的实际意义就会提出质疑。

二是定性研究如果缺乏一些量化的指标就很难进行横向和纵向的比较研究,甚至很难对研究对象进行最基本的勾画。这样缺乏量化指标的定性研究的成果表现出许多不确定性,必然降低其学术价值和应用意义。

其实,当一个人类学家进入一个村子进行调查时,他必然会使用一些哪怕是最基础性的量化指标,譬如村民们的年龄、上学年数、收入水平、外出天数、家庭规模等,如果完全没有这些带有数字的指标,他的民族志和访谈记录就只剩下带有感情色彩的描述性语言了。那些重视定性研究的学者,在他们的实际调查中还是必然会使用一些基本的量化指标,也完全没有必要把定量研究看作是"另类"的研究方法予以排斥。

定量分析的长处是人们容易认识到的，在许多方面可以补充定性研究的不足：一是大规模抽样调查数据可以使我们判定样本在社会群体中的代表性；二是量化数据及分析为我们进行横向和纵向比较研究提供了基础；三是有助于克服研究者既有的"价值倾向"，用客观数字来检验人们通常得到的"印象"是否真正符合客观事实；四是增加了研究成果的应用性，如人口生育和死亡的定量分析可以帮助人们对人口的未来增长进行预测。

谢宇教授曾经谈到定量研究还有另外两个长处：一是学生容易学习，可以通过统计课的规范学习从老师那里学到比较系统的定量研究方法，而定性研究则要靠研究者观察时得到的"直觉"，他认为这实际上是比较难的；二是定量分析的质量优劣容易评价，在同行中容易形成共识。我也很同意他的观点。统计分析方法的规则是统一的，彼此容易学习，而且统计研究方法发展很快，人们必须经常互相学习以掌握最新进展，学者之间的交流很多，对研究做得出色和方法有创新的学者，大家都很服气。不像各自做自己个案研究、偏重定性研究的学者，由于相互的研究无法比较，相互之间交流较少也比较容易互不服气。

二

谢宇教授认为在目前中国大陆的社会学界，定量分析是亟待加强的方面，在这方面的基本训练太弱。我非常同意他的看法。这也是北大社会学系近几年来加强与海外学者的合作，特别关注开设定量分析的基础课程，特别关注社会基础调查和数据收集项目，鼓励学生在论文写作中多运用定量分析的主要原因。

我想，目前中国社会学界在定量分析方面比较弱，可能有以下几个主要原因。

要了解第一个原因必须追溯学科的历史。中国把社会学从国外引入的时候，比较强调西方社会产生出来的社会学理论和观点对于中国传统乡土社会的适用性需要借助人类学的跨文化比较研究的方法来验证，比较重视人类学在定性研究方面的调查方法和视角。实际上在1949年以前的中国社会学机构里，社会学与人类学这两个学科是密切结合的，在研究方法上没有特别地去重视发展定量分析。

第二个原因：西方社会学的定量研究方法大发展的时期大致是20世纪50年

代之后，这时中国的社会学已经被取消，这种状况显著地扩大了中国与西方社会学在定量研究方法的创新与应用方面的差距。

第三个原因：自20世纪80年代初中国大陆的社会学逐步恢复以来，由于原有队伍人数少、长期脱离专业并严重老化，所以那时进入社会学队伍的中青年人员大多来自哲学、外语、马列主义等专业，定量研究的基础和兴趣都十分有限，这在一定程度上影响了研究队伍中关于定量研究的发展。

第四个原因：中国高考分为文、理两大类，文科学生从高中起就开始忽视数学，各大学社会学本科招生主要面向文科考生，这些学生入学后，即使选修了社会统计学课程，但由于数学基础较弱，也影响了学生对学习定量分析方法的兴趣，以及他们在学位论文写作中对定量方法的使用。北京大学社会学系也正是考虑到这一情况，自2000年开始在高考中实行文理兼收。

第五个原因：在西方国家的大学里，社会学与人口学基本上是不分家的，虽然许多大学里同时有社会学系和跨学科的人口研究所或人口研究中心，但是研究人口的学者们通常出身于社会学，人口研究所的学者同时也经常是社会学系的教师并担任教学工作。人口学家们一般都是以定量分析为主的，他们作为社会学系的成员促进了社会学队伍的定量研究。由于中国的人口学比社会学恢复得略早一些，在各大学先一步成立了独立的人口研究所，国内定量研究能力比较强的中青年学者，大多集中在人口研究所。这一历史造成的机构分立，在客观上也不利于社会学在定量研究方面的加强与发展。

在北大与学生座谈时，谢宇教授指出要做出一个好的定量研究，难度也是很大的。用他的话来说，定量研究有三只脚，缺一不可。第一个是把研究对象"概念化"（conceptualization），把要研究的问题想清楚。这实际上是努力在理论上有所发展。第二个是研究设计，即数据如何说明要研究的问题。研究设计建立在概念化的基础上，只有想清楚了要研究的问题才能够提出一个统计的模型跟这个概念化的东西相联结。第三个才是从数据分析到研究结果。这三个是平行的也是同时进行的，其中最重要的一块实际上不是统计，而是要有好的概念化。有的人只知道模型和计算机，认为统计方法和计算机模型学好了就行，这是对定量研究的误解。这三者之间的关系是一个辩证的关系，是一个同时发展的关系，特别是难在三者的统一上。评价一篇定量分析的文章是好文章，就是指它的这三个方面之间很紧凑（tight），问题的说明和概念化、研究设计，以及分析结果三者之间联系得很密切。对于所研究的问题，数据分析的结果提供了一个明确而不是模棱两可的答案。有些人认为定量研究只是把现成数据用计算机软件计算一下，套用几个常用的数学模型就可以得出若干结论，这种观点是片面的。

三

无论是具体统计方法的系统学习，还是谢宇教授所讲的定量分析三个部分组合的运用，都是国内社会学领域特别需要加强的，相信这在一定程度上也已经成为国内一些学者们的共识。近几年来，包括谢宇教授在内的一些在国外大学任教的中国学者帮助国内大学在这方面加强培训。

谢宇教授毕业于上海科技大学，在80年代赴美国留学，先后在美国著名的威斯康星大学取得了社会学和科学史两个硕士学位和社会学博士学位，之后在美国另一所著名学府密执安大学任教，1996年即获得了正教授职位并得到John Stephenson Perrin Professorship 的头衔，之后又陆续获得 Frederick G. L. Huetwell Professorship（1999～2004年）及 Otis Dudley Duncan Professorship（2004年至今）的头衔。由于他卓越的学术成就，在2004年一年之内，他同时获得了美国艺术与科学院院士（Fellow, American Academy of Arts and Science）和"台湾中央研究院"院士（Academician, Academia Sinica, Taiwan）两项重要的荣誉称号。他已成为研究方法和定量社会学领域最杰出的学者之一。

谢宇教授近年来连续发表了几部在学术界有重大影响的著作，他与 Daniel A. Powers 教授在2000年出版的《分类数据分析的统计方法》（*Statistical Methods for Categorical Data Analysis*, Academic Press）已经成为这一领域的代表作。谢宇教授和 K. A. Shauman 教授合作于2003年在哈佛大学出版社出版的《科学界的女性》（*Women in Science*, Harvard University Press）在国际学术界引起很大的反响，该书使用大量的资料数据分析说明了学术界为什么女性科学家比例偏少的原因，反驳了女性在学术界受到歧视的传统观点，出版后美国《科学》杂志（*Science*）、《自然》杂志（*Nature*）和《选择》杂志（*Choice*）先后在2003年和2004年刊载了书评。

他和 Kimberly Goyette 教授合作于2004出版的《美国亚裔的人口统计描述》（*A Demographic Portrait of Asian Americans*, Russell Sage Foundation and Population Reference Bureau）及与 Arland Thornton 和 William Axinn 两位教授合作于2007年出版的《婚姻与同居》（*Marriage and Cohabitation*, University of Chicago Press）

等著作也已经成为移民人口研究和婚姻研究领域具有开创性的研究成果。从这些著作的内容我们也可以看出，谢宇教授的研究领域仍在不断拓展之中。

2002 年是北大社会学系建系 20 周年，作为庆祝活动的内容之一，在该年的 11 月，社会学系组织了一个"学术活动月"，那个时候谢宇教授在北京大学访问一个月，先后讲了六次课，其中五次是关于社会学研究方法的系列讲座，不仅支持了北京大学社会学系的"学术活动月"活动，也推动了北京大学在加强社会学研究方法培训方面的进程。这次面向北大全校的公共系列讲座，每次都有两百多人出席，大家提问十分踊跃。谢教授的讲座由浅入深，通俗易懂，听起来道理很简单，但讲的却是社会学定量研究方法的精要，他讲的并不是复杂的统计运算公式与模型，而是定量分析的科学精神和严谨的分析逻辑，受到听众的热烈欢迎。

这本文集当中有 4 篇就是根据这一系列讲座的录音整理修订的，谢宇教授又把其他几篇用英文发表的学术论文翻译成中文，最后汇集成这本社会学研究方法文集。

本书分为两大部分："方法篇"和"研究篇"。"方法篇"中共收入了 8 篇文章，作者在前 2 篇中主要讨论如何认识定量研究方法和定量研究的关键。他的"社会科学研究的三个基本原理"包容了作者自己对定量研究最精华、最重要的理解。这也是难度较大的一篇文章。其后的 4 篇是当年北大研究方法讲座的内容，分别是"社会科学与自然科学的关系"、"因果推理"、"研究设计和抽样理论的基础"及"忽略变量偏误和生态学分析"。这 4 篇文章循序渐进地介绍了统计分析方法的基础内容。另外还有 2 篇介绍的是相关统计模型及它的方法论意义，其中，"流动表比较研究的对数可积层面效应模型"（1992 年发表于 American Sociological Review）是作者的成名作。

"研究篇"中共收入 5 篇论文，都是谢宇教授近年来在英文期刊上发表的专题学术论文。作者选这 5 篇论文是因为它们对中国读者有吸引力。"美国亚裔的人口统计描述"是根据几十年人口普查的数据对美国亚裔社会状况的统计分析，文章通俗易懂，是目前了解美国亚裔最全面、最权威的资料。"改革时期中国城市居民收入不平等的地区差异"与"市场回报、社会过程和'统计至上主义'"从不同的视野看中国收入不平等问题。作者通过这 3 个实际研究，系统地向读者揭示了如何思考研究项目的思路、如何设计研究路径以及应用具体调查数据来进行统计分析并解释研究的结果。我认为，这是前面"方法篇"中介绍的定量研究的基本精神、基本视角、研究方法在实际定量分析中的应用示范。读者可以通过阅读、思考这几篇研究论文中的思路和方法，来领会和进一步吸收"方法篇"中讲述的内容。"人口学：过去、现在和将来"讨论了人口学这个学科的发展历史与现状，是许多学人口学的研究生必读的文章。"人口模型"这篇文章2001年发表于世界最具权威的《国际社会和行为科学百科全书》。

把这两部分内容结合在一起，使这本文集成为一部有内部系统、各部分之间相互配合的研究方法集成，成为一本并非教科书但实质上带有教科书意义的学术著作。

我对于这本书的出版一直是积极推动的，因为谢宇教授很忙，要选编并修订这本文集必然占用不少时间，但我还是说服了他来做这件事。我和许多朋友都认为这本文集的出版对于国内学者和社会学专业的学生系统地领略社会研究方法的精神脉络，加强国内研究方法领域的进一步发展，无疑会起到极大的推动作用，其中一些论文更是掌握与运用定量分析方法的经典范文。

谢宇教授表示希望我为这本书写个序，我感到十分荣幸，也利用这个机会谈了一些自己对于社会学研究方法的不成熟的看法。这些年来，社会科学文献出版社对于社会学研究成果的出版做了大量的工作，对社会学在社会上的传播发挥了积极的作用。对于谢宇教授这本研究方法文集在国内的出版，社会科学文献出版社也十分积极，在此表示感谢。

马　戎

SM 方法篇

当代社会学方法上的矛盾[*]

在《当代社会学的文化矛盾》一文中，Irving Louis Horowitz 为社会学描绘了一幅荒凉的图景。这幅图景大致是这样的：（1）社会学已经失去了学术关怀的中心和力度，听任其他更具应用性的研究领域（比如刑事司法学）占据了它在社会政策讨论中的位置；（2）社会学已然成为政治激进分子的避难所，他们经常把自己的政治意识形态凌驾于对学术的忠诚之上；（3）社会学在与极端的自由马克思主义意识形态过从甚密的同时，也使自己疏离了主流社会，从而失去了自身在公众中的合法性和可信性。

平心而论，Horowitz 的观察有几分道理。确有一些社会学家，他们对自由主义意识形态的兴趣超过了对理解社会的兴趣。社会学家在政策圈里的影响是有限的。也有大量的社会学研究做得非常糟糕，不仅不能赢得社会科学中其他学科的尊重，甚至也不能获得社会学界优秀学者的认可。单凭这些事实，就足以让社会学专业的人感到沮丧，包括我自己。

不过，我还是以作为一位社会学家而感到自豪，并且忠诚于我的事业。作为一个纯粹学术取向的社会学家，我在自己的教学和研究中，历来强调变异（variability）的重要性。① 对于变异的强调，可以追溯到查尔斯·达尔文。事实

---

* 原文参见 Xie, Y. 2005. "Methodological Contradictions in Contemporary Sociology," *Michigan Quarterly Review* 4: 506–511。

① Mayr, E. 2001. "The Philosophical Foundation of Darwinism," *Proceedings of the American Philosophical Society* 145: 488–495.

上，我们可以提出这样的主张：现代社会学应当以研究变异为己任。① 社会现象和人类行为是如此复杂多样，任何一项认真的有关它们的经验研究，都不可能是简单的特性记述。这门学科本身也是一样的复杂多样。实际上，社会学在课题、方法和取向上是如此纷繁异质，以至于任何一网打尽的特性记述，充其量也不过是误入歧途而已。正是在这一意义上，Horowitz 对社会学的概括显得唐突。把当代社会学作为一门基于意识形态的学问而全盘拒斥，这种做法本身就是一种意识形态。

接下来，请让我考察一下社会学沿之而发生变异的三个主要维度。首先，社会学涵盖了大量的专门研究领域，而且这些领域之间的差异也很大。如今，美国社会学学会（ASA）下设 43 个分会，国际社会学学会（ISA）下设 53 个研究委员会。社会学的多样性，从一些分会和研究委员会的名称中可窥一斑：美国社会学学会的动物与社会分会、情感分会、人口分会，国际社会学学会的艺术研究委员会、休闲研究委员会、体育研究委员会。尽管我对这些领域大都并不在行，但我对人口学还是知道得比较多的，而且我也知道人口学研究的方法和风格，迥异于以上所列的其他专业领域。社会学是一个过分宽广的学科，在它下面还有许多分支学科。有些分支学科相互之间极为不同，要找出它们之间的共同特性，纯属徒劳。我们所需要做的，就是学会如何接受社会学由于自身的历史发展而带来的学术多样性，在可能的时候因势利导，充分利用这种多样性。

其次，即便在每个专门研究领域内部，我们也发现其中存在着学术质量上的巨大变异。既有许多一流的社会学家出版的优秀著作，特别是在诸如社会人口学、组织行为、社会不平等、经济社会学、教育、种族、社会性别和家庭之类的领域，同时也有一些相当拙劣的作品。Horowitz 似乎将这种现象归结为这一问题，即社会学太注重自由主义意识形态，而忽视了学术的严密性。我不知道这种归因在多大程度上是正确的，但我认为这一问题在注重研究的各大社会学系并不普遍存在，也不是主流。对于低质量的社会学著作的出现，我提出另外一种可供选择的解释：许多社会学家在研究方法上未曾受到充分的训练，结果他们有时发现自己需要"滥用"（"曲解"）经验证据以支持一个特定的表面上讲得通的论证路线，而这既可能是基于政治的，也可能跟政治无关。

---

① Lieberson, S. and F. B. Lynn. 2002. "Breaking Up the Wrong Branch: Scientific Alternatives to the Current Model of Sociological Science," *Annual Review of Sociology* 28: 1-19.

最后，总是存在着大量的个体层面的变异。尽管社会学家们可能在同一个系分享着同样的头衔甚或同样的工作，但对于何为最好的社会学，他们可能并不分享同样的观点。同一个社会学家的观点，也可能因时而异。这必然会使我们感到不安吗？不！人类历史已经看到太多的坏观念，远超过好观念。只要在评估研究成果时坚持正确的判断，我们可以容忍各式各样的著作，包括一些不成熟的东西。长期来看，无论是社会学圈内还是圈外的读者，终将逐步接受优秀的著作而拒绝拙劣的著作。我们社会学者应当专注于我们在研究中能够说些什么，就把这种判断留给别人吧！

就社会学中存在着矛盾而言，Horowitz 是正确的。不过，文化矛盾无处不在，并不惟独社会学。依我之见，社会学中最明显也是后果最为严重的矛盾，是方法上的矛盾。社会学主要是根据不同的方法而分为不同的阵营。正如 Horowitz 所指出的，当前在社会学中存在着一股叛逆"实证主义"的潮流。但如果我们考察一下在这些批评中"实证主义"是被怎样解释的，就不难看出，这一术语的精确含义完全缺失。反实证主义的情绪蔓延很广，从对数字资料和统计方法的不信任，一直到对当代定量社会学的一无所知。John H. Goldthorpe，一位英国社会学家，如此评价道：

> 表意和批判社会学（expressive and critical sociology）的支持者（对于社会学作为社会科学）的攻击，当然都集中在"实证主义"之上。然而，在"实证主义"所指为何以及为什么应当反对上，却暴露出重大的差异，而在这种攻击中为数甚少的共同要素之一，就是在社会学中拒绝定量方法，同时似乎也要拒绝在资料收集和分析中采取任何系统的、合理的和透明的程序。①

简单的事实是，定量方法并不完善。事实上，用以研究社会和社会关系的所有方法，都被发现存在着局限。这一不足并不会让一位严肃的学者感到吃惊；相反，他/她应当将之视为对我们理解社会所做的持久努力的一种挑战。不幸的是，许多人拒绝迎接这一挑战，取而代之的是退缩到一个玩世不恭的相对主义立场上：既然一切方法都各有长短，那么，我们就不应厚此薄彼。为看清这种立场何

---

① Goldthorpe, J. H. 2003. "Sociology as Social Science and Cameral Sociology: Some Further Thoughts," Oxford University, Sociology Working Papers, Paper Number 2003-07.

以是错误的,我们需要了解定量社会学实际上是怎样从事研究的。

同其他任何人相比,已故的 Otis Dudley Duncan (1921~2004) 对当今定量社会学的贡献要更大。除了在社会分层、社会人口学和统计方法上的典范性研究外,Duncan 最重要的影响是在社会学中确立了一个新的学术传统。一些早期的社会学家试图让社会学以自然科学为榜样,而 Duncan 公开蔑视这种模仿自然科学以寻求有关社会的普遍规律的做法。Duncan 的定量社会学新范式的核心原则是强调实证现实的首要性。定量工具不应用于发现可以描述或解释所有个体的行为的普遍规律;相反,定量分析概括组间(between-group)差异的实证模式,而暂时忽视组内(within-group)的个体差异。通过逐步在分析中增加复杂性,随着时间的推移,社会科学家必能提升他们对世界的理解。

这种新取向,很大程度是建立在人口学的悠久传统之上:记录和理解真实人口中的经验模式方是第一要务。定量社会学中由 Duncan 首倡的这一"人口学转向"极为成功。为充分体会 Duncan 范式的贡献,我们只需要关注一下有关当代社会的事实性信息。比如,许多我们所知的关于美国社会的"统计事实",都是由遵循人口学取向的定量社会学家提供的或研究出来的。具体的例证包括:因种族和性别所导致的社会经济的不平等,种族居住隔离,代际社会流动,离婚和同居的趋势,单亲抚养对孩子的影响,收入不平等的扩大,以及大学教育的经济回报的增加。[1]

那么,Duncan 以谨慎的方式倡导的定量社会学,在公共争论中能否有所贡献呢?答案非常明确:能。下面以我与 Kimberlee A. Shauman 的有关科学界的女性的研究作为具体的例子来说明。众所周知,这一话题最近引起了广泛的关注,其起因是哈佛大学现任校长 Larry Summers 于 2005 年 1 月 14 日在由国家经济研究部召开的一次会议上有关科学界的女性的一番讲话。随后数周内社会各界对 Summers 这番议论的强烈反应,表明这一问题在政治上是何等的敏感。[2] 在我们所著的《科学界的女性》(*Women in Science: Career Processes and Outcomes*)中,Shauman 和我特意悬置了我们赞成女性在科学界有更高的比例的个人政治观点,而专注于那些可以用不同视角解释的实证数据。尽管我们不愿冒犯女权主义学

---

[1] Xie, Y. 2000. "Demography: Past, Present and Future," *Journal of the American Statistical Association* 95: 670–673.

[2] Lawler, A. 2005. "Summers' Comments Draw Attention to Gender, Racial Gaps," *Science* 307: 492–493.

者,但从一开始,我们就毫不犹豫地表明我们并不接受这一命题,即女性在科学界的比例过低纯粹是由男性科学家的性别歧视所致。① 虽然我们定量研究的结论是初步的,而且非常谨慎,但这本书还是在公共讨论中得到了认可。注意,在书中,我们有意识地避免做出具体的政策建议,因为我们强烈意识到我们的方法非常有局限性,无法让我们达致毋庸置疑的结论。

我们在《科学界的女性》中所做的这种工作直接遵循着 Duncan 的社会人口学传统,实际上的确也得到了 Duncan 本人的首肯。由于对社会科学中的宏大主张向来持怀疑态度,Duncan 是定量社会学最尖锐的批评者。对 Duncan 来说,仅有量化并不等于科学推理,事实上,量化反而可能会引人误入歧途。用他自己的话来说,就是:

> 经常可以看到这种我称之为统计至上主义(statisticism)的病态:把统计计算混同于做研究,天真地认为统计学是科学方法的完备基础,迷信存在能够评价不同实质性理论之优劣或是能够评价任何"因变量"(即结果)之各种原因的重要程度的统计公式;幻想一旦分解了那些随意拼凑起来的变量间的共变关系,就可以以某种方式不仅证明了一个"因果模型",而且(哦!上帝保佑)能证明一个"测量模型"。②

如何才能避开统计至上主义的陷阱?Duncan 提出了两种可能的途径:一是改进社会学的测量工具,二是专注于对社会过程以及揭示社会过程的研究设计进行概念化。虽然我们在这两条道路上行进得还不够远,但作为回应 Duncan 的批评的结果,定量社会学如今是一个更加强健的领域。

尽管苦有自身的缺陷、局限和不完善,定量方法依然是理解社会及其变迁的最佳途径。在黑格尔哲学的意义上,那些使定量社会学不可靠、成问题的特征恰恰同时使它成为研究社会现象的不可缺少的工具:此即 Mayr 非常恰当地从达尔文那里提取出来的变异性原则。变异是人类社会的本质。没有一种定量的方法,我们就无法表述这种变异性。其他可供选择的方法,比如思辨、内省、个人体

---

① Xie, Y. and Kimberlee A. Shauman. 2003. *Women in Science: Career Processes and Outcomes.* Cambridge, MA: Harvard University Press, pp. 2–6.
② Duncan, O. D. 1984. *Notes on Social Measurement, Historical and Critical.* New York: Russell Sage Foundation, p. 226.

验、观察和直觉，确实也能增进我们的理解。不过，我大胆地提出，它们能够起到补充作用，但不应取代定量方法成为当代社会学的核心。

参考文献

Duncan, O. D. 1984. *Notes on Social Measurement, Historical and Critical.* New York: Russell Sage Foundation.

Goldthorpe, J. H. 2003. "Sociology as Social Science and Cameral Sociology: Some Further Thoughts," Oxford University, Sociology Working Papers, Paper Number 2003–07.

Lawler, A. 2005. "Summers' Comments Draw Attention to Gender, Racial Gaps," *Science* 307: 492–493.

Lieberson, S. and F. B. Lynn. 2002. "Breaking Up the Wrong Branch: Scientific Alternatives to the Current Model of Sociological Science," *Annual Review of Sociology* 28: 1–19.

Mayr, E. 2001. "The Philosophical Foundation of Darwinism," *Proceedings of the American Philosophical Society* 145: 488–495.

Xie, Y. 2000. "Demography: Past, Present and Future," *Journal of the American Statistical Association* 95: 670–673.

Xie, Y. 2005. "Methodological Contradictions in Contemporary Sociology," *Michigan Quarterly Review* 4: 506–511.

Xie, Y. and Kimberlee A. Shauman. 2003. *Women in Science: Career Processes and Outcomes.* Cambridge, MA: Harvard University Press, pp. 2–6.

2

奥迪斯·邓肯的学术成就
——社会科学中用于定量推理的人口学方法

"社会学不像物理学。唯独物理学才像物理学,因为一切近似于物理学家对世界的理解都将最终成为物理学的一部分。"(Duncan, 1984: 169)

类型逻辑思维和总体逻辑思维

对于邓肯用于定量推理的人口学方法,我将从粗略、宽泛的科学史概况谈起。自然科学史一直在科学史中占据主导地位。古希腊最负盛名的哲学家柏拉图对于自然科学的启蒙和发展有着极其深远的影响(Burtt, 1952, 1978; Butterfield, 1957; Hall, 1981: 62-63; Kuhn, 1957; Lindberg, 1992: 38-39)。进一步讲,柏拉图对于包括社会科学在内的整个西方哲学都有着深远的影响。现代数学家、哲学家怀特海(Alfred North Whitehead)(1861~1947)这样评价道:"对于欧洲哲学传统最稳妥的概括应当是:它只是对柏拉图思想的一系列注解。"(引自 Mayr, 1982: 38)

是什么让柏拉图在科学史上占据如此重要的地位?他对科学——在当时的古希腊被喻为"自然哲学"——的主要贡献是他对"真知"或"真理"的定义方式。他认识论中的一个精华之处就是对"本质的世界"(world of being)和"形成的世界"(world of becoming)的区分。真知依附于"本质的世界",而"形成的世界"则是我们在现实生活中所观察到的一切。柏拉图对真知——如今被称为科学——的定义是普适的和具有永恒意义的。它绝不是形成的世界中的具体实物或现象，因为这类知识是不可靠的；真理处在一个更高的层次——它是对本质世界的认知。因此，科学家（哲学家）的职责就在于超越可以观察、感受和经历的事物而获取本质世界中的真理。规律本身先于我们而存在，并且是永恒存在的，它来自造物主的创造。这种对真知的定义强调的是"发现"——几乎与科学上的进取同义，它意味着伟大的真理总是隐藏在自然界中，并等待着科学家们去发现。这就是科学的目的论属性。①

我想举一个具体的例子来阐述柏拉图的观点。在柏拉图看来，要理解圆的真正属性，仅靠研究我们在日常生活中可以观察到的或借助绘图仪器画出的圆是不准确的，原因在于这些在现实生活中可以观察到或者用最佳工具画出的圆都不能达到理想的完美的圆的标准。② 完美的圆仅存在于哲学家的头脑中。只需理解这一假想中的完美的圆，我们就能理解所有圆的真正属性。研究科学史的历史学家林德伯格这样描述柏拉图在科学史上的影响。

> 为了获得真知，我们必须抛开所有针对个人的个体特征，同时寻求那些能够将个体分门别类的共性特征。在这种谨慎的说法中，柏拉图的观点带有明显的现代人的口吻：理想化是大多数现代科学的一个显著特征；我们在建构模型和定律时，为了把握本质就需要忽略偶然因素的作用（例如，伽利略的惯性原理就是试图在排除所有阻力和干扰的理想状况下描述物体的运动）。(Lindberg, 1992: 38-39)

因此，自然科学将"本质的世界"看作是真正的现实，即我们从未实际观察到但却仍假设它独立于"形成的世界"而存在着。柏拉图的"本质的世界"是由不连续的、抽象的思想或形式构成的。对柏拉图而言，对现实世界中观测到的变异有一种简单的解释：形成世界中的物体只是本质世界的拙劣复制品。迈尔

---

① 由于邓肯从来不认为目的论是社会科学的一部分，因此他在国家科学院的生平介绍中否认自己有任何真正的"发现"（Duncan, 1974: 8）。
② 关于完美的圆的例子参见《柏拉图的第七封信札》（Plato's Letter Ⅶ）(Plato, 1997: 1659-1060)。然而，信札作者的真实性受到质疑（Plato, 1997: 1634）。

（Mayr，1982；2001）将这种思维称为"类型逻辑思维"①。类型逻辑思维认为自然科学应该重点关注典型现象，比如典型的人体、典型的自由落体以及典型的圆。进一步说，科学家们在研究这些典型现象时应该努力排除外生和干扰因素，如温度、尺寸和位置。自然科学中一个屡试不爽的强假设认为：只要我们理解了典型现象，我们就可以将其概括并推广到个体和具体问题。

物理科学因遵循柏拉图的类型逻辑思维而取得了巨大的成功。这种思维也解决了长期以来在科学与宗教之间存在的潜在矛盾。因为从这个角度而言，自然定律在自然事物之间构建起了充分的、现实的而又直接的因果关联，而不是向上帝索要"终极原因"。哥白尼、伽利略和牛顿均是采用这种分析方法取得成功的典范。类型逻辑思维认为，现实生活与完美的本质世界之间的偏差都源自复制过程的瑕疵和缺陷，由于微不足道故可忽略不计，不值得真正的科学家们去劳神。这一哲学理论的精髓在于科学家只有懂得如何超越由形成的世界产生的偏差干扰，才能探求到伟大的科学发现。

柏拉图对真理的定义过去一直在科学界占据着主导地位，现在很大程度上也是如此。然而在19世纪中叶，英国生物学家达尔文却引发了一场革命。今天的人们关注达尔文更多的是他基于自然选择的进化论，但这里我们关心的是他对总体的思考。对达尔文而言，偏差不再像柏拉图认为的那样是非现实的、无法预测的和不重要的；相反，它们是进化的前提，而且是科学探索中最有趣的一个方面。

对达尔文而言，变异才是现实，并不是由观测者引入的误差。他的《物种起源论》（1859年）的第一章和第二章的题目分别为"自然状况下的变异"和"家养状况下的变异"。这里强调的是个体而不仅仅是典型。同一父母的子女之间存在差异，正是这种变异的代代相传形成了自然选择的基础：用今天的话讲，每一代都会生成大量的基因变异，但只有相对少数的个体可以存活并继续繁衍。

达尔文是个生物学家。将他的总体逻辑思维引入社会科学主要归功于他的表弟弗朗西斯·加尔顿（Francis Galton）。由于不喜欢大学生活，加尔顿游历了许

---

① 邓肯崇拜迈尔的研究。他曾在一封信中这样评价迈尔的一篇文章（2001）："关于总体和类型的陈述太妙了！这个老先生确实很睿智。我很荣幸听他演说过这篇文章。"（2004年5月23日邓肯写给谢宇的信）

多地方,并在此过程中发现人与人之间——从身高到智商再到外貌的各个方面——千差万别。他认为,平均结果的意义并不大:"个体差异……基本上是唯一值得他感兴趣的东西。"(Hilts,1973:221)此后,他开始运用达尔文生物学中的总体逻辑思维并借助统计工具来研究人类群体。

加尔顿并非第一个应用统计方法研究人类群体的科学家。比利时数学家阿道夫·凯特勒(Adolphe Quételet)早在他之前就已经将涉及正态分布的概率测度论推广到对社会现象的研究中,并称之为"社会物理学"(Quételet,1842)。在研究重点为"平均人"的社会物理学中,凯特勒发现,尽管个体之间的行为千差万别、不可预测,但是总体人群或子人群的平均值却相对稳定且可测。换句话说,平均值似乎正好满足柏拉图对于真理永恒性和绝对性的苛刻要求。

与凯特勒很不同的是,加尔顿关注的是"属性是如何分布的"(Galton,1889:35-36)。因此,加尔顿相对凯特勒的重大超越就在于他将变异当作一个严肃的课题,并且将传统术语中的"概率误差"改成"概率偏差"。因为"误差"一词暗指在测量过程中产生的令人不快的、非真实的、微不足道的量(Galton,1889)。而对加尔顿而言,偏差是分布的一种属性,它在反映客观现实方面与平均值同样重要。加尔顿对个体差异和变异而非平均值的重视最终使他发现了具有划时代意义的"回归"和"相关"概念(Hilts,1973)。

值得一提的是,在研究人类的过程中,加尔顿改变了变异一词的含义。对他而言,变异是客观现实的一部分。由于加尔顿的贡献,社会科学从此将柏拉图的"形成的世界"作为客观现实来研究。换言之,社会科学关注的正是独立各异的个案的完整分布。在进行研究之前,科学家都要首先定义所要研究的人群,否则将无法解释最终的结果。这是因为包含在人群中的个体千差万别,结果会因纳入研究的个体的不同而相去甚远。这个前提乃是科学抽样的基础。

不同个体间的行为和观点可以差异很大。社会科学家的工作正是在这些变异中寻求规律性。对物理学家而言,变异是希望能避免的测量误差,即希望被消除的外界干扰。但对社会学家而言,变异却是社会现实的本质。

类型逻辑思维和总体逻辑思维的关键区别对现代统计学具有重大影响。类型逻辑思维将偏离平均值的偏差视为"误差",认为只有平均值才接近真实原因。换言之,真实原因是恒定不变的,我们实际观测到的东西都包含测量误差。假设我们预先知道声速在理想状态下是一个定值,我们每次通过仪器进行测量所得到的结果都会略有不同。如果我们反复进行测量就会得到一系列数值，那么我们该如何看待这组看似不同的数值呢？从满足类型逻辑思维的角度出发，概率统计学家找到了一种解决方法——大数定律，即随着观测次数的增加，通过计算得到的平均值将变得愈发可靠和稳定，最终趋近于真实值。中心极限定理将这一思想进一步发展并指出这些平均值符合正态分布。当然，这两个统计定律的假定条件是，测量偏差来自微小的、独立的随机量。在专业术语中这类偏差被称为测量误差。

在总体逻辑思维中，偏差是具有重要意义的现实存在。平均值只是总体的一种属性而已；变异则是另外一个同等重要的属性。邓肯在1984年出版的《关于社会测量的注释：从历史和批判的角度》一书中，评价了杰文斯（William Stanley Jevons）关于"均值"（mean）和"平均数"（average）的区别的观点：在对恒定的真实值进行观测时，把得到的各个有偏离的观测值进行平均所得到的结果是均值；而平均数则是通过对一系列相互间存在内在差异的测量数值进行平均而获得。类似地，埃奇渥斯（Francis Ysidro Edgeworth）也将"观测值的平均"和"统计量的平均"区别对待（Duncan，1984：108）。在其书的随后章节中，邓肯比较了两种关于统计学的观点，并阐明了自己的主张："尽管统计学一度被视为'关于平均数的科学'，但更好的做法是将其描述为'关于差异的科学'。"（Duncan，1984：224）

总体逻辑思想家——邓肯

邓肯曾多次在私人交谈中告诉我，他是一个总体逻辑思想家，而且一直以来都积极提倡社会学中的总体逻辑思维（2002年12月7日、2004年2月16日、2004年5月10日和2004年5月23日）。然而，对读者而言，重要的是从他出版的著作中找到更直接的证据。为此，我打算引用以下三个例子。

例 一

邓肯一生著作等身。在所有这些著作中，他认为1984年出版的《关于社会测量的注释：从历史和批判的角度》是他"最好的一本书……不仅具有历史价值，而且经久不衰"（2004年9月27日，私人通信）。这本包含了他关于社会科学的哲学思想的书，反映出他在社会研究实践问题上广博且具批判性的观点。在这本书中，邓肯明确引用和评述了达尔文的总体逻辑思想：

> 达尔文对任何自然人群中的变异及其遗传性的强调，实际上为计量心理学提供了总体概念框架，也指明了这一学科与总体科学的密切关系。（相比之下，心理物理学常常受类型逻辑思维的影响，集中于对物种规范的研究……仅仅勉强承认个体间存在变异，将其视为研究的干扰而非首要研究对象。）（Duncan，1984：200）

邓肯在事业起步阶段，就涉足计量心理学领域并对其产生浓厚兴趣。在其自传（Duncan，1974）中，他自豪地提到曾将计量心理学的文献介绍给著名的计量经济学家戈德伯格（Arthur Goldberger）。当时路径分析和结构方程模型正处于起步阶段（Duncan，1974：19-20）。

例 二

豪瑟（Philip Hauser）和邓肯对人口学的经典定义是，人口学"是对人口规模、地域分布、人口构成和人口变迁以及这些变迁要素的研究"（Hauser and Duncan，1959：2）。这个精确且深刻的定义被沿用至今（Xie，2000）。这个定义的精湛之处就在于它明确包括了"人口构成"和"人口变迁"。这表明豪瑟和邓肯坚信总体逻辑思维——任何一个人群中都存在个体差异。

豪瑟和邓肯的定义促使人口学得以作为一门基础的交叉社会学科而蓬勃发展，同时还为其他社会科学学科提供了实证根基。邓肯方法论的中心原则是将实证的现实放在先导性的位置。我们所熟知的很多有关美国社会的"统计事实"就是从事量化分析的社会学家应用人口学方法提供的。例如，种族与性别的社会经济不平等、种族居住隔离、代际社会流动、离婚和同居的趋势、单亲家庭对子女的影响、收入差别的扩大和大学教育经济回报率的增长（Xie，2000）。

例 三

邓肯在给我的邮件（2002年12月7日）中写道：

> 这里要重申的是：我渐渐忆起我曾经谈过的东西的出处了。参见《关于社会测量的注释：从历史和批判的角度》第96~98页，我引用了哥白尼

研讨会上奈曼（Neyman）文章中的论点。看来，不必等到年长才有智慧，我过去就已经有一些睿智的评论了。

收到信后，我去翻他的书（1984），找到了下面这段曾被邓肯引用的奈曼的话：

> 19世纪兴起、20世纪崛起的科学引入了"多元化"的研究对象。它们作为实体，在分类上确实满足某种定义，然而在个体层面上却有着千差万别的属性。从技术角度而言，这样的分类即"总体"。（Duncan，1984：96）

显然，邓肯受到奈曼的影响，相信社会科学就是一种真正意义上的总体科学。邓肯十分鄙视那些试图效仿物理科学来探寻假想的社会普适法则的做法，因为他坚信这种法则并不存在且毫无意义。

回归分析和路径分析的两种途径

类型逻辑思维和总体逻辑思维是两种科学哲学观点，它们为统计分析——尤其是回归分析——提供了两种途径。回归分析至今仍是量化社会学方法中应用最广泛的工具。我将这两种方法分别命名为"高斯方法"和"加尔顿方法"。[①] 我们可以采用以下方法来形象地对其加以区别。

高斯方法（类型逻辑思维）：
观测数据 = 固定模型 + 测量误差
加尔顿方法（总体逻辑思维）：
观测数据 = 系统差异（组间差异）+ 残余差异（组内差异）

这两种方法的区别很微妙，因为它只会影响解释，而不会影响到回归参数的估计。[②] 研究者们无论对回归持怎样的哲学观点，无论是否认识到这种微妙

[①] 我不知道是谁最先启用这两个名词，但我第一次见到它是在弗里德曼（David Freedman）写给邓肯的信（1986年4月25日）中。
[②] 事实上，弗里德曼好心地告诉我这种区别实在是"太微妙了，因为这两种情况似乎无法在统计上进行区分"（2005年10月28日，个人通信）。

的区别，均使用相同的数学公式和统计软件，根据相同的统计表格得到统计推论。

一种理解、区分这两种方法的途径是对模型进行简化从而使观测值散布于固定量的周围：

$$y_i = \mu + \varepsilon_i \tag{1}$$

这就是著名的测量模型。在物理学中，科学家们可能知道存在一个固定的量，但碍于测量误差而无法获得。为解决此难题，统计学的测量理论应运而生：在一般情况下（例如，测量仪器没有系统偏误），通过反复测量所得观测值的平均值能精确地接近真实值（Duncan，1984；Stigler，1986）。在这种情况下，均值就是回归方程的最小二乘解。

在总体科学（比如社会科学）中，观测到的 y 值各不相同，其原因不仅在于测量误差，而且在于它们是同一总体中本质上不同的个体。如果我们关注于对单一量的估计，我们可以运用相同的估计技巧来估计总体均值。这里，$\mu = E(y)$，这一总体中的每个个体 y_i 都各不相同。即使没有测量误差，我们仍然可以得到不同的观测值 y_i。其中，ε_i 表示第 i 个观测值与总体均值的偏差。由于同一总体中不同的个体对应不同的 y 值，采用随机（科学）抽样的方法抽取样本并用样本均值去估算总体均值是十分必要的。总体均值是研究中常常求得的众多数值之一。

对于第一种情况，观测数据都是通过一个固定且普适的机制生成的，这种回归分析方法被称为"高斯方法"。对于第二种情况，其重点在于用最简洁的描述概括总体差异，这种回归分析方法被称为"加尔顿方法"。邓肯敏锐地觉察到两者之间的区别。在《关于社会测量的注释：从历史和批判的角度》（1984）一书中，邓肯借用埃奇渥斯关于观测值和统计量之间区别的定义，即：观测值是一系列围绕真实值的量，而统计量则是同一总体内的不同量。邓肯进而赞同杰文斯的提法，即：我们要对"平均数"与"均值"加以区分，后者与观测量密切相关，而前者则与统计量密切相关（Duncan，1984：108）。尽管这两种方法都采用相同的估算过程（比如最小二乘法），但他们的研究目标、研究隐含的假设和对结果的解释有着本质区别。

如果追溯到早期关于路径分析和结构方程的研究，我们可以清楚地看到邓肯一直在用总体逻辑思维进行思考。但这一点并不总是被后继的学者们所领悟与赞赏。我将通过对邓肯和布拉洛克（Hubert M. Blalock）的比较来进一步阐述这一观点。布拉洛克是另一位社会学方法论的鼻祖，他受到赫伯特·西蒙（Herbert Simon）的影响，早于邓肯开始研究因果推理模型。其实，这一比较是邓肯最先做出的。他在早期给我的一封信（1988年4月26日）中附带了他写给统计学家大卫·弗里德曼的回复。谈到我关于弗朗茨·博厄斯（Franz Boas）的文章（Xie, 1988），邓肯写道："着重强调总体而非类型逻辑思维的观点意义重大。然而我没有能力说服布拉洛克。"

邓肯和布拉洛克均为路径分析和结构方程模型研究的奠基人，但他们对于因果模型的应用却意见相左，邓肯本人也承认这一分歧。布拉洛克认为，这类模型至少可以使人理想性地在"本质的世界"这一框架中去理解普适真理。例如，布拉洛克在其著名的《非实验性研究中的因果推理》（1961）一书中提出这样的问题，即："为什么不先根据这些理想的模型和完全封闭的系统来建构我们的因果定律和其他理论，之后再去关注现实世界偏离这个模型多少呢？"（Blalock, 1961: 17）在本书之后的章节中布拉洛克还提到，"是回归系数告诉了我们科学的定律"（Blalock, 1961: 51）。我将这种观点称为"高斯模型"回归。此方法认为回归代表了一种唯一、真实且具有定律性质的关系。所有个体观测值的偏差均由无法预测的干扰因素造成。列伯逊和林恩（Lieberson and Lynn, 2002）将这种模仿物理学方法建立社会科学的想法形象地描述为"误入歧途"。

邓肯和布拉洛克对路径分析和回归模型的理解是截然不同的。邓肯不希望将因果关系强加在对结果的解释上。例如，在他与彼得·布劳（Peter Blau）合作的关于代际流动这一最为著名的研究中，两人阐述道："我们现在还远未达到可以信心十足地进行因果推理的地步，这里提出的方案最多仅能作为对于准确的因果模型的粗略、近似的估计"（Blau and Duncan, 1967: 172）。在他开创性的论文《路径分析》一文的摘要中，邓肯强调，"路径分析旨在强调如何解释结果，而非提供寻找原因的方法"（Duncan, 1966: 1）。此处，邓肯所指的正是加尔顿的回归模型。

高斯和加尔顿的这两种泾渭分明的观点，也体现了邓肯和大卫·弗里德曼两人长期以来在一系列书信往来中的分歧。他们互通信件始于弗里德曼对邓肯在社会科学中运用路径分析的批判。弗里德曼最初批判的对象是布劳和邓肯（1967）的合著，但后来他改变了批判的对象（Freedman, 1987）。

弗里德曼第一次与邓肯通信是在 1983 年 5 月 31 日,这也是他第一次对路径分析进行批判。他批驳的焦点是,结构方程模型在社会科学中被滥用,因为他们假设了一个不能被证实的因果模型的存在(遵循柏拉图的型相论)。邓肯的回信(1983 年 6 月 2 日)很委婉,信中说道:"在过去的日子里,我渐渐意识到它的种种不足。对于您所引用的我于 1975 年出版的教材,我也增长了些许见解。由此,我去掉了所有的实证例子,现在,我手边也没有任何例子可以证明这一方法是有效的。"邓肯还将他 1984 年即将出版的《关于社会测量的注释:从历史和批判的角度》一书的最后一章发给弗里德曼,同时指出其中的一部分是"参考了您(弗里德曼)的意见写的"。

邓肯毫无反驳的回信给弗里德曼留下了深刻的印象,他在随后给邓肯的信(1983 年 6 月 13 日)中写道:"如果我处在你的角度,我绝对无法表现得如此大度。我不愿意别人将我对你的批评视为乘人之危。"此后这两位同仁交往频繁,除通过信件交流外,还见面交流了几次。胡克定律(Hooke's Law)就是他们所讨论的一个话题。在弗里德曼看来,"如果数据的产生服从胡克定律,则回归可以被用于推理"(1986 年 3 月 3 日弗里德曼写给邓肯的信)。邓肯对此持有异议,"如果回归只能被'胡克定律'证实的话,我看不出计算教育的收入回报有任何意义"(1986 年 2 月 25 日邓肯写给弗里德曼的信)。

1985 年 12 月 6 日邓肯给弗里德曼写了一封长达 5 页的信,详细阐述了自己对于社会科学应用回归分析的观点。信中精彩的一段凸显了他与弗里德曼的分歧,邓肯说:

> 我们的工作被奈曼称为"总体科学",统计方法在此科学中与在"严格意义上的"科学中有着不同的含义和功能。我希望您可以举出一个典型的成功例子,来说明气象学家、地质学家和生态学家在这种情况下是如何有效地处理所收集到的杂乱无章的观测数据的:当无法在严格意义上重复同一研究,而同时又需要对多个统计量进行估计,并且人为干预几乎不可能或是其效果微不足道的时候。

在他们通信的后期,尽管邓肯和弗里德曼的观点仍旧存在分歧,但他们已经习惯于接纳这种分歧。弗里德曼在一封信(1986 年 4 月 25 日弗里德曼写给邓肯的信)中承认:"您对于高斯和加尔顿回归传统的区分似乎是正确的。"弗里德曼代表了遵循柏拉图的类型逻辑思维的高斯传统,① 而邓肯则代表了遵循达尔文的总体逻辑思维的加尔顿传统。基本方向的不同导致他们对社会科学研究中回归分析作用的观点截然不同。

邓肯对社会科学中量化推理的影响

邓肯对当今量化社会学和社会人口学的贡献无人能及。他除了在社会分层、社会人口学和统计方法论领域树立了典范外,还在建立学术传统方面做出了卓越贡献。尽管一些早期社会学家试图仿效物理学,但邓肯却开诚布公地反对模仿物理学寻求社会普适法则的研究。他的这一举动并非表明他不愿我们也能拥有像物理学那样的普适法则;相反,正因为已经敏锐地察觉到类型逻辑思维和总体逻辑思维的差别,他才更加意识到人类社会中存在的差异只会让寻求普适法则的努力徒劳无功。

邓肯的新思路受到人口学悠久传统的启发:最重要的是记载和理解现实中人口的实证形态。对邓肯而言,也就是要注重人口特征的差异性。这种思想让邓肯在其同行中脱颖而出,同时也有助于人口学的转变。在邓肯之前,人口学研究的核心是人口规模的变化。然而,豪瑟和邓肯却强调人口学的实质内容应该是人口结构。这一研究重点的巨大转变应归功于邓肯及其思想继承者的大量典范研究,包括社会流动与社会不平等、教育、收入、家庭、种族与民族、居住隔离、社会性别角色,以及总体社会测量等。这个新兴领域被称为"社会人口学"。因此,继邓肯之后,量化社会学的发展与社会人口学的发展息息相关。两者的统一使得人口学更具社会性,也使得科学的社会学更具实证性;这一新生的人口学方法具备以下特征:

(1) 以实证为基础。

(2) 量化的,利用调查或人口普查,搜集数据的层次来自最小分析单位(通常是个人)。

---

① 我并不是说弗里德曼是柏拉图主义者。他自称是"经验主义者,或是实证主义者,或是现实主义者,或是培根主义者"(2005 年 10 月 28 日,个人通信)。弗里德曼的观点是,高斯方法的观点可以作为通过回归进行因果推论的依据,这也是社会科学惯有的观点。弗里德曼在 2005 年出版的书中对社会科学中回归分析的应用进行了总结,并提出了最新的观点(Freedman,2005)。

（3）涉及回归技术的统计分析，强调实证的规律性，即组间差异，但并不一定要对其研究结果进行因果解释。

（4）要求研究者重视所研究的人口。最理想的选择是运用全国性（以人口为基础）的调查进行社会科学研究。布劳和邓肯（Blau and Duncan，1967）的研究开创了这一新准则。

对统计社会学所持的异议

与邓肯在学术上打过交道的量化社会学界的同仁都知道，他对大多数社会学通常采用的研究方式持批判态度，对他自己的研究更是如此。因此，邓肯对统计社会学所持的异议是可以理解的。邓肯常常被误认为是路径分析和结构方程模型的创始人。邓肯对此感到很不自在，他形容自己"对'此方法的缔造者'这一称呼感到异常紧张，甚至不堪忍受"（1985年1月14日邓肯写给弗里德曼的信）。邓肯从未因将路径分析引入社会学研究而以功臣自居。这体现了他对社会学界采用此方法总体上的不满态度，原因是很多研究者在使用此方法时不予思考、过于随意，完全违背了他的初衷。

这也解释了邓肯在最初回复弗里德曼的批判时为什么没有反驳（1983年6月2日邓肯写给弗里德曼的信）。在随后的一封信（1983年6月21日邓肯写给弗里德曼的信）中邓肯开始反驳（或者准确地说是"解释"）道，布劳-邓肯路径模型（Blau and Duncan，1967）只是对复杂的社会过程的一种粗略、简单的近似估计：

> 在给你回信之后，我反复地思忖你的批判，我想我会进行一些进一步的观察。首先，你将我们书（Blau and Duncan，1967）中第172页的警示引用到你文章中的第20页令我印象颇深。我们是真诚地提出这些警示的。然而你辛辣的讥讽实在让人难以接受，特别是当你在第8页指责我们没有考虑到教育质量、被访者何时获得教育、何时进入劳动力市场，以及历史、经济、世界大战和经济萧条这一系列因素时。请问，一个模型在将所有这些因素都包括进去的同时，还有可能保证简洁性吗？

这段话指出了经常被邓肯之后的当代量化社会学家忽视甚至误解的一个重要观点：社会科学的统计模型最终是简约形式而非结构形式。将结构解释强加于统计模型是危险的，也绝非邓肯所愿。

因此，邓肯的观点是，量化方法绝不应该成为发掘普遍规律，从而描述和解释所有个体行为的工具。他完全反对这种尝试，并认为这样做毫无意义。他认为，量化分析所能做的就是总结组间差异的实证形态，同时暂时忽略组内个人差异。社会科学家可以逐步将分析复杂化，从而增强我们对社会世界的理解。

邓肯对统计模型简约形式的深信不疑可以从他与戈德伯格的早期通信中略见一斑。戈德伯格后来和邓肯一起促进了计量经济学中的结构方程、计量心理学中的因子分析和社会学方法论中的路径分析三者的统一。戈德伯格于1968年6月19日给邓肯写了一封长信，开始了与他的通信交流。在给戈德伯格的第一封回信的第7页和最后一页，邓肯尖锐地指出了社会学和经济学之间的区别（1968年6月26日邓肯写给戈德伯格的信）。

> 从模型的角度来讲，社会学家最感兴趣的似乎是归纳法，希望有可能通过数据分析"发现"正确的模型，尽管这个希望很渺茫……我个人认为，经济学家更坚信自己的理论，他们认为理论和模型相比，理论是优先考虑的信息。因此，他们更注重"估计"的有效性。

邓肯对于社会学和经济学的区分赢得了戈德伯格的赞同，戈德伯格在回信中这样写道（1968年7月9日）：

> 在查阅路径分析的有关文献时，我已觉察到经济学家采用了另外一种方法。具体地说，采用路径分析的学者致力于将简约形式的系数解构成结构方程的系数，将后者看成前者的组成元素。大多数经济学研究的思路恰恰相反——这里我仅指理论经济学和计量经济学。我们致力于从结构模型中获得它的简约形式。

应用路径分析解构简约形式的系数这种实证性方法起初对邓肯来说是个飞跃，但它很快就变成了一个无解的难题。解构像童话中瓶子里的魔鬼，一旦放出来我们将如何钳制它呢？简约形式的系数可以解构成无数种形式，如何合理地做出选择呢？显然，邓肯绝不愿意将决定权留给统计工具和数据分析，尽管这是量化社会学的一种趋势，但却令他非常不满，从而促使他对"统计至上主义"进行了尖锐的批判。邓肯在《关于社会测量的注释：从历史和批判的角度》（1984）一书中有这样一段话，兼顾了弗里德曼的意见，这在他给弗里德曼的第一封信中就提及了：

> 我们经常发现被我称为统计至上主义的症状：统计至上主义认为做研究等同于计算，同时天真地相信统计是科学方法论完整或充分的条件基础。他们迷信于统计公式能够评估具有不同实质意义理论的相对价值，或者评估影响因变量的原因的重要性。他们误以为解构任意或随意组合的一组变量就可以检验"因果模型"和"测量模型"。（Duncan，1984：226）

如何避免"统计至上主义"呢？邓肯提出两种方法：一是改进社会测量；二是进一步强调社会过程的概念化与反映此过程的研究设计之间的联系。邓肯（1984）出版了一本书用以阐述第一种纠正方法，在后期研究中又针对第二种纠正方法发表了一系列关于 Rasch 模型的文章（例如，Duncan and Stenbeck，1988；Duncan，Stenbeck，and Brody，1988）。下面的段落摘自邓肯和斯坦伯克（Duncan and Stenbeck，1988）关于选民参选率的研究，它恰如其分地反映了邓肯提出的第二种纠正方法。

> 我们最想强调的主题是，所有统计模型和方法的应用都要严格服从以科学为中心的任务。这个任务需要用公式表达让人信服的理论，使得这些理论可以解释我们所研究的社会过程；同时这个任务还需要制定出能够对这些理论进行检验的研究设计方案。我们应鼓励读者对统计模型提出质疑，让他们知道我们基于可用数据所提供的最佳统计模型，与描述人们拥有并实现他们选举倾向的整个过程的科学模型还相去甚远。我们希望可以找到其他更好的方法来解决这一问题。（Duncan and Stenbeck，1988：2）

邓肯和斯坦伯克（Duncan and Stenbeck，1988）的文章之所以重要，不仅仅因为它是邓肯发表的最后一篇关于社会学方法论[①]的文章，同时它也体现了他不

[①] 直到他生命的最后阶段，邓肯还一直坚持他和斯坦伯克（Duncan and Stenbeck，1988）早期发表的文章中的观点。他在通信中多次提及此文章〔2002 年 12 月 7 日、2003 年 9 月 2 日写给谢宇的信；2004 年 4 月 18 日写给李·沃尔夫（Lee Wolfle）的信；2004 年写给里奥·古德曼（Leo Goodman）和谢宇的信〕。

再赞同自己早期所提出的数据精简和数据概括的方法。作者在文章结尾这样总结道：

> 我们认为是时候纠正如下的不平衡了：一方面，数据分析中统计方法的应用和简化数据的统计模型发掘［太多］；而另一方面，所发展的纯正的有解释力的"结构"模型［太少］。方法论的核心任务在于对研究设计进行批判——而非展示统计推断的技巧——正如研究型科学家们的核心目标在于提出适当的研究设计，迫使"自然"展示出其运作的真实过程。（Duncan and Stenbeck，1988：31-32）

尽管邓肯表明自己总体上对数据分析和数据简约方法不满，并提倡通过研究设计产生准确的结构模型，但他本人却从未真正踏入这个领域。让邓肯尤其感到困惑的是社会科学的数据中两个内在特征的交融。首先，即使知道存在真正的潜在模型，个体的回答（态度或行为方面）也仍然具有不确定性。其次，潜在模型实际上会因总体中个体的不同而发生变化。这第二个特点也被称作"总体异质性"。邓肯的后期研究由于 Rasch 模型的关系，几乎全部集中在解决总体异质性问题上。

问题的症结：总体异质性

邓肯后期的十年研究都集中于 Rasch 模型（Goodman，2004）。直到生命的最后阶段，邓肯还是很关心这个模型。他曾经写信给我和丹尼尔·鲍威斯（Daniel Powers），问我们为什么没在我们共同出版的《分类数据分析》（*Categotical Data Analysis*）一书中包括 Rasch 模型（2001 年 3 月 8 日邓肯写给谢宇的信）。在美国社会学学会方法论分会决定将系列主题讲座命名为"邓肯讲座"时，邓肯表示希望"第一个发言者可以谈谈 Rasch 模型"（2003 年 9 月 2 日，个人通信）。2004 年 4 月，古德曼（Leo A. Goodman）在安娜堡（Ann Arbor）的邓肯讲座的开篇讲演中谈到了对数线性模型、潜在分类模型和 Rasch 模型的关系。这令邓肯非常愉快，以至于他在随后写给朋友的信件中还谈及此事（2004 年 9 月 13 日、2004 年 9 月 27 日邓肯与朋友的通信）。因此，要理解邓肯对社会学方法论的贡献，懂得他为何如此沉浸于对 Rasch 模型的研究至关重要。

乔治·拉什（Georg Rasch）（1901～1980）是丹麦数学家、统计学家。他设计了具有以下特点的测量模型。①每个研究对象对每道测试题的回答是概率性的；②每道测试题的真实难度值对于任何一个研究对象而言都是恒定的；③每个研究对象对于所有测试题答对的趋势是一致的。（Rasch，1966；1980）这些特点表明研究对象答对某道测试题的可能性，通过 logit 转换，可以分解为两部分：一部分由测试题的难度决定；另一部分则由研究对象的个人能力决定。

让 p_{ij} 表示第 i 个个体答对第 j 个测试题的可能性，可以将 Rasch 模型写成下面这个 logit 模型的形式：

$$\log[p_{ij}/(1-p_{ij})] = \theta_i + \beta_j \quad (2)$$

其中 θ_i 是专指个人特征的参数，β_j 是专指测试题特征的参数。在方程（2）中，Rasch 模型的一个重要性质是，它允许个人差异（即叠加的总体异质性）和测试题差异的存在，但它同时又通过二者的恒定性实现了二者的相互独立性，即 θ_i 不随测试题（j）变化，β_j 不随个体（i）变化。因此，Rasch 模型至少允许研究者将不同的个体看成各自独立的"类"，避免了在传统的潜在分类模型中，将个体按其回答的结果进行分类的随意性。

尽管邓肯发表了许多关于 Rasch 模型的文章（参见 Goodman，2004），但是，我认为他于 1982 年 4 月 20 日在耶鲁大学演讲时所用但未曾发表的一篇手稿将他的这一思想表达得淋漓尽致，那次讲座的题目是"Rasch 测量和社会学理论"。[①] 特别值得注意的是，他将"社会学理论"作为题目的一部分。我从来没有在别处见他这样做过。那么，他是如何认识"社会学理论"的呢？他解释道："菲利普·康弗斯（P. E. Converse）的经典文章所体现的正是我希望大家效仿的理论形式，文章引入了'非态度'概念，并创先针对调查问题的回答建立数学模型。"（Duncan，1982：1）然后，邓肯继续解释了康弗斯的观点（Converse，1964）并在文章中做了进一步的阐述。

为了理解邓肯敏锐的洞察力，我们先来看看他使用的四个简图（图 2-1 至图 2-4）。[②] 图 2-1 和图 2-2 均表示总体回答率为 7/12，但两者的情况却截然

[①] 当邓肯得知古德曼将要在邓肯讲座上做关于 Rasch 模型的报告时，便于 2004 年 5 月 10 日将一篇未曾发表的手稿寄给古德曼和我。现在我已经将这份手稿放到我的网站（http://www.yuxie.com，或 http://personal.psc.isr.umich.edu/~yuxie/FTP/duncan.htm）上。

[②] 在邓肯（Duncan，1982）的原文中，它们分别是图 5、6、8 和 9。

不同。图 2-1 中,"我们假设每一个受访者只有一个弹丸,任意一次试验都可以知道它是有阴影的还是无阴影的"(Duncan,1982:4);在图 2-2 中,"我们假设每一个受访者拿一个旋片(插图),每一次试验得到阴影部分的可能性为 p"(Duncan,1982:4)。换言之,邓肯设定了两种极端情况:第一种情况存在总体异质性(人与人之间的),每个人的回应方式是固定的;第二种情况存在总体同质性,在某一群体中,所有个体都由相同的因果机制决定,即概率性的。邓肯接着解释说,在实际数据中"我们很少见到这两种极端情况",图 2-3 即为康弗斯得到的两者混合的情况。然而,邓肯没有满足于这三种类型。他受到 Rasch 模型的启发,针对个体的特点进行分类并提出"原则上,存在无穷多个不同的旋片"(Duncan,1982:5)。他在图 2-4 中用 7 个不同的类型进行了形象的说明。

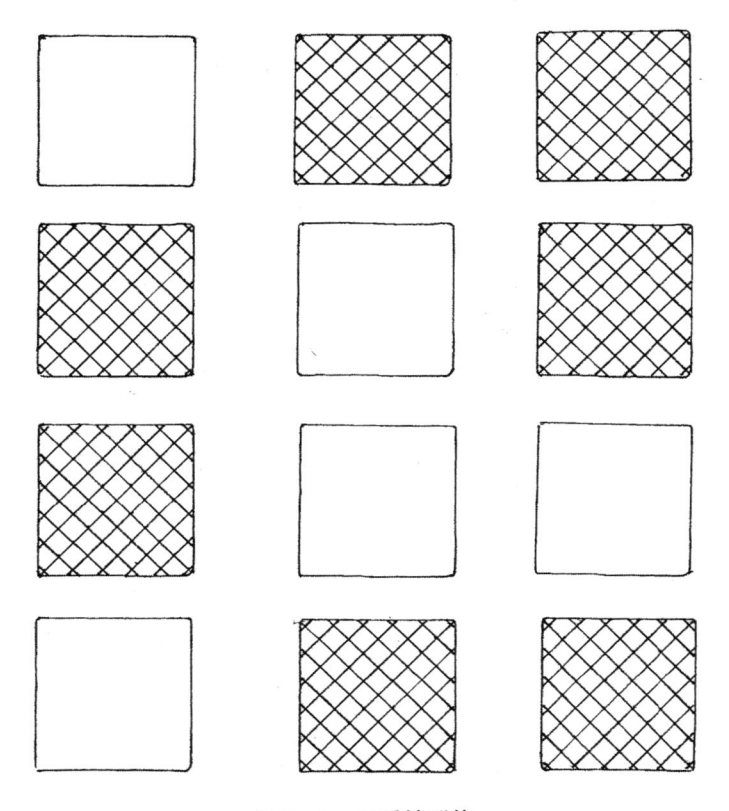

图 2-1 异质性群体

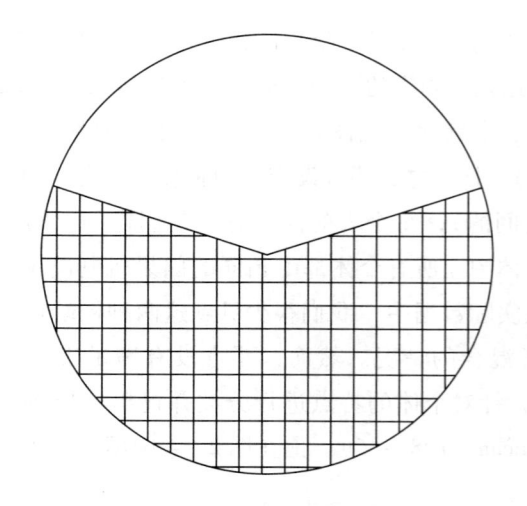

图 2-2　同质但不确定性群体

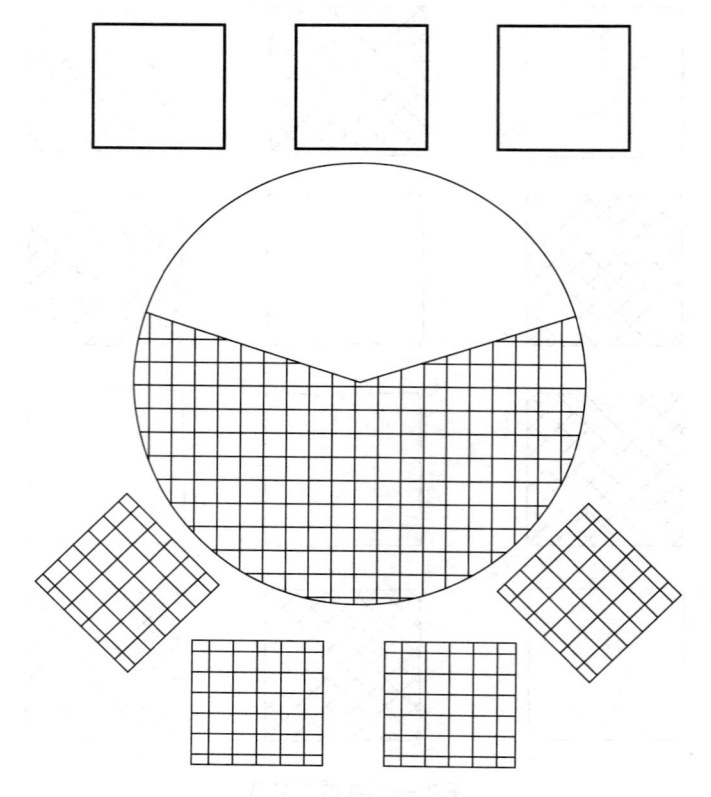

图 2-3　三种类型的混合群体

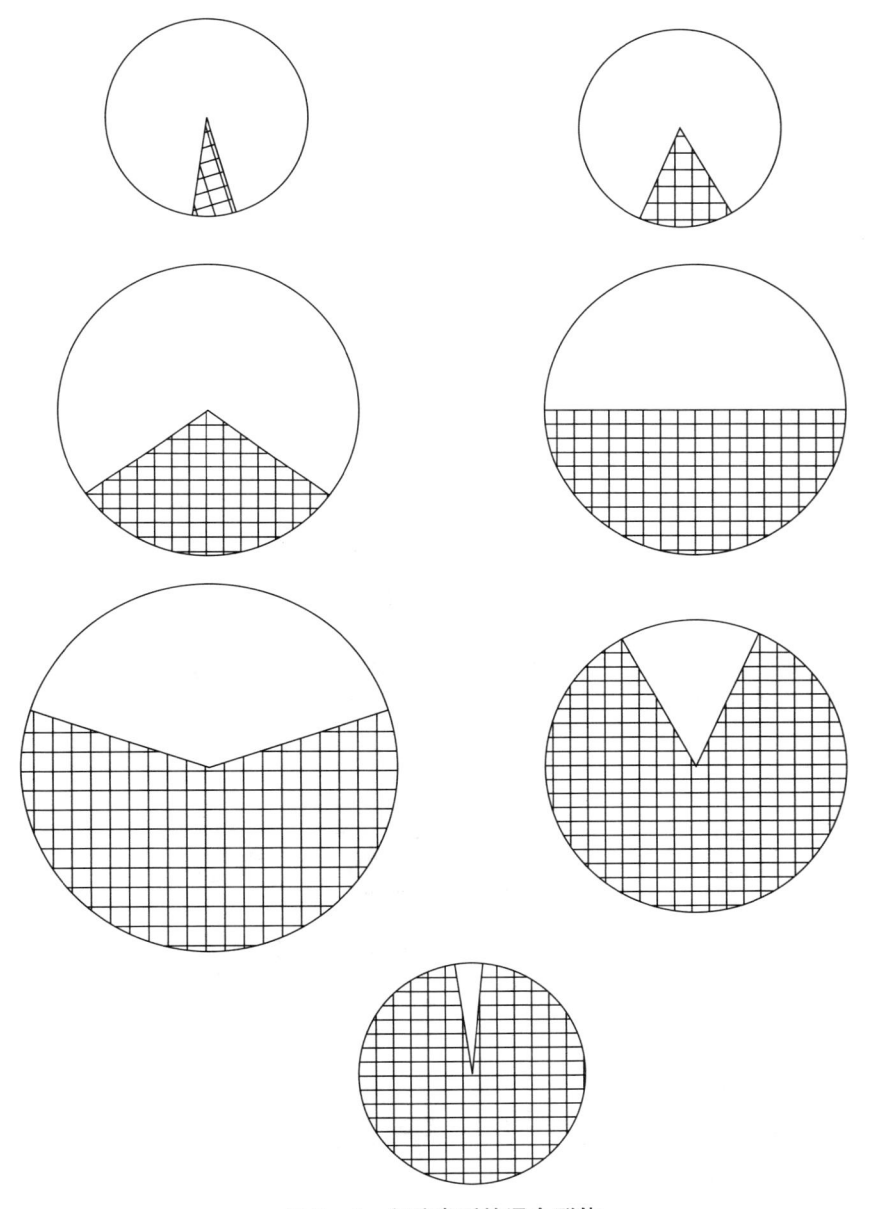

图 2-4 多种类型的混合群体

在根据个人特征进行分类的类型中，邓肯认同在个人层次上所存在的差异，这使他很快意识到这样的分类对数据要求很高。邓肯对 Rasch 模型的研究建立在反复测量的基础之上，这样的情况常常出现在追踪调查中——当研究者认为没有实质性变化的时候。邓肯在表 2-1 中阐明了他基于图 2-1 至图 2-4 的推理。[①]行代表第一次访谈中不同受访者的回答结果，列代表了相同的 144 个受访者在第二次访谈中的回答结果。忽略测量误差和抽样偏误，邓肯认为，表 2-1 的最顶端部分（第 I 部分）对应的是绝对的总体异质性，中间部分（第 II 部分）对应的是绝对的总体同质性。I 部分中的行与列是完全相关的，II 部分中行与列是相互独立的。邓肯和康弗斯均认为，现实生活更近似于两者的混合情况，也就是表的最末端部分（第 III 部分）所表示的情况。

表 2-1　面板数据的数值说明

		□	▨
	(N=144)		
I. $p=7/12$	□	60	0
	▨	0	84
II. $p=7/12$	□	25	35
	▨	35	49
III. $p=7/12$	□	46	14
	▨	14	70

---

① 在邓肯（Duncan, 1982）的原文中，它是图 7。

以上，我详细阐述了邓肯在1982年未发表的文章中所列举的简单例子，是为了说明邓肯一直为总体异质性问题所困扰。这也就解释了他为什么会被Rasch模型所吸引。在某种程度上，他期待着并且也会欢迎后来针对总体异质性逐步发展出来的一系列模型，如多层次模型（Raudenbush and Bryk，1986）、成长曲线模型（Muthén and Muthén，2000）和潜在分类模型（D'Unger et al.，1998）——这些模型都已被归到混合模型这个大旗帜下（Demidenko，2004）。然而，迄今为止，总体异质性仍对社会科学中应用观测数据进行因果推理存在威胁。这样的推理往往依赖于极强且无法证明的假设（Heckman，2001，2005；Holland，1986；Winship and Morgan，1999）。

邓肯将总体异质性视为最难以解决的问题。他在写给乔纳森·凯利（Jonathan Kelly）的一封信（1991年4月22日）中这样说道：

> 对数线性模型和线性模型实际上都是无法使用的，因为它们估计的条件概率对于预先假定拥有一系列相同变量值的个人而言其实并不相同。也就是说，这些模型不能应对异质性问题。

在另外一封信（1996年7月30日写给谢宇的信）中，邓肯这样评价他对Rasch模型的兴趣：

> 这些日子，我回顾了一下自己曾有过的一些争论，发现社会科学中还没有解决的两三个主要问题之一就是异质性问题……异质性问题的普遍性意味着，在大多数情况下，我们用精算概率代替真正的个人概率，因此，我们得到的是描述上准确但毫无理论意义且无预测能力的、无用的统计数据。

直到邓肯去世后，我再次阅读他给我发送的信件，才开始真正理解他的这些真知灼见。在1996年收到他的这封来信时，我的专业水平还未成熟到可以领悟他的思想。换言之，我用了九年的时间才完全领悟邓肯这段话的含义。他不仅超越了他所在的时代，也超越了我所处的时代。如何处理总体异质性已经成为当代量化社会科学和统计学研究所面临的最严峻的挑战。

结 论

对于我和其他人来说,邓肯是划时代的最杰出的量化社会学家。他不仅将路径分析引入社会学和社会科学界,而且为量化社会学中人口学规范标准的建立立下了汗马功劳。他在社会学方法论方面的工作,影响了整个一代量化社会学家。他在社会学领域的学术贡献,既是他的本职工作,也是他选择从事方法论研究的重要原因。这些贡献被在他之后不同领域的几代社会学家沿用并视为典范。这些领域包括:社会分层、居住隔离、教育社会学、家庭社会学和社会测量。在当今的量化社会学领域中,邓肯直接或间接的影响无处不在。

邓肯针对量化社会学的研究方法是基于总体逻辑思维的,这一认识论最早由达尔文开创,其后由加尔顿发展起来。其范式以经验为基础、以量化为导向,并不探寻普适的法则。相反,量化社会学卓有成效的任务是对总体变异的系统模式进行概括。为了建立这样的范式,邓肯曾直截了当地批判实证主义观点,认为社会学不应该试图效仿物理学。恕我冒昧,当今量化社会学界已几乎不存在关于"普适法则"的争辩,其中很大一部分原因是受到邓肯的影响。正如邓肯自己的研究所表明的,好的社会学研究,可以通过量化分析向读者提供关于社会过程的信息,尽管这种分析只是一种近似的估计。

今天,我们在庆贺邓肯所取得的学术成就的同时,应该意识到邓肯所推崇的社会学量化方法还有诸多不足之处。事实上,我认为邓肯是最早预见到自己的研究方向即将遇到问题的卓越学者之一,而且是在当时整个量化社会学和社会人口学界的学者都对其持看似乐观的态度时。邓肯提出的问题是社会科学固有的、不可解决的问题——总体异质性。这也是邓肯对量化社会学和社会人口学越来越失望的原因。

在邓肯的思想鼎盛期之后,社会统计学有了长足的发展。尽管我们现在拥有复杂的模型(如多层次模型、空间模型、社会网络模型和潜在分类模型)、有效而稳健(抗差)的估计方法(包括贝叶斯方法和模拟方法)、更先进的计算机程序、运行愈发快速且廉价的计算机和大型、丰富且便利(比如,通过网络)的数据库(追踪调查数据及多层次数据),然而,使邓肯感到困惑的最基本的问题——总体异质性——仍是当今量化社会学所面临的最大难题。

利用观测数据进行的量化分析将不可避免地依靠组间的比较,然后进行因果推理。在总体异质性难题持续出现的情况下，我们如何保证不会因为组间在无法观察但却与研究相关的维度上不具可比性而造成比较结果的偏误？这个根本性问题成了当前社会科学界研究因果问题的兴趣所在（Heckman，2005；Winship and Morgan，1999）。我认为，这个问题永远不会得到令人满意的解决，至少我们无法在方法论上解决它。反之，我们应该像邓肯那样做一位智者，即致力于深化我们对社会科学重要的实质性题目的实证理解，而不是致力于获得惊天动地的结论。也正是因为这一点，邓肯的学术成就才能经久不衰。

让我引用邓肯对经济学和社会学的一次风趣的比较来结束这篇文章。这本是饭桌上的一个笑话，但它却生动地反映了邓肯对经济学家常用的演绎法的怀疑和对社会学家轻视统计方法的失望。[①] 他这样评价道：

> 经济学家从错误的假设中正确地推理；而社会学家却从正确的假设中错误地推理。因此，他们成了两个无知的互补体。（邓肯致谢宇，2003 年 6 月 28 日）

参考文献

Blalock, Hubert M. 1961. *Causal Inferences in Nonexperimental Research*. New York：Norton.

Blau, Peter M. and Otis Dudley Duncan. 1967. *The American Occupational Structure*. New York：Wiley and Sons.

Burtt, E. A. 1952. *The Metaphysical Foundations of Modern Science*. Garden City, NY：Doubleday Anchor.

Burtt, E. A. 1978. "Mathematics, Platonism, and the Renaissance," pp. 29 – 37 in *The Scientific Revolution*, edited by V. L. Bullough. Huntington, NY：Robert E. Krieger.

Butterfield, Herbert. 1957. *The Origins of Modern Science*, *1300 – 1800*. Revised Edition. New York：The Free Press.

Converse, Philip E. 1964. "The Nature of Belief Systems in Mass Publics," pp. 206 – 261 in *Ideology and Discontent*, edited by David E. Apter. London：The Free Press of Gelncoe/Collier-Macmillan, Ltd.

Darwin, Charles. 1859. *On the Origin of Species by Means of Natural Selection Or the Preservation of*

[①] 尽管邓肯的评价诙谐幽默，但实际上他是十分关注经济学的。这个笑话是他在 2003 年 2 月份我去拜访他时讲述的。讲完笑话之后，他把诺贝尔经济学奖年鉴拿出来，向我一一讲述每个诺贝尔经济学奖得主的成就和贡献。

Favored Races in the Struggle for Life. London: Murray.

Demidenko, Eugene. 2004. Mixed Models: Theory and Applications. Wiley.

Duncan, Otis Dudley. 1966. "Path Analysis: Sociological Examples," American Journal of Sociology 72: 1 – 16.

Duncan, Otis Dudley. 1974. "Autobiographical Statement," Prepared at the request of the Home Secretary, National Academy of Sciences, January, 1974.

Duncan, Otis Dudley. 1975. Introduction to Structural Equation Models. New York: Academic Press.

Duncan, Otis Dudley. 1982. "Rasch Measurement and Sociological Theory," Hollingshead Lecture, Yale University.

Duncan, Otis Dudley. 1984. Notes on Social Measurement, Historical and Critical. New York: Russell Sage Foundation.

Duncan, Otis Dudley and Magnus Stenbeck. 1988. "Panels and Cohorts: Design and Model in the Study of Voting Turnout," Sociological Methodology 18: 1 – 35.

Duncan, Otis Dudley, Magnus Stenbeck, and Charles Brody. 1988. "Discovering Heterogeneity: Continuous versus Discrete Latent Variables," American Journal of Sociology 93: 1305 – 1321.

D'Unger, A. V., Kenneth C. Land, P. L. McCall, and Daniel S. Nagin. 1998. "How Many Latent Classes of Delinquent/Criminal Careers? Results from Mixed Poisson Regression Analyses," American Journal of Sociology 103: 1593 – 1630.

Freedman, David A. 1987. "As Others See Us: A Case Study in Path Analysis," Journal of Educational Statistics 12: 101 – 128.

Freedman, David A. 2005. Statistical Models: Theory and Practice. Cambridge: Cambridge University Press.

Galton, Francis. 1889. Natural Inheritance. London, Macmillan.

Goldthorpe, John H. 2003. "Sociology as Social Science and Cameral Sociology: Some Further Thoughts," University of Oxford, Sociology Working Papers, Paper Number 2003 – 07.

Goodman, Leo A. 2004. "Three Different Ways to View Cross-Classified Categorical Data: Rasch-Type Models, Log-Linear Models, and Latent-Class Models," Otis Dudley Duncan Lecture, American Sociological Association Methodology Section Annual Meeting, Ann Arbor, MI (April).

Hall, A. Rupert. 1981. From Galileo to Newton. New York: Dover.

Hauser, Philip M. and Otis Dudley Duncan, eds. 1959. The Study of Population: An Inventory and Appraisal. Chicago: University of Chicago Press.

Heckman, James J. 2001. "Micro Data, Heterogeneity, and the Evaluation of Public Policy: Nobel Lecture," Journal of Political Economy 109: 673 – 748.

Heckman, James J. 2005. "The Scientific Model of Causality," Unpublished manuscript. University of Chicago.

Hilts, Victor. 1973. "Statistics and Social Science," pp. 206 – 233 in Foundations of Scientific Method, the Nineteenth Century, edited by Ronald N. Giere and Richard S. Westfall. Bloomington:

Indiana University Press.

Hilts, Victor. 1981. *Statist and Statistician*. New York: Arno Press.

Holland, Paul W. 1986. "Statistics and Causal Inference," (with discussion) *Journal of American Statistical Association* 81: 945 – 970.

Kuhn, Thomas S. 1957. *The Copernican Revolution: Planetary Astronomy in the Development of the Western Thought*. Cambridge, MA: Harvard University Press.

Lieberson, S. and F. B. Lynn. 2002. "Barking Up the Wrong Branch: Scientific Alternatives to the Current Model of Sociological Science," *Annual Review of Sociology* 28: 1 – 19.

Lindberg, David C. 1992. *The Beginnings of Western Science: The European Scientific Tradition in Philosophical, Religious, and Institutional Context, 600 BC to AD 1450*. Chicago, IL: University of Chicago Press.

Mayr, Ernst. 1982. *The Growth of Biological Thought: Diversity, Evolution, and Inheritance*. Cambridge, MA: Harvard University Press.

Mayr, Ernst. 2001. "The Philosophical Foundations of Darwinism," *Proceedings of the American Philosophical Society* 145: 488 – 495.

Muthén, B. and L. K. Muthén. 2000. "Integrating Person-centered and Variable-centered Analyses: Growth Mixture Modeling with Latent Trajectory Classes," *Alcoholism-Clinical and Experimental Research* 24: 882 – 891.

Plato. 1997. *Complete Works*, edited by John M. Cooper. Indianapolis, IN: Hackett.

Quételet, Adolphe. 1842. *A Treatise on Man and the Development of His Faculties*. A facsimile reproduction of the English translation of 1842, with an introduction by Solomon Diamond. Gainesville, FL: Scholars' Facsimiles. 1969.

Rasch, Georg. 1966. "An Individualistic Approach to Item Analysis," pp. 89 – 108 in *Readings in Mathematical Social Science*, edited by Paul F. Lazarsfeld and Neil W. Henry. Chicago: Science Research Associates, Inc.

Rasch, Georg. 1980. *Probabilistic Models for Some Intelligence and Attainment Tests*. Chicago: University of Chicago Press.

Raudenbush, S. and A. S. Bryk. 1986. "A Hierarchical Model for Studying School Effect," *Sociology of Education* 59: 1 – 17.

Stigler, Stephen M. 1986. *The History of Statistics: The Measurement of Uncertainty before 1900*. Cambridge, MA: Harvard University Press.

Winship, Christopher and Stephen L. Morgan. 1999. "The Estimation of Causal Effects from Observational Data," *Annual Review of Sociology* 25: 659 – 707.

Xie, Yu. 1988. "Franz Boas and Statistics," *Annals of Scholarship* 5: 269 – 296.

Xie, Yu. 2000. "Demography: Past, Present, and Future," *Journal of the American Statistical Association* 95: 670 – 673.

3 社会科学研究的三个基本原理

我认为,只有对社会科学研究的方法有深刻的理解,我们才能具体地运用统计的方法。如果没有这种基础知识支持的话,统计方法是没有太大用途的。很多人认为社会科学方法就是怎么样搞统计。懂统计固然重要,因为我们如果不懂统计、不会使用电脑的话就很难有成果,但是搞电脑、搞统计必须基于你对社会科学方法有很好的理解。今天的讲座中很重要的一个内容就是社会科学研究的三个基本原理。

我认为在社会学一百多年的历史中,最重要、最伟大的人物就是 Otis Dudley Duncan。Duncan 以前是我们学校的一位社会学家。我和他的想法很接近,所以说在很大程度上我的"三个基本原理"是在他的基础上发展出来的。他说:"社会学不像物理学。世上惟有物理学像物理学,因为对世界上的任何物理学的理解都已成了物理学的一部分。"把社会学当作物理学的一个延伸是完全错误的。社会学不像物理学,也不能像物理学。如果社会学是像物理学的东西,那么,既然已经有物理学了,还要社会学做什么?喜欢物理学的人可能不赞同这个观点,但是假如你理解社会学和物理学的差异,就会知道其中的道理。

我先介绍一下术语的定义。我讲的"社会科学研究"是指定量的社会科学研究;"基本原理"是指可以普遍适用于实际研究的方法,而不是由实际研究(即使是经典的研究)提供的结果。

我以前是研究科学史的。这一领域被自然科学史所主宰,大概80%～90%的科学史都是关于自然科学史的研究。你要是读自然科学史,就能体会到柏拉图对西方科学和哲学有极大的影响。Alfred Whitehead，一位哲学家、数学家曾这样说："欧洲哲学传统最可靠的特征是，它是由关于柏拉图的一系列注释所组成的。"所有欧洲传统的东西甚至包括牛顿的东西，都是对柏拉图的注解，他就把柏拉图上升到一个这么重要的位置。

为什么柏拉图在西方科学史上有如此重要的地位呢？柏拉图的一个很重要的贡献就是区分了本质的世界（world of being）和形成的世界（world of becoming）。这两个世界对柏拉图来说是很重要的。柏拉图为什么要做这样的区分呢？柏拉图说，你想做一个好的哲学家（也就是科学家），就要有很好的理解能力。你必须超越你能够观察到的世界，即当前面对的这个形成的世界，这样你才能对本质的世界有很好的理解。你不能看表面而要看实质，实质就是你看不到的东西，也是永恒的东西。对柏拉图来讲，真实的知识存在于普遍而且永恒的法则之中。对柏拉图来说，这就是真理。真理是普遍的、永恒的。真理不是存在于一个具体的事物之中。他把本质的世界分出来，就是说看世界不能看具体的东西，研究具体的东西你就不能看到实质。我们中学时候都学过几何，研究过圆。圆是什么？在欧氏几何里，圆是一个平面上离一个点距离相同的点的集合。谁见过圆？比如说我们看见那个钟是圆的。但是对于柏拉图来说那不是圆，因为它不可能是理想的圆，它不是由到定点等距离的点组成的。圆是抽象的，对柏拉图来讲，要研究圆的特性，你就不能研究那个圆（钟），即不能研究任何一个能够看得到的东西。圆的特征是永恒的、不变的、稳定的。这个特征只有在哲学家的脑袋里才有，具有这个特征的只能是抽象出来的东西。所以说，柏拉图让我们做的是透过现象看本质，要把形成的世界忽略，而把本质的世界看透。

为什么这样好？因为你一旦看透了本质的东西，就可以把它应用到生活中的任何方面。比如说，圆的特性你已经知道了，那么尽管有无穷无尽的具体的圆，但它们都遵循着同样的规律，就是你已经知道的圆的特性。这就是科学的一个很大的用途。为什么科学那么神圣？为什么大家都在讲科学这个、科学那个？历史上，科学在中国文化里面并不是占据很高的地位。在西方的哲学里，从柏拉图开始，科学就从哲学中分离出来，这是因为科学是永恒的，它的永恒性和普遍性是放之四海而皆准的东西。柏拉图认为法则是存在的，它有一个创造者。他这里的创造者不是宗教意义上的创造者。因为有了这些法则的存在，我们才可以发现。大家可以理解"科学发现"这个词实际上有需要推敲的地方。什么叫发现？发现意味着本来就有东西存在于那里。假如没有东西在那里，就应该叫做发明。发现是指以前就有一个人很聪明、很伟大，很早就把东西藏在那里，然后等我们去发现、去整理。那些被藏起来的东西是很好的、很有规律的东西，也就是普遍的、永恒的真理，是关于圆、关于三角形、关于世界的所有的科学的东西。牛顿也好，爱因斯坦也好，把原有的美满、永恒的真理发现出来，这就是科学的发现。

在柏拉图的哲学思想中，真理是永恒的而不是变异（variation）的。但是在实际生活中，就是柏拉图自己也知道变异是存在的。所有的圆都是不一样的，所有的东西都是不一样的。任何事情要是做比较的话，你都会发现变异和差异。柏拉图对变异的理解是什么呢？变异是对本质的世界的拙劣复制。比如说我们有个蓝图，要做一个零件，你不可能每个都做得一模一样。虽然蓝图上说是5公分，但是做出来的零件不可能刚好是5公分。根据柏拉图的观点，这就是形成的世界和本质的世界的关系。本质的世界是一个真理，它排除了差异，但是你复制的时候总会出现变异。比如说你做这个钟，圆的直径是多少，你按照这个把它做出来。一旦你先做出一个模子，这个模子必然不是标准的，这就发生了变异。模子造出来之后再去造具体的钟的时候，还是会发生变异，最终导致现实的差异，也就是每个钟的直径都不一样，每个钟的快慢也不一样。

在柏拉图看来，这些变异都不好，也都是不重要的。在他看来，世界的本质是不连续的、抽象的、单一形式的，而具体的东西总是连续的，也就是说，各个具体的东西之间总有各种差异相衔接。物理学中的伟大成就就是遵循柏拉图的类型逻辑思维的结果。类型逻辑思维（typological thinking）就是说类型是最重要的，真理存在于物与物之间类型的差别上，而不是存在于量化的差别上，也不是存在于具体的物的差异上。柏拉图的哲学也同样解决了科学和宗教的潜在矛盾。举个例子来简单地说明一下。有人说哥白尼的天文学是对宗教提出的一个很大的挑战。实际上，哥白尼的天文学是受到宗教影响的。哥白尼为什么要提出日心说？因为日心说比地心说更加简化、更加理性化、更加漂亮。漂亮的世界一定是上帝创造的。而地心说的数学模型非常复杂，哥白尼认为这不可能是上帝创造出来的。他对科学的解释不像我们以前所说的"实践是检验真理的唯一标准"那么简单。科学的可信性在于简化。科学的东西、美妙的东西一定是简化的。伽利略、牛顿对科学的解释与哥白尼是很相似的。

偏差（deviation）是什么？按照类型逻辑思维，偏差是不好的东西，是我们不希望得到的结果。通过抽象思维把这些偏差忽略掉之后才能得到真正的知识。

比如说你研究具体的圆，因为它不是标准的圆，所以得不到真理，但是如果把偏差忽略了，就可以得到真正的知识。你想想，中学的时候，老师画的每一个圆其实都是不圆的，但是我们把那些不圆的表象都忽略了。

在统计学方面，有两个很伟大的统计学家：一个是 Jacob Bernoulli，他最大的贡献是大数定律（Law of Large Numbers）；另一个是 Pierre-Simon Laplace，他的最大贡献是中心极限定理（Central Limit Theorem）。他们提供了测量不确定性的数学方法。比如说刚才那个做零件的例子，现在假设有一个零件实际上是 5 公分，让 20 个学生用很精确的仪器来测量。每个人测出来的一定不是 5 公分，有的多一点而有的少一点。这就奇怪了：为什么对同一个东西会测量出不同的常数呢？这里就存在一个误差（error），这个误差是人为的。怎么办呢？把所有的误差加起来平均一下，平均数的基数越大，平均数就越可靠，与真实值也就越接近。这就是大数定律的内容。现在假设每次都随机地找 n 个人来测量，从而每次都能得到一个基数为 n 的平均数。如果 n 比较大，但是相对于总数来说又很小（这个例子中总数是无穷大，因为你可以让无穷多的人来测量），那么做了无数次的平均数之后，就会形成正态分布，它们的平均值就是真实值。这就是中心极限定理的意义。实际上这个例子中的误差是真实的误差。为什么这样说呢？真实的常数只有一个，因为很多人在不同时候、不同温度下测量，所以结果不一样，这种误差可以通过统计补偿（statistical compensation）来抵消。

Quételet 说，我们知道社会数据存在很大的不确定性，但是我们可以通过测量理论来解决。任何一个现象的量数都有差异。比如人的高度，每个人的高矮是不一样的。但我们把所有人的高度放在一起，就会形成一个分布，而且是一个正态分布。可能在今天和明天做的抽样中，你和他的身高不一样，但是所有人身高的平均值始终是一样的。于是他提出一个普通人（average man）的理论。柏拉图说真理是永恒的、不变的，那么社会科学里什么是永恒的、不变的东西呢？Quételet 的办法就是取平均值（mean/average），他认为平均值就是社会科学追求的那个不变的、永恒的真理。为什么可以这么讲？这是因为测量理论可以应用到社会现象。任何一个社会现象的量数都是有差异的，但是这些量数的平均数是永恒的，这些量数都遵守正态分布。Quételet 说："偶然原因法则是可以应用到个体和群体的一般法则，它支配着我们的道德、智力素质，正如它支配我们的身体素质一样。"他关注的内容包括不同国家、不同地区、不同组织、不同年龄间平均数值的差异。平均数是不变的，那是因为存在一个法则，它是不变的原因。他甚至把这个普通人上升到伦理学的角度，普通人应该具有善良、崇高、美好的品质，最好的人是普通人。我们一般都讲最好的人是在金字塔最高处的人，先是最高领导人，然后慢慢下来，是院长、所长、组长。对 Quételet 来讲，最好的就是平均的，既不高也不矮，既不胖也不瘦，既不富也不穷。

　　从柏拉图的类型逻辑思维到 Quételet 的普通人理论，在很长一段时间里它们是西方科学的主流，但是这个主流思想受到达尔文的总体逻辑思维（population thinking）的挑战和修正。我现在要讲的就是达尔文的总体逻辑思维。大家都知道达尔文提出的自然选择理论对生物学做出了很大的贡献。实际上，达尔文的贡献对社会科学也非常重要。对达尔文来讲，变异是真实的，不是令人不悦的失误部分。达尔文的《物种起源》第一章就是"自然状况下的变异"（Variation under Nature），第二章就是"家养状况下的变异"（Variation under Domestication）。达尔文的思想中最重要的一个观念就是变异。虽然父母都一样，环境也一样，但是每个个体的后代都是不一样的。假如他们都一样的话，就不可能有变异，更不可能有自然选择。为什么有自然选择？比如说鱼，生下来的时候有成千上万条，这些鱼都是不一样的，如果这些鱼都长得一样就不可能有选择，也不可能选择出与自然环境更匹配的。变异特征还可以从上一代传到下一代。比如说在寒冷的海域，抗寒的鱼活下来了，接着通过繁殖，它们下一代中有一部分就更抗寒。也就是说，下一代可能是很不一样的，要不然的话就没有自然选择了。这个很重要，因为它说明了自然选择的基础——每个个体之间的差异性。而个体的差异来自每一代在繁殖过程中产生的丰富的变异。每一代的变异很多，但是只有少部分的变异能够存活下来并通过繁殖复制自身。

　　这就是总体逻辑思维，它和统计有什么关系呢？在类型逻辑中平均数是主要的内容。在总体逻辑中重要的是差异，平均数只是总体的一个特征值，是探讨真实原因的手段，而不是原因本身。这是两者之间很重要的一个区别。总体逻辑认为平均数只是总体的一个特征值，而在类型逻辑看来平均数代表着真理。William Jevons 说其实 mean 和 average 是不一样的。比如说长度，同一个人的身高测量 50 次得到的数据是不一样的，50 个人的身高分别测量一次得到的数据也是不一样的。前者是 mean，后者是 average。[①] 做这种区分是因为这两组数据出现差异的原因不同。前者实际上是一个测量的误差，它真实的东西只有一个；而

---

① 现在一般也称后者为 mean。

后者则是 50 个人之间的真正的差别，这个差别并不是误差，而是实际上的差异。社会科学的重要性在于研究为什么个体和个体有差异，而不只是比较平均数。当然，平均数也是很重要的，比如说男性的平均工资比女性高，但是谁都知道有的女人的工资比男人高。我们也知道女性的平均寿命比较长，但也有女性早死。所以说平均的差异不能代表所有的个体和个体之间的差异，这是个很重要的概念。Francis Edgeworth 也做过类似的区分。

达尔文是生物学家，他没有做过具体的社会科学的研究，那么社会科学的研究是谁开拓的呢？是他的表弟 Galton，也是英国人。他把总体逻辑思维引入社会科学。对他来讲，平均数的价值是有限的，他认为个体差异是真正重要的东西，所以 Quételet 的社会物理学①看上去很漂亮，但是在社会科学中几乎没有什么用途。对社会科学不了解的人就会和 Quételet 想的一样，重视平均数，他不知道平均数后面掩盖了多少重要的东西。平均数并不代表一切。Quételet 在社会科学里的影响相对来讲是很小的。那么社会科学的侧重点在哪里呢？应该看差异在哪里，应该把重点集中在变异（variation）和共变（covariation）上。Galton 是现代统计学的始祖，我们先讲他的共变。假如不注意个体和个体之间的关系，你不可能讨论这些东西。正因为考虑到了个体和个体之间的差异，他才提出了对变异和共变的测量。有这样一个比较有名的例子，是关于父亲高矮与儿子高矮关系的。如果父亲高，儿子的身高也偏高。但是父亲高有可能是因为运气的原因，儿子可能没有父亲运气那么好，只是偏高，但是没有父亲高，这就是回归（regression）。假如父亲很矮，有矮的基因，那么儿子就会偏矮，但是不一定比父亲还矮。在每一个阶段都存在重新再分布。也就是说，你的身高取决于你父亲的身高，但你究竟有多高是不能决定的，只能是随机的。

现在讲社会科学中变异性的独特之处。我认为社会科学的变异性比生物学的变异性更复杂，也更重要。这可能是一个新的观点。许多变异，特别是达尔文说的变异实际上是指当个体生下来的时候就已经完成了的变异。就拿刚才说的鱼来讲，一条鱼是否通过变异产生了抗寒的性质是在出生之前通过遗传和环境的相互作用就决定了的。而我们所说的变异，不仅是指个体间的变异，也包括同一个体在成长过程中的变异。我们说的这个变异是指你不但和你的父母不一样，而且你今天和明天也会不一样。比如说你今天听了我的课，虽然明天你人没有变，你的

---

① 与 Auguste Comte 的社会物理学没有关系，是两个概念。

基因没有变，环境也没有变，但是你的行为变化了。我们说的变异性除了指个体与生俱来的变异性外，还有个体在发展中产生的变异性。后面这种变异是受不确定因素影响的。达尔文讲的变异性是指可以从上一代遗传下来的变异性。实际上我们说的人类行为的变异性不一定是可以遗传的，也不一定是有物质性载体的。比如说你到这里来听我的课，你学到的东西是遗传不下去的，除非你教给你的子女，但这并不能说你可以通过基因的形式遗传下去。还有一个很重要的，就是马克思主义理论强调的一点，即人类能够改变影响他们自身的环境，这就是我们讲的社会运动和政治、经济制度的改造等等。下面一条，经济学家很重视，就是说人的行为是理性的，人能以可以预期的结果作为行动的基础。比如说上学，你认为上学对你有利，你才来上学。1992 年诺贝尔经济学奖得主 Gary Becker，就是以理性行为的理论获奖的。他说婚姻就是理性的，结婚会有好处，如果不好的话，比如男性没有钱、没有经济依靠等就不会结婚。结婚不结婚就以理性因素做基础，上不上大学，来不来听课，你和领导的关系，请客吃饭等等，都有理性基础。也就是说，所有的行为不是随机的而是经过理性计算的。还有一个就是我们所说的历史性路径依赖（historical path dependence），也就是说以前发生的事对现在还有影响。我们不可能把以前的东西取消重来。以前发生的事情影响将来，这是社会科学中变异性的一个独特之处，即使是偶然发生的事情对将来也可能会有很重要的作用。结过婚的人可能知道，你当时认识你的爱人可能是通过非常偶然的机会，认识之后就发生了很多事情，以后就是你想改变也改变不了。发生了就是发生了，以后的事都是以已经发生了的事为基础，这是不可能改变的事实。你听了这门课，或者做错了什么事，也是不可能去掉重来的。这就是一个路径依赖的问题。路径依赖是很重要的，等一下我要讲它会造成怎样的影响。

以上讲的是社会科学研究中与哲学、与历史有关的部分，下面我开始讲社会科学研究的三个基本原理。

第一个原理叫变异性原理（Variability Principle）。变异性是社会科学研究的真正本质。我们不是研究类型的，而是研究变异和差异的。当然，差异也有可能是组与组之间的差异。比如说我刚才讲了，男女之间的收入不一样，假如说男女收入是一样的话，那么我们就不会认为性别在研究收入这个现象中是一个有趣的、重要的东西。我们之所以要研究性别收入差，就是因为有差别的存在。虽然这是一个组间差别，但是我们的重点还是在差异上，比如说种族之间的差异、家庭背景之间的差异、教育的差异、家庭婚姻的差异等等。你仔细想一想，我们研究的东西是差异，而不是共性。类型之间的差异也是差异，只不过是一个特例而已。下面我就会讲到，类型之间的、组与组之间的差异是随着研究对象的变化而变化的。

下面讲第二个原理：社会分组原理（Social Grouping Principle）。为什么要分组？因为社会分组可减少组内差异。个体之间是很不一样的，但是个体可以分成组，比如分成年龄组、性别组、家庭背景境况组等等。分组显示了组与组之间的差异，这意味着每个组里面有相对组外来说更高的共同性。如果一个组当中没有共同性的话，那么组和组之间就没有差异性。如果女人没有共同性的话，那么就不可能有男和女的差异。同样的道理，每一个组当中有相对来说比较相似的特点。我们分组是基于组员之间有一定的共同性，分组以后组与组之间就有差异性。

什么是社会分组（social grouping）？我并不想在分组是唯名的还是唯实的之间有所选择。组有可能是实在的，也有可能是唯名的。这和马克思主义的阶级观念不一样，马克思主义认为社会关系建立在所有权上。我认为到底用名称还是真正的物质基础来划分不是很重要，社会分组只有根据社会结果（social outcomes）来分才会是有意义的。我不是看你分组的原则是什么，是真的还是假的，是符合这个理论还是那个理论。从统计的观点来讲，分组的意义在于它有利于研究社会结果的差异。我刚才讲的收入，假如男女之间没有收入差异的话，那么对于收入而言，根据性别分组就不重要。我是研究人口的，比如我们要研究人的死亡率，这就要考虑性别，因为不同性别之间的死亡率差很多。反过来说，假如性别之间没有死亡率的差异，那我们就不要考虑以性别来分组。分组的意义在于它是否能解释差异，所以社会分组应用于不同的社会结果或许会有不同的意义。比如说种族、民族、社会阶层、家庭背景、党派、政治面貌等很多分组，这些分组在不同的社会结果下的意义是不一样的。比如说你的政治态度和你的死亡没有关系，有关系的可能是政治态度与社会经济地位的关系，政治态度对你行为的影响。比如说，政治运动来了，你到底是参与还是不参与？这时你的政治倾向就和分组很有关系。而政治倾向和死亡率根本没有关系，至少没有直接的关系，而只是伪相关（spurious correlation）。假如说我要研究你的政治行为，那么你的政治态度和分组就很重要。

社会分组能减少社会结果的差异性，减少得越多，社会分组就越有意义。下面我会讲为什么会这样。我刚才说了，社会科学所要理解和解释的就是差异性。实际上社会科学最想做到的和柏拉图提出的并没有什么两样，我们想提供的也是很简单的、永恒不变的东西。我们能做到的话，很好，但是我们却做不到。那做不到怎么办呢？我们只能做一个妥协，也就是说，我们不可能把所有的信息都告诉人们，那么就告诉人们大量信息中很少的一部分。比如说 10 亿个人，有 10 亿个信息，这么多信息我根本不能告诉你，连我自己都不能够消化。我只能把很大的总体中的一部分信息告诉你，用的参数越少，信息就越简单，就越容易理解和讨论。比如说平均数，它也是大的总体里面的一个信息，这个信息可以理解，可以在相互之间传播。当然，平均数是一个比较粗的信息，也可以不用平均数。我只用两三个数值就可以告诉你男女之间有什么不一样，如受教育程度不一样，死亡率不一样，收入也不一样。或者我就告诉你教育的增加和收入的增加有什么关系，这只是一个参数。我想概括的总体的参数越少越好，与柏拉图讲的科学是一样的。也就是说，告诉你的信息里参数数据越少越好，越精越好，这和自然科学是一样的。但是你应该知道，这只是一种妥协而已。我们没有办法把大批量的、整体的信息告诉他人，就只好作妥协告诉他一部分。当然，告诉他的这一部分是有意义的一部分。在这种条件下，既想刻画整个总体，又要用简化的方法告诉对方很少的信息，在这两个要求下作妥协，也就是说，我虽然只告诉你一部分信息，但是这一部分概括了总体。比如说平均值和方差，这两个参数不能告诉你整个群体的情况，但是已经告诉你很多的情况。比如说性别社会分组能够解释的东西越多，它的分组就越好。如果世界上只有 10 种人，所有的人之间的差异都归于 10 组中组与组之间的差异，而每组内部没有差异，那么我告诉你每个组的平均值，就能代表所有的人。可惜这是不可能的。社会分组能够解释的社会变异越多越好，但是组内差异永远是存在的，你永远不能把组内差异解释穷尽，这是社会分组所不能解释的差异性。

　　社会科学的复杂性就在这里。我们想刻画总体，但是我们不能把所有的总体的东西都刻画出来，只能告诉你一部分参数。告诉你一部分参数就能告诉你很多关于总体的东西，但是还是有很多东西没有解释，这就是我们遇到的矛盾。分组以后，你知道组之间的差异，但组当中还有差别，怎么处理？这就是下面我要讲到的，由于没有控制其他的变量，这样做可能是粗糙的甚至是错误的。比如说，死亡率和政治倾向在表面上好像有关系，但是结果你会发现你解释的也许并不是政治倾向，而是经济地位，因为经济地位与死亡率有关系，与政治倾向也有关系。这里，简化（parsimony）是一个很重要的词。中世纪有一个神学家，他认为上帝是理性的，他创造的世界一定是简化的，假如搞不清的话，你就用一把剃刀把多余的部分从知识中剔除出去。① 我们社会分组的原则也是简化。我刚才说了，一个总体有千千万万的信息，而我要告诉你的是一些简化的东西。简化会有代价，在社会科学当中就体现为误差。这种误差并不是自然科学中测量的误差，不可以忽略不计。社会科学中的这个误差是一个真实性的、理解性的误差，是知识上的一个缺陷，是真实的而不是可以忽略不计的。这就是和自然科学或者说物理学不一样的地方。比如说，物理学的误差经过测量许多次取平均数就可以忽略掉，而在社会科学中误差就是知识上的缺陷。

第三个原理是社会情境原理（Social Context Principle）。群体变异性的模式会随着社会情境（social context）的变化而变化，这种社会情境常常是由时间和空间来界定的。也就是说，社会情境不一样，变异性就不一样。比如说，教育对收入的影响是每个社会都有的，教育高，收入高，但是并不是所有的人教育高收入一定就高。大街上，有些小学、中学没有毕业的人也有可能比你还有钱，这就是差异，但教育对收入的影响可能随着社会的变化而不一样。比如说社会制度，改革之前和改革之后就不一样，中国和英国不一样，美国和日本也不一样，中世纪的英国和现在的英国也不一样。比如说有的经济学家认为，经济发展快的话，教育的回报率高，为什么？因为机会多。教育高，知识多，容易接受新的事物。而社会经济停滞不前，就会有饱和的现象，回报率就会降低。我想讲的是，随着社会情境的变化，变异性的规律和模式也会变化，我下面讲的一些统计模型会用到这些。

社会情境不同于社会分组。因为社会情境是有边界的，是一个独立的社会系统，比如说社会主义制度、资本主义制度、美国和英国、以前的中世纪和现在，而社会分组是没有边界的。男女生活在同一个家庭，在一起工作，是没有界限的，只是因为社会研究的统计和调查的需要把他们分出来。那么，社会情境的边界是怎么来的呢？边界有两个：一个是时间，一个是空间。社会科学经常要用到时空的概念。时空很重要，达尔文讲进化论的时候也用到了时空。他不可能找到物种以前的状态，也就是说，历史已经发生了，他可能找到一些诸如化石的东西，但是他不能证明。他不能找到时间的差异，那还有一种办法就是找到空间的差异。南美可能有些东西还没有进化，与欧洲、非洲的不一样。再比如，想看看以前经济不发达的中国是怎么样的，可是在中国的发达地区已经找不到这样的地

---

① 这位神学家是 William Ockham，新唯名论的创始人。"Ockham 剃刀"是一种经济思维原则，就是要把既不能在逻辑上自明又没有经验证据的东西从知识中剔除出去。

方了,那就到落后的地方去找。这就是说时和空有很重要的意义。因为你要知道社会情境对社会关系的影响可能是不一样的,就是因为时和空是不一样的。我会讲一些具体的、实际的方法,但是今天只是给你们一个关于时和空的杠杆,使你们得到一些你们本来不能得到的东西。比如,你们只有中国计划经济时期的总体数据,不知道成熟的市场经济制度对收入的影响,怎么办?那就去找一些不同的点、不同的地区。如果你认为深圳更市场化一些,有些地方保留更多的计划经济特征,你不可能接触到将来,但是假设其他地区以后会像深圳这样,那你就做一下地区之间的差异的比较。这个差异可能会帮助你预测将来其他地区会怎么样,当然,这样做你还必须做很多假设。

个体变异的模式可以被个体之间的关系所支配,这也是社会分组无法解释的。社会分组只是讲把一部分人摆在一起,把另外一部分人摆在一起。而社会关系可能随环境而变,有些关系不是个人的,而是一个系统的属性,比如说社会制度,这是社会这个系统的属性而不是个人的属性。人们居住在一起可能采用不同的制度、不同的法律,拥有不同的文化,这都是环境的属性而不是个人的属性。所以,个体变异的模式也可以被宏观的条件所支配,比如社会结构、政治结构和文化结构。这些条件也许是间断的,即在某段时期内是确定的,但在时期之间是跳跃的。比如通过一项关于婚姻的或是关于社会制度的法律,再比如中华人民共和国 1949 年成立,都是一下子发生的条件变化。而这些条件作用的结果是连续的、不断变异的。说结果是连续的有两层意思:第一,任何一个确定的条件下的结果都是一个连续体,也就是说结果是各种各样的,不可能是单一的;第二,在条件突然发生变化时,结果的变化并不都是一下子显现的,而是可能和条件变化在时间上相分离的。有一些社会条件是突然变化的,不是确定会发生的。人的行为可以导致宏观条件的变化和人们关系间的变化,这就是社会变迁的主要来源。这是生物学没有的。我们是理性的,我们在一起可能会做一些或者理性或者看起来是不理性的事情。我们生活在一个社会系统之中,有统治阶层和被统治阶层,人们之间总是会有矛盾的,在这个时候,人们的行为会引发法律、政治和文化的变化,这些变化会造成社会变迁。

下面看一些具体的统计例子。比如说在社会科学中,至少在量化的社会科学研究中,最重要的方法就是回归分析(regression analysis)。通过调查来的数据进行回归分析,比如说对最典型的教育对收入的影响即可以做一个回归分析。我现在就举这个例子,看一些具体的问题。在这个问题当中,我们假设一个由 N 个个体组成的总体，其中 N 可能趋向于无穷大。有一个被关注的结果或社会现象作为因变量 Y，比如说是收入，并以实线来度量。我们感兴趣的自变量是 D，它有两个数值：要么是 $D=1$，表示干预（treatment）；要么是 $D=0$，表示控制（control），即不干预。比如说读大学，Y 就是收入，$D=1$ 就是读大学，$D=0$ 就是没有读大学。假定每个人都读完高中，一个总体中，任何个体要么是读大学的，要么是没有读大学的。我现在要看的就是最简化的典型案例。在这种情况下，干预作为原因会引起怎样的因果关系（causal relation）。对某一个个体 i 来说，我现在不讲抽样的问题，相对每一个人的观测数据，存在着一个反事实的结果（counterfactual effect）。我想知道读大学对收入的影响，我就应该考虑对某一个人来说，有了大学教育和没有大学教育的收入差距。这一差距必须是大学教育的影响。对每一个人，我都想得到两个数据：一个是读大学之后的，另一个是不读大学的情况下的。但是实际上，我们只能看到其中一个：要么是某一个人读了大学之后的收入，要么是他没有读大学的收入。要想知道读大学对一个人的影响，必须同时知道这两个收入数据。但是实际上，数据只能告诉你一种情况。所以说，如果没有假设，社会科学的量化是做不成的。在个体层面上你根本不可能得到因果关系，因为你无法找到反事实情况下的同一个个体作为对照组。如果你已经读了大学，我就没有办法知道如果你不读大学的收入情况会是怎样的。

我给大家举一个极端的例子，一个自然科学的例子，自然科学怎么办？比如说我想知道温度对电灯泡的寿命的影响。如果说一个房间室温很高，而另一个房间室温很低，我们可以观察电灯泡的寿命在这两个房间是否一样。在这个例子中，我可以简单地假设这个房间的电灯泡和那个房间的电灯泡是一样的，事实上这个假设也经常是成立的。假如是一样的话，它们之间的差异在什么地方？就在于室内的温度不一样。如果说任何读了大学的人和任何没有读大学的人没有本质上的差异，他们的差异只是反映在有没有读大学上，并且任何读大学的人之间也没有本质上的差异，这就是个体同质性（homogeneity）假设。假如这个假设是成立的话，我们根本没有必要去抽样和做大型的调查，我们只要研究两个人就可以了，即一个读了大学的和另一个没有读大学的，因为所有读大学的人都是一样的，所有没有读大学的人也都是一样的。所有的人都一样，那么我们就没有必要做调查。对自然科学家来说，一个分子就是一个分子，元素就是元素，而不管它们是今天的还是明天的，是这个房间的还是那个房间的。这就是同质性的问题。如果具有了同质性，我们只需要两个个体就可以了。所以我们说笑话，任何人都能研究社会学，只要把两个人的差异看成是社会性的差异就行了。但是这样了解的只有两个个案。这里的逻辑是，所有的这样的人都是差不多的。比如说，一些人说门当户对的婚姻都不好，因为某某是门当户对的婚姻，结果不好；另外一些人说，门当户对的婚姻好，因为某某是门当户对的婚姻，结果很好。这些都是依据非常不现实的假设做的非常不现实的评价。为什么这样说呢？因为所有门当户对的婚姻是不一样的，所有不门当户对的婚姻也是不一样的。假如有很大的异质性（heterogeneity）的话，结果可能就不一样了。

一般的人研究社会科学看到的是局部的、片面的东西，所以他们的结论是笼统的，没有代表性。我讲的要义在于，正因为存在总体变异性（population variability），科学抽样（scientific sampling）才成为必要。这个是搞农学的人最早提出来的，因为每一棵植物是不一样的，假如说你只取一棵植物，你怎么知道另一棵植物有同样的结果？人也一样，人也有变异性。假如你接受第一个原理（变异性原理），你就能接受这个道理。正因为总体的变异，我们要做科学抽样，取得一个样本，而样本具有代表性。个体和个体之间是有差异的，没有差异就不需要代表性了。换句话说，我们强调定量分析研究方法是因为定性分析归根结底在描述变异的现象时是不可靠的，原因在于你不知道你的个案是不是有代表性。从个案中你当然可以看得很深，但是你做定性研究，始终不知道你的研究对象是不是具有代表性。你选择的个案可能没有代表性，可能是错的。因为总体大，一定有各种各样的人，个案不能说明总体。

让我们回到大学教育和收入的例子。把总体 P 划分为两个部分，比如说一部分 P_1 是被干预的，即 $D_i = 1$，另一部分 P_0 是未被干预的，即 $D_i = 0$。这是两个子群体。q 为 P_0 在总体 P 中的比例。已经读了大学的人的收入平均值是 $E(Y_1^t) = E(Y^t | D = 1)$。对已经读了大学的人，如果他们没有读大学的平均收入是 $E(Y_1^c) = E(Y^c | D = 1)$。没有读大学的人的收入平均值是 $E(Y_0^c) = E(Y^c | D = 0)$。没有读大学的人的假如读了大学，他们的收入平均值是 $E(Y_0^t) = E(Y^t | D = 0)$。

在这四个公式里面，$E(Y_1^t) = E(Y^t | D = 1)$ 和 $E(Y_0^c) = E(Y^c | D = 0)$ 是可观测到的，其他两个则是反事实的。为什么要这么想？$E(Y_1^t) = E(Y^t | D = 1)$ 和 $E(Y_0^t) = E(Y^t | D = 0)$ 是不一样的，因为它们代表了两个总体：$E(Y_1^t) = E(Y^t | D = 1)$ 是已经读了大学的人的平均收入，$E(Y_0^t) = E(Y^t | D = 0)$ 是没有读大学的人如果读了大学的平均收入。在同样读了大学的情况下，这两组人的平均收入可能是不一样

的。我们假设它们一样，问题就容易了，但这仅仅是假设而不是事实。

同样，$E(Y_1^c) = E(Y^c | D = 1)$ 和 $E(Y_0^c) = E(Y^c | D = 0)$ 也代表了两个总体。前者是已经读了大学的人如果不读大学，他们的平均收入是多少，后者是没有读大学的人的平均收入。这两组有可能是一样的，但是也有可能是不一样的。社会科学研究当中，我们常常已经做了这个假设而不说明。这个假设使得我们过高地估计了大学回报率。因为能力强的人、守纪律的人、听话的人、与领导关系相处好的人工资会比较高，这些人上大学的可能性也比较大。因此，上过大学的人即使没有上大学的话，他们的收入也会比没有上过大学的人收入高。你相信吗？假如这个世界把大学取消了，两组人（原本读大学的和原本没有读大学的）中前者本来就应该比后者要好，不是因为读大学他们的收入高，而是因为他们本来就具有比较好的素质，而这些素质和上大学是有相关性的。

如果你比较 $E(Y_1^t) = E(Y^t | D = 1)$ 和 $E(Y_0^c) = E(Y^c | D = 0)$，实际上你假设了 $E(Y^t | D = 1) = E(Y^t | D = 0)$ 和 $E(Y^c | D = 1) = E(Y^c | D = 0)$，就是没有上大学的人假如他们上了大学，他们的收入水平应该是与那些已经上了大学的人的收入水平相似。现在上了大学的人，假如他们不上大学，他们的收入类似于没有上大学的人的收入。有了这两个假设你才可以做 $E(Y^t | D = 1)$ 和 $E(Y^c | D = 0)$ 的比较。这类比较是我们经常看到的，只是我们并不一定意识到它背后的含义。

根据总期望值规则（total expectation rule）：

$$E(Y^t - Y^c) = E(Y_1^t - Y_1^c)(1 - q) + E(Y_0^t - Y_0^c)q$$
$$= E(Y_1^t - Y_0^c) - E(Y_1^c - Y_0^c) - (\delta_1 - \delta_0)q$$

其中：$\delta_1 = E(Y_1^t - Y_1^c)$，$\delta_0 = E(Y_0^t - Y_0^c)$。

假如说所有上大学的和不上大学的人的收入的平均差异是 $E(Y^t - Y^c)$，就是平均的回报因果关系。它可以分解为以下两部分：$E(Y_1^t - Y_1^c)(1 - q)$ 和 $E(Y_0^t - Y_0^c)q$。第一部分是已经上了大学的人和他们如果不上大学相比，他们会有多少平均收入差异；第二部分就是没有上大学的人和他们如果上了大学相比，他们的平均收入差异是多少。它也可以再分解成三部分：$E(Y_1^t - Y_0^c)$、$E(Y_1^c - Y_0^c)$ 和 $(\delta_1 - \delta_0)q$，其中：$\delta_1 = E(Y_1^t - Y_1^c)$，$\delta_0 = E(Y_0^t - Y_0^c)$。第一部分就是上大学的和没有上大学的这两组人之间的简单比较。第二部分是假如两组人都不上大学的话，他们的情况有什么差异，这就是他们的未观察到的异质性问题（unobserved heterogeneity）。上大学的人可能比不上大学的人要好，即使在两组人都不上大学的情况下，他们也可能会有差异。第三部分中，$\delta_1 = E(Y_1^t - Y_1^c)$ 是上大学的这组人得益于大学对他们收入的影响，$\delta_0 = E(Y_0^t - Y_0^c)$ 是没有上大学的这组人如果上了大学能够增加的收入，$\delta_1 - \delta_0$ 即第一组人上大学得到的好处减去第二组人如果上大学得到的好处。换言之，读大学的好处对这两组人可能是不一样的。

在现实工作中，我们经常把读过大学的人的平均收入减去没有读过大学的人的平均收入，以为得到的结果就是读大学的好处和回报。这一方法靠的是假设，假设这两组人是没有差异的。平时我们计算的是：

$$E(Y_1^t - Y_0^c)$$

实际上讲的是：

$$E(Y_1^t - Y_0^c) - E(Y_1^c - Y_0^c) - (\delta_1 - \delta_0)q$$

这两者不一定是一样的。需要两个假设使它们相同，我已讲到这两个假设。$E(Y_1^t - Y_0^c)$是我们平时做的，可是要可靠地得到你想知道的东西，实际上还要知道两个信息：第一个就是在没有接受大学教育的情况下两组人之间的差异$E(Y_1^c - Y_0^c)$；第二个就是两组人接受大学教育的回报率可能是不一样的$(\delta_1 - \delta_0)q$，这个是经常被忽略的。

常用的估计值是$E(Y_1^t - Y_0^c)$，即读过大学的人的收入平均值和没有读过大学的人的收入平均值的差。这个估计值有两种偏误：第一种偏误的起因是在没有干预（没有读大学）的情况下，这两组人的平均有差异，就是这两组人在都没有读大学的情况下是不一样的，即一组人能力比较强，或者比较用功，或者比较听老师的话，或者比较能读书、能自学等等，这种偏误叫做异质性偏误（heterogeneity bias）。第二种偏误源于第二个假设，就是大学教育这个因素对两组人的影响是一样的，而实际上大学教育的影响可能是不一样的，由此产生的偏误叫内生性偏误（endogeneity bias）。只有在这两种偏误都不存在的情况下，你才可以用$E(Y_1^t - Y_0^c)$来计算。第一种偏误很简单：有些人天生就聪明，有些人天生就笨；有些人天生就勤劳，有些人天生就懒。这些不需要做干预。我的同事 Robert Willis 有一个模型是用来对付第二种偏误的：[1] 有的人

---

[1] Robert Willis 现为密歇根大学经济学系教授，兼任密歇根大学调查研究中心（Survery Research Center）和人口研究中心（Population Studies Center）教授研究员。文中提到的这一模型，请参见 Willis, R. and S. Rosen. 1979. "Education and Self-Selection," *The Journal of Political Economy* 87: S7–S36。

适合读大学，他们读大学受益多；有的人不适合读大学，他们不读大学反而好。所以说，每一个人对相同的干预的反应是不一样的，这就是内生性偏误。你不能假设这两组人读大学的效果是一样的，这两组人存在着系统性的差异。只有两种情况都没有，才可以作简单的比较。我花了十多年的时间才真正理解了这个道理。

在随机赋值（random assignment）的条件下，两种偏误的平均值都等于零。为什么要做随机赋值呢？这样就保证了在没有干预之前两组之间应该一样，干预之后两组之间也应该一样。这就是为什么在实验的情况下，随机赋值能够解决异质性偏误和内生性偏误的双重问题。

这是一个一元回归模型：

$$Y_i = \alpha + \delta_i D_i + \varepsilon_i$$

在这种情况下，D_i是指干预或是控制。我认为真正写方程时应该考虑$\delta_i D_i$，因为干预效应是不一样的。两种假设的含义是这样的：

异质性：ε_i，如果$\text{Corr}(\varepsilon, D) = 0$，则无异质性偏误，就是说被忽略的变量（两组人本质上的差异）和读大学或不读大学没有关系；

内生性：δ_i，如果$\text{Corr}(\delta, D) = 0$，则无内生性偏误，就是说回报率和读大学或不读大学没有关系。

下面我对以上说的内容做五点注释：

注释一：随机赋值是指不管你接受干预还是不接受干预（即D无论取值为1还是0）和任何东西都没有关系，和α没有关系，和ε也没有关系。D本身在研究中是一个随机变量。

注释二：异质性偏误可以由忽略变量偏误（omitted-variable bias）产生，比如说能力、政治倾向等等。

注释三：内生性偏误可能由理性的期望行为（anticipatory behavior）产生，比如说，因为你知道读大学对你有好处，所以你来读大学；你觉得你会有收获，你才来听我的讲座，这就是一个内生性偏误。这是因为人和动物不一样，具有理性。

注释四：内生性的变化（δ_i）意味着 Y 最终的变异性可以随干预 D 增大或缩小。上面这个方程，如果得益大就参加，得益小就不参加，这会出现什么情况？社会差距被拉大了。所有的社会中都有教育回报，而去读大学的人的社会回报又特别高，这样教育就会造成社会不平等。这是加强的例子。也有减少的，比如说靠政策，你受益小的我就多给你一些。比如在美国，你的工资高，你的税也就高，这样做就会减少差异性。

注释五：这个模型是不可估计的，它需要约束条件（constraint），一般的情况下，我们假定 $\text{Corr}(\varepsilon, D) = 0$，$\delta_i = \delta$（常数）。

我在评价经济学家 Charles Manski[①] 的书中这样写道："当观察的数据十分有限时，需要很强的假定才能产生显著的结果。在统计学中，没有免费的信息。要么你去收集它，要么你去假定它。"没有其他办法，因为差异这么大，要么你去收集信息，要么你去假设它，假设是不可避免的。那么我们用第二个原理（社会分组原理）怎么做呢？我们就用社会分组来控制异质性。如前面所说的，社会分组总是减少组内异质性，意味着更多的组内同质性。此后，我们可能会得到这样一个假设，即组内的差异是可以忽略的。

假定条件：$\varepsilon \perp D \mid X$，组内无异质性偏误，这就比刚才的假设要弱一些。也就是说，我们不假定任何读大学的人和任何不读大学的人是完全一样的。比如说我们测量了人们中学的成绩，我们假定在同样成绩的人中读大学的和没有读大学的没有差异。也就是说，我们控制了可以看到的变量之后再做假设，而不是在控制这些变量前就来做假设。例如家庭背景，能上大学的人相对来说家境比较好，父母收入比较高，那么我们控制了家境这个因素，再来假设家境相似的人无论读没有读大学都没有异质性差异。这就是社会分组的方法，也就是我们常常做的多元分析的方法。通过控制社会分组以后我们再做无异质性偏误和无内生性偏误的假设，这样的假设比直接做的假设要弱一些，因而更符合实际。于是我们把这个方程扩展为：

$$Y_i = \alpha + \delta D_i + \beta' X_i + \varepsilon_i$$

[①] Charles Manski 现系西北大学经济学系教授，其研究领域主要包括计量经济学、决策判断、社会政策分析。

这个方程不但有 D 还有 X。这就是我们为什么要用多元回归分析，因为多元分析可以让我们控制一些和 D 相关的自变量。这个方程式是可以估计的。

下面我对以上说的内容再做两点注释：

注释一：对 X 而言，它需要与 D 相关，这一条件叫做相关条件（correlation condition），并且影响 Y，这一条件叫做有关条件（relevance condition）。我刚才为什么说要测中学的成绩，因为中学的成绩和读大学有关系，家庭背景和读大学也有关系，没有关系的 X 可以不用去考虑。

注释二：X 应该是发生在干预 D 之前，比如说家庭背景和你读大学以前而不是以后的成绩；而且 X 对 Y 有影响，比如说中学的成绩和能力对你的收入的影响。

这些方法都依赖于较强的、不可检验的假定。没有假设就没法做。归根结底，社会统计可以建立不同的模型，因为你对社会现象做出的假设是不一样的，一种假设用一种模型得到一串数字，另一种假设用一种模型又得到另一串数字。

那么要是效果或者回报不一样，也就是解释的效力有差异怎么办呢？这就涉及自由度（degree of freedom）的问题，很难解决。有一个方法我们用得比较多，比如说一个家庭有几个子女，一个地区有很多人，就假设在同一个社会经济环境下，在一定的时间和空间的情况下，有一种模式具有同质性。我刚才介绍给你们的例子，比如说收入在北京和上海是不一样的，在内地也不一样，那么地区之间的差异就可以用嵌套数据来解决。假设在一个地区里面收入的模型是一样的，要是假设人和人之间不一样的话，就没法去计算。我们可以估算地区之间的差异、家庭之间或是组织之间的差异，但不能把人和人的差异反映出来，因为数据是个人层面的。所以这里需要假设 δ_i 为 δ_k，k 是社会情境而不是个人。假设 δ 即回报在整个社会环境 k 当中是一致的，那么这个假设就让你得到更多的方法获取更多的数据资料。观察的数据是个人的，但是又有地区之间的差异，就是说一个地区有不同的个人的数据。k 可以是空间也可以是时间，这就是社会情境原理的一种应用。

注释一：可以在个体水平作一个参数假定，并使它遵守一定的参数化分布，这就是贝叶斯方法（Bayesian approach）。现在这个方法用得比较多，其数据的结构一定要是嵌套的。

注释二：使用嵌套这个方法就可以假设在共同的社会情境中，不同的个体具有共同的特征。

注释三：假如跨越社会情境的变异是系统的，你就可以来建模型。比如说，多分层模型（multi-level model）或多层线性模型（hierarchical linear model）、随机系数模型（random coefficient model）和增长曲线模型（growth curve model），这些模型现在用得比较频繁，比如一个小孩增长的曲线是怎么样的。这是同样的道理，因为每一个人都是相似的，他们的成长是有系统的。如果人和人之间的差异不能用系统的方法来概括，那么就可以用饱和模型来概括。

现在给出几点结论：

（1）抽样很重要。因为我们只能讨论总体特征，我们不能讲个体，所以要抽样。

（2）描述性研究是很重要的。很多人看不起描述性的研究，但是我们搞社会学的、搞量化研究的，在没有很强的假定的条件下，能做的只是描述性的东西，我觉得这是很伟大、很重要的东西，否则我们什么也不知道。没有描述，我们就不知道你能活多长，你的生活状况怎么样，家庭质量怎么样，有多少小孩等等。

（3）随机实验不能完全解决我们的问题。因为我们做实验不是对总体做实验而是对一部分做实验，很难把实验结果推广到总体。比如说你在乡下的一个农村做实验，这个实验结果能够推广到全国吗？不一定，你要做很多的假设才能推广。

（4）统计学虽然不完美，但却是社会科学刻画异质性唯一可靠的工具。我也觉得统计学并不能解决一切问题，但是除了它以外没有更好的办法了。有人说美国要民主很不好，当然民主可能会运作得很不好，有时会造成很荒谬的、很糟糕的结果，假如世界上有比民主更好的东西，我们一定不会要民主。这是没有办法的事情。统计也一样，因为没有比它更好的东西。在个体水平上，反事实结果是不可能被评估和证明的。你看完一个案例，你能说它可以推广吗？不可能的。所以说定量是唯一的科学方法，没有定量的方法就没有科学的东西。

（5）只有当解释涉及所研究的总体时，统计结果才会有意义。很多人的统计报告并不告诉你报告的结果对哪个总体是适用的。做统计的时候，你就要想到你的总体对象是什么，并不是所有的对象都是适用的。比如有些结论只有北京才能适用，有的只对大学生适用，有的只对男生适用等等。你做事情一定要有一个总体的概念。没有总体就不需要做统计，你可以写感想、作汇报、谈经验等。那统计是什么意思呢？实际上，统计是有一个加权的，即合计结果本质上是加权的。

（6）因果关系总是概率性的。比如吸烟会导致癌症，但并不是说每个人吸烟都会导致癌症。

（7）我们只能研究原因的结果（effects of causes），而不是结果的原因（causes of effects）。这就是识别问题（identification problem）。因为一个事情发生了，它可能是由不同的原因造成的。比如说有十个原因，那到底是一个原因造成的还是由十个原因一起造成的呢？很多人搞不清楚，他们说引起这个事情发生有五个原因或者有十个原因。到底是这些原因都存在了，还是只要其中一部分原因存在就可以导致事件的发生就不清楚了。我们能做的就是解释有了一个特别原因会有什么样的结果，比如说教育对你的生活、婚姻和收入会有什么影响。但是假如说你问为什么你有钱，你就没法解释。

在统计分析的时候，我们总要做假设，所以说理论是很重要的。理论有两个要点：一个是对以前经验的总结概括，这是一个积累的过程，以前的经验知识可能会变成理论的东西，比如说为什么教育对人会有收入的回报，这就是对以前的经验的概括。另一个要点是，理论是一个逻辑的思维过程。有了理论的思考才能做一个比较好的假设，没有理论就没有假设。

参考文献

Willis, R. and S. Rosen. 1979. "Education and Self-Selection," *The Journal of Political Economy* 87：S7 – S36.

4 社会科学与自然科学的关系

这个报告强调哲学方面的内容，最重要的是思想上和观念上的内容，而不是技术方面的内容。这些思想上的、观念上的内容——可能和你以前学的不一样——是我多年来对方法论的理解、对社会科学和自然科学的了解和自己的一些体会。

社会科学和自然科学的关系事实上是一个很宽泛的问题。任何一个研究社会科学的人都会接触到这个问题，即社会科学与自然科学的关系是什么。你们当中有不少是学社会学的，很多老师也教过社会学方面的课，了解不少社会学的知识，所以我想你们对社会学有一定的认识，从课程中学到了很多关于社会学的知识，比如中国的现状、中国的人口、中国的家庭、中国的文化、中国的民族等等。但是我想提出这样一个问题：社会学的核心是什么呢？你可能学了很多东西，对社会有很深的了解，掌握很多关于社会的知识，但是你可能还没有学到社会学的核心。

我认为社会学的核心并不是关于社会的知识，而是得到知识的手段和方法。它不是你从一些学者的言论中获得的知识，而是你对他们的言论的批判性见解。这是最重要的。知道什么并不重要，而知道你应该知道什么，什么是对的，什么是衡量知识的标准，才是最重要的。所以，社会学的学习是培养一种批判性的思维。知识是变化的，社会是变化的，尤其是中国社会现在变化得那么快，你今天学的东西到明天可能就没有用了。但是你应该知道什么样的知识是对的，什么样的是错的，你要能对它作一个评价，评价它的结论是不是有道理。权威人物讲的并不一定就是正确的，因此不要趋之若鹜。所以我在训练学生的时候，特别强调学生要独立地思考，批判地思考，质疑他人观点是否正确，结论是否有道理。

我为什么这样讲呢？我做过美国最著名的社会学刊物的副主编，还做过一些其他的工作。假如你仔细读社会学的文章，很多文章在方法上是靠不住的，错误层出不穷。有的人认为社会学就是技术性的东西，只是作简单描述；也有的人认为社会学只是对政策表示赞同意见。其实，社会学是一门严格的科学，要做好并不容易。很多人在方法论上犯错误，他们的研究在方法论上站不住脚。一个好的学者，不但要发表自己的言论和观点，还要知道自己的言论和观点的缺陷和不足在什么地方。比如说现在有一个假设，但是由于他的证据不足，并不能证明他的假设是成立的，因此，研究者就应该意识到自己论点的缺陷，尤其是在方法论上的缺陷。假如不能认识到这点缺陷，研究就可能出问题。

我现在讲一个很简单的例子。假如我有一个研究生，他提出了这样一个假设，说一个人的数学成绩取决于他的语言能力，语言能力强，数学成绩就高。这就是一个假设的理论模型。他有了这个理论模型之后，想做一个验证，他就制定了这样一个研究方案。他去了两个班：一个是数学 101 班，这个班是基础班，有 100 个学生；另外一个班是数学 501 班，是给研究生上的高级班，这是一个小班，只有 10 个学生。这位研究生到这两个班上收集了这样一些数据：他问这两个班上的同学，"你认为你的语言能力怎么样"，"数学成绩怎么样"，"强还是不强"，强就用"1"表示，不强就用"0"表示。在 101 班上，100 个学生中有 90 个学生说他的语言能力强，有 94 个学生说他的数学能力强。在 501 班上，10 个学生中有 8 个说他语言能力强，有 9 个学生说他的数学能力强。这个研究生收集好数据之后，第二天就很高兴地跑到我的办公室来，说他收集的数据证明了他的假设，因为一个班上的同学语言能力强，数学能力也强；另一个班上的学生语言能力低，数学能力也低，这就证明了他的理论假设。假设你是我，你会给他提出什么样的批评？这样的数据存在什么样的问题？我想听听你们的意见。

学生一：1 和 0 是定类变量，不足以客观地描述具体的强弱状态；另外，他是通过一种主观测评来获得数据的，是被测者自己说的，因此数据的客观性不强。

学生二：我认为他在抽样上存在问题，他得出的数据不具有统计上的意义。

学生三：两种能力的相关可能是虚假的。

学生四：他是通过集体的语言能力和数学能力来判断个人在这两种能力上的相关性。

学生五：样本太小，调查的数量不够。

学生六：他调查的学生是两个不同层次的，他们之间不具有可比性。

谢宇：非常好。这个数据存在很多问题：一是样本规模太小，其中的差异在统计学上未必是显著（significance）的。二是这两种能力并不存在因果关系，这种相关是一种伪相关。三是天花板效应（ceiling effect），这是一个测量的问题，在做"好"与"差"两种选择时，大家都自我感觉良好——这是美国社会的一个普遍现象——这就显示不出其中的差异性。四是选择性偏差，他在收集数据时以班级为单位，而他选择的班级存在级别上的差异，它们之间不具有可比性。五是测度问题，他的数据是由被测者自己报的，学的简单的就自我感觉好，自我感觉好的自然就报好，这是由主观因素主导的，缺乏客观性。六是他的验证存在一个生态学谬误，他的理论假设是以个人为单位的，是说个人的语言能力高会导致数学成绩好，这是对于个人而言的，而他收集的数据和得出的结论是以班级为单位的。在同一班级中有些人可能数学成绩好，但是语言能力差；有些人数学成绩差，但是语言能力强。它们的关系可能是正的，可能是负的，也可能不存在关系。这就是说，当你的数据层次和你的理论层次不吻合的时候，你的数据可能说明不了你的理论，甚至有可能和你的理论是背道而驰的。这就是为什么以团体为单位来研究问题经常会出错误，因为这反映不了个人层次上的现象。

下面，进入今天的主题：社会科学与自然科学的本质区别。我将从三个方面来讲社会科学与自然科学的差异：第一个是讲社会科学与自然科学在本体论上的差异；第二个是讲社会科学与自然科学在认识论上的差异；第三个是讲社会科学与自然科学在方法论上的差异。讲述前面两个差异的目的是为了说明第三个差异，因为我侧重的是对方法论的研究。我只有先把社会科学与自然科学在本体论和认识论上的差异讲清楚，才能讲它们在方法论上的差异。当然有很多人并不同意我的观点，我也讲过这是我自己总结的观点，大家可以各持己见。有的人认为社会科学就是自然科学的延伸，社会科学就要按照自然科学的模式去做，这个我不赞同。我认为社会科学与自然科学是有根本区别的，这一点稍后我会讲到。

先从本体论上来讲社会科学与自然科学的差异。大家都知道什么是本体论，本体论是研究世界本质的一个哲学分支，研究什么是世界的本质，什么是世界上最重要的东西。换句话说，哲学也好，科学也好，我们到底要研究什么。我本科是学工科的，研究生最开始是学科学史的，当时一个很热的话题就是科学为什么起源于西方而不是起源于东方？古代中国的技术很发达，但为什么没有科学？很多人都考虑过这个问题，提出过见解。我认为这个问题提得并不好。为什么呢？因为科学是偶然产生的，科学的产生受到很多因素的影响；而技术是人人都需要的，要生存、要发展都需要技术。科学和技术在本质上是不一样的，有技术不一定有科学。科学很重要的一个来源就是柏拉图对真正知识的定义。柏拉图对自然哲学提出了很高的要求，他认为真正的知识并不是你对看得见、摸得到的现实社会的认识，而是对抽象的、超现实的理念世界的了解，这样的知识才是真正的知识。因此，他把世界分成两种：本质的世界和形成的世界。柏拉图讲的这两个世界是有很大区别的。我们一般人接触的都是形成的世界，是现实的东西，是具体的东西。而柏拉图说，你要做一个哲学家，就不应该研究这些具体的东西，应该抛开你接触到的东西，提出一种永恒的、放之四海而皆准的真理性的理论。举个例子，我们日常生活中会接触到很多圆，但是柏拉图说，如果你要研究圆，你就不应该研究你所接触到的圆，因为你接触到的只是圆的一种具体形态，并不是真正的圆，不是完美的圆。完美的圆不存在于现实中，只存在于哲学家的思想中。你要研究圆就必须抛弃具体的圆，要想像一个完美的圆，这个圆是没有形状、不占空间的，既画不出来，也得不到。科学就是要理解这个圆，你知道了这个圆的特征，就可以把它推广到任何具体的圆，这就是科学的来源。它不是要你去寻找一种具体的东西，而是要找到一种永恒的、处处适用的真理性的东西。柏拉图讲的形成的世界是什么呢？就是现实的东西，是我们人为的仿造品。所以，如果你要得到知识，就要透过现象看本质，要看到那个抽象的圆。柏拉图的理论是科学产生的一个很重要的基础，追求真理是科学家和科研活动者的一个永恒的动力。而这些东西在中国古代都是没有的，中国古代的东西都是很实用的，都是为了生存而设计的，并没有这种对真理的追求。这是中国古代没有科学的一个很重要的原因。所以，我认为自然科学是以"发掘"本质的世界中的真理为最终目的，这也是其精华所在。而社会科学是以"了解"形成的世界为最终目的。历史上很多人想在社会科学领域找到一种真理，能够适用于各个方面，并且做过许多这方面的尝试。我认为社会科学不应该是这样的。在社会科学中，我们的目的是要去了解现实社会，而不是去挖掘永恒的真理。这可能和你们想像的不一样。

社会科学与自然科学本体论上的区别也导致了它们在认识论上的差异。认识论是探索人类知识的起源、本质、方法及局限的一个哲学分支。你到底能知道什么，你怎样认识世界，这是认识论的命题。自然科学的关注点是什么？既然它追求的是永恒的、真理性的东西，那么它的关注点就是一些典型的现象。你知道了一个圆就可以把它应用到很多地方，你知道一个分子也可以应用到很多地方，甚至知道一个疾病也可以应用到很多地方。所以，你需要的是一个典型的例子，通过这个典型的例子你可以了解一个类别的东西。因此你的重点并不在于了解具体的现象，而在于了解典型的现象。而社会科学则不同，社会科学的关注点在于所有个案组成的总体的状况。你了解一个典型的例子并没有太大的用途，你最好能够了解所有的个体，对所有个体的了解就是对总体的了解。你最终要了解总体，但你是通过了解每一个个体来了解总体的。这是一个辩证的关系，我后面会讲到为什么会是这样，怎样才能做到这一点。

社会科学与自然科学在方法论上也有差异。自然科学家在可能的情况下，都希望用实验的方法来证明他的结论。虽然有些情况也是不可能的，但是至少他们是希望用实验的方法来隔离外来因素的影响。比如，你想知道温度变化的影响，在实验时你就可以对压力等其他因素进行控制。通过实验，隔离外来因素的影响，就可以得到一个很纯的规律。而社会科学不一样，我们社会科学家只能运用一定社会环境下的数据（被称为观察数据），而观察数据必然受到外来因素的影响。我们也可以做一些实验，但是大多数情况下这是无法实现的，它有很大的局限性。社会科学之所以复杂，是因为我们运用的数据是通过观察所得，而观察所得的数据必然受到外来因素的影响，这些外来因素都可能解释你的数据。你可以用统计的方法排除一些外来因素，但你不可能排除所有的外来因素。我之后要讲的因果关系就是讲为什么这些外来因素会给你一种假的现象，致使因果关系不一定成立。所以说我们的数据都有问题。如果一个人说，我的数据非常好，要么他在说假话，要么他根本就没有去收集数据。收集数据和分析数据的人都知道数据来之不易，但还是不能回答所有的问题。你应该知道这个局限性，因为它来自现实生活，受到其他因素的干扰太多。

学过统计的人就知道，统计上有两个东西很重要：一个是平均值，一个是差异。我在这里把柏拉图的本质的世界和形成的世界这两个观念用统计学的东西来进行对照。这是科学史上发展演变过来的东西。关于平均值，我举一个例子，对于一根一米长的棍子，在测量时就会碰到问题，你让几个人去测量，如果要求数字很精确的话，有几个人测量就会得到几种结果。你需要得到的长度只有一个，而你得到的数据却有一串，这时候怎么办？取平均值。平均值在统计上的理论基础是大数定律和中心极限定理。大数定律就是讲，测量的平均值会随着测量次数的增加而越来越可靠和稳定。它可能永远不能达到真正的值，但它存在这种趋向。所以要得到一个比较准确的平均值，你就要增加测量次数。这是平均值在测量上的一个很好的依据。另外一个是中心极限定理，随着样本数量的增加，其平均值越来越趋向于呈正态分布（normal distribution）。大数定理和中心极限定理对于平均值而言具有十分重要的意义，给我们的测量提供了帮助。但这两个定理也有条件，就是差异的来源必须是独立的、非系统的微小因素。比如，由你的疲劳、气候等微小因素造成的差异就可以通过取平均值的方法基本得到消除。如果没有这个条件，这两个定理并不适用。这两个定理对社会科学很重要。有一位数学家、天文学家叫 Quételet，他认为社会科学很简单。柏拉图认为科学是要找到永恒的、真理性的东西。但是柏拉图讲的科学不包括社会科学，因为社会科学研究的是现实的东西，而现实的东西是不断变化的，因此柏拉图的科学中没有社会科学，只有自然科学和哲学。但是 Quételet 说社会科学中也可以得到永恒的、一成不变的东西。怎么办呢？我们就取平均值。当样本足够大的时候，我们就能很准确地通过平均值来预测一些现象。由此，他提出了社会物理学。他认为要获得永恒性的东西就需要取平均值，这就形成了他提出的普通人的概念。社会物理学是研究普通人的，普通人是永恒不变的，是符合柏拉图对科学的定义的。下面是他的一段话："我们人类多悲哀啊！我们可以知道每年将有多少人的双手会沾满他们同胞的鲜血，每年有多少人编造谎言，每年有多少人死于毒药……"这些都是可以通过普通人来预测的。因此他就用统计的方法，用取平均值的方法来研究社会学，他的社会学就是取平均值的社会学。自然科学研究的是典型现象，而社会科学的普通人也是一个典型，但这个典型不是一种个别现象，而是一个平均数。这就是 Quételet 的观点。他这种观点是将柏拉图的传统意义上的科学观念用于社会科学研究的一个尝试，就是通过统计的方法得到一个不变的东西，这个东西是抽象的，不是具体的。但这种思想在 19 世纪受到很大的冲击。我下面要讲的是达尔文的总体逻辑思维对我们社会科学的影响。

我认为社会科学起源于达尔文，虽然我们今天记住达尔文主要是因为他的自然选择学说，但是他对社会科学的影响是非常深远的。请考虑一下，他的自然选择学说是哪里来的？自然选择的基础是差异。假如每一个孩子和他的父亲或母亲是一模一样的，这个社会就不会有变化，更不会有进化。进化的前提是差异。同样的原因会出现不一样的结果，相同的父母会生出不同的孩子，同样的家庭环境会造就孩子不同的性格。这里就有一个随机的因素，这是一种自然现象。这种差异对于达尔文来讲就是世界的本质，而不是人为的差错。既然差异是世界的本质，那差异就应该是研究的对象。我们研究的对象不应该只是一个简单的平均数，虽然这对我们也很重要，但我们不能仅仅局限于此，我们不能光讲平均，而更要讲差异。比如经济上，北京和上海等大城市很发达，但内地怎么样呢？这里就存在一个地域差异。对于达尔文而言，差异并不是一种人为造成的错误，而是一种现实的必然，是精华所在，是值得研究的东西，而不是说你知道了一个平均值，差异就可以扔掉。这是思想上一个很大的转折。因此，今天我讲的最重要的东西就是差异的重要性。我把达尔文的这种思想叫做总体逻辑思维，而前面讲的柏拉图的思想就叫类型逻辑思维，我在后面会详细对比这两种思维。总体逻辑思维是对科学的传统定义的一个挑战。传统科学是要求你得到一个典型的规律，而达尔文的总体逻辑思维是要你得到一种分布，得到所有由个体组成的一个整体。

达尔文是一个生物学家，他并没有做什么社会科学的研究。是谁把这些东西介绍到社会学来的呢？是他的一个表弟，叫 Galton，将总体逻辑思维引入社会科学。Galton 去过的地方多，见过世面，他认为有的人聪明有的人笨，平均值并没有多大意义。美国有一个笑话：有人问一个统计学家，如果把一只手放进冰箱，一只手放进火炉里，他感觉如何？他说从统计上来讲两者平均一下刚刚好。这就是平均值的毛病，平均值在很多情况下并不能反映真实的现象。Galton 还认为 Quételet 的社会物理学的用处不大，普通人并不是万能的。我想现在不论是中国社会学还是美国社会学都还保留着这种传统，就是对数据做平均值，不管什么都平均一下。但这只能反映很小的一个方面，还有很多方面被忽略了。Galton 说科学的探索必须关注变异与共变。变异有个体之间的，比如有的人聪明有的人笨，有的人勤奋有的人懒惰等；而且不仅仅是一个变量存在变异，多个变量之间也有变异，我这里把它翻译成共变，就是什么东西和什么东西一起变化。他说这才是重要的东西。Galton 是通过父亲的身高与儿子的身高的关系发现两个变量的相关性的。他把一些父亲与儿子的身高数据画成图表后发现这些点在一个椭圆之内，但这个椭圆不会变成直线，因为直线就意味着完全相关。这里，相关性的意义就是父亲的特征会影响到儿子的特征，比如父亲聪明，儿子也偏向于聪明，父亲高，儿子也偏向于高，这和达尔文的自然选择理论也是相对应的。这里除了相关还有一个关系是回归，回归就是说这种相关关系不是决定性的，不是说父亲高，儿子就一定更高。回归就是一种往平均值方向的倒退，比如你父亲很高，但你可能没有你父亲那么高，但这种倒退一般不会倒退到平均值以下。如果倒退到平均值以下，就意味着没有相关关系了。因此相关关系并不是决定性的，而是偶然性地起着非常重要的作用。社会变迁有随机的因素，再好的人家也会出败类，再不好的人家也会出凤凰。所以，相关与回归似乎是矛盾的。因为相关是讲前者对后者的影响，可能是一种因果关系；而回归是把这种关系往回拉，实际上是弱化这种关系。相关和回归是一个问题的两个方面，相关说明可能有某种关系，但这种关系不是决定性的，这是因为回归弱化了这种关系。相关和回归的关键在于差异，没有差异，就不会有相关，也不会有回归。相关和回归是 Galton 发现并命名的。Galton 是一位很优秀的科学家，但由于他叙述不清，致使相关系数（correlation coefficient）的发明权落入他人手中。Galton 发起过一个优生运动，因为通过统计，他发现有的人聪明有的人笨，他认为通过科学的方法可以促进优生，以改进人口的质量。

下面举一个反例，这是一个数据太"完美"的例子。社会科学用的是观察数据，而观察数据是有规律的，如果有人伪造数据的话，我们就可以分辨出来，因为伪造的数据一般可信度比较低。下面是一个真实的例子，讲的是英国的一个著名科学家 Burt 爵士（Sir Burt）的故事。Sir 是爵士的意思，这也反映了西方文化和东方文化对科学的不同看法。在中国，书读得好，学问做得好的人要给官，而西方是给荣誉。这个 Sir 就完全是一个荣誉，非常优秀的科学家都会得到这样一个称号。Burt 是一位心理学家，其主要贡献在于对智商代际遗传的研究。为了得到更科学的数据，他增加了样本数量，但是得到的相关系数的精确度却是不变的，不变到第四位小数都是相同的。按统计学规律，随着样本的增加，相关系数的精确度也会随之发生适当变化，而他的数据太"完美"了，真像柏拉图讲的那样永恒不变，这就好得让人难以置信。但是由于当时他是非常有名的科学家，因此没有人提出质疑，直到 20 世纪 80 年代初，才有人提出质疑。现在我们知道他的数据是伪造的，这是科学界一个很大的伪造事件，他发表的文章中的合作作者都是虚构的，他做的访问也是捏造的，得出的数据都是自己编造的。因此我们说任何学科都要有批判性，没有一种批判性的反思，这门学科就很难发展。

总结一下类型逻辑思维和总体逻辑思维的区别。类型逻辑思维源于柏拉图的本质的世界，而这种类型逻辑思维在社会科学中的运用，就是 Quételet 的社会物理学，用统计的方法来满足柏拉图对科学的定义。再具体而言就是用实验的方法，把外来因素排除，通过控制变量来达到目的。在这方面，心理学做得比较多，经济学也有，最近经济学新生一个分支叫实验经济学，但是实验的方法还是有很多缺陷的，我在最后一讲会讲到实验方法的局限性。总体逻辑思维有什么特点呢？它源于达尔文的进化论。这种总体逻辑思维并不是社会学独有的，其他很多学科也用到这种思维。但在社会学里，这种思维特别重要。我下面会讲到为什么它对社会学特别重要，我有自己的一些看法。把这种总体逻辑思维应用于社会学的主要是 Galton，他提出了变异和共变。社会科学之间虽然有差异，但是他们都会用到达尔文和 Galton 的总体逻辑思维，并且他们都要用到统计的方法。我们一方面要把事实描述得准确、全面，另一方面又要重视整体下面的每一个个体。把整个过程、事实、变量描述得准确是我们的责任，但是我们在做这件事情的过程中又会遇到一个问题，就是我们的思考能力、分析能力是有限的，当样本数量增加时，为了使我们对事实的描述更准确，我们就要运用到统计方法和统计工具。真正的科学是简单的，经得起考验的理论是相似的，越简单的越可信。很多有名的科学家都信教，最典型的例子是开普勒和牛顿，他们都相信上帝。他们认为上帝一定是一位很聪明的数学家，因此越简单的东西越可信。哥白尼的日心说之所以能够说服后人，是因为他的解释比托勒密的地心说简单很多，省去了很多繁琐的公式。

  我是做统计的，而统计是要求实证的，因此很多不了解我的同事就认为我是实证主义者。实际上，我不是实证主义者。实证主义是一种哲学观点，它认为自然科学与社会科学没有本质的区别，换言之，社会科学应该照着自然科学的方法去做，而且社会科学可以做得和自然科学一样严格。这里就有两种提法：一种是说社会科学还不够完善，还不够科学化，需要通过实证的方法把它提高，使它向自然科学靠近；另外一种是要把自然科学降低，因为自然科学也受到社会的影响，受到阶级的影响，在这方面它和社会科学一样，因此可以把自然科学降低，从而向社会科学靠拢。这两种提法在本质上是一样的，就是社会科学和自然科学没有本质的差异。但是我不同意这种观点，所以认为我是实证主义者对我而言是很不公平的。实证主义受到很多方面的挑战，包括马克思主义、后现代主义等方面的挑战和冲击。

  我虽然不属于实证主义者，但是我承认我的思想属于一个流派，这个流派就是人口学流派。这个流派在美国社会学界占很大的比重，有很大的影响力，它是以 Duncan 为代表的。人口学是一个包容性很强的综合性学科，它和社会学、人类学、经济学、心理学都是有关系的。中国的人口学太闭塞，还没有发展为一个综合性的学科。Duncan 对人口学的定义是：人口学是对人口数量、人口构成及其变化的研究。这个定义是很广的，人口数量就包括出生、死亡和迁移，而人口构成则包括家庭、学校、教育、职业等等。所以 Duncan 对人口学的定义囊括了很多内容。很多人问我是研究人口学的还是研究社会学的，我说我既是研究人口学的，也是研究社会学的，我是用人口学的观点研究人口学和社会学的。我还给人口学流派取了一个名字，叫做实用经验主义（pragmatic empiricism）。这里的"经验"是以你从现实世界收集的资料为基础，而不是你的主观经验。"实用"是说你收集的资料可能使你的想法很有说服力，但是它并不是十全十美的，只是它对你的研究有可用性。我要提到的是 Lieberson[①]，一位很优秀的社会科学家。他讲道："社会学的重要贡献之一，就在于它提供信息的能力。这些信息包容了社会普遍关心的内容，有关种族平等、强奸、贫困、无家可归者、代际流动的统计。我选择这些问题是因为它们的答案提供了有关社会的有用信息，即使它们有时候并不一定为某种理论服务。"社会学的重要贡献是它能够提供信息，社会学在这方面的能力比其他学科要强，比如说人类学、经济学、心理学、政治学。因此，在提供信息方面，我们的责任更大。在美国，几乎所有对社会信息的描述都是社会学家提供的。对于家庭的组成、家庭的破裂、生育、小孩教育和就业等比较概括性的、描述性的东西，都是我们提供的。因为其他的学科往往重视了一方面而忽视了全面的东西。美国社会的发展趋势怎么样，家庭怎么样，父母离婚对小孩的影响怎么样，贫富差距怎么样，上代人对下代人的职业影响怎么样，犯罪率是增加还是减少，离婚率是增加还是减少，这些东西都是由社会学家来做，所以我们的学科和其他学科是有很大差别的。社会学家的使命非常伟大。有时我们讲社会学家就是历史学家，只不过我们描述的历史发生在现在，而不是发生在过去。我们是把现在发生的过程和现象系统地表述出来。

Lieberson 的这段话其实是对纯理论学家提出的批评，他批评理论学家常常忽略了经验性的结果，空谈理论而不重视实际。理论是知识的全部内容，理论应该超越事实，但它必须包含已知的信息。一个忽略了已知事实的理论，只能是一

---

① Stanley Lieberson 现系哈佛大学（Harvard University）社会学系教授。

个片面的、错误的理论。他认为爱因斯坦的理论是好的理论，因为他的理论是尊重过去的经验事实的，而我们一些社会学家却不去了解社会事实，只是空谈理论。他批判了三个例子：一个是吉登斯（Anthony Giddens），他写了一本关于美国社会分层的书，书里对美国分层的描述根本不符合美国社会的真实情况。第二个是研究文化社会学的一本书，书名为《心灵的习性》，该书认为社会参与性在降低，但这个结论是建立在猜想的基础上的。另外一个就是布尔迪厄（Pierre Bourdieu），他提出一个品位阶级差异理论。Lieberson 说他们的理论缺乏论证的严密性，我赞同 Lieberson 的观点。我讲的总体逻辑思维就是强调理论要建立在事实的基础上。做社会学有两种顺序：一种是先写方法，再写结果，最后再写结论；还有一种是先写结论，再写方法，最后写开头。我是第一种人，习惯性地先摆出我使用的方法，然后描述结果，最后总结得出结论。

因果推理

首先举几个因果关系问题的例子。第一个例子是:"9·11"事件会使美国人感到恐怖吗?如果会的话,"9·11"事件就是因,美国人感到恐怖就是果,是"9·11"事件导致了美国人的恐怖感。第二个例子是:你们来参加我的这次方法论系列讲座有收获吗?如果有收获的话,你们参加讲座就是原因,收获知识就是结果。如果你们不来参加这个讲座可能就没有这种收获,但可能会有别的收获。由以上例子可以看出,因果关系问题在形式上是一个简单的问题,它包含了两个理论性概念——原因和结果——之间的关系。是不是有原因就会导致结果呢?如果把原因变量定义为X,把结果变量定义为Y,是不是有$X \Rightarrow Y$?这就要求我们正确地理解因果关系。因果关系是所有科学研究的基本目标。通过研究因果关系,我们可以准确地预测未来,为政策干预提供科学根据,还可以验证和丰富认识客观世界的理论知识。

为了理解因果关系,我们先引入简单比较的概念。简单比较是一种简单的方法,就是比较干预组(treatment group)和控制组(control group)。下面我举一个例子来说明这种简单比较的方法。在一个社区内,X_1个儿童参加了一个启蒙教育项目(Head Start),这些儿童就是干预组;而另外X_2个儿童没有参加这个项目,这些儿童就是控制组。27年后再来测量这两组人各自的受教育水平。我们用Y_1来表示参加了启蒙教育项目的干预组儿童的受教育水平,用Y_2来表示没有参加启蒙教育项目的控制组儿童的受教育水平。结果是:受过启蒙教育的儿童的受教育水平比没有受过启蒙教育的儿童的受教育水平要低。那么我们是否可以得出这样的结论:启蒙教育项目对受教育水平有负向作用?20世纪60年代,

Westinghouse 就报告了这个结果。① 从观察到的数据来看，参加启蒙教育项目与受教育水平的关系好像是负向的。但是，我们这里忽视了一个变量的作用，就是家庭社会经济地位。参加启蒙教育的儿童一般来自贫困家庭，因此得到政府资助参加这个项目；而那些没有接受启蒙教育的儿童来自比较富裕的家庭，他们的父母能够提供较好的学习环境，因此这两组人不具有可比性。在这个比较中把家庭条件较好的儿童定为控制组就是不合理的，因为在家庭经济地位的影响下，我们看不出参加启蒙教育与不参加启蒙教育对贫困儿童受教育水平的影响。因此在这个干预中不应该把家庭经济地位较好的儿童设为控制组，而应该选择两组都是来自贫困家庭的儿童，一组作为干预组，另一组作为控制组，再来测评启蒙教育对他们受教育水平的影响，这才有意义。

另外一个例子是加州伯克利大学研究生录取的性别比例问题。我们先来看一下总的录取数据（见表5-1）。

表5-1　加州伯克利大学研究生录取分性别数据表

性别	申请人数(人)	入学比例(%)
男性	2691	45
女性	1835	30

表面上看，好像男性的录取率要比女性高，但实际上是不是这样呢？我们来看一下具体分专业的录取率（见表5-2）。

表5-2　加州伯克利大学研究生录取分性别、分专业数据表

专业	男性		女性	
	申请人数(人)	入学比例(%)	申请人数(人)	入学比例(%)
A	825	62	108	82
B	560	63	25	68
C	325	37	593	34
D	417	33	375	35
E	191	28	393	24
F	373	6	341	7

---

① Cicarelli, V. G., I. W. Evans, and T. S. Schiller. 1969. *The Impact of Head Start: An Evaluation of the Effects of Head Start Experiences on Children's Cognitive and Affective Development*. Athens, OH: Westinghouse Learning Congnitive and Ohio University.

从专业的录取率来看，女性报考集中在录取率较低的热门专业，但在这些专业中女性的录取率比男性还要高。在其他相对冷门的专业里，女性的录取率都不比男性低。但是，为什么总的录取率中，女性会比男性低很多？主要是因为大部分女性集中报考那些录取率比较低的热门专业，其总录取率必然较低。男性虽然也有不少人报考了录取率较低的热门专业，但是他们中还有很多人报考了其他录取率较高的专业，因此平均下来，男性的总录取率会高于女性。因此加州伯克利大学在录取研究生时是没有性别歧视的，只是一些人只看到了表面数据，而没有深入分析。所以，我们在考虑原因、结果之外的第三个因素时，要考虑到它同时和原因、结果是什么关系，后面我会系统地讲到。假如要使男女总的录取率相等，有两种做法：一种是使录取率没有专业之间的差异，假如专业的录取率之间没有差异，男女报考不同的专业也不会导致总的录取率的差异；第二种做法是，改变专业之间的男女不平衡，女的也去学工科，而不是全都去报考像法律这样热门的专业，这样即使专业之间的录取率不同，也不会导致前面的结果。这两个因素的结合才最终导致了前面看到的结果。

在这个案例中，性别与专业选择有关系，性别影响专业选择；专业与录取率又有关系，不同的专业有不同的录取率，录取率在各专业之间有很大的差异。女性多的专业录取率较低，男性多的专业录取率较高。这两点加起来就导致了在总录取率上男性要高于女性。如果你忽略了专业这个变量，你就可能认为有性别歧视，实际上这个差异并不是伯克利造成的，而是在伯克利之外存在的，是社会现象，不是伯克利的现象。当然确实有不平等现象，从社会的角度来说是不平等的，但不是某个学校造成的。

下面，我们来看一下其他三个社会学案例。这些题目没有正确答案，我只想告诉你们现在的情况，提出来让你们思考。

第一个是从受教育水平来看，兄弟姐妹多好还是独生子女好？独生子女受教育水平高还是有兄弟姐妹的孩子受教育水平高？我想听一下大家的意见。

学生一：我认为这个问题要从两个方面来看。一个是当经济发展水平较高，家庭收入相对较高，受教育机会均等时，多子女之间由于有相互协作，他们的受教育水平就会比独生子女要高。当经济发展水平较低，家庭普遍比较贫困时，独生子女的受教育水平就会相对比较高，因为这个时候受教育的机会不均等，子女多的家庭难以支付所有子女的上学费用。

谢宇：你分析得很好，你的分析里面包含很多观点。其中一个是资源稀释（resource dilution）的观点。家庭子女越多，父母能够在精神上、感情上、经济上给予每个小孩的照顾就会减少，特别是经济上的。所以子女多了，他们的受教育水平会较低。还有人讲子女之间有帮助与合作精神，认为长子女对年幼子女会有很大帮助。但是总体上来讲，从多子女家庭出来的人受教育水平较低，而从子女少的家庭出来的人受教育水平较高。但这是不是一个因果关系，我们不知道。虽然从子女少的家庭里出来的人受教育水平高这个关系是成立的，但这个关系不一定是因果关系。比如像在美国社会，家庭的孩子数量可以多可以少，可能数量少就更重视质量，但两者是否存在因果关系，这到现在也还是一个有争议的问题。

第二个问题现在也是很有争议的，就是在婚前同居过的人离婚的可能性大还是没有在婚前同居的人离婚的可能性大？我还是先听一下你们的看法。

学生一：我认为婚前同居会增加婚姻的稳定性，因为婚前同居会使相互之间加强了解，增进认识，形成较稳定的认同，这会使他们的婚姻更加稳定。

学生二：我认为婚前同居不利于婚姻的稳定性。从观念上考虑，选择婚前同居的人一般是观念比较开放的人，他们在结婚以后如果遇到挫折的话也会很轻易地选择离婚；而那些不经过婚前同居而结婚的人受传统观念影响较大，他们就会很看重婚姻的稳定性，不会轻易地离婚。

谢宇：从理论上来分析，结论和第一位学生比较接近。因为第一，同居关系的确立会增进相互之间的了解；第二，同居会有一个投入，促进感情；第三是选择性，假如同居时发现不好，就不会结婚了。但是，实际上，在婚前同居的人离婚的可能性比没有在婚前同居的人离婚的可能性要大。为什么呢？原因就跟第二个同学讲的差不多，选择同居和不选择同居的人在观念上存在差异：选择同居的人一般观念比较开放，他们会轻易地选择同居的话，他们在结婚以后如果相互之间出现矛盾，他们也会很容易地选择离婚；不通过婚前同居而直接结婚的人，他们的观念相对比较传统，会比较重视婚姻的维系。因此婚前同居并不一定会增加婚姻的稳定性。

案例三是接受了大学教育后有什么回报？你们都上了北大，将来都会挣很多钱，但是当你挣到很多钱的时候，你是不是会认为能挣这么多钱是因为你在北大受教育的结果？在考虑这个问题的时候，我们不能通过比较上大学的人和没有上大学的人来获得认识，因为我们不知道上大学的人如果他现在没有上大学的话，他会是什么状况；而那些没有上大学的人，他们如果上了大学后又会是什么状况。这些都是我们无法知道的。因此，我们直接把上大学的人和没有上大学的人放在一起比较是不科学的。那么，我们能不能通过干预来获得对这个问题的认识，就是我们能不能让一个人既去上大学又不去上大学，然后再来比较上大学与不上大学的区别呢？这显然是不行的。当一个人去上大学时，我们就不能知道如果他不上大学会是什么样；如果一个人没有上大学，我们也不会知道如果他上了大学会是什么样。这是无法通过干预来获得认识的。

因此，归根结底，因果关系问题实际上是一个反事实问题。就是你在做某一件事情的时候，要反过来想一想，如果你没有做这一件事情，情形会是什么样的？因此，在做因果推理的时候我们必须考虑反事实的问题。对于那些接受了干预的人，你要想如果他们没有接受这种干预会是怎样的情况。比如那些受过启蒙教育的儿童，假如他们没有受到这种启蒙教育，他们会怎样呢？对于那些没有受过干预的人，你要想如果他们接受了干预，又将是怎样的状况？对相同的人来讲，受到干预和没有受到干预，会有什么区别？独生子女没有受过非独生子女的待遇，非独生子女也没有独生子女的经历。婚前同居的人不知道婚前不同居的人的感受，婚前不同居的人也不会了解婚前同居的人的体会。因此，我们在想问题的时候不仅要想组与组之间的差别，更要想同一组人在两种不同情况下的差别，因为这是一个反事实的问题，我们根本不可能通过干预得到验证。

这里就有一个很现实的缺乏数据的问题。对于一组人，我们只能知道他在一段时间内做一件事情的情况，而不可能知道他在这个时间内如果去做其他事情会是一种什么情况。比如对一个上大学的学生，我们不可能获得他不上大学的情况的数据，对一个婚前同居的人也不可能知道如果他婚前不同居会是什么情况。但是，这种数据的缺乏并不能阻止我们通过逻辑思维来对这个问题进行思考。为了简化问题便于思考，首先就需要引进假设。但是我们引入假设也是有代价的，假设是否合理会直接影响到结果的正确与否。因此你必须从最牢靠、最基本的现象来看问题，必须把你的假设建立在事实的基础上。你的结果错了有可能是因为你的假设有错误。但是由于我们无法获得反事实现象的数据，我们不得不通过引入假设推进逻辑思维。这就引入了简单比较所需假设的问题。

如果干预组对象与控制组对象大体上是相当的，那么可以用这样的假设来简化问题。这里说大体上相当，是因为他们之间的差异还是存在的，比如性别上的差异、年龄上的差异，但是通过大样本取平均值就可以忽略不计。就是假如组与组之间只有接受干预和不接受干预之间的差异，而没有其他的差异的话，我们就可以简化问题。对于第一组，我们知道他们接受干预的情况（Y_1^t），但我们不知道如果他们没有接受干预会是什么情况（Y_1^c）。我们可以假设他们和控制组是差不多的。因此，他们没有接受干预的情况会和控制组没有接受干预的情况差不多，即 $E(Y_1^c) = E(Y_2^c)$。同样，对于控制组，他们没有得到干预（Y_2^c），我们不知道他们得到了干预后会是什么情况（Y_2^t）。我们也可以假设控制组和干预组是大体上相当的，控制组接受了干预的情况就会和干预组接受干预的情况差不多，即 $E(Y_2^t) = E(Y_1^t)$。当这两个假设都成立时，第一组的干预效应等于第二组的干预效应：$E(Y_1^t) - E(Y_1^c) = E(Y_2^t) - E(Y_2^c) = E(Y_1^t) - E(Y_2^c)$。一般我们做简单比较时会有代价，这种代价就是因为我们认为受干预的和没有受干预的组大致是相同的。只有在大致相同的假设下才可以用简单比较的方法。比如前面讲的例子，假设婚前同居的人和婚前不同居的人在观念上、性格上大体是一样的，如果这个假设成立的话，我们就可以对同居和不同居的人进行简单比较。另外一个例子是上大学的人和不上大学的人，假如他们之间在能力、年龄、机会和把握机会的能力上是基本相同的话，我们也可以对他们进行简单比较。但是如果假设不成立的话，你得到的结果就会有很大的偏误。而当你的结果出现偏误的时候，你也会知道你可能是在假设上出了错误。在现实情况下，很多假设一般是不成立的，你只能在干预的时候通过对外部因素进行限制和排除才能使这种假设成立。比如婚前同居的人和婚前不同居的人，他们在观念上、生活习惯上、个性上就会存在很大的差异，他们之间是不会大体上相同的；上大学的人和不上大学的人在能力、个人兴趣等方面也是有很大差异的，我们也不能把他们完全等同。而这些东西又是我们不能通过干预来排除的。我们不能强制一些人婚前同居，一些人婚前不同居；我们也不能强制一些人去上大学，一些人不去上大学。所以用简单比较的方法计算干预的回报率，得到的结果会偏高。

为什么是偏高而不是偏低，这是一个比较具体的问题，叫做忽略变量偏误。这种偏误是不可避免的，但是我们必须把这个偏误的方向搞清楚，就是我们要知道为什么会有偏误，偏误是正的还是负的。如果干预组与控制组对象在观察到的有关特征上具有明显差异，那么这种选择性就被称为观察到的选择性。我们社会科学方法论上最头痛、最难解决的问题就是选择性的问题。人的行为是理性的，他做一件事情的时候会有他的道理，结婚也好，同居也好，这都是他自己的选择。假如这里所有的选择性我们都能够观察到，那我们还能够解决，比如第一个启蒙教育项目的例子，这里的选择性假如是由于家庭经济地位造成的，那么我们就应该对这些家庭的经济状况进行测量。关键是有很多是我们观察不到的选择性。

要解决选择性的问题，有一种方法是把所有可能的选择性全部都找出来，因为这些因素可能导致我们得出的因果关系是假的。也就是说，假如某些变量是重要的，但是你忽略了这些变量，就有可能会导致忽略变量偏误。在多元分析当中，我们可以通过统计控制，使两个组具有可比性，从而解决选择性问题。干预组和控制组是有差异的，但是我们可以通过统计的方法来对他们进行控制，使他们达到基本相同。比如，如果我们不考虑年龄的因素，我们会发现佛罗里达州的死亡率会大大高于其他州，为什么呢？当我们从年龄结构上去分析时就会发现，佛罗里达州的老年人远远多于其他州，这就直接导致了它的死亡率很高。所以当我们忽视了年龄这个变量的时候就会导致忽略变量偏误。因此，你在做统计的时候，就要尽可能地考虑到所有能够产生影响的变量，这就是我们做多元分析的基本点。在因果关系里我们想知道的就是两个东西：一个是因，一个是果。由于组与组之间存在差异，所以我们在针对一个结果去找原因的时候就要想到多个因，通过多元分析来掌握其中的因果关系。这就是为什么统计很难做，为什么问卷要设计得很长，就是因为我们要尽可能地考虑到可能对某个结果造成影响的各个变量。

但是，并不是所有的简单比较都会造成忽略变量偏误。忽略变量偏误要成立的话，必须满足两个条件。这两个条件缺少其中的任何一个，忽略变量偏误都不会出现。第一个是有关条件（relevance condition），就是你忽略的变量要能对因变量产生影响，也就是你忽略的变量要与结果有关系。第二个是相关条件（correlation condition），就是你忽略的变量要与主要的自变量相关。第一个是要和果有关系，第二个是要和因有关系，只有这两个条件同时成立才可能造成忽略变量偏误。在伯克利分校录取率的案例中，专业与录取率（因变量）有关，因为不同的专业录取率不同。而且专业与性别（主要自变量）相关，不同性别的学生集中在不同的专业。所以，忽略了专业这个变量时就会造成忽略变量偏误。

如果专业和录取率没有关系，或者专业与性别没有关系的话，就不会出现忽略变量偏误。只有当专业与录取率和性别都有关系时，忽略了专业才会造成忽略变量偏误。另一个就是同居与离婚率的关系问题，如果观念与选择婚前同居没有关系，或者与结婚后的离婚选择没有关系，就不会出现忽略变量偏误。正是因为人的观念既影响了婚前对同居的选择，也影响了婚后对离婚的选择，因此忽略观念在这两者中的作用就会导致忽略变量偏误。找出同时与因和果都有关系的变量是一个很重要的训练，下一个训练是看这个忽略变量的影响是正的还是负的。

下面来看一个例子，我们这个社会对两样东西非常感兴趣：一个是钱，一个是婚姻。我要举的这个例子把这两样人们最感兴趣的东西都包括了。这个案例就是在美国社会有一个很奇特的现象，婚礼花费的费用越高，婚姻的稳定性越强。这一结果是否忽略了有关变量？首先，请你们想想为什么婚礼的花费会对婚姻的稳定性产生正向影响呢？

学生一：因为婚姻花费越高，沉没成本越高，而这种沉没成本是无法回收的，因此在他们花费了巨额的开支而结婚后，如果要离婚的话，一是意味着他们投入的沉没成本没有获得收益，第二，他们会考虑下一次再结婚又要投入很大的沉没成本，因此他们更可能会选择维系现存的婚姻。

学生二：我觉得有两个原因，一个是如果他的婚礼办得比较大，就会牵动较多的关系，当他们要选择离婚时，要面对比较大的舆论压力；另外一个是他的婚礼花费高意味着他的经济条件比较好，而经济条件好的家庭更容易维系婚姻。

谢宇：你们讲得很好。在美国，婚礼的费用一般是由女方家庭来出的，你们讲的成本、舆论压力、经济条件都是影响婚姻稳定性的因素。婚姻本身的稳定性并不是由钱这一方面的因素造成的，它还通过很多中间变量在起作用。简单地说，婚礼花的钱多，婚姻的稳定性就高，也是忽略变量偏误导致的错误结论。因此这不是一对真正的因果关系。

现在，我们来讲忽略变量偏误的可能情况和偏误的方向。忽略变量偏误有三种情况。在这里我们规定，忽略的变量用 Z 表示，原因用 X 表示，结果用 Y 表示，Z 和 X 的关系是 C，Z 对 Y 的关系是 B。在第一种情况下，Z 分别是 X、Y 的决定因素。如果 B 和 C 有相同的符号，那么忽略变量 Z 导致的偏误是正的；如

果 B 和 C 符号相反,那么忽略变量 Z 造成的偏误则是负的。比如,假设 X 是受教育水平,Y 是职业,Z 是智力水平,智力水平是受教育水平和职业的决定因素,它会对这两者都产生影响。智力水平对职业的影响是正向的,对受教育水平的影响也是正向的,因此如果你忽略了智力水平在这两者之间的关系,造成的偏误就会是正的。第二种情况是 Z 和 X 相互影响,而不是 Z 导致了 X,并且 Z 和 X 同时是 Y 的决定因素。如果 Z 与 Y 的关系 B 和 Z 与 X 的关系 C 具有相同的符号,那么忽略变量造成的偏误是正的;如果 B 与 C 的符号相反,那么忽略变量造成的偏误则是负的。第三种情况是 Z 是 X 作用于 Y 的一个中间变量或是解释变量。如果 B 和 C 有相同的符号,那么忽略变量 Z 导致的偏误是正的;如果 B 和 C 符号相反,忽略变量 Z 造成的偏误则是负的。比如女性的数学成绩比较低,假设数学成绩对职业选择有很大的关系,如果忽视了数学成绩在性别和职业之间的关系,就会造成负的偏误。

下面我们讲的一个比较重要的东西是关于倾向分数(propensity score)的。倾向分数 $P(T)$ 表示受到干预的概率。如果存在观察到的选择性,倾向分数就是观察到的变量 Z(向量)的一个函数。我们可以通过 logit 模型来估计倾向分数的值。假设没有其他被忽略的相关因素,在我们估计得到的倾向分数的范围内(即低于受到干预的概率时)可以认为干预组和控制组是大致相当的。这样仅仅通过倾向分数这一个维度就能够对忽略变量偏误加以修正了。倾向分数是 1984 年被发现的,发现之初并没有很多人使用,但是现在用的人比较多。

最后我要讲概率性的因果关系。我们讲的因果关系都不是绝对的,而是概率性的。概率性的因果关系决定了我们只能做相对的平均值分析,做趋势的分析,而不能做绝对的分析。在这种分析中我们要讲到嵌套的原因。概率性原因对个案的分析是不适用的。另外,我们还会讲一下回归和相关在因果关系分析中的作用。我们第一个要讲的是同因不同果。在把概率论运用于研究因果关系之前,因果关系是决定性的。我们讲的这种决定性是针对概率性和随机性的。变异是社会科学的本质,相同的原因会导致不同的结果。变异又分为总体变异和时间变异。总体变异是不同个体之间的差异,比如在座的同学,你们同样是听了两个小时的讲座,但是你们对这个讲座的接受程度就不一样,有的人接受得较快,有的人较慢,这就是总体内个体之间的差异。时间变异是相同个体在不同时间的差异,比如不同的时候,人的态度、人的反应是不一样的。概率性的原因就是强调平均值和趋势。随着样本规模的扩大,因果关系渐趋近于平均值,但是这种平均值并不是针对个案而言的。这个概率性原因有两层含义：一个是有原因不一定有结果，比如子女多的家庭未必子女的受教育水平就低；另外一层含义是结果可以在没有某个原因的情况下发生，比如吸烟与肺癌之间的关系，一个人得了肺癌不一定就是因为他吸烟造成的，虽然在统计上，吸烟与肺癌有直接因果关系，但是这种因果关系并不是决定性的。第二个要讲的是嵌套原因，嵌套原因是必要条件而不是充分条件，这事实上是一个风险问题。另外，概率性原因对个案是不适用的，只有在有重复事件时，概率性的因果关系才会有意义。概率论的基础是重复，假如没有重复，就不可能有概率，也不会有概率性的因果关系。假如你要研究很具体的事件，我建议你不要用统计的方法，这基本上是行不通的。第三个要讲的是相关和回归，它们是发现因果关系的工具，这个我在以后的讲座中还会着重讲。相关和回归是一种分析的方法，但是两个事情相关并不代表它们之间存在概率性的因果关系，因为相关所反映的关系可能有很多种，不仅仅是因果相关，因此大家不要把相关当作因果。

参考文献

Cicarelli, V. G., I. W. Evans, and T. S. Schiller. 1969. *The Impact of Head Start: An Evaluation of the Effects of Head Start Experiences on Children's Cognitive and Affective Development.* Athens, OH: Westinghouse Learning Congnitive and Ohio University.

6

研究设计和抽样理论的基础

我已经强调了社会科学与自然科学的不同。社会科学重视差异，包括个体与个体之间的差异和由个体组成的整体之间的差异。我也总结了做因果关系分析时经常遇到的问题，问题的来源就在于个体与个体之间有差异。比较两个人、两组人、两个国家或者两种文化，除了看到的差异之外，还有隐藏的、看不到的东西，这就是观察不到的选择性。假如这些选择性可以观察到，能用统计方法测量到，那么就可以用统计的方法来控制。下一讲会详细地讲一些方法上的问题，即假如这些选择性没有被观察到的话，我们该如何处理。另外我还指出了造成忽略变量偏误的两个条件，即在什么情况下，你忽略了变量会导致偏误。这些都是因为人与人、一件事情与另外一件事情、个体与个体之间存在差异造成的。

今天我要谈一些相对比较传统的概念和方法上的研究设计，以及一些抽样理论的基础。一般的研究设计是从分析单位讲起，再讲分析单位的层次问题，最后讲分析单位的总体和几种重要的分析单位。分析单位就是被研究的社会实体，这些实体可能是个人、家庭、组织。任何社会学研究的对象都可以叫做研究实体，它们是研究者需要观察、了解和描述的对象。所以分析单位的涵义是很简单的，就是你想研究的事物。分析单位是有层次的，一个较高水平上的分析单位可能包括多个较低水平的分析单位。比如个人是生活在家庭中的，多个人组成一个家庭，多个家庭又组成一个社区，多个社区组成一个县，多个县形成地区，地区再组成国家。社会现象存在差异，而差异首先就表现在分析单位的不同层次上。差异所在的地方，就是需要解释的地方。假如你不知道差异在什么地方，你就不可能找到合适的解释。比如说文化，如果找不到文化之间的差异，就很难解释两个国家之间的差异。解释的差异和社会结果的差异要吻合，否则解释就是失败的。所以，在确定了研究对象在什么样的层次上后，解释的差异和社会结果的差异就要在这同一层次上。

一旦建立了分析单位，就要知道分析单位的总体是什么。确定分析单位的总体是非常重要的，因为要解释的是所有现象，而不是一两个现象。举一个例子，如果要评估北大社会学系20年来教学质量的趋势，什么是总体？我想听一下同学的回答。

学生一：是社会学系。

谢宇：社会学系不是一个变量。假如有几个系的话，我们可以做一个比较，但如果只有一个系的话，它就不成为一个变量。

学生二：是不是北大社会学系每年的招生质量？

谢宇：很好，但你讲的是生源的质量。我的答案是社会学系所有20届的学生。以每一届学生为一个观察点，想知道20年来教学质量的变化的话，就对每一届学生进行一个比较分析，从一届到下一届，比较他们的教学质量有什么差别。这里的分析单位是一届学生，而分析单位的总体就是整个20届北大社会学系的学生。所以在选定一个研究对象后要知道它的分析单位是什么，知道了分析单位后要知道分析单位的总体是什么，这是做研究的第一步。

在具体的研究中，我们会用到哪些具体的分析单位呢？有这样几种重要的分析单位：第一个分析单位是个体，个体在社会学中基本上是指个人。个体是社会学最基本的分析单位，其他的分析单位都是由个体组成的，没有比个体更小的分析单位。第二个分析单位是人群，人群作为分析单位时它的很多特征是由个人的特征汇总而成的，对人群的测量是通过对个体的测量汇总而来的，例如种族、社区、家庭等由个体集中起来的群体；或者例如男性工作者的工资要比女性高，工资本来就是以个人为单位的，两性的比较是通过对不同个体的汇总得到的。第三个分析单位就是组织，组织不仅仅是个人的集合，它重在组织成员之间的关系。关系是不能靠一个人形成的，没有学生就没有老师，也就没有师生关系。组织的重要性在于它强调了关系。涂尔干（Émile Durkheim）就曾强调社会学研究的是社会现象，社会现象不是由单个人造成的。当人们参加组织和团体活动时，个人的力量就被组织的力量所掩盖。社会学之所以重视对组织的研究，是因为组织虽然是由个人组成的，但是它已经超越了个人本身而形成了一种关系。这种关系就是一种社会事实，而这种社会事实就是我们社会学要研究的重要部分。第四个分析单位是社会艺术品，比如书籍、建筑、绘画等。

下面要谈谈时间性。时间性是一个很重要的概念。要研究社会现象，就要关注时间。时间从方法论角度来讲是一种信息；从理论角度来讲是研究的对象。譬如人的行为是随着人的经验、经历而变化的，以前的经历会对以后的经历产生影响，你这方面的经历对那方面的经历会有影响，这些都与时间有关系。研究社会变化也是如此。因此，在考虑社会变化和个人变化时，都要考虑到时间性。做方法论也要注意时间性：什么事情先发生，先被观察到；什么事情是后发生的，是随后观察到的。因此时间性是一个很重要的概念。

根据时间性，可以把研究设计分成两大类：一类是横向分析，另一类是纵向分析。横向分析是在一个时间点上的分析，是社会发展历程中的一个"快照定格"。要了解一个社会就要从横向分析开始，这是最基本的分析。虽然横向分析给你的信息是有限的，但是这些信息很有用处，是研究社会的第一步。比如在美国，每十年进行一次人口普查。中国第六次人口普查刚做完。每一次普查都是一次横向分析，是对社会的一次解剖，解剖的时间是人为决定的。在美国还有很多横向分析，我举两个例子：一个是"现时人口调查"（Current Population Survey），简称CPS。它始于美国的大萧条时期。美国政府为了监测经济发展情况，防止大萧条的再度发生，由政府出资，每个月都对经济发展的一些指标进行统计分析，通过这些指标来了解经济发展的状况，看当前的经济状况是否面临危机。另外一个横向研究是"监测未来"（Monitoring the Future），这是密歇根每年都做的一个很大的针对中学生的调查。美国青少年中有很多不良现象，这个调查就是为了监测青少年的不良行为，包括吸烟、喝酒、吸毒等。但是横向分析的信息是有限的，因为它忽略了动态的因素。为了了解动态的现象，我们就要采用纵向分析的方法。

纵向分析有助于推导因果关系，因为从纵向分析中你会很清楚地看到什么事情先发生，什么事情后发生。从理论上来讲，先发生的是原因，后发生的是结果。比如在美国，一个很重要的发现就是父母离婚对小孩的教育、成长状况、心理健康以及以后的行为都会产生不利的影响。如果要研究这个课题的话，首先要观察到哪些家庭离婚了，父母离婚前小孩的行为和父母离婚后小孩的行为有什么不同。因为我们假设父母离婚后，小孩会改变他的行为，偏离他原来的生活轨迹，所以说纵向分析对社会学研究有很大的帮助。

纵向分析有两种类型：一种是趋势分析（trend analysis），一种是追踪分析（longitudinal analysis）。其中趋势分析并不是真正的纵向分析，我之所以把它们放在一起是要你们知道它们的区别。趋势分析是在不同时点上对同一总体进行独立重复抽样的研究。我要强调的是趋势分析是对同一总体的研究，每次的研究对象可以是不同个体，但必须是来自同一总体，而且第一次研究和第二次研究是独立重复的研究。因此，从方法论角度来讲，趋势分析实际上不是纵向分析，它可以被称作汇集的横向分析，就是把在不同的时点做的不同的横向分析汇总起来。我们做趋势分析并不是一次就做成的，比如人口普查，每十年就要做一次，如果把一次次的数据汇总起来就可以看出社会的变化。我们对国家、对社会、对任何总体在不同的时间抽不同的样，就是想对总体的趋向有一个了解。比如说人口的增长、教育对人口素质的影响，这些趋势都是我们需要研究的。这些都是通过在不同时间抽不同的样来反映总体的变化，因此趋势分析也叫做重复的横向分析。趋势分析的例子有前面讲过的美国的人口普查、现时人口调查等。只要把这些资料汇总在一起，就能看出美国社会的很多变化。

为什么说这些趋势分析不是真正的纵向分析呢？因为真正的纵向研究是追踪研究。追踪研究是对同一人群（同一样本）在不同时点上做的重复观察。前面的趋势研究是对同一总体取不同的样本，通过不同的样本来反映总体在不同时候的状况，从而看出总体在一段时间内的变化趋势。而追踪研究是对同一个样本的研究，我们抽取的样本没有发生变化，第一次取样后，我们就一直针对这个样本进行研究。由于样本有时候是流动的，这就有跟着原来的样本流动、核实样本的真实性等问题，因此做追踪研究的成本很高，花费很大。但是用高成本来做追踪研究是有回报的，因为追踪研究比汇集的横向研究提供的信息更多，得到的资料更加有效，科学价值更大。利用这些资料，我们可以做出更好、更科学、更可信的研究，这就是我们为什么花这么多金钱和精力去做追踪研究的原因。例如从1972年开始，美国做了一个"全国高中生纵向研究"（NELS）的项目，研究者抽查了一部分在1972年中学毕业的应届学生，然后于1973、1974、1976、1979和1986年分别对第一次抽样调查的那批人进行追踪调查。这是由政府出资、大学学者做的调查，得到的资料共享，谁要用都可以。我的博士论文就用了这个数据，现在我还在用这个数据做关于教育方面的研究。

为了让你们更明白趋势分析和追踪分析得到的数据的差异，我举一个例子来说明（见表6-1）。

表6-1　1970年与1980年男性和女性劳动参与率比较

单位：%

性 别	1970年		1980年	
	有工作	无工作	有工作	无工作
男	90	10	85	15
女	50	50	60	40

在所抽样本中，1970年男性有90%有工作，10%无工作；女性50%有工作，50%无工作。而到了1980年，男性85%有工作，15%无工作；女性60%有工作，40%无工作。可见在这10年内，女性的就业率有所增加，也表明女性的社会地位有了提高。这种研究是趋势研究中比较典型的，它是通过横向分析的数据汇总而来的。但是在1980年的数据中有工作的人到底是在1970年就有工作，还是原来没有工作后来找到工作的呢？而1980年没有工作的是1970年有工作的还是1970年就没有工作的呢？这些问题我们从这个表中就得不到解决。因此，趋势分析只是能够看清研究对象的发展趋势，但是它有很大的缺陷，就是无法知道具体个体的变化。这种缺陷怎样才能弥补呢？下面我们来看另一张表（见表6-2）。

表6-2　男性和女性1970年与1980年劳动参与率追踪比较

单位：%

	男		女	
	1980年有工作	1980年无工作	1980年有工作	1980年无工作
1970年有工作	80	10	15	35
1970年无工作	5	5	45	5

从这张表中我们就能看到，男性中有80%在1970年和1980年都有工作，5%在1970年没有工作，到了1980年有工作。另外有10%的人在1970年有工作，因为某种原因如退休、失业等，到了1980年就没有工作了。而有5%的人在1970没有工作，到了1980年还是没有工作。在女性中，只有15%的人在1970年有工作，在1980年还有工作。而45%的人在1980年有工作但在1970年

没有工作，可见，女性做临时工作的比较多。从这张表中我们就能很清晰地看出具体某个人群就业情况的变化。这种研究是追踪调查中比较典型的，它包含的信息量就比趋势分析得到的信息量要多得多，这就是我们为什么花费很高的成本去做追踪调查的原因。追踪调查比趋势调查能提供更多的信息，并且根据追踪调查你可以推断趋势，因为你能掌握不同个体在不同时间的状况，把这些个体汇总后就是总体的变化趋势。而趋势分析仅仅能够知道研究对象大致的变化趋向，却不知道总体中具体的个体的变化。现在有什么问题，大家可以提。

学生一：我想问一下追踪调查是不是一定要以个人为单位？

谢宇：不一定，这要根据你的分析单位具体而定。如果你的分析单位是组织、家庭等，就不是以个人为单位。因此追踪调查的单位要具体看总体的分析单位而定，并且在调查中分析单位不能变。你要根据你的分析单位来抽样，抽样好了之后就要追踪这些样本，收集他们的信息和资料。

学生二：追踪调查的时间是怎么选定的？

谢宇：这是一个很好的问题，这要根据你对所研究问题的了解。虽然实证性研究很重要，但理论也很重要，这节课我没有讲。理论就是你对这个现象的了解，你对全部现象的了解综合而成就是你的理论体系。因此对时间的选择关键在于你对这个现象的了解，如果它变化很快，你定的时间就要频繁一点。比如1972年中学应届毕业学生的例子，被调查对象中学刚毕业变化特别大，因此那个调查项目在1973、1974年连续调查了几次。你上不上大学，上大学又上什么专业，毕业后有什么打算，这都是变化很快的，因此要每年都调查，甚至一年调查两次，比如春季学期和秋季学期，看你是否仍在上学。而有些东西的变化就比较慢，如人口的增长，退休后老年人的生活状况，像这些现象就可以间隔较长一段时间做一次调查。所以选定追踪调查时间要看你所要调查的社会现象的变化速度。变化速度较快，前后调查间隔的时间就要较短；变化速度较慢，间隔时间就可以相对长一些。

学生三：如果选择的分析单位是一个群体或一个组织，如果在一段时间内组织内部发生了人员变动，这会不会使追踪调查退化成趋势调查？

谢宇：这是一个比较复杂的问题，这个问题的关键还是要看分析单位是什么，假如分析单位是机构的话，你设计的观察项目和指标就会跟观察个体有所不同。因此你在做机构和组织的追踪调查的时候，你不需要考虑到组织中个体的变化。比如研究企业的，我们就追踪企业的发展变化，看它什么时候诞生，什么时候转型，什么时候破产等。虽然在追踪组织的时候，组织内部的人员结构、个人能力等都会发生变化，但是我们仍然可以把组织作为一个分析单位来追踪。

学生四：追踪研究可以推断出趋势的变化，那它是不是可以代替趋势研究？

谢宇：这个问题很有意思，很多人都认为可以。在人口普查方面，美国可能是较早的不用趋势研究而直接用追踪研究的国家，因为如果你能够对每一个个体都进行追踪的话，就可以不需要趋势研究了。这就有两个问题：一个是成本的问题，追踪研究的成本很高，花费很大，它要比趋势研究贵很多。第二个是追踪研究的对象会有损失，由于很多原因比如研究对象不再愿意被研究，或者是你找不到原有的研究对象等，这些原因就会导致一些追踪调查无法进行下去。所以，你假如要用从留下的人那里得到的资料做一个推广的话，就一定要做一个假设，就是没有被追踪的人可以用已经被追踪的人来代替，可以用统计的方法来推论他们的情况。因为这里需要做一个假设，所以很多统计学家对此不满意。还有一种方法就是不断地补充样本，像一个渠道一样，一定要有源头活水，这样才能保证样本的新鲜性，从而使调查资料更具有科学性。

学生五：这种追踪研究能否反映总体的结构变化？

谢宇：应该是可以的，虽然有一些东西通过追踪调查还是观察不到，但是就趋势调查和追踪调查来讲，理论上而言趋势调查能做的，追踪调查基本上都能做到，只要总体不发生变化。保证了这一点，就可以通过追踪研究来观察总体结构的变化，因为你不仅能够知道总体的变化趋势，还能够知道具体的个体的变化情况，通过对个体的全面了解，你就能够把握总体的结构。

下面我们谈下一个题目，这个题目叫概念化（conceptualization）。概念化是把理论的东西变成可以测量的东西的第一步。我先给它下一个定义，再讲一下概念化的测量维度，然后比较一下这些维度，最后给你们举一个社会学的例子。

概念化是建立并澄清概念的过程，也就是用语言和例子来说明一个概念，以获得一个准确的定义。只有给概念一个准确的定义，我们在研究和讨论问题时才会有一个相同的起点，否则"公说公有理，婆说婆有理"，很难达成共识。因此概念化就是要把不同的观点放到同一个平面上，给它一个定义，这个定义就是一个共同的起点，有了这个起点，其他的研究才可以进行。比如我们研究教育的回报问题，那么什么是教育，上学是教育，实践也是教育，我们就必须对教育有一个很明确的定义，给出一个概念。我们经常把教育定义为在学校获取的知识和得到的培训，这样就可以把教育限定在学校范围内。你在学校里没有得到知识和培训，这不是教育；你在学校之外得到的知识和培训也不算教育。有了这个概念以后对教育的研究才有了一个共同的起点。为了让大家进一步了解概念的含义和测度，我要问你们一个问题：什么是社会地位？划分社会地位的标准是什么？

学生一：社会地位有很多种，一种是根据财富划分的社会地位，一种是根据政治职位，还一种是根据职称，比如教授等，还有可能是根据年龄和血缘关系等，这些都可以用来划分社会地位。

谢宇：你讲的都是具体的标准，但不是概念性的。假如我们从理论角度上去考虑关于社会地位的比较重要的概念，你会想到哪些？

学生二：职业及其社会影响。

学生三：个人在不同社会阶层中的地位。

学生四：社会地位的不同，关键在于划分的标准不同。

谢宇：那么，什么标准比较重要呢？

学生五：占有资源的标准。

谢宇：资源，还有呢？

学生六：声望。

谢宇：非常好。我的观点是，衡量社会地位时，有三个概念很重要。你们的答案可以用这三个来概括：财富、声望和权力。有财富就有社会地位，但是有钱也不是万能的，财富不能涵盖社会地位的所有方面，有的人只是有钱，却没有声望和权力。哈佛的教授工资不是很高，但是他们很有声望，因此声望也是一个很重要的标准。有的人工资不高，声望也不高，甚至有时候还有点糟糕，但是他有很大的权力，这也能给他带来很高的社会地位。这三个标准中的每一个都有不同的表现。比如财富可以是工资收入，可以是不动产，也可以是投资，它们都是财富。但总的来说这三个方面就可以将社会地位的所有方面都概括了。同时这三者含义不同，是不可以互相替代的。有的人有财富但没有声望和权力，有的人有声望但没有权力和财富，有的人有权力但没有财富和声望。当然，很多人想同时拥有这三样东西，但这是很难实现的。

这个例子说明一个理论上的概念可能会有不同的测量维度。维度是为了量化某个概念，为了对概念的总体（而不仅仅是部分）进行分类或区分，而从概念中分解出来的，可以被具体指标衡量的次级概念。一个概念可以包含几个维度，因为有的概念无法通过一个维度来测量。通过概念化，我们就可以将社会地位分解为三个维度：财富、声望和权力。好的维度划分应该既能完整地表达概念各方面的含义，又能避免维度的重复和交叉。当维度不能被直接观察到时，就需要用到指标。指标是很具体的，是可以被直接观察到的，是概念具体的量化标准。比如为了衡量权力，我们可以用这样一些指标：一个是管辖的人数有多少，管辖的人数越多说明你的权力越大。另外一个是管辖权限有多大，管辖的权限越大，你的权力越大。比如系主任管辖的权限就很小，而军官管辖的范围就很大，这就说明系主任的权力较小，而军官的权力很大。衡量权力的指标还包括每年能够制定的预算的多少，你的预算越多，你的权力就越大。尤其是在计划经济时代，预算越多，要的越多，下一次预算就更多，这是计划经济体制的弊端。还有一个衡量权力的标准是你所控制的设施的多少，你掌握的设施越多，你的权力就越大。

下面我们来比较一下概念、维度和指标。这三者在某种情况下是一样的，可以相互转换，比如一个研究对象只有一个概念，这个概念只有一个维度，而这个维度又只有一个指标时，那么它们三者就是一样的。它们的区别就在于概括的层次不同。概念是高度的概括，维度是一般性的概括，而指标是很具体的，可以直接测量，所以这三者的关系就在于具体的程度。有的概念比较简单，比如性别，概念、维度、指标都是性别，只有两种可能（男、女）。而复杂的概念存在多个维度，一个维度又有多个指标。当一个概念只有一个维度，并且这个维度只有一个指标时，这个概念本身就是一个变量。变量是一个统计术语，是指可以取不同数值的量。一般维度和指标都可以是变量。比如权力，可以大也可以小，这就是一个变量；性别，可以是男也可以是女，这也是一个变量。指标是一个操作性的东西，是具体的；概念和维度是比较抽象的东西，具有思想性。

下面我们讲测量。当我们谈到测量的时候，就必然涉及变量和指标。因为变量和指标是很具体的，我们在做测量时必然要引入变量，而变量的测量要通过指标来表示。测量就是给分析单位赋予一个具体的数值，以表示变量的类别和差异。这个数值在不同的情况下表示不同的意义，很多人在这方面会犯错误。测量就是要抓住事物之间的差异，通过一定的指标来衡量这种差异，把研究对象区分开来。前面讲了数字在不同的情况下含义是不一样的，原因是测量的时候有不同的尺度，用不同的尺度测量出来的数值表示不同的意义。

因此我们接下来要讲测度（scales of measurement）的类型。测度的类型有四种：名义测度（nominal scale）、次序测度（ordinal scale）、间距测度（interval scale）和比率测度（ratio scale）。名义测度是根据某些变量，将样本区分成两个或者多个类别，比如你把所有的人分成不同的类——好、中、坏等。名义可以任意赋值，这些数字不代表任何数学意义，比如白人=1，亚裔=2，黑人=3。因为这些数字本身并不代表任何数学意义，它不能用来进行运算，只是起到一个区分的作用。确定分类标准有两个原则：一个是穷尽性，就是每个个体都必须归到其中一类；另一个是互斥性，就是一个个体不能归到两个或多个类别中。测度的第二种类型是次序测度。在次序测度中，赋值只是表示样本取值在一个维度上的排序位置，比如最典型的李克特量表（Likert scale）。事实上，次序测度并没有内在的测度标准，你仅仅知道它们之间的相对排序，不能用来做简单运算。假如你想知道不同测度之间的差距，你就要用到间距测度。间距测度假设数字间有相同的距离或间隔，间距测度的数据不仅表示排序位置，也表示数值。当一个间距测度变量有一个绝对零值时，这个间距测度变量就成了一个比率测度变量。比如重量，它有一个绝对零值，它还有单位，因此重量是一个比率测度变量。

我们来比较一下这四种测度。名义测度只告诉你分类；次序测度不仅告诉你分类，还告诉你各个类型之间的排序；间距测度不仅告诉你分类、次序，还告诉你间距大小；而比率测度则既告诉你分类、排序、间距大小，还告诉你绝对零值。所以这四种测度是由一般向特殊变化的，最一般的是名义测度，所有的研究都是从这里开始，因为最开始我们要根据研究对象的差异分出不同的类别，然后随着研究的深入，测度也要不断地特殊化、具体化。

下面，我们讲估计的基础知识。统计的知识很多，书本上讲的比较简单，但是要探究原因就比较难，所以我想回顾一下估计的基础知识。首先要知道我们做统计是迫不得已的，如果我们可以直接研究总体的话，就不需要样本，也就不需要统计了。因为做统计是用样本来推论总体，如果我们能够直接对总体进行研究分析的话，就可以不需要统计。什么是总体？总体就是在一个封闭的系统中，所有元素的完全排列。样本就是总体中的子群,总体中的任何一个子群都可以叫样本。举一个例子,我住的城市1990年普查的时候有109592个人,我们抽了一个1096个人的样本进行研究。我下一次会讲到具体抽样,在这里暂且不提。现在讲参数与估计。具体而言,我们研究总体就是要研究总体的参数。参数是总体的某个特征,比如中心趋势(central tendency)的测度和离散趋势(tendency of dispersion)的测度等。我们用 θ 来表示总体参数(population parameter)。这个总体参数是我们永远得不到的,只能通过估计来得到一个比较接近总体参数的估计值。估计是根据样本来推算真实参数,从而得到总体参数的样本估计值,用 T 表示。样本估计值也被称作样本统计量(sample statistic)。这里有两个名词:一个是总体参数,一个是样本统计量。我们想要总体参数,但是实际中无法得到,我们只能通过样本统计量对它进行估计。比如我们想知道以下这些总体参数,如总体的平均值、总体的方差、总体的相关性、总体的交互表等,我们就可以通过样本统计量来对总体参数进行估计。比如用样本的平均值来估计总体的平均值,用样本的方差来估计总体的方差,用样本的相关性来估计总体的相关性,用样本的交互表来估计总体的交互表。样本统计量是可以计算出来的,通过样本统计量来估计总体参数就叫做统计推论(statistical inference)。统计推论是用来评价样本统计量的可靠性的一种方法。对于任何总体参数都会有许多样本统计量,为了评价样本统计量的好坏,我们要进行统计推论,而要进行统计推论,我们首先必须对总体进行抽样。

最简单的抽样方法就是回置的简单随机抽样。它有几个特点:简单是指总体中每一个元素被抽到的概率是一样的;随机是指按机遇抽取样本;回置就是指抽中的元素要被重新放回总体。回置与否还要看总体和样本的大小,假如样本相对于总体而言很小的话,回置与不回置是没有多大区别的。我举一个例子:在一个封闭的区域内,科学家怎样来估计熊猫的数量。这里使用的是一种我们很常用的方法,叫做"捕捉—再捕捉"的方法。它有一个假设,就是假设捕捉是完全任意的。我们先捕捉一批熊猫,做上记号后放回去,过一段时间后我们再捕捉一批熊猫,看第二次捕捉到的熊猫中有多少是第一次捕捉到的。如果第二次被抓住的熊猫中很多是第一次被抓住的,就说明总数很小;而如果第二次被抓住的熊猫中很少是第一次被抓住的,就说明熊猫的总数很大。假如通过抽样我们得到这样一个数据(见表6-3):

表6-3 两次随机捕捉熊猫的统计数据

单位：只

		第二次捕捉		总　　数
		捕捉到	未捕捉到	
第一次捕捉	捕捉到	10	90	100
	未捕捉到	90		
总　　数		100		N

第一次抓了 100 只，第二次又抓了 100 只，第二次抓的 100 只熊猫中有 10 只是第一次抓到的。我们假设这两次捕捉是独立的，是不相关的，那么两次被抓住的可能性是第一次被抓住的可能性乘上第二次被抓住的可能性。我们假设熊猫总数为 N，第一次被抓住的概率是 $100/N$，第二次被抓住的概率也是 $100/N$，而两次都被抓住的概率则是 $10/N$，就有 $100/N$ 乘上 $100/N$ 等于 $10/N$，算出来的 N 就是 1000。

然后我们要讲估计值的抽样分布，学习统计中很大的一个障碍就是很多人不了解抽样分布。当我们做统计时，我们并没有观察总体，而仅仅是观察了一个样本。假设我们从一个总体中重复地抽样，所抽取的各个样本是不同的，根据许多次重复的抽样，对同一总体参数的多个样本估计值可以形成一个分布，这就是抽样分布。在实际的操作当中，我们总是把通过统计得到的样本统计值放在抽样分布的中间，认为即便这种分布会发生变化也只是在这个样本统计值左右变化。这种分布是假设性的，因为我们实际上只取了一个样本，只得到了一个样本估计值，而其他的估计值是在假定的重复抽样条件下设想出来的。

我们再来回顾一下抽样设计。第一个是简单随机抽样。它实际上是一个很简单的操作，先给总体中的每一个元素一个数值，然后随机地抽取一部分作为样本，这个过程经常是由计算机来操作的。这种方法与抽奖是一个道理，简单是指每个元素被抽到的概率是一样的。第二种抽样方法是系统抽样（systematic sampling）或叫等距抽样，步骤是先根据总体的规模和样本的规模计算抽样间距，然后对总体的所有元素进行排序，根据抽样间距把总体分成等距的若干部分，在第一个部分中随机抽取一个元素，然后按照抽样间距依次在每个部分中抽取一个元素，这些元素的集合就构成了样本。这种方法比简单随机抽样还简单，但是使用这种方法时要注意一点，即在对总体进行排列时，排列顺序不能与自然排列有关，否则抽出来的样本就不具有代表性。

我要强调的一种抽样方法是分层抽样（stratified sampling）。分层抽样要比简单随机抽样和系统抽样更复杂。但是任何方法都是有得有失的，付出的代价越多得到的回报也就越多。分层抽样虽然复杂，但是它有很多的好处。它保证了抽取的样本对某些重要特征的代表性。比如我们要抽取一个样本容量为 100 人的样本，假如用简单随机抽样的话，就无法保证样本的性别比。如果我们的研究需要保证男女性别比例相同的话，就要用分层抽样的方法。我们先把总体分成两个子总体，在这个例子中就是先把男性和女性分成两个不同的子总体，然后在每个子总体中随机抽取 50 个人，这样就保证了样本中男女性别比为 1∶1。这种抽样方法的应用很广，在研究不同种族、不同地区、贫富差距等问题时，我们都可以用这个方法来进行抽样。有了分层抽样的基础就可以做过度抽样（oversampling）。过度抽样是指当子总体比例不一致时，在一个子总体中抽样比例大，在另一个子总体中抽样比例小，目的是使样本比例平衡或达到我们想要的比例，因为在总体中它们的比例是不平衡的。比如研究贫困问题，贫困的人在总人口中是少数，如果我们要保证样本中有相对平衡的贫困人和非贫困人，相对于贫困人的子总体而言，我们抽取的贫困人的概率就要比在非贫困人的子总体中抽取相应数量的样本的概率大。这种方法还可以用于民族之间的比较研究。比如汉族人口占中国人口的绝大多数，我们在抽样时可以用过度抽样的方法，增加少数民族样本的人数，使各个组的比例比较平衡，这样就可以增加样本中任何一组的代表性。分层抽样的应用很多，比如在美国，做研究时要分成南方和北方，在中国分成城市和农村，都是为了保证样本特征的代表性。

整群抽样（cluster sampling）与分层抽样是相对应的。它从经济的角度考虑，是为了省钱，但是要省钱就要付出代价，整群抽样抽取的数据质量不高。比如我们对北大学生的经历很感兴趣，在抽样时，非常经济的一种方法就是去随机抽取一个班级，这个班级的所有个体都进入样本，然后对他们进行研究。整群抽样是把总体分成不同的组，然后以组为单位进行随机抽取，抽到的组中的所有元素都进入样本。它跟分层抽样不同，分层抽样是先把总体有目的地分成不同的子总体，然后在每一个子总体中随机抽取样本，这样就保证了样本的代表性。相比之下，整群抽样在分组时没有目的性，从而无法获得样本特征的代表性，因此在这个意义上讲，得到的数据质量就不高。但是整群抽样比较实用，比如你要做一个乡村研究，你不可能在全国各地都抽取一个村庄进行研究，而只能进行整群抽样，虽然样本质量不高，但比较方便，也比较经济。整群抽样获得的样本的有效性较低，是因为整群抽样的样本内部相似性强，致使可用的样本数量降低。为了使整群抽样做得比较好，我们要假设各个群体之间没有很大的差别。假如这个假设不成立，抽取的样本比简单随机抽样有效性低。比如刚才那个北大的例子，我们要使整群抽样做得比较好，就要假设北大学生在班级与班级之间没有很大的差别，他们的知识面、家庭经济条件、朋友关系程度等都比较相似。如果这个假设成立的话，这时整群抽样就不会造成有效性的大幅降低；假如班级与班级之间差别很大，那么整群抽样得到的样本的有效性就会被大大削弱。一般来说，整群抽样只会降低有效性，而不会增加有效性，降低多少，要具体问题具体分析。

我现在更系统地来讲这个问题，探讨一下样本统计量中方差的来源。一个来源是总体差异，一个总体中的各个元素之间是有差异的，总体差异是各元素之间差异的总和。我已经讲过社会现象之间存在的差异性和它存在的必然性，我们社会学研究侧重对这种差异的研究。我们之所以要抽样，就是因为总体内部各元素之间有差异，如果社会现象之间没有差异的话我们就没有必要抽样了。社会科学与自然科学的区别就在于社会科学所研究的社会现象有差异。自然科学可以通过一个典型现象得到真理性的规律，从而举一反三。社会科学则不然，它必须关注社会现实的总体，而总体内部是有差异的，这就要求我们在做研究的时候要进行抽样，从样本来推测总体。既然总体内部有差异，那么哪一个元素被选择、哪一个元素不被选择就会影响到样本，从而影响最后得到的样本参数。具体地说是因为总体中各元素的某一变量值不同，导致了元素之间的差异，因此我们要进行抽样。而抽样是一种随机选择，这种随机选择必然会造成另一种差异，因为你对不同元素的选择会直接影响到样本统计值。

由此可见，样本统计量中方差的来源主要有两个：一个是总体差异，这种差异是客观存在的；另一个是抽样差异，是在对样本进行选择时造成的差异。这种差异其实是由总体差异决定的，因为如果总体之间不存在差异的话，我们就不需要抽样，也就不存在抽样差异。我们可以把总体差异分解成两部分，即组间差异（between-group variance）和组内差异（within-group variance）。组间差异是指各组平均值之间的差异，比如一个班级和另一个班级差在什么地方，就差在平均值上。组内差异是同一组中各元素相对于组平均值的差异。方差分析就是组间差异加上组内差异。对于同一个总体而言，组间差异大的时候组内差异就比较小；而组内差异大的话，组间差异就会比较小。也就是内部异质性越强，外部同质性就越强；内部同质性越强，外部异质性越强。因此分层在这个地方就有很大的作用。在做抽样的时候，通过分层就可以减少抽样方差，因为在对总体进行分层之后再抽样就控制了组间差异，抽样方差就只是组内差异。如果组内元素同质性较强，组内差异也会比较小。各层之间的异质性越强，层内同质性越强，分层得到的精度越大。因此，假如层与层之间差异很大，或者层内部各元素较均匀的时候，我们使用分层抽样得到的效果就会很好。相反，假如层与层之间没有什么差异，分层抽样就没有什么意义。比如做城乡差别的研究，就必须进行分层抽样，因为中国的城乡之间存在很大差异。另外，美国的南方和北方也要分层，它们在经济上、文化上都存在很大差异，如果不分层就不会很精确。

通过分层抽样，引出了设计效应。设计效应就是复杂样本设计的抽样方差与同样规模的简单随机抽样的抽样方差的比值。它是一个比值，那么分层抽样的设计效应会大于 1 还是小于 1 呢？因为我们做分层抽样的时候控制了组间差异，这就使得分层抽样的方差会小于简单随机抽样的方差，因此分层抽样的设计效应应该小于 1，仅当各层之间无差异时分层抽样的设计效应等于 1。而整群抽样的设计效应则会增大抽样方差，因为整群抽样的样本有效性较低，整群抽样的抽样方差会大于简单随机抽样的方差。因此，整群抽样的设计效应会大于 1，只有当各群之间无差异时，设计效应才会等于 1，整群抽样才不会降低抽样的效率。我们比较一下分层抽样和整群抽样就能看到，假如层间异质性很强，层内同质性也很强，用分层抽样的效果会比较好，精度会比较高。这种情况下，如果用整群抽样的话，就会大大降低抽样的有效性。

7 忽略变量偏误和生态学分析

首先，我们谈谈因果推论的潜在危险。从一定程度上来讲，这一部分是有关因果推理的一个延伸，但是我们在这里加入了生态学分析。真正的因果关系是很难找到的，它有几个潜在的危险：一个是伪相关（spurious correlation）；一个是表面上的时间顺序，不要以为知道了事情发生的前后顺序就能找到因果关系，发生在前面的不一定是原因，发生在后面的也不一定是结果；另外一个是忽略变量偏误（omitted-variable bias）；最后一个是抽样选择性偏误（selection bias）。

先讲伪相关。A 和 B 之间有关系，但是这种关系是由 C 造成的，那么 A 和 B 在表面上的因果关系就是伪相关。比如有人认为数学成绩取决于语言能力，语言能力越强，数学成绩越好。这里就忽略了一个智力因素，即智力水平高的人语言能力强，数学成绩也好，因此语言能力与数学成绩的相关是通过智力因素来实现的。语言能力与数学成绩之间的因果关系就是伪相关。第二个就是表面上的时间顺序。我曾有幸和社会学大师 Duncan 进行过一次座谈，他说社会科学要找到真正的因果关系是很难的。当时我就提出来是不是能够根据事情发展的前后顺序来寻找因果关系，在前的是原因，在后的是结果，因此我们通过纵向研究就可以找到这种因果关系。他立刻提出了反对意见。他举了一个例子，圣诞节前会有一个购物高潮，那么是圣诞节造成了这种购物高潮，还是购物高潮造成了圣诞节？我一想，这确实很有道理。人的行为是有目的性的，这种目的性促使我们去预测事物的发展方向，提前做好某些准备。这就导致了有些事情结果在前，原因在后。人们做很多事情是为了将来，而不是为了现在，因此我们要侧重从理论上对它进行分析，找出真正的因果关系。第三个威胁到因果推论的因素是忽略变量偏误。忽略变量偏误的产生要有两个条件：一个是忽略的变量要与因变量有关，另一个是忽略的变量要与主要的自变量相关。这两个条件都要成立，缺少其中一个都不会造成忽略变量偏误，下面讲生态学分析的时候我会再讲到这两个条件。

学生一：忽略变量偏误和前面的伪相关有什么区别吗？它们都是因为忽略了一个中间变量而造成的。

谢宇：从统计上来讲，它们之间是没有区别的。这四个因素是概念上的区分，在本质上都是一样的，我只是根据比较传统的方法把它们区分出来。我这里把忽略变量偏误单独列出来，其实其他几个因素都可以看作忽略变量偏误的一种表现形式。其实就统计学而言，它们在本质上是一样的，只是表现方式不一样。

再举一个例子，比如北京有两家医院：一家非常好，有先进的设备，一流的医生，管理和服务也很专业；另一家是很差的医院，设备陈旧，技术落后，医生水平一般。假如你以哪个医院死的人少来衡量医院的好坏的话，就会出现忽略变量偏误，因为肯定是好的医院死人多。死亡是与病情有关的，病情越严重，死亡率越高。另外，病情越严重越容易被送到好医院，因为差的医院看不了，所以好医院死的人会比差医院要多。如果忽略了病情这个变量的话，就会造成忽略变量偏误而得出死人少的医院是好医院的结论。因为病情严重与否与死亡有直接关系，另外，病情的严重程度也会影响到对医院的选择。

第四个是抽样选择性偏误。假如你所得到的样本对总体没有很好的代表性，就会造成抽样选择性偏误。比如有一个给予物理学研究生的奖学金，这个奖学金需要考虑研究生入学考试 GRE 的三个部分：一个部分是语言，一个部分是数学，一个部分是分析。结果社会学家发现这个奖学金给了语言能力好的人。为什么物理学的奖学金要由语言能力来决定？因为申请这个奖学金的人都是数学和分析能力很强的人，他们的差异就在于语言能力。这个问题的关键在于样本的选择性，假如这个奖学金是面向所有同学的话，就不会出现这样的结果。而这一样本是来自读物理学的研究生，所以才出现这样一个抽样选择性偏误的问题。

接下来举的例子是一个模型，叫 Willis－Rosen 模型，研究的是高等教育的经济回报问题。他们认为有些人通过接受高等教育能够增加他们的生产能力，如果不让这些人去读大学而去从事体力劳动的话，他们创造不了多少社会价值。另外有些人则是让他们去接受高等教育反而不如让他们去接受生活技能的训练，读大学对他们而言没有什么收益。这就是两组不同的人，一组人不读大学要比读大学要好，另一组人读大学要比不读大学好。如果你让这两种不同的人去做他们不擅长的事情，他们就不会有很大的发展空间。这就是一种自我选择，高等教育的经济回报有的人高，有的人低，去读大学的人正是因为回报高才去读，而没有去读大学的正是那些回报低的人，他们选择了另外一种适于他们工作并且相对于读大学回报高的职业。因此高等教育的回报率是因人而异的，如果你在抽样的时候不考虑到这种差异，就会出现抽样选择性偏误。

下面我们谈谈生态学谬误（ecological fallacy）。生态学谬误是这样一个错误，即你把高层次的信息、经验、发现应用到低层次的分析单位上。换言之，假如你的理论是建立在个人层次上的，而你利用汇总层次的证据或事实作为对个体的推理根据，你就可能犯了生态学谬误。我要强调这只是一种可能会出现的错误。我举一个例子，有两个班级——A 班和 B 班，A 班学生学某门课的平均时间是 10 小时，平均成绩是 90 分，B 班学生学这门课的平均时间是 15 小时，而平均成绩是 80 分。由此我们得出结论：虽然 A 班学生比 B 班学生花的时间少，但成绩比 B 班学生好，因此学习时间和成绩是负相关的。这个结论对不对？哪个地方有问题呢？问题就出在你的理论假设是在个人层面上，花多少时间学习是个人的事情，而你的结论是以班级为单位的，统计数据也是在班级层面上。这两个不吻合，就有可能造成生态学谬误，所以从上面的例子不能得出学习时间会对成绩造成负面效应的结论。这里可能的现象是在一个班级里面，就个人而言学习时间对成绩是正相关的，但是由于两个班级学习起点不同、智力水平不同，一个班级学生花的时间少但是成绩提高较快，另一个班级学生花的时间较多但是成绩提高较慢，但是当你取了平均值以后，在班级的单位上呈现负面关系。这是一个很经典的生态学谬误的例子。

讲生态学谬误就必须讲到 Robinson，他是一个很有才华的社会学家。他在 1950 年发表了一篇论文，这篇论文已经成为一篇经典文章。[1] 他在这篇文章里提出了生态学谬误的问题。这篇文章引发了社会科学的一场危机，他自己也产生了

---

[1] Robinson, W. S. 1950. "Ecological Correlations and the Behavior of Individuals," *American Sociological Review* 15: 351-357.

危机，他在写完这篇文章后就决定搁笔了，为什么呢？因为 1950 年以前，所有的数据都是汇总的数据，都是以地区为单位的，Robinson 就说，假如我们社会科学的目的是要了解人类行为的话，这种汇总数据是不能用来推论人类行为的。人们为什么结婚，为什么生育，为什么上学等等，假如我们要研究这些的话，用汇总的材料是办不到的。因此 Robinson 在写了这篇文章后，就决定不再做研究了。

这对社会学是一个很大的挑战，同时也给下一代学者带来了契机，这就是调查革命。调查革命的发起就是为了回应 Robinson 提出的挑战。在研究中，我们不用政府提供的汇总材料，而去做个体和家庭的研究，收集个体层面上的资料。密歇根大学社会学系在那个时候做出了很大的贡献，不仅在理论上，也在实践上做了很多工作。调查革命提出要收集以个人为单位的数据，这种单位要与你的理论层次相一致。当时所有社会学研究用的都是政府提供的汇总数据，正是因为这次调查革命，才有了密歇根大学社会学系的兴起。我要提的另外一个人叫 Gary King，他是哈佛大学的一位政治学家，他最近出了一本关于生态学谬误的热门书。他在这本书里讲的是怎样解决生态学谬误，如果对这个话题感兴趣的话，可以去读一下他的这本书。①

为什么会产生生态学谬误？这是因为未观察到的差异性或者说忽略变量偏误。这就回到了刚才那位同学提的问题，其实这些原因在本质上是一致的，忽略变量偏误只是其中的一种表现形式。这里我们回顾一下造成忽略变量偏误的两个条件：一个是忽略的变量要和因变量有关系，另一个是忽略的变量要与主要的自变量有关系。在学生成绩和所花时间的关系的例子中，忽略的变量是什么？就是学生的个人学习能力。学习能力强的学生花的时间少，学习成绩也好；学习能力较差的学生花的时间多，成绩还是相对较差。也就是说，学生的学习能力既影响到学生的个人学习时间，也影响到学习成绩的好坏。因此，当你忽略了学习能力这个变量时就会造成忽略变量偏误。另外一个因素是这种差异是以班级为单位的，假如班级与班级之间不存在能力上的差异，就不会出现这种忽略变量偏误，因此你在寻找差异的时候是应该找以班级为单位的原因，而不是找以个人为单位的原因。

我先讲抽样，再讲生态学谬误，然后才讲生态学谬误与忽略变量偏误的关

---

① King, G. 1997. *A Solution to the Ecological Inference Problem*: *Reconstructing Individual Behavior from Aggregate Data*. Princeton University Press.

系。其实，当我们在利用抽样获得的数据进行分析的时候，可能出现的错误都是因为忽略了某些变量造成的。下面我们再来举一个例子，这是一个忽略变量偏误的例子，不过这里也有生态学谬误的因素。这是一个真实的例子，佛罗里达州是还保留有死刑的一个州，有一个社会学家做了一个调查，对300多个凶杀案进行了分析。凶杀案是很容易被判死刑的，而在美国种族问题是很敏感的，在判刑上是不是有种族歧视？是不是黑人更容易被判死刑？我们来看下面的数据（见表7-1）。

表7-1 被告人的种族与死刑判决结果频数表

被告人的种族	被判死刑（个）		总计（个）	比率（%）
	是	否		
白 人	19	141	160	12
黑 人	17	149	166	10

在326个被判有罪的被告人中，白人有160个，其中19个被判了死刑，所占比率为12%。黑人有166个犯了凶杀案，被判死刑的有17个，占10%。这个数据和我们最初的想法刚好是相反的，白人被判死刑的概率比黑人还要高。请问为什么？

学生一：可能白人和黑人犯的罪行不一样，白人犯的罪行更严重。

谢宇：你们想一下造成忽略变量偏误的两个条件，被忽略的这个变量是什么？在这里它既要和种族有关系，又要和被判死刑有关系。如果这个变量是罪行的话，那么罪行和种族有什么关系？是白人更容易犯严重的罪行吗？

学生二：这可能和法官的种族有关系，一般法官会偏袒自己种族的人。

谢宇：显然，美国社会的白人法官要大大多于黑人法官，按照你的说法，白人法官会偏袒白人的话，白人中被判死刑的人应该更少才对，怎么会更多呢？要注意被忽略的变量应该与因变量有关系。

学生三：可能佛罗里达州的白人更多，黑人更少。

谢宇：这没有关系。我们的案例中被告凶杀案的白人和黑人的数量是差不多的。

学生四：是不是与被害者的种族有关系，如果被害者是白人就更容易被判死刑。

谢宇：对，讲得很好，原因就在这里。为什么呢？这里有两个条件：第一，被害者的种族和犯罪者的种族是相关的；第二，杀了白人更容易被判死刑。通过下表就可以看出来（见表7-2）。

表7-2 被害者的种族、被告人的种族与死刑判决结果频数表

被告人的种族	被害者的种族	被判死刑(个) 是	被判死刑(个) 否	比率(%)
白 人	白 人	19	132	12.6
	黑 人	0	9	0
黑 人	白 人	11	52	17.5
	黑 人	6	97	5.8

可见，白人杀白人被判死刑的概率很高，黑人杀白人被判死刑的概率最高，而白人杀黑人就几乎没有被判死刑的，黑人杀黑人被判死刑的概率也比较小，因此这里忽略的变量是被害者的种族。当被害者是白人时，不管被告人是白人还是黑人，被判死刑的概率都较高；当被害者是黑人时，被判死刑的概率就比较低。可见，在美国种族歧视还是很严重的。我们在这里犯错误的原因是认为罪行是与罪犯的种族有关的，而实际上被判的罪行是与被害者的种族有关的。因此，我们在考虑问题的时候，要把造成忽略变量偏误的两个条件都考虑进去，忽略的变量是否与因变量有关系，同时这个变量是否与自变量有关系。只有当一个变量满足了这两个条件时，忽略它才会造成忽略变量偏误。上面这个案例其实也是一个生态学谬误的问题，因为我们从表7-1中得到的结论是被判的罪行与罪犯的种族有关系，而实际上被判的罪行是和他所犯的罪行有关的，如果被害人是白人的话，被告人就更容易被判死刑。因此从这个角度来看，这也是一个生态学谬误。我举这个例子的目的有两个：一个是要让你们明确忽略变量偏误所需要的两个条件，另外一个是让你们明白忽略变量偏误和生态学谬误在本质上是一样的。

接下来我要讲多层次数据处理手段。多层次数据就是说数据的来源是多层次的，既有组层次的数据，也有个体层次的数据。比如你的学习能力是个体的，家庭背景是个体的，但是教师水平、设备等都是以班级为单位的。假如你的研究单位是个体，你就不能用班级层次的数据来汇总；假如你的研究单位是组，你就可以用个体层面的数据来汇总。

我这里先讲两个模型：一个是随机效应模型（random effects model），一个是固定效应模型（fixed effects model）。然后再讲多层次分析（multi-level analysis）。我在讲到这两个模型的时候，会讲到组内差异和组间差异的问题。

先讲第一个模型——随机效应模型。我们分析得到的数据是要分析两部分差异，组与组之间的差异和组内差异。组与组之间的差异是随机的，我们对两个组各取一个平均值，两个平均值相减就得到了组间方差。假如各组之间没有选择性，那么既可以用组间方差，也可以用组内方差。在这种情况下，如果你仅有组这一层的变量的话，就不会出现生态学谬误。在这里最好的方法是两个方差都用，这样得到的数据会更加精确。但是如果只有一个层次的变量也可以，只是效率不如前者高。

由于随机变量模型无法完全解决忽略变量偏误或者生态学谬误的问题，这就引入了固定效应模型，用来控制未观察到的异质性。由于组间差异不一定符合统计模型，此手段就放弃解释组间差异，把它看作是固定的、不可改变的差异，仅关注组内差异。它之所以被称为固定效应模型，是因为总体的异质性所产生的共同特征已被各组的给定系数 α 所控制。这种方法在方法论上很站得住脚，但会牺牲很多统计的信息。

最后一个就是多层次分析。第一个随机效应模型讲的是组与组之间的差异，这种差异是随机的；第二个固定效应模型就是把这种差异作为一个固定不变的东西，这种差异是不可以用统计模型来进行分析的。第一种是不对差异进行考虑，只把它作为一个随机变量；第二种是考虑这种差异，但把这种差异固定下来，不对其进行分析。这两者代表两个极端，折中的一种方法就是多层次分析方法。这种方法有一个很强的理论来源，就是人与人是有差异的，而且人的表现、行为方式是随着环境的变化而变化的。那么我们就想知道人在不同环境下的表现是怎样的，他的行为是怎样的，这是社会学研究的一个很重要的理论基础。涂尔干提出了社会事实的概念，他认为人到了一个组之中，就要受到环境的影响，行为方式也会发生变化。当我们想知道人是怎样受到环境影响时，就要用到多层次分析方法，这就是多层次分析方法的理论来源。在使用这个方法时，研究的因变量是个人层次的，但自变量（或解释变量）既可以是个人层次上的，也可以是更高水平层次上的，比如社会环境、学校、班级等。当你的数据具备这样的要求时，你就可以做多层次分析。这里，自变量有两个层次：一个是个人的，一个是环境的。多层次分析的关键在于环境层次和个人层次的自变量的交互作用。比如个人的行为随着环境的变化而变化，这就是说个人作为自变量时，其参数是随着环境的改变而改变的，这就是一种交互作用。因此，如果个人水平上的变量作用随着环境的变化而变化的话，你就可以做多层次分析。

我给你们举一个例子，这是我和我的一个学生做过的研究。我们做这个研究实际上是为了批评市场转型模型。这种模型认为教育的回报率是与市场发展程度成正比的，市场经济越发达的地方，教育的回报率越高。我们做了一个地区差异比较，发现在市场经济发达的地方平均受教育水平较高，但是教育的回报率并不高；而在市场经济不发达的地方平均受教育水平较低，但是教育的回报率却比较高。而且市场经济发达的地方的教育回报率甚至比市场经济相对不发达的地方要更低。这就反映出很多光靠市场经济不能解释的问题，这种现象在单位中也存在。收益好的单位，大家得到的钱都比较多，但是差异并不是很大，也就是回报率比较小；反而那些收益差的单位，其领导得到的报酬比一般员工得到的要高很多。这是一个体制的问题。上面是我们利用地区差，用多层次分析的方法来反驳市场转型理论的例子。

参考文献

King, G. 1997. *A Solution to the Ecological Inference Problem: Reconstructing Individual Behavior from Aggregate Data.* Princeton University Press.

Robinson, W. S. 1950. "Ecological Correlations and the Behavior of Individuals," *American Sociological Review* 15: 351–357.

8 相关模型

尽管"相关"一词用途甚广，但是相关模型在分类数据分析的文献中有特定的含义。相关模型指一组列联表（cross-classified table）中观测频数的统计模型，目的在于测量两个或两个以上的分类变量之间的相关强度。在二维表中，测量的是组成列联表的两个分类变量的相关强度；在三维或多维表中，相关强度可以是列联表中任意一对有序分类变量之间的。有些相关模型利用预排序的分类变量，其他模型没有这种假设，而是通过估计找出各类的排序。相关模型是对数线性模型（log-linear model）或对数双线性模型（log-bilinear model）的特例。

Leo Goodman 对相关模型的发展做出了贡献，他于 1979 年发表在美国统计学会杂志上的一篇论文为相关模型奠定了基础。这篇奠基性的论文与其他相关文章一同收入作者于 1984 年出版的《次序变量的交互数据分析》一书中。本文先以二维表为例介绍相关模型，然后将讨论扩展到三维及多维表的问题。本文还将介绍社会学和人口学中的三个应用案例，说明相关模型的实用性。

二维列联表的一般模型

在某模型中，令一个 R 行 C 列的二维列联表中的 i 行 j 列格子（$i=1,\cdots,I; j=1,\cdots,J$）中的观察频数为 f_{ij}，期望频数为 F_{ij}。一般意义上的相应对数线性模型为：

$$\log(F_{ij}) = \mu + \mu_i^R + \mu_j^C + \mu_{ij}^{RC} \tag{1}$$

其中，μ 是期望频数取对数的主效应，μ^R 是行效应，μ^C 是列效应，μ^{RC} 是交互效应。方程（1）中的所有参数应服从类似方差分析（ANOVA）中的标准化约束（见 Powers and Xie，2000：108 - 110）。一般做法是对 μ^R 和 μ^C 不加条件限制，而应用非参数方法估计，这种做法也称为行变量和列变量边缘分布（marginal distribution）的"饱和"。特别值得注意的是 μ^{RC}：一种极端的情况是所有的 μ^{RC} 为 0，结果为独立模型；另一种极端情况是 μ^{RC} "饱和"，自由度为 $(I-1)(J-1)$，可以得出精确的预测值（对所有的 i 和 j，$F_{ij} = f_{ij}$）。

研究者通常对两种极端之间不同 μ^{RC} 的模型拟合更有兴趣。显然，二维表中所有的发生比率比（odds ratio）都是交互参数 μ^{RC} 的函数。令 θ_{ij} 表示一个 2×2 表中的对数发生比率比，该表为二维表中相邻两行和相邻两列组成的四格表，则有：

$$\theta_{ij} = \log\{[F_{(i+1)(j+1)}F_{ij}]/[F_{(i+1)j}F_{i(j+1)}]\},$$
$$i = 1,\cdots,I-1; j = 1,\cdots,J-1$$

我们假设行变量和列变量为次序变量（ordinal variable），其测度（scale）分别为 x 和 y，测度可能是显性的，也可能是隐性的。于是有以下线性相关模型：

$$\log(F_{ij}) = \mu + \mu_i^R + \mu_j^C + \beta x_i y_j \tag{2}$$

其中，β 为分别以 x 和 y 为测度的行变量和列变量之间的相关参数。如果 x 和 y 为直接可测或从外部来源填补的，则方程（2）可以直接应用对数线性模型的最大似然估计法（maximum likelihood estimation）。

二维列联表的相关模型

如果两个测度 x 和 y 的更多信息未知，我们可以提出关于测度的假设或在内部估计。不同的方法会产生不同的相关模型，以下是几个最主要的相关模型。

统一相关

如果变量的分类排序正确，我们可以简单假设排序位置就是测度（即 $x_i = i$，$y_j = j$），并将这种方法称为整数记分（integer-scoring）。整数记分简化结果得到以下统一相关模型：

$$\log(F_{ij}) = \mu + \mu_i^R + \mu_j^C + \beta_{ij} \tag{3}$$

研究者可以尝试应用实际数据估计该模型，检验假设是否成立。

R 模型和 C 模型

尽管统一相关模型是建立在行、列两变量的整数记分上，研究者可能希望只对行变量或只对列变量做整数记分。列变量为整数记分的模型即为行效应模型，即 R 模型；而行变量为整数记分的模型为列效应模型，即 C 模型。以 R 模型为例，我们可以从方程（2）推导出以下模型：

$$\log(F_{ij}) = \mu + \mu_i^R + \mu_j^C + j\phi_i \tag{4}$$

其中，行变量的隐含记分（$\phi_i = \beta x_i$）是对列变量整数记分后估计得到的，因此称为行效应模型，即 ϕ_i 是行变量和列变量之间相关的"行效应"。注意，此处的行效应和列效应的含义与 μ_i^R 和 μ_j^C 不同，后者是拟合行、列两变量的饱和边缘分布。

Goodman 的 RC 模型

我们进一步将行和列的测度都设为未知。Goodman 的相关模型中有两个是估计这种隐含记分的。Goodman 相关模型 I 将方程（1）简化为以下形式：

$$\log(F_{ij}) = \mu + \mu_i^R + \mu_j^C + j\phi_i + i\varphi_j \tag{5}$$

其中，ϕ_i 和 φ_j 分别为未知的行计分与列记分，如在行效应和列效应模型中一样。不过，此处还应当附加三个标准化约束条件，以便能够确定唯一的 $(I+J)$ 个未知参数 ϕ_i 和 φ_j。

因为方程（5）中对行和列变量都应用了整数记分，Goodman 的相关模型 I 要求行、列变量已经正确排序。这个要求意味着如果行变量和列变量中分类的排序发生变化，模型也会随之变化。如果研究者不了解各分类是否已正确排序或是否需要对各分类正确排序，模型 I 就不适用。因此，Goodman 的相关模型 Ⅱ 更被重视。其形式如下：

$$\log(F_{ij}) = \mu + \mu_i^R + \mu_j^C + \beta\phi_i\varphi_j \tag{6}$$

其中，β 是相关参数，ϕ_i 和 φ_j 是有待估计的未知记分。ϕ_i 和 φ_j 也满足四个标准化约束条件，因为对每个变量都要求位置和测度的标准化。

如方程（6）所示，Goodman 的相关模型 II 中的交互项（μ^{RC}）是未知参数的乘积形式——对数双线性形式。该模型也被称为对数可积模型，或简称为 RC 模型。RC 模型很具有吸引力，因为在行变量和列变量可能没有正确排序的情况下，研究者也能够估计未知参数，只需要假设变量为次序测度，模型可以通过估计得到排序。

下表（见表 8-1）显示了以上所提到的相关模型的总结和比较。第二列显示了模型的交互参数（μ^{RC}）的形式，第三列给出了每个 μ^{RC} 的自由度（DF_m）。如果没有其他参数需要估计，模型的自由度为 $(I-1)(J-1) - DF_m$。最后一列为计算对数发生比率比的公式。

Goodman 的相关模型 II（RC 模型）可以扩展为隐含多维的形式，于是方程（1）中的 μ^{RC} 表示为：

$$\mu_{ij}^{RC} = \sum \beta_m \phi_{im} \varphi_{jm} \quad (7)$$

其中，求和符号是对所有可能的 m 维度求和，参数同样也必须服从标准化约束条件。这种模型称为 $RC(M)$ 模型，详细内容请参见 Goodman（1986）。

表 8-1　相关模型的比较

模　型	μ^{RC}	DF_m	θ_{ij}
统一相关	β_{ij}	1	β
行效应	$j\phi_i$	$(I-1)$	$\phi_{i+1} - \phi_i$
列效应	$i\varphi_j$	$(J-1)$	$\varphi_{j+1} - \varphi_j$
相关模型 I	$j\phi_i + i\varphi_j$	$I+J-3$	$(\phi_{i+1} - \phi_i) + (\varphi_{j+1} - \varphi_j)$
相关模型 II（RC）	$\beta\phi_i\varphi_j$	$I+J-3$	$(\phi_{i+1} - \phi_i)(\varphi_{j+1} - \varphi_j)$

三维和多维列联表的相关模型

以下主要以三维表为例，从三维表很容易推广到多维表。令 R 为行，C 为列，L 为分层，三个变量的分类分别以 $i(i=1,\cdots,I)$，$j(j=1,\cdots,J)$，$k(k=1,\cdots,K)$ 表示。通常，研究者感兴趣的是 R 和 C 之间的相关与 L 分层的关系。例如，在对趋势的研究中，L 可以代表不同年份或不同队列。在比较研究中，L 可以是不同国家或群体。因此，研究焦点往往是 R 和 C 的相关模式以及相关模式在不同层次中的变化。

令 F_{ijk} 代表第 i 行、第 j 列、第 k 层的期望频数，饱和的对数线性模型如下：

$$\log(F_{ijk}) = \mu + \mu_i^R + \mu_j^C + \mu_k^L + \mu_{ij}^{RC} + \mu_{ik}^{RL} + \mu_{jk}^{CL} + \mu_{ijk}^{RCL} \tag{8}$$

一般情况下，研究重点在于 RC 相互关系随层次的变化。于是，基线（原假设为基线）是以下的条件独立模型：

$$\log(F_{ijk}) = \mu + \mu_i^R + \mu_j^C + \mu_k^L + \mu_{ik}^{RL} + \mu_{jk}^{CL} \tag{9}$$

即研究者必须指定和估计 μ^{RC} 与 μ^{RCL}，从而了解各层 RC 的相互关系。

将相关模型推广到三维或多维表有两种常用方法。第一种方法是定义 RC 之间典型相关模式的相关模型，然后估计各层参数或检验参数是否随层次变化（Clogg，1982a）。这种方法通常是在 RC 模型中定义 μ^{RC} 和 μ^{RCL}，于是方程（8）变为：

$$\log(F_{ijk}) = \mu + \mu_i^R + \mu_j^C + \mu_k^L + \mu_{ik}^{RL} + \mu_{jk}^{CL} + \beta_k \phi_{ik} \varphi_{jk} \tag{10}$$

即参数 β、ϕ 和 φ 可以随层次改变或保持不变，取决于模型定义和统计检验。研究者也可以检验特定的情况（即统一相关、列效应和行效应模型），在这些模型中，参数 ϕ 和 φ 是作为整数记分插入的，而不是估计得到的。

第二种方法是对数可积层面效应模型，或称"unidiff"模型，该方法允许对 RC 之间的典型相关模式有灵活的定义，然后限定层间变化为对数可积（Xie，1992）。即对 μ^{RC} 不加限制，但对 μ^{RCL} 有限定条件，因此方程（8）变为：

$$\log(F_{ijk}) = \mu + \mu_i^R + \mu_j^C + \mu_k^L + \mu_{ik}^{RL} + \mu_{jk}^{CL} + \phi_k \psi_{ij} \tag{11}$$

应用第二种方法，RC 相关没有局限于一个特定模型，事实上，可以用$(I-1)(J-1)$ 个虚拟变量饱和拟合。一个特例是 RC 之间的典型相关模式为 RC 模型，这两种方法刚好一致得出三维 RCL 对数可积模型。Powers 和 Xie（2000：140－145）对第二种方法的各种形式和实际意义有更详尽的讨论。需要指出的是，这两种方法都是由 Goodman（1986）提出并由 Goodman 和 Hout（1998）扩展的一般性框架的特例。

应 用

在社会学研究中，相关模型被广泛应用。以下是三个具体的应用实例。第一个例子是有关量表的，详见 Clogg（1982b）。Clogg 的目的是衡量次序变量的测度（其中次序变量是指对堕胎的态度）。这个次序变量是根据 Guttman 量表建立的，与该量表应答模式不一致的案例被归为"错误应答"类。如通常的做法一样，先需要有一个"工具"建立量表。在本例中，Clogg 使用了同一问卷中测量的对婚前性行为的态度作为工具。这种做法隐含的假设是，从对婚前性行为的态度与对堕胎态度的相关可以得出后者的量表。Clogg 应用了对数可积模型估计与两个变量各种分类相关的记分。注意，这里的线性可积 RC 模型假设分类有序但排序不一定正确。因此，估计结果得到的是量表以及排序。通过估计，Clogg 显示相邻两类之间的距离不相等，而那些"错误应答"对堕胎的态度介于两类之间。

第二个例子是在代际社会流动的多国比较研究中应用对数可积层面效应模型（Xie，1992）。基本思路是将国家之间的差异由各层的参数表达〔即方程（11）中的 ϕ_k〕，同时检验父子职业间的二维相关（即 ψ_{ij}）。于是参数 ϕ_k 代表了不同社会的社会开放或封闭程度。

第三个例子研究的是人类生育率。这个研究方法不是常规的，因为它用的基本模型是对数比率比模型，而不是对数线性模型。数据结构包括一个频数（出生数）与年龄、国家构成的列联表以及一个相应的受孕风险表（妇女人年数）。两者之比产生了国家别和年龄别生育率。统计模型分析的目的是用生育水平和生育控制简约地表述每个国家的年龄别生育率模式。在传统人口统计学中，一般用寇尔－特拉赛尔方法（Coale and Trussell's Mm method）解决这个问题。Xie 和 Pimentel（1992）展示了这种方法与对数可积层效应模型的相似性，其中出生数为因变量，受孕风险人年数为分母。于是，模型可以估计所有参数，包括寇尔－特拉赛尔方法中的 M 和 m。

估 计

在统一模型、行效应和列效应模型以及 Goodman 的相关模型 I 中，参数可以直接估计出来。任何可以估计对数线性模型的计算机软件都可以用。如果 RC 交互项为未知参数之积,即对数可积模型或对数双线性模型的情况,参数估计就比较复杂了。此时需要反复迭代估计的步骤。基本思路是轮流将一组未知参数设为已知,同时估计其他参数,持续迭代步骤直到两组估计值都有稳定的结果。特殊的计算机程序如 ASSOC 和 CDAS 是专门用于估计相关模型的。一些研究者自己编写了 GLIM 和 STATA 的子程序。我向需要应用相关模型的用户推荐一个 Lem 程序,该程序可以估计不同形式的对数可积模型且具有灵活性。有关计算机子程序和特殊程序的最新信息请参见我的网页 http://www.yuxie.com。

参考文献

Clogg, C. C. 1982a. "Some Models for the Analysis of Association in Multiway Cross-Classifications Having Ordered Categories," *Journal of the American Statistical Association* 77: 803–815.

——. 1982b. "Using Association Models in Sociological Research: Some Examples," *American Journal of Sociology* 88: 114–134.

Goodman, L. A. 1979. "Simple Models for the Analysis of Association in Cross-Classifications Having Ordered Categories," *Journal of the American Statistical Association* 74: 537–552.

——. 1984. *The Analysis of Cross-Classified Data Having Ordered Categories.* Cambridge, MA: Harvard University Press.

——. 1986. "Some Useful Extensions of the Usual Correspondence Analysis Approach and the Usual Log-Linear Models Approach in the Analysis of Contingency Tables," *International Statistical Review* 54: 243–309.

Goodman L. A. and M. Hout. 1998. "Understanding the Goodman-Hout Approach to the Analysis of Differences in Association and Some Related Comments," pp. 249–261, in Adrian E. Raftery (ed.), *Sociological Methodology*, Washington D. C.: American Sociological Association.

Powers, D. A. and Y. Xie. 2000. *Statistical Methods for Categorical Data Analysis.* New York: Academic Press.

Xie, Y. 1992. "The Log-Multiplicative Layer Effect Model for Comparing Mobility Tables," *American Sociological Review* 57: 380–395.

Xie, Y. and E. E. Pimentel. 1992. "Age Patterns of Marital Fertility: Revising the Coale-Trussell Method," *Journal of the American Statistical Association* 87: 977–984.

流动表比较研究的对数可积层面效应模型

在用单一参数来检验垂直流动（vertical mobility）差异的研究中，为了比较流动表（mobility table），Yamaguchi（1987）提出了一个相当有用的模型，在本文中将该模型称为"统一层面效应模型"（uniform layer effect model）。该模型的特点是使用单一参数来描述不同流动表之间起源与终点关联的一致差异。在流动问题的比较研究中，统一层面效应模型因其简单与可解释性而具有相当的吸引力（Wong, 1990）。但是，该模型本身也存在某些不足：首先，该模型隐含的假设条件是，起源与终点的分类是经过正确排序的，并且起源、终点以及表格之间的三项交互是等间距的。其次，它缺乏 Hauser（1978, 1979）的层次模型（levels model）① 所具有的灵活性。再次，它不适用于 Goodman（1979）行列效应关联模型 Ⅱ（RC 模型）的比较，因为对于不同的列表将产生结构上截然不同的模型（Yamaguchi, 1987: 484）。

针对流动表的比较研究，我提出对数可积层面效应模型。该模型将起源—终点关联中的跨表格差异约束为一般关联模式和表格对应参数的对数乘积。与统一层面效应模型相似，对数可积层面效应模型也是提供单一参数检验，从而能够帮助分析两个流动表之间的垂直流动的差异。与统一层面效应模型相比，对数可积层面效应模型在设定起源—终点关联时具有更强的灵活性。事实上，所有的二维流动表都可以在保持其通常的可解释性的同时，引入到对数可积层面效应模型

---

① 我们将会看到，可以将统一层面效应模型与 Hauser 的层次模型进行合并，尽管合并以后难以解释结果。但不管怎样，Yamaguchi（1987: 484）并没有考虑 Hauser 的层次模型。

中。所需要的前提仅仅是用来做比较的表格对于起源—终点关联具有共同的模式。这个新模型的属性将通过对三个数据集的分析来说明。这三个数据集在以前的流动比较研究中都已被分析过，它们分别是：Yamaguchi（1987）对美国、英国及日本研究的数据，Erikson、Goldthorpe 与 Portocarero（1982）对英国、法国及瑞典研究的数据，以及 Hazelrigg 与 Garnier（1976）对 16 国研究的数据。

用于流动表比较的模型

用 R、C 及 L 分别表示行、列以及层面变量。在一个 $R \times C \times L$ 的交叉分类表中，观测频数用 f_{ijk} 表示，期望频数用 F_{ijk} 表示，其中，$i = 1, \cdots, I; j = 1, \cdots, J; k = 1, \cdots, K$。首先考虑 $R \times C$ 表格是平方表的情形，也就是 $I = J$——尽管我的研究结果适用于更普遍的情形（$I \neq J$）。按照流动研究（mobility research）中的习惯，我用行表示起源，列表示终点，层面表示表格或者组（通常为了区分不同国家或者不同时间点）。对于三维表格，其饱和模型（saturated model）表示如下：

$$F_{ijk} = \tau \tau_i^R \tau_j^C \tau_k^L \tau_{ij}^{RC} \tau_{ik}^{RL} \tau_{jk}^{CL} \tau_{ijk}^{RCL} \tag{1}$$

其中，参数 τ 受通常的类似于 ANOVA 的标准化约束，在所有维度上乘积为 1。通过标准化，τ 表示（未加权的）总计均值，τ_i^R、τ_j^C、τ_k^L 分别表示行、列以及层面的边缘效应（marginal effect）。τ_{ij}^{RC}、τ_{ik}^{RL} 及 τ_{jk}^{CL} 分别表示行与列、行与层面以及列与层面的二项交互项。τ_{ijk}^{RCL} 表示行、列与层面的三项交互。饱和模型并不是令人特别感兴趣，因为在通常情况下它不够简单。接下来，我将探讨用更少的理论上可解释的参数来描述流动模式的非饱和模型，并且同样能够很好地拟合观测数据。在所有展示的模型中，参数 τ、τ_i^R、τ_j^C、τ_k^L、τ_{ik}^{RL} 及 τ_{jk}^{CL} 都将被包含在模型中，以便能够在给定 L 的条件下准确地拟合行和列的边缘分布。Goodman（1970，1981a）与 Clogg（1982a）将其称为条件关联（conditional association），与偏关联（partial association）区别出来，因为偏关联并不能准确地拟合行—层面（$R-L$）交互项以及列—层面（$C-L$）交互项。与条件关联模型相比，对数可积层面效应模型对 τ_{ij}^{RC} 及 τ_{ijk}^{RCL} 参数进行约束，从而令人感兴趣。这些参数一起量度了特定层面（表格）的 R（起源）与 C（终点）关联的程度，以及该关联在不同层面（表格）之间的变差。

统一层面效应模型

统一层面效应模型设定三项交互参数 τ_{ijk}^{RCL} 通过 $\exp(ij\beta_k)$ 来计算，其中 i 与 j 为间距变量，β_k 为与表格关联的参数，表示对于第 k 个表格行与列（R 与 C）关联的强度。为了产生 $K-1$ 对非冗余的比较，β_k 受标准化约束 $\sum\beta_k = 0$。① 如 Goodman（1969）所指出的，对于给定的 $I \times J$ 表格的二项关联，由相邻的行与列分类所构成的 $(I-1)(J-1)$ 个 2×2 子表格的比率比（odds ratio）系数就可完全描述。设 $\theta_{ij|k}(i=1,\cdots,I-1;j=1,\cdots,J-1)$ 表示第 k 个表格的由第 i 行、第 $i+1$ 行与第 j 列、第 $j+1$ 列所构成的子表格的条件比率比（conditional odds-ratio）系数。在统一层面效应模型（忽略 τ_{ij}^{RC} 的上标 RC）中，容易证明：

$$\begin{aligned}
\theta_{ij|k} &= F_{ijk}F_{(i+1)(j+1)k}/[F_{(i+1)jk}F_{i(j+1)k}] \\
&= \tau_{ij}\tau_{(i+1)(j+1)}/[\tau_{(i+1)j}\tau_{i(j+1)}]\exp[ij\beta_k+(i+1)(j+1)\beta_k-(i+1)j\beta_k-i(j+1)\beta_k] \\
&= \theta_{ij}\exp(\beta_k)
\end{aligned} \tag{2}$$

其中，θ_{ij} 仅由二项 τ_{ij}^{RC} 参数决定。无条件比率比（unconditional odds-ratio）θ_{ij} 可被视为在忽略层面变量的情况下行与列关联的总体比率比。注意，在 $\exp(ij\beta_k)$ 中，由于 i，j 是作为间距变量进入模型，对 β 的估计受到起源与终点分类的顺序的影响。对公式（2）的两端进行自然对数转换，得到：②

$$\log(\theta_{ij|k}) = \log(\theta_{ij}) + \beta_k \tag{3}$$

公式（3）显示，在统一层面效应模型中，量度表格起源—终点关联程度的对数比率比可以被分解成两个可加量。第一个量——$\log(\theta_{ij})$，是所有相关表格起源—终点的平均关联，对 $\log(\theta_{ij})$ 的不同设定稍后再述。第二个量——β_k，在每个表格中不同，但是在起源—终点中保持不变。如果 β_k 为负数，表示第 k 个表格的行列关联小于平均值。相反，如果 β_k 为正数，表示第 k 个表格的行列关联大于平均值。跨表格的行列关联同质性意味着由于标准化约束 $\sum\beta_k = 0$，所

---

① 我对 β 的标准化不同于 Yamaguchi（1987），他使用虚拟变量来对基准表格进行比较。这其中的差异是细微的，因为对这两种方案所做出的选择由我们主观决定。
② Wong（1990）的公式（2）在第二个量中不正确地包含了下标 ij。

以所有的 β_k 应为 0，正如所有加总为零的常数本身就为零一样。

对 τ_{ijk}^{RCL} 进行建模仅在行与列的关联存在时才是有意义的，也就是说，$\tau_{ij}^{RC} \neq 1$。换句话说，R、C 以及 L 的三项交互项仅在当二项交互项非无效解，以至于保留了 τ 参数的层级结构时才值得考虑。

对数可积层面效应模型

我提出对数可积层面效应模型，通过让起源—终点关联在表格中对数可积地变化，来比较流动表。更明确地说，我假设：

$$F_{ijk} = \tau \tau_i^R \tau_j^C \tau_k^L \tau_{ik}^{RL} \tau_{jk}^{CL} \exp(\psi_{ij} \phi_k) \tag{4}$$

其中，ψ_{ij} 描述起源—终点关联，ϕ_k 表示特定表格中关联的偏差。注意，在公式（4）中的 $\exp(\psi_{ij})$ 与公式（1）中的 τ_{ij}^{RC} 之间是一一对应关系。同样，对于公式（2）与公式（3），对于第 k 个表格的条件，对数比率比可以写为：

$$\begin{aligned}
\log(\theta_{ij|k}) &= (\psi_{ij} + \psi_{(i+1)(j+1)} - \psi_{(i+1)j} - \psi_{i(j+1)})\phi_k \\
&= \log\{\tau_{ij}\tau_{(i+1)(j+1)}/[\tau_{(i+1)j}\tau_{i(j+1)}]\}\phi_k \\
&= \log(\theta_{ij})\phi_k
\end{aligned} \tag{5}$$

也就是说，对数可积层面效应模型将行、列二项交互项以及行、列、层面三项交互看成由两个部分对数乘积的结果，即总的起源—终点二项关联以及第 k 个表格的偏差参数。该模型是 Goodman 的 RC 效应模型 II（1979）的广义化，或者对于二维表格来说，它仅仅是行列对数可积模型（RC log-multiplicative model）（Goodman，1981b，1981c；Clogg，1982b）。该模型也可以说是 Goodman 在总结对应分析与对数线性模型关系时，为多维列联表所归纳的一大类模型中的一个特例（Goodman，1986：262-266）。参数 ψ 与 ϕ 可以被视作次序变量的潜在测度（latent scale）：ψ 说明了起源—终点关联的模式，而 ϕ 表示所比较的不同表格的起源—终点关联模式。

为了识别模型，参数 ψ_{ij} 与 ϕ_k 需要被标准化。为方便起见，我首先标准化 ψ_{ij}，以使模型对于任何二维表格都能够识别，然后再对 ϕ_k 的测度进行标准化，使得：

$$\sum \phi_k^2 = 1$$

这样的测度转换不会改变模型，因为ψ_{ij}与ϕ_k的测度并不能被联合测定：

$$\psi_{ij}\phi_k = \psi_{ij}c\phi_k/c$$

其中，c可为任何常数。在下一节，我将讨论在不同的起源—终点设定的前提下，对ψ_{ij}参数的定位进行标准化的不同方法。如果不是对ψ_{ij}而是对ϕ_k的定位进行标准化，将是不恰当的，因为那样的话，在对数可积层面效应模型中将不存在与ψ_{ij}相对应的边缘效应。

在二项对数可积模型的例子中（Goodman，1979；Clogg，1982b），研究者仅仅对ϕ_k的相对差异比率感兴趣，因为ϕ_k的绝对数值反映的只是那种特殊的标准化规则。当不同的ϕ_k被估计为相似值时，起源—终点关联的强度被认为是跨表格同质性的。[①] 如果ϕ_k高于平均值，并且ψ_{ij}为正向关系的话，意味着对第k个表格来说起源—终点关联高于平均水平。

起源—终点关联的建模

如果没有进一步的约束的话，公式（4）仅仅是重新用参数表示了起源与终点之间的二项关联。尽管在某些情况下，这也是有用的（例如 Sobel、Hout，and Duncan，1985），但是根据流动表的不同模型，适当地对ψ_{ij}进行约束，公式（4）的真正优点才显露出来（Hout，1983）。我将简要回顾一些模型，但是有兴趣的读者应该参考其他来源（Hauser，1978，1979，1984；Goodman，1978，1984；Duncan，1979；Agresti，1990）。当起源与终点变量仅仅量度相对的社会地位时，这两个变量的分类的顺序是明确的。但是，大部分常规的分类法（如 Blau and Duncan，1967）是多维的，混合了社会地位以及其他属性。下面所讨论的六个模型中的前四个模型利用了这些先验的信息，将起源与终点变量当作次序变量。这些模型最早由 Goodman 当作一种统一的分类而提出（Goodman，1979），[②] 模型如下：

[①] 估计的标准误差可以通过 jackknife 方法计算得出（Clogg，Shockey，and Eliason，1990）。但是，在实际操作中，通常可以避免如此复杂的方法，因为可以通过嵌套模型（nested models）的卡方检验来进行假设检验。

[②] 序列的存在并不意味着类别的顺序就是正确的。这四个模型中，有三个模型要求有正确的序列，仅有一个模型（RC）例外。

(1) R 模型（行效应模型）设定：

$$\tau_{ij} = \exp(j\mu_i) \text{ 或 } \psi_{ij} = j\mu_i$$

其中，μ_i 为行得分，受到 $\sum \mu_i = 0$ 的约束。该模型要求正确的类别排序以及终点 (C) 类别之间的等间距。与公式 (3) 和公式 (5) 的标注一样，该模型平均的对数比率比为：

$$\log(\theta_{ij}) = \mu_{i+1} - \mu_i$$

也就是行得分之间的距离。

(2) C 模型（列效应模型）设定：

$$\tau_{ij} = \exp(iv_j) \text{ 或 } \psi_{ij} = iv_j$$

其中，v_j 为列得分，受到 $\sum v_j = 0$ 的约束。该模型要求正确的类别排序以及起源 (R) 类别之间的相同间距。该模型平均的对数比率比为：

$$\log(\theta_{ij}) = v_{j+1} - v_j$$

也就是列得分之间的距离。

(3) $R+C$ 模型（行列效应模型 I）设定：

$$\tau_{ij} = \exp(j\mu_i + iv_j) \text{ 或 } \psi_{ij} = j\mu_i + iv_j$$

其中，μ_i 和 v_j 分别是行得分与列得分。我对这些得分进行约束，使得 $\mu_I = v_J = v_{J-1} = 0$。① 该模型要求起源 ($R$) 与终点 ($C$) 正确的类别排序。该模型平均的对数比率比为：

$$\log(\theta_{ij}) = (\mu_{i+1} - \mu_i) + (v_{j+1} - v_j)$$

也就是行得分之间的距离与列得分之间的距离的总和。

(4) RC 模型（行列效应模型 II）设定：

$$\tau_{ij} = \exp(\mu_i v_j) \text{ 或 } \psi_{ij} = \mu_i v_j$$

其中，μ_i 和 v_j 分别表示行得分与列得分，其约束为 $\sum \mu_i = 0$，$\sum v_j = 0$，$\sum v_j^2 = 1$。该模型并不要求起源 (R) 或终点 (C) 类别的正确排序。对得分的估计 (μ_i 和 v_j) 说

---

① 必须具有三个约束。这里选择了一套便利的（也是主观的）约束方案。同样的解释适用于下一个模型 (RC)。

明类别的顺序在模型中是隐含的。该模型的平均对数比率比为：

$$\log(\theta_{ij}) = (\mu_{i+1} - \mu_i)(v_{j+1} - v_j)$$

也就是行得分之间的距离与列得分之间的距离的乘积。

（5）在 Goodman（1972）对一般类型的可积模型的定义与研究的基础上，Hauser（1978，1979）提出了层次模型，将 RC 二维交互表的单元格映射到不同的层次上。层次模型在形式上具有灵活性，表示不同的具有相似起源—终点关联程度的单元格集合。层次模型既可以在经验上也可以在先验理论上派生。尽管有些人关注于这类模型在流动研究中的可解释性（Pontinen，1982；Hout，1983：37-51），然而层次模型却是相当重要的，因为它非常通用并且具有灵活性。许多特殊的模型，例如准独立模型（quasi-independence model）、准对称模型（quasi-symmetry model），以及完全交互模型（full-interaction model），都可重新参数化为层次模型。一旦我们理解了层次模型在这个新的对数可积比较框架中如何运行，我们的知识就可以很容易地扩展到许多其他模型上（如 Goodman，1986，1991；Hout, Duncan, and Sobel, 1987；Becker, 1990；Yamaguchi，1990a，1990b）。对层次模型的评估以及它在比较研究中的用途，请参见 Clogg 和 Shockey（1984）。

层次模型并没有对起源（R）或终点（C）的类别的顺序做任何假设。对于一个具有 H 个层次的模型，只有 $H-1$ 个 ψ 参数是可识别的。我对它们进行标准化，使得：

$$\sum \psi_h = 0, \text{对于} h \in (i,j) \text{且} h = 1,\cdots,H$$

（6）最后，完全的二项交互模型（FI）对于 τ_{ij} 没有做任何限制。在 Hauser 的层次模型中，FI 模型并没有对起源（R）或终点（C）的分类顺序做假设。该模型包含 $(I-1)(J-1)$ 个非冗余的 $\log(\theta_{ij})$。为方便起见，我将完全的交互模型当作层次模型处理，其中，$H = (I-1)(J-1) + 1$；为了标准化数值，表格中第一行或第一列的单元格合并成第一层次，剩下的其他单元格分别当作一个层次。

在对数可积比较框架中，上述模型中所有未知的参数都可同时用 ϕ_k 来估计。因为属于二项起源—终点关联模型的这些参数，也就是 μ_i、v_j、ψ_h 对于 ϕ_k 都是对数可积的，那么就必须采用迭代最大似然估计法（iterative maximum-likelihood procedure）来估计，但是有两个例外情形：①当起源—终点关联的设定相当简单时，例如层次模型中 $H = 2$，或者在模型 R、C、$R + C$、RC 中 $I = J = 2$；以及②当仅对两个表格进行比较（$k = 2$），并且起源—终点的设定并非属于 RC 模型时。迭代过程将一组估计值（或初始值）当作已知，来计算另一组估计值（或初始值），直到估计的数值稳定。据我的经验，在个人电脑上运行时，模型的收敛过程是相当快的。

对 Yamaguchi 三国数据（美国、英国和日本，1987）的再分析

为了展示对数可积层面效应模型的用途，我首先对 Yamaguchi（1987）的数据进行再分析，这些数据也是他引入统一层面效应模型时所采用的数据。该数据集由 5×5 个代际流动（intergenerational mobility）表构成，包含美国、英国和日本的数据。读者也可根据 Yamaguchi（1987）的汇总数据得到与本文同样的数据。

为了方便与 Yamaguchi 的结果进行比较，我的再分析限制在对角线以外的单元格上。因为由于继承关系（inheritance），起源—终点关联大部分能由对角线上的单元格来解释，所以将对角线上的单元格排除也是合理的。但是，将对角线单元格排除在外，必然也排除了对它们自身的比较分析，从而使得流动制度在表间的变化表现得不太明显。我在下面第二个和第三个例子中会指出这个缺陷，同时我也会说明，这个新模型可以扩展到对 Hauser 的层次模型中的对角线单元格的处理上。首先，让我们将兴趣放在重新复制 Yamaguchi 的分析结果上来。

表 9 – 1 显示了不同模型对 Yamaguchi 的数据分析的结果。零关联模型（NA 模型）作为基准模型，用五个模型设定（R、C、$R + C$、RC 以及 FI）来描述该二项起源—终点关联。每种设定（除了 RC）用三个下标加以解释说明：o 表示国家间的同质性；u 表示在统一层面效应模型下，国家间的统一比较（u-comparison）；x 表示在对数可积层面效应模型下，国家间的对数可积比较（x-comparison）。每个模型的拟合优度通过对数似然比卡方统计量（L^2）及其自由度和 P 值，以及 BIC 统计量来评估。① BIC 是贝叶斯（Bayesian）统计量，由 Raftery（1986）针对大样本提出。$BIC = L^2 - (DF)\log N$，其中，L^2 为对数似然比

---

① 读者应当注意，BIC 统计量在对数可积模型中并未得到正式证明。但是在私下的沟通中，Raftery 教授非常肯定我的 BIC 在对数可积模型中是有效检验的臆测（参见 Raftery，1988）。

卡方统计量，DF 是其自由度，N 为样本量（sample size）。按照规则选择 BIC 值最低的模型。当 BIC 为负数时，相对于饱和模型而言，较为倾向于原假设（null hypothesis）。在对数可积层面效应模型中，标准化后的比较参数 ϕ 显示在最后三列里。

表 9-1　美国、英国和日本的社会流动表：非对角线单元格数据
模型拟合优度结果（Yamaguchi，1987 年数据）

模型	描述	L^2	DF	p	BIC	ϕ_1(美国)	ϕ_2(英国)	ϕ_3(日本)
NA	给定层面，行列之间为零关联	1336.20	33	.000	997	—	—	—
R_o	国家间同质性行效应关联	155.97	29	.000	-142	—	—	—
R_u	国家间统一行效应关联	147.61	27	.000	-130	—	—	—
R_x	国家间对数可积行效应关联	147.53	27	.000	-130	.6232	.6346	.4570
C_o	国家间同质性列效应关联	67.74	29	.000	-230	—	—	—
C_u	国家间统一列效应关联	60.28	27	.000	-217	—	—	—
C_x	国家间对数可积列效应关联	58.80	27	.000	-219	.5980	.6562	.4601
$(R+C)_o$	国家间同质性行列效应关联 I	38.80	26	.051	-228	—	—	—
$(R+C)_u$	国家间统一行列效应关联 I	33.26	24	.099	-213	—	—	—
$(R+C)_x$	国家间对数可积行列效应关联 I	33.03	24	.103	-213	.6073	.6326	.4806
RC_o	国家间同质性行列效应关联 II	37.72	26	.064	-229	—	—	—
RC_x	国家间对数可积行列效应关联 II	32.12	24	.124	-214	.6080	.6311	.4817
FI_o	国家间同质性完全二项行列交互	36.22	22	.029	-190	—	—	—
FI_u	国家间统一完全二项行列交互	30.71	20	.059	-175	—	—	—
FI_x	国家间对数可积完全二项行列交互	30.94	20	.056	-174	.6064	.6305	.4845

注：L^2 为对数似然比卡方统计量，其自由度显示在 DF 列中，p 值显示在 p 列中。$BIC = L^2 - (DF) \log N$，其中，N 为观测样本量（28887）。参数 ϕ 已被标准化，使得 $\sum \phi_k^2 = 1$。

如公式（3）和公式（5）所示，统一层面效应模型及对数可积层面效应模型对每一对比较都允许自由度为 1 的检验。如果存在 K 个表格，那么就有 K-1 对非冗余比较。在当前的例子中，2 个自由度被用于比较参数的估计，因此下标为 u 和 x 的模型比对应的下标为 o 的模型少 2 个自由度。由对数似然比检验结果，大多数模型并不能令人满意地拟合数据，部分原因在于样本量太大（28887）。根据 BIC 统计量，除了 NA 模型外，其他模型倾向于饱和模型。由于

统一比较设定和对数可积比较设定并不是相互嵌套的,对这两个模型的选择就不能基于传统的卡方检验(chi-square test),然而,却可以用 BIC 统计量来比较这两个模型(Raftery,1988)。对所有的情形(除 FI 外)而言,对数可积比较模型比统一比较模型能得到更小的 L^2 值和 BIC 统计量。对于这个数据,FI 模型不值得考虑,后面我会给出解释。基于拟合优度统计量,我认为对数可积比较模型通常会优于统一比较模型。

统一比较(u 比较)的一个严重缺点是不能在国家间比较 RC 设定。事实上,在一个关于用 RC 设定来做国家间比较的注解中,Yamaguchi(1987:484)也有效地提出了 RC_x 模型。也就是说,Yamaguchi 已部分地预见到对数可积层面效应模型。Yamaguchi 也认为,RC_x 模型具有显著的优点,因为它不需要对行列分类的顺序进行排列。由于 Yamaguchi 的论文主要关注统一层面效应模型,他证实了 $(R+C)_u$ 模型,但是并未对 RC_x 模型进行估计。在我对数据的再分析中,不仅 RC_x 模型比 $(R+C)_u$ 模型更加能够拟合数据,而且对 RC_x 模型的估计表明 $(R+C)_u$ 模型中存在错误的设定。RC_x 模型中估计的列得分并未像事先对行分类进行正确排序那样,形成单调的测度。① 关于用不同模型(包括对数可积模型)来检验该不对称性,请参见 Yamaguchi(1990b)。请注意,对行列类别的正确排序对 RC_x 模型来说并不像对 $(R+C)_u$ 模型那样是必需的。

尽管形式上隐蔽,RC_x 模型也曾出现于其他文献中。例如,它是 Clogg(1982a)"异质性的行与列效应"模型的一个特殊例子,加了再参数化及某些限制;它也是 Goodman(1986:263)的三因子交互模型用可积形式表达的一个特殊例子。Smith 和 Garnier(1986,1987)也结合 Hauser 的层次模型使用了 RC_x 模型——尽管他们为组间差异所做的对数可积设定简单了些,因为只有两个组进行比较,也就是 $K=2$。针对多个二维表格的多维行列模型 [RC(M) 模型](Goodman,1986;Becker and Clogg,1989)也将 RC_x 模型作为仅有一个维度,并且表间的行得分和列得分具有同质性的特殊情形包含在其中。在社会流动研究中,Ganzeboom、Luijkx 和 Treiman(1989)雄心勃勃地研究了 35 个国家的 149 个代际流动表,也过分依赖于用 ASSOC 软件所估计的 RC_x 模型。近来,

---

① Grusky 使我注意到这一点,在此我对他表示感谢。标准化的行得分与列得分估计值分别为
(- 1.4719、 - 0.9045、0.1036、0.9226、1.3502) 与 (- 0.6177、 - 0.2888、0.3587、0.6319、-0.0841)。

Yamaguchi 和 Treiman（1990）将 RC_x 设定扩展到不对称表的建模及他们的国家间变化研究上。

Erikson 和 Goldthorpe（1991）对 Ganzeboom、Luijkx 和 Treiman（1989）RC_x 模型的应用提出了批判。他们批判的一个重要组成部分是他们注意到国家间比较参数"是用高度简单的（依比例决定的关联）模型估计的，按照传统的标准，这种方法不能用于拟合总的数据，以及很多国家的流动表"（Erikson and Goldthorpe，1991：36-37）。据此，Erikson 与 Goldthorpe 引申出了一个与 FI_x 高度等价的模型。①

对于统一比较，全交互设定（FI）得到的 L^2 值为 30.71，而对对数可积比较则得到 30.94，这也是统一比较比对数可积比较拟合得更好的唯一情形。然而，全交互设定并不被其他模型所接受，因为它不够简单。将 RC_x 模型与 FI_x 模型嵌套，L^2 值在 4 个自由度下增加了 1.18，很明显，L^2 是不显著的。总之，RC_x 模型是更受欢迎的模型。RC_x 模型很好理解：变量 R、C 以及 L 被当作次序变量，并以对称的形式进入对数可积模型。对 R 和 C 所估计的潜在量度构成了起源—终点关联的一般模式，而对所估计的 L 的潜在测度则表示不同国家关联的程度。然而，这种解释依赖于所假设的模型设定上，也就是行得分与列得分在表间是同质的。

有必要强调一下，对数可积比较并没有改变在没有对照的情况下为起源—终点关联所假设的统计模型。相反，对数可积比较将起源—终点关联约束为在不同的组间对数可积变化。它介于所有的组都有相同的起源—终点关系这样一种最严格的情形与所有的组对于起源—终点关联都有不同的参数这样的无约束情形之间。从某种程度上说，对数可积层面效应模型具有高度限定，不仅所有的组都假设为在关联参数上具有相同的结构，组内参数的相对量也被假设为常数。只有在组间，关联参数才被允许按一个公共因素变动。因此，根据对数可积层面效应模型至此对数据拟合的程度，它被认为是比较组间流动的总体水平的一种理想选择。

估计的比较参数（$\phi's$）验证了 Yamaguchi（1987）的观测，也就是起源—

---

① 很显然，Erikson 与 Goldthorpe 的工作论文与本文一样，都是针对相同问题独立做出来的，但他们是从更为理论的角度。他们的论文提交于 1991 年 11 月，比本文早期在美国社会学年会（1991 年 8 月于俄亥俄州辛辛那提）上所提交的那一稿晚了几个月。我于 1991 年 11 月上旬从 Erikson 教授处得到一份他们的论文。

终点关联的水平在美国与英国之间相似，而在日本则弱于美英两国。[①] 在缺少合适的量度的情况下，Yamaguchi 借用了从其他统一关联模型中所估计的关联参数，认为"在日本，根据流动结构中非对角线上的元素所观测的父子间的关联程度，比美英少大约 20% ~ 30%"（Yamaguchi，1987：488）。

对 Yamaguchi 来说，计算结果是最大可能的近似了，因为统一层面比较并不允许对差异的相对大小做直接计算。根据公式（3），假如对国家 1 和国家 2 进行比较，可以得到：

$$[\log(\theta_{ij|2}) - \log(\theta_{ij|1})]/\log(\theta_{ij|1}) = (\beta_2 - \beta_1)/[\log(\theta_{ij}) + \beta_1] \tag{6}$$

因为 $\log(\theta_{ij})$ 不是一个单个数值，公式（6）就不能再作简化。然而，对对数可积比较来说，差异的相对大小可以由公式（5）推导出来：

$$[\log(\theta_{ij|2}) - \log(\theta_{ij|1})]/\log(\theta_{ij|1}) = [\log(\theta_{ij})(\phi_2 - \phi_1)]/[\log(\theta_{ij})\phi_1]$$
$$= (\phi_2 - \phi_1)/\phi_1 \tag{7}$$

使用这个公式以及根据 RC_x 模型所估计的 ϕ 参数，计算的相对差异如下：在日本，起源—终点关联比美国低 20.8%，比英国低 23.7%。这些数值由非对角线单元格计算得出，并且与 Yamaguchi 的结果非常接近。

流动的模式与数量：Hauser 的层次模型（英国、法国与瑞典的数据）

社会流动比较研究中的一篇很重要的论文是 Lipset 与 Zetterberg（1959：13）写的，他们认为"在不同的西方工业社会国家，社会流动的总体模式高度相似"。这篇论文在实证上已经被证明是错误的（Broom and Jones，1969a，1969b；Erikson，Goldthorpe，and Portocarero，1979）。对于观测到的流动的差异，主要的解释在于工业化国家历史上可能处于不同的经济发展阶段，从而展示出不同的职业结构。

[①] 这三个国家的流动制度是否同质是一个重要的问题。事实上，根据 BIC 标准，同质性假设相对于异质性假设得到接受，部分的解释在于美国与英国之间的相似性（Yamaguchi，1987）。但是，使用该数据的目的主要在于为新模型举例说明，并与 Yamaguchi 的模型进行比较，并非为了找出最优模型。所以，我就不再列出日本与其他两个国家的比较结果。

这些反面的事实提示了 Featherman、Jones 和 Hauser（1975：339），促使他们对此做出修改，认为工业社会有相似的循环流动（circulation mobility）模式而不是不同的结构流动（structural mobility）模式。Featherman、Jones 和 Hauser 在对数线性模型的框架内提出了他们的假设。结构流动由起源与终点边缘分布的参数表示，而循环流动则由起源与终点的交互项参数表示。① 更明确地说，Hauser 与 Grusky（1988：725）后来经过重新阐述，认为循环流动的模式应该参照"流动分类的比率比"。

不过分地说，社会学研究的内容没有哪一个会不存在国家之间的差异，问题的关键在于这种差异的大小与规律性。如果循环流动在国家间的差异相对很小并且无法解释的话，研究者就会认为 Featherman - Jones - Hauser 假设是可以成立的。在过去的十年中，很多研究者都得出这种结论（Erikson, Goldthorpe, and Portocarero, 1982; Kerckhoff, Campbell, and Winfield-Laird, 1985）。Wong（1990：560）正确地指出，前人的研究所使用的统计方法是同时检验不同的假设，结果使得模型不够灵敏。Yamaguchi 的统一比较模型可以进行更灵敏的单一自由度的检验，而本文介绍的对数可积比较模型则为这种类型的分析提供了更高级的方法。

用对数线性模型的语言来表达的话，社会流动的共同模式意味着对于所有进行对照的表格来说，二项的起源—终点关联是共同的。限制最少的假设能够得到起源与终点完全交互的模型。然而，为了模型的简单及使得统计效力最大化，社会流动比较研究的学者们通常会努力地在起源—终点关联上寻找限制。因此，共同模式的概念在方法论上可以用 Hauser（1978, 1979）的层次模型来表示，在经验上，该模型也可以对起源—终点关联进行简单表述。

Hauser 的层次模型在比较流动研究中的一个著名的应用是 Erikson、Goldthorpe 和 Portocarero（1982）对英国、法国与瑞典数据的分析。这三个流动表最初被分为 9 个类别，后来又被合并为 7 个类别。如表 9 - 2 所示，他们使用了 6 个层次来描述原始的 36 种起源—终点交互参数。② 该模型不仅非常简单，而且对数据拟合得也很不错。用此数据，Hauser（1984）重复使用了此模型，并将它与其他方法（Hope, 1982）进行了比较。

---

① 关于结构流动与循环流动的更详细的讨论，请参见 Sobel（1983）。
② 在独立模型中，受约束的关联参数个数为 (7 - 1)(7 - 1) = 36。请注意，对角线单元格已被包括进来。

表9-2 英国、法国和瑞典社会流动共同模式模型的层次矩阵
（Erikson, Goldthorpe, and Portocarero, 1982年数据）

父代职业		子代职业						
		I+II	III	IV$_{a+b}$	IV$_c$	V/VI	VII$_a$	VII$_b$
I+II	服务业	2	3	4	6	5	6	6
III	常规的非体力雇工	3	3	4	6	4	5	6
IV$_{a+b}$	小资产阶级	4	4	2	5	5	5	5
IV$_c$	农场主	6	6	5	1	6	5	2
V/VI	技术工人	4	4	5	6	3	4	5
VII$_a$	无需技能的工人	5	4	5	5	3	3	5
VII$_b$	农业工人	6	6	5	3	5	4	1

表9-3列出了 Erikson、Goldthorpe 和 Portocarero (1982) 对此数据进行分析所得到的6个模型的结果，以及后来 Hauser (1984) 所做的结果。NA 基准模型（原假设）得到 $L^2 = 4860.03$，自由度为 108。① FI$_o$ 模型让起源—终点自由相关，但是将它限制为在三个国家中相等，该模型在消耗 36 个自由度后使得 L^2 减小到 121.30。BIC 统计量为 -577，表明该模型拟合得很好。模型 FI$_x$ 让起源—终点关联在三个国家中按对数可积变化，将拟合优度进一步提高（$L^2 = 92.14$，自由度为 70，BIC = -587）。将 FI$_o$ 模型与 FI$_x$ 模型嵌套，得到卡方统计量为 29.16，其自由度为 2，也是高度显著。根据 BIC 标准，FI$_x$ 模型优于 FI$_o$ 模型。

表9-3 英国、法国和瑞典代际阶层流动数据的模型拟合优度结果
（Erikson, Goldthorpe, and Portocarero, 1982年数据）

模型	描述	L^2	DF	p	BIC	ϕ_1(英国)	ϕ_2(法国)	ϕ_3(瑞典)
NA	给定层面,行列之间为虚无关联	4860.03	108	.000	3813	—	—	—
FI$_o$	国家间同质性完全二项行列交互	121.30	72	.000	-577	—	—	—
FI$_x$	国家间对数可积完全二项行列交互	92.14	70	.039	-587	.6167	.6333	.4676
H$_o$	国家间同质性层次模型（表9-2）	244.34	103	.000	-755	—	—	—
H$_x$	国家间对数可积层次模型（表9-2）	216.37	101	.000	-763	.6127	.6336	.4723
H$_l$	国家间异质性层次模型（表9-2）	208.50	93	.000	-693	—	—	—

注：L^2 为对数似然比卡方统计量，其自由度显示在 DF 列中，p 值显示在 p 列中。$BIC = L^2 - (DF)\log N$，其中，N 为观测样本量 (16297)。参数 ϕ 已被标准化，使得 $\sum \phi_k^2 = 1$。

---

① 该数值与 Hauser 的分析相吻合，但是比 Erikson、Goldthorpe 和 Portocarero (1982) 的结果稍微大一些。我的再分析是基于 Hauser (1984：附录) 的数据。很明显，原始的数据与 Hauser (1984：106，注7) 处理过的数据存在某些差异。

H_o 模型到 H_l 模型是 Hauser 层次模型的不同变化,该层次模型的层次矩阵已经显示在表 9-2 中。下标 l 表示这是层次与层面（国家）之间的完全交互。也就是说,对于三个国家间的层次,H_o 模型假设同质性,H_l 模型假设异质性。H_o 模型得到 $L^2 = 244.34$,自由度为 103;H_l 模型得到 $L^2 = 208.50$,自由度为 93。这些统计量表明了该比较框架中六层次模型的拟合优度的上限与下限。在大样本 (16297) 下,Erikson、Goldthorpe 和 Portocarero (1982) 以及 Hauser (1984) 都正确选择了 H_o 而非 H_l,尽管严格来说,这两个嵌套模型的卡方检验是显著的 ($L^2 = 35.84$,10 个自由度)。H_o 模型的 *BIC* 统计量为负数,且比 H_l 模型的更小。在设定起源—终点关联根据不同国家按照对数可积变化的情况下,H_x 模型介于两个模型之间。就卡方统计量来说,H_x 模型($L^2 = 216.37$,101 个自由度)对数据拟合显著地优于 H_o 模型（卡方 = 27.97,2 个自由度）,低于 H_l 模型（卡方 = 7.87,8 个自由度）,但不显著。因此,相对于 H_o 模型与 H_l 模型,H_x 模型是更好的选择。另外,在表 9-3 中,根据 *BIC* 标准,H_x 模型是所有模型中最好的。综上所述,我已说明了 H_l 模型中大部分的国家间差异都可由更简单的 H_x 模型来解释。

通过使用更强有力的统计检验（将 H_o 与 H_x 嵌套）,我已显示了这三个国家在终点依赖于起源程度上的差异。在表 9-3 中,标准化了的比较参数估计值（$\phi's$）显示起源—终点关联在英国与法国之间相似,而瑞典则低于英国与法国。完全交互模型以及六层次模型也能证明这个结果。因此,我的发现有力地支持了 Erikson、Goldthorpe 和 Portocarero 的假设,即"瑞典比另两个国家具有更高的流动性"（Erikson, Goldthorpe, and Portocarero, 1982:26）。

希望本文所介绍的比较流动表的新模型,能够对 Featherman – Jones – Hauser 假设有所修正。或许国家间的社会流动模式并没有差异,但是社会流动的数量却存在差异。在这里,社会流动模式被重新定义为：国家中起源—终点关联的层次矩阵的相对大小的差异,也就是国家内相对的比率比。如果社会流动的数量差别是一个相同的乘数,社会流动的模式仍然是相同的。在英国、法国及瑞典的例子中,同样的六层次模型可以拟合全部三个国家的数据。更为重要的是,在每个国家中,六个层次的相对大小都是一致的。但是,对每个国家而言,都存在一个一般的乘数使得其关联参数或增大或减小。该模型清晰地阐明了修正过的观点,即尽管其流动数量不同,在这三个工业化国家中却存在一个相同的社会流动模式。

比较参数的共变量：重现 Grusky 与 Hauser（1984）的 16 国比较研究

在对数可积框架中，对于每个流动表都要计算一个比较参数（ϕ）。那么，研究这一比较参数如何与其他因素共变（见 Ganzeboom, Luijkx, and Treiman, 1989），无疑是令人感兴趣的。在对 16 国的流动模式比较研究中，Grusky 和 Hauser（1984）试图将流动的国家间差异归结为四个解释变量：工业化、入学率、不平等以及社会民主化。他们（Treiman, 1970; Hazelrigg and Garnier, 1976; Erikson, Goldthorpe, and Portocarero, 1982）根据期望，在终点依赖于起源的关系上，工业化、入学率以及社会民主化应对流动产生负效应，而不平等则应产生正效应。然而，Grusky 和 Hauser（1984）的结果却并不明确。对于工业化、入学率以及社会民主化，他们发现"（这些）外生变量（exogenous variable）对于社会的流动性存在不一致的效应"（Grusky and Hauser, 1984: 34）。至于不平等，则对起源——终点关联存在负效应，他们对此感到迷惑。

我再分析的数据最早来自 Hazelrigg 和 Garnier（1976），后来又被 Grusky 和 Hauser（1984）所使用。表 9-4 列出了对此数据所做的两个模型集。上半部分的模型基于 16 国数据，下半部分的模型基于 15 国数据，排除了匈牙利。将匈牙利排除在外源自 Grusky 与 Hauser（1984）的建议，他们认为匈牙利数据是个异常值。① 在每个部分中，都有 6 个模型：零关联假设模型（NA）、国家间同质性准完全流动（Q_o）、国家间对数可积准完全流动（Q_x）、国家间异质性准完全流动（Q_l）、国家间同质性完全二项行列交互（FI_o）以及国家间对数可积完全二项行列交互（FI_x）。对角线上的单元格被不同层次包含进去，Q 模型一共具有 4 个层次，其中 3 个层次拟合对角线单元格，FI 模型一共具有 5 个层次。② 每个 Q 模型都嵌套在 FI 模型中。与前面一样，下标 o 表示国家间同质性模型；l 表示国家间异质性模型。下标带 x 的模型比下标带 o 的模型具有更少的限制，但是比下标带 l 的模型限制更多。

---

① Grusky 与 Hauser 试图解释匈牙利的例子，例如，他们考虑过将所有的社会主义国家组合在一起。

② 在 3×3 表格中，用四个比率比 [(3-1)(3-1)=4] 就能描述完全交互。

表 9-4 16 国数据的模型拟合优度结果（Hazelrigg and Garnier，1976 年数据）

模　型	描　　述	L^2	DF	p	BIC
16 国					
NA	给定 L,RC 之间为零关联	42970	64	.000	42225
Q_o	国家间同质性准完全流动	1500	61	.000	790
Q_x	国家间对数可积准完全流动	956	46	.000	421
Q_l	国家间异质性准完全流动	150	16	.000	−36
FI_o	国家间同质性完全二项行列交互	1329	60	.000	631
FI_x	国家间对数可积完全二项行列交互	822	45	.000	298
15 国(排除了匈牙利)					
NA	给定层面,行列之间为零关联	39309	60	.000	38617
Q_o	国家间同质性准完全流动	1065	57	.000	408
Q_x	国家间对数可积准完全流动	527	43	.000	31
Q_l	国家间异质性准完全流动	149	15	.000	−24
FI_o	国家间同质性完全二项行列交互	910	56	.000	264
FI_x	国家间对数可积完全二项行列交互	409	42	.000	−75

注：L^2 为对数似然比卡方统计量，其自由度显示在 DF 列中，p 值显示在 p 列中。$BIC = L^2 - (DF) \log N$，其中，N 为观测样本量（对于 16 国数据，N 为 113556；对于 15 国数据，N 为 101505）。

根据 L^2 标准，在表格上半部分的模型中，没有一个能够令人满意地拟合数据。但是，Grusky 和 Hauser（1984）认为，Q_l 模型"拟合得非常好，解释了基准独立模型中 99.7% 的关联"（Grusky and Hauser，1984：24）（L^2 从 NA 模型的 42970 减少到 Q_l 模型的 150）。因为这个数据的样本量相当大（113556 个样本），所以他们并不是盲目地相信 L^2 统计量。在一篇对 Grusky 和 Hauser 论文的评论中，Raftery（1986）对 Grusky 和 Hauser 的"常识性"结论做了一个形式论证：Q_l 模型的 BIC 统计量为 −36，因此比其他 BIC 值更高的模型更值得优先选择，包括 BIC 值为 0 的饱和模型。根据 L^2 或者 BIC 值，否定了国家间同质性的两个模型（Q_o、FI_o），以及国家间对数可积效应的两个模型（Q_x、FI_x）。

对表格上半部分拟合不佳的模型（Q_o、FI_o、Q_x 以及 FI_x），匈牙利的数据贡献了显著的一大部分（30%~50%）。通过对比上下两部分的模型就可以看出这一点。在 4 个自由度下，Q_o 模型的 L^2 从上半部分的 1500 减少到下半部分的 1065。对于 FI_x 模型，在 3 个自由度下，L^2 从 822 减少到 409。FI_x 模型的 BIC 统计量从 298 减少到 −75。

将 FI_x 模型与 Q_l 模型相比较也是令人感兴趣的,两个模型的区别在于将差异归于何处。对于国家内部差异,Q_l 模型有个更简单的模型:对于每个国家,存在具有1个自由度的准完全流动约束。然而,每个国家中的3个参数却因国家不同而自由变化。与此相反,FI_x 模型中,每个国家具有4个参数,当不存在国家间约束时,将能够对观测到的频次进行准确的估计。FI_x 模型中的国家间对数可积约束意味着所有的国家对于这4个参数具有公共的模式,而在乘数上不同。这里,"公共模式"表示对于任一国家 FI_x 参数的相对大小。由于 Q_l 模型与 FI_x 模型不是嵌套的,也就不能用传统的卡方统计对这两个模型进行取舍。但是,从简单性的规则来看,FI_x 模型比 Q_l 模型更具有吸引力,因为前者所使用的参数更少。例如,在表格下半部分中,FI_x 模型具有42个自由度,而 Q_l 模型只有15个自由度。而且相对于饱和模型,根据 BIC 标准,在表格下半部分中的 FI_x 模型比 Q_l 模型拟合得更佳。我姑且认为表格下半部分中的 FI_x 模型是最佳模型。退一步说,FI_x 模型并不比 Q_l 模型差。

表9-5列出了从4个模型(表9-4上下两部分中的 Q_x 模型与 FI_x 模型)中估计出的社会非流动性。估计出的四个结果都相当一致。表9-5表明瑞典比

表9-5 16国社会非流动的标准化量度(ϕ)

国 家	Q_x 模型	FI_x 模型	$Q_x^\dagger$ 模型	$FI_x^\dagger$ 模型
澳大利亚	.2151	.2170	.2215	.2228
比 利 时	.2965	.2968	.3059	.3062
法 国	.2779	.2788	.2875	.2882
匈 牙 利	.2510	.2459	—	—
意 大 利	.2994	.2995	.3081	.3078
日 本	.2290	.2306	.2394	.2406
菲 律 宾	.2341	.2376	.2437	.2461
西 班 牙	.2963	.2959	.3070	.3062
美 国	.2384	.2379	.2429	.2429
联邦德国	.2179	.2220	.2269	.2303
西马来西亚	.1941	.1984	.2018	.2051
南斯拉夫	.2230	.2235	.2311	.2310
丹 麦	.2827	.2809	.2908	.2887
芬 兰	.2307	.2265	.2399	.2351
挪 威	.1960	.1963	.2025	.2024
瑞 典	.2785	.2752	.2849	.2820

注:(1)参数 ϕ 已被标准化,使得 $\sum \phi_k^2 = 1$。(2)标有 † 的模型基于15国数据(排除了匈牙利)。

美国具有更高的非流动性，这与之前我对 Erikson、Goldthorpe 和 Portocarero（1982）再分析的结果相反。这可能与 Hazelrigg 与 Garnier（1976）的 16 国数据质量差有关，也可能与 3×3 流动表丢失了层间流动的详细信息有关。

Grusky 与 Hauser 的 4 个解释变量的相关矩阵以及对社会非流动性的 4 个量度显示在表 9-6 中。这 4 个量度的结果相当一致：任何两个社会非流动性的相关都在 0.997~0.999 之间。解释变量之间的相关也在所期望的方向上。令人奇怪的是，缺少能够证明解释变量与社会非流动性量度之间相关的证据。解释变量与社会非流动性量度之间的相关几乎为零。从该矩阵能够得到的结论也就是工业化、入学率、社会民主化以及不平等在循环流动上并不具有系统的效应。① 这个结果也与 Grusky 与 Hauser 所认为的 4 个解释变量并不是一致地影响流动的结论相一致。

表 9-6　16 国解释变量与社会非流动量度之间的皮尔逊相关系数

变量	(1)	(2)	(3)	(4)	(5)	(6)	(7)	(8)
(1)工业化	1.000	—	—	—	—	—	—	—
(2)入学率	.842	1.000	—	—	—	—	—	—
(3)平等	-.539	-.618	1.000	—	—	—	—	—
(4)社会民主化	.483	.503	-.362	1.000	—	—	—	—
(5)φ 得分, Q_x 模型	.089	.022	-.072	-.039	1.000	—	—	—
(6)φ 得分, FI_x 模型	.062	.013	-.035	-.044	.997	1.000	—	—
(7)φ 得分, Q_x 模型	.063†	.003†	-.053†	-.039†	.999†	.998†	1.000	—
(8)φ 得分, FI_x 模型	.040†	-.002†	-.032†	-.054†	.997†	.999†	.999†	1.000

†：系数基于 15 国数据（排除了匈牙利）。

根据这个结果，我又做了如下假设：尽管工业化国家在循环流动的层次上有差异，这个差异并不能归因于经济发展或是政治过程。不同工业化国家的独特历史使得循环流动层次上的差异无法解释。

结　论

对于流动表的比较，我已提出了对数可积层面效应模型。该模型将表格的起源—终点关联设定为共同模式与表格的比较参数的对数可积乘数。用这种方法，

---

① 更准确地说，相关系数仅仅测量线性关系。我试图去寻找其他形式的关系，但是没有找到。

新模型与统一层面效应模型（Yamaguchi, 1987）一样保留了在每组对比中采用单一自由度检验的特性。该模型的用途已用三个应用研究的数据展示，这些数据也被比较社会流动的研究者分析过。尽管这三个数据都是关于国家间的比较，但是对数可积层面效应模型无需修改也可扩展到趋势分析上（Hout, 1988），并且很容易做到。

Featherman、Jones 和 Hauser（1975）修正了 Lipset 和 Zetterberg（1959）的论点，他们认为，在所有工业化国家中，在考虑了职业结构中的结构化差异后，循环流动几乎相同。我在用新模型对三个数据集进行再分析之后，提出了新的观点。我发现，根据对数可积分析框架，工业化国家在循环流动的层次上存在差异。我对 Featherman、Jones 和 Hauser 假设做了如下修改：在所有工业化国家中，可能不变的是"循环流动的模式"，该模式被重新定义为给定国家的关联参数的相对大小。虽然如此，前面的假设中保留了两个特性：首先，模式被重新定义后，对所有工业化国家来说，循环流动的模式基本上都是一样的。其次，工业化国家循环流动的层次在社会学上也是"几乎一致的"，因为该差异并不能被解释——无论是用传统的经济发展视角还是为了减少社会不平等所实施的政治项目。

可以对对数可积模型做更广泛的扩展，以便能够包含针对二项行列关联的多维度设定方法。这也是必要的，或许是因为这个模型不好简单地用单一维度来参数化，例如交叉模型（crossings model）（Goodman, 1972; Pontinen, 1982），又或许是研究者希望将 ψ_{ij} 分解为不同的维度，例如 Hout（1984）的 SAT 模型（地位、自治、训练模型）（参见 Hope, 1982; Hauser, 1984）。更明确地说，exp ($\psi_{ij}\phi_k$) 可以用如下形式表示：

$$\exp\left(\sum_{m=1}^{M}\psi_{ij}^m\phi_k\right) \tag{8}$$

其中，ψ_{ij}^m 是行列关联的第 m 个维度，并应更进一步参数化为行和列的特殊函数。注意，对于二维表格，在所有维度上约束行得分或列得分为相等，那么，公式（8）就相似于多维行列模型（Goodman, 1986; Becker and Clogg, 1989）。尽管可以放宽该约束，但是该约束能带来单一自由度检验的优点。另外一种扩展到多维度模型的方式能够让研究者将二项关联参数分解为两个部分，即（a）表间无变化的部分，与（b）表间有变化的部分。换句话说，可以根据 Goodman（1986: 263）的建议，设定：

$$\exp(\psi_{ij}\phi_k) = \delta_{ij}\exp(\psi_{ij}^*\phi_k) \tag{9}$$

该设定已经被用于实证研究。例如，Grusky 与 Hauser（1984：30），Hauser（1984：101），以及 Yamaguchi（1987：485）都在国家比较研究中，约束一个特定的继承参数为常数，让一个一般的继承参数变化。[①] Smith 与 Garnier（1986，1987）使用了一个混合模型（hybrid model），将同质性层次参数与通常的行列关联参数组合在一起。

本研究的关键贡献在于方法论上的革新，即用对数可积框架对多个流动表建模。该方法论基于这样一个假设：二项关联的模式对于所有表格来说都适用，但是关联的层次在表格间有差异。只要上述假设成立，新的对数可积模型可以很容易地扩展到其他比较研究的领域。例如，Coale 与 Trussell（1974）认为控制生育率与自然生育率的偏差是年龄模式与特定人口的控制参数的对数可积乘数，Xie（1991）以及 Xie 和 Pimentel（1992）根据该设定使用对数可积模型来比较生育率限制问题。很明显，用于比较研究的对数可积方法不应仅限于流动及生育率研究。

参考文献

Agresti, A. 1990. *Categorical Data Analysis.* New York：Wiley.

Becker, M. P. 1990. "Quasisymmetric Models for the Analysis of Square Contingency Tables," *Journal of the Royal Statistical Society*, Series B 52：369 – 378.

Becker, M. P. and C. C. Clogg. 1989. "Analysis of Sets of Two-way Contingency Tables Using Association Models," *Journal of the American Statistical Association* 84：142 – 151.

Blau, P. M. and O. D. Duncan. 1967. *The American Occupational Structure.* New York：Wiley.

Broom, L. and F. L. Jones. 1969a. "Career Mobility in Three Societies：Australia, Italy, and the United States," *American Sociological Review* 34：650 – 658.

——. 1969b. "Father-to-Son Mobility：Australia in Comparative Perspective," *American Journal of Sociology* 74：333 – 342.

Clogg, C. C. 1982a. "Some Models for the Analysis of Association in Multiway Cross-

---

[①] 这种类型的模型对于估计与解释来讲不会出现特殊的问题，因为对于 ψ_{ij}^* 只有两个层次（对角线与非对角线）。值得再注明的是，在两个层次下，ψ_{ij}^* 可以用虚拟变量再参数化。很明显，在 $\psi_{ij}^*\phi_k$ 中只有 $K-1$ 个可被识别的参数（假设 δ_{ij} 与 ψ_{ij}^* 存在冗余，而非 K），并且这 $K-1$ 个参数提供了单一自由度检验。在这种特殊的条件下，这里所展示的对数可积模型还原为简单的三项交互对数线性模型（参见 Yamaguchi，1987，1988）。

Classifications Having Ordered Categories," *Journal of the American Statistical Association* 77: 803 – 815.

———. 1982b. "Using Association Models in Sociological Research: Some Examples," *American Journal of Sociology* 88: 114 – 134.

Clogg, C. C. and J. W. Shockey. 1984. "A Note on Two Models for Mobility Tables," *Comparative Social Research* 7: 443 – 462.

Clogg, C. C. , J. W. Shockey, and S. R. Eliason. 1990. "A General Statistical Framework for Adjustment of Rates," *Sociological Methods and Research* 19: 156 – 195.

Coale, A. J. and T. J. Trussell. 1974. "Model Fertility Schedules: Variations in the Age Structure of Childbearing in Human Populations," *Population Index* 40: 185 – 258.

Duncan, O. D. 1979. "How Destination Depends on Origin in the Occupational Mobility Table," *American Journal of Sociology* 84: 793 – 803.

Erikson, R. and J. H. Goldthorpe. 1991. "Trends in Class Mobility: The Post-War European Experience," Paper presented at the European Research Conference on "European Society of European Societies," Nov. , Gausdal, Norway. Also in *The Constant Flux: A Study of Class Mobility in Industrial Societies*, by R. Erikson and J. H. Goldthorpe. Oxford: Clarendon Press, 1992.

Erikson, R. , J. H. Goldthorpe, and L. Portocarero. 1979. "Intergenerational Class Mobility in Three Western European Societies: England, France and Sweden," *British Journal of Sociology* 30: 415 – 441.

———. 1982. "Social Fluidity in Industrial Nations: England, France and Sweden," *British Journal of Sociology* 33: 1 – 34.

Featherman, D. L. , F. L. Jones, and R. M. Hauser. 1975. "Assumptions of Social Mobility Research in the U. S. : The Case of Occupational Status," *Social Science Research* 4: 329 – 360.

Ganzeboom, H. B. , G. R. Luijkx, and D. J. Treiman. 1989. "Intergenerational Class Mobility in Comparative Perspective," *Research in Social Stratification and Mobility* 8: 3 – 84.

Goodman, L. A. 1969. "How to Ransack Social Mobility Tables and Other Kinds of Cross-Classification Tables," *American Journal of Sociology* 75: 1 – 40.

———. 1970. "The Multivariate Analysis of Qualitative Data: Interactions Among Multiple Classifications," *Journal of the American Statistical Association* 65: 225 – 256.

———. 1972. "Some Multiplicative Models for the Analysis of Cross-Classified Data," pp. 649 – 696, in *Proceedings of the Sixth Berkeley Symposium on Mathematical Statistics and Probability*, edited by L. LeCam, et al. Berkeley, CA: University of California Press.

———. 1978. *Analyzing Qualitative/Categorical Data: Log-Linear Models and Latent-Structure Analysis*. Cambridge, MA: Abt Books.

———. 1979. "Simple Models for the Analysis of Association in Cross-Classifications Having Ordered Categories," *Journal of the American Statistical Association* 74: 537 – 552.

———. 1981a. "Three Elementary Views of Log-Linear Models for the Analysis of Cross-Classifications Having Ordered Categories," pp. 193 – 239, in *Sociological Methodology*, edited by S. Leinhardt. San Francisco: Jossey – Bass.

———. 1981b. "Association Models and Canonical Correlation in the Analysis of Cross-

Classifications Having Ordered Categories," *Journal of the American Statistical Association* 76: 320 – 334.

——. 1981c. "Association Models and the Bivariate Normal for Contingency Tables with Ordered Categories," *Biometrika* 68: 347 – 355.

——. 1984. *The Analysis of Cross-Classified Data Having Ordered Categories.* Cambridge, MA: Harvard University Press.

——. 1986. "Some Useful Extensions of the Usual Correspondence Analysis Approach and the Usual Log-Linear Models Approach in the Analysis of Contingency Tables," *International Statistical Review* 54: 243 – 309.

——. 1991. "Measures, Models, and Graphical Displays in the Analysis of Cross-Classified Data," *Journal of the American Statistical Association* 86: 1085 – 1138.

Grusky, D. B. and R. M. Hauser. 1984. "Comparative Social Mobility Revisited: Models of Convergence and Divergence in 16 Countries," *American Sociological Review* 49: 19 – 38.

Hauser, R. M. 1978. "A Structural Model of the Mobility Table," *Social Forces* 56: 919 – 953.

——. 1979. "Some Exploratory Methods for Modeling Mobility Tables and Other Cross-Classified Data," pp. 413 – 458, in *Sociological Methodology* 1980, edited by K. F. Schuessler. San Francisco, CA: Jossey – Bass.

——. 1984. "Vertical Class Mobility in England, France and Sweden," *Acta Sociologica* 27: 87 – 110.

Hauser, R. M. and D. B. Grusky. 1988. "Cross-National Variation in Occupational Distributions, Relative Mobility Chances, and Intergenerational Shifts in Occupational Distributions," *American Sociological Review* 53: 723 – 741.

Hazelrigg, L. E. and M. A. Garnier. 1976. "Occupational Mobility in Industrial Societies: A Comparative Analysis of Differential Access to Occupational Ranks in Seventeen Countries," *American Sociological Review* 41: 498 – 511.

Hope, K. 1982. "Vertical and Nonvertical Class Mobility in Three Countries," *American Sociological Review* 47: 99 – 113.

Hout, M. 1983. *Mobility Tables.* Beverly Hills, CA: Sage Publications.

——. 1984. "Status, Autonomy, and Training in Occupational Mobility," *American Journal of Sociology* 89: 1379 – 1409.

——. 1988. "More Universalism, Less Structural Mobility: The American Occupational Structure in the 1980s," *American Journal of Sociology* 93: 1358 – 1400.

Hout, M., O. D. Duncan, and M. E. Sobel. 1987. "Association and Heterogeneity: Structural Models of Similarities and Differences," pp. 145 – 184, in *Sociological Methodology* 1987, edited by Clogg, C. C. Washington, DC: American Sociological Association.

Kerckhoff, A. C., R. T. Campbell, and I. Winfield-Laird. 1985. "Social Mobility in Great Britain and the United States," *American Journal of Sociology* 91: 281 – 308.

Lipset, S. M. and H. L. Zetterberg. 1959. "Social Mobility in Industrial Societies," pp. 11 – 75, in *Social Mobility in Industrial Society*, edited by Lipset, S. M. and R. Bendix. Berkeley, CA:

University of California Press.

Pontinen, S. 1982. "Models and Social Mobility Research: A Comparison of Some Log-Linear Models of a Social Mobility Matrix," *Quality and Quantity* 16: 91 – 107.

Raftery, A. E. 1986. "Choosing Models for Cross-Classifications (Comment on Grusky and Hauser)," *American Sociological Review* 51: 145 – 146.

——. 1988. "Approximate Bayes Factors for Generalized Linear Models" (Technical Report 121). Department of Statistics, University of Washington, Seattle.

Smith, H. L. and M. A. Garnier. 1986. "Association Between Background and Educational Attainment in France," *Sociological Methods and Research* 14: 317 – 344.

——. 1987. "Scaling via Models for the Analysis of Association: Social Background and Educational Careers in France," pp. 205 – 245, in *Sociological Methodology* 1987, edited by C. C. Clogg. Washington, DC: American Sociological Association.

Sobel, M. E. 1983. "Structural Mobility, Circulation Mobility, and the Analysis of Occupational Mobility: A Conceptual Mismatch," *American Sociological Review* 48: 721 – 727.

Sobel, M. E., M. Hout, and O. D. Duncan. 1985. "Exchange, Structure, and Symmetry in Occupational Mobility," *American Journal of Sociology* 91: 395 – 372.

Treiman, D. J. 1970. "Industrialization and Social Stratification," pp. 207 – 234, in *Social Stratification: Research and Theory for the 1970s*, edited by E. O. Laumann. Indianapolis, IN: Bobbs – Merrill.

Wong, R. S. 1990. "Understanding Cross-National Variation in Occupational Mobility," *American Sociological Review* 55: 560 – 573.

Xie, Y. 1991. "Model Fertility Schedules Revisited: The Log-Multiplicative Model Approach," *Social Science Research* 20: 355 – 368.

Xie, Y. and E. E. Pimentel. 1992. "Revising the Coale – Trussell Method for Analyzing Age-Specific Marital Fertility Schedules" (Population Studies Center Research Report 91 – 207). University of Michigan, Ann Arbor. Also forthcoming in *Journal of the American Statistical Association*.

Yamaguchi, K. 1987. "Models for Comparing Mobility Tables: Toward Parsimony and Substance," *American Sociological Review* 52: 482 – 494.

——. 1988. "Errata," *American Sociological Review* 53: vi.

——. 1990a. "Homophily and Social Distance in the Choice of Multiple Friends: An Analysis Based on Conditionally Symmetric Log-Bilinear Association Models," *Journal of the American Statistical Association* 85: 356 – 366.

——. 1990b. "Some Models for the Analysis of Asymmetric Association in Square Contingency Tables with Ordered Categories," pp. 181 – 212, in *Sociological Methodology* 1990, edited by C. C. Clogg. Washington, DC: American Sociological Association.

Yamaguchi, K. and D. J. Treiman. 1990. "Asymmetric Circulation Mobility: A Comparison of Twenty Five Countries and Its Theoretical Implications," Paper presented at the 1990 annual meeting of the International Sociological Association. July, Madrid, Spain.

SM 研究篇

10 美国亚裔的人口统计描述

美国亚裔是一个内部差异很大的群体，他们或者是亚洲移民，或者是亚洲移民的后代。他们来自东亚（中国、日本和韩国）、东南亚（柬埔寨、印度尼西亚、老挝、马来西亚、菲律宾、泰国和越南）及南亚（孟加拉国、印度、缅甸、尼泊尔和巴基斯坦）。这些国家的文化遗产、经济状况、政治体系、宗教习俗和语言的差异很大，并在某种程度上发生着变化。因此，用统一的范畴把这个群体归为一类的做法是不合理的。

用美国亚裔这样一个宽泛的定义基于以下几点原因。除了需要满足统计结构中的种族分类以外，美国亚裔与其他主要种族群体有很多地方不同。首先，美国亚裔在生理和文化上有别于白人和其他少数种族群体。其次，除了日裔后代，大多数亚裔后代都是最近受益于《移民与民族法案》（中国人、韩国人、菲律宾人和印度人）或是作为政治难民（越南人、老挝人和柬埔寨人）来到美国的。再次，除了日裔美国人，大多数亚裔在家讲母语，保持着自己独特的民族文化和价值观，这说明融入美国主流社会依然是他们所面临的困难，或者说明他们在有意抗拒被完全同化。正如该报告将要说明的，美国亚裔在社会经济生活中的经历与体验，以及人口特性等方面都完全不同于白人和黑人。

该报告根据现有的人口普查（census）数据和补充资料，展示了美国亚裔和非亚裔在人口统计和社会经济特征上存在的种族差异，同时这些特征在亚裔中也存在着民族差异。该报告以回顾美国主要亚裔群体的移民史为开端，考察了过去四十年美国亚裔相对于白人、黑人在教育上取得的成就，以及亚裔各民族之间的差异；美国亚裔劳工的就业情况，与黑人和白人之间的对比以及民族内部的比较；美国亚裔家庭特征和婚姻类型，以及在美国的空间分布和居住类型。

美国亚裔的历史

尽管美国的亚裔少数民族群体有着不同的移民和定居经历，这些经历都能以1965年的《移民与民族法案》（也被称作《Hart – Cellar 法案》）为里程碑，被划分为两个宽泛的历史时期。1965年以前的第一个时期，其特征是美国经济急需低薪劳动力并存在着严重的种族冲突。在这个时期，亚裔面临着竞争、种族暴力和歧视。第二个时期，即1965年以后，伴随着民权运动（Civil Right Movement）出现了相对宽容的种族环境，美国对受过教育的技术工人的需求也在不断增加，自1965年以来，人们对亚裔民族有了更加积极的认识，有些人还称亚裔为"模范少数族裔"①。下面将对美国几个人口最多的亚裔民族的移民史进行简要回顾，强调亚裔各民族间移民经历的相似之处和不同点。

华 裔

华裔是最早定居美国的亚裔民族之一。② 早在1835年，夏威夷就有华裔出现，但是成千上万的华裔是在19世纪四五十年代来到夏威夷和美国大陆的。1860年，美国人口普查证明美国大陆有近35000名华裔（参见专栏1）。这些移民来到美国的原因各不相同，一些是为了躲避19世纪中叶的战乱，另一些则是为了寻找更好的经济机会。当时中国陷入了严重的社会和政治混乱，清王朝征收重税。为了缴纳这些苛捐杂税，农民往往失去了土地。频繁的洪涝灾害毁坏了庄稼，人们在饥饿的威胁下苟且偷生。

---

① 关于"模范少数族裔"一词来源的探讨，请参见 Chan, S. 1991. *Asian Americans*: *An Interpretive History*. Boston: Twayne Publishers。Chan 在文中阐述到，这一专用词是政治上准确区分亚裔和其他少数族裔的用语。
② 这段资料摘自 Takaki, R. 1989. *Strangers from a Different Shore*: *A History of Asian Americans*. New York: Penguin Books。

专栏 1

美国人口普查中的亚裔

自 1850 年以来,美国人口普查在统计亚裔时采用不同的方法。最早对美国华裔的记载是根据有关出生地问题展开的。之后,随着华裔移民数目的不断增加和在美国出生的工人对亚裔仇视情绪的日益滋长,美国州立和联邦法庭绞尽脑汁地划分华裔的种族和其他亚洲移民的种族。1870 年,华裔在调查表中被列为一个"种族",随后在 1890 年的调查中,日裔也被这样划分。这种将亚裔各民族划分为独立种族的做法一直延续至今。新兴的主要亚裔民族(如菲律宾裔、韩裔、印度裔和越南裔)也因其人口数目的不断增长而被纳入人口普查的列表中。1990 年的人口普查中,曾短期地试图将亚裔不同民族群体、夏威夷人、太平洋岛居民作为一个群体归为一类,即"亚裔及太平洋岛居民"。

在这篇报告中,亚裔包括了东亚裔、东南亚裔和南亚裔,但未包括西亚裔,因为他们在种族上一般被认为是"白人"或"其他"。2000 年的人口普查第一次允许有一种以上的种族认定。2000 年的人口普查关于种族的问题如下表所示。
......

→注:请回答第 5 题和第 6 题。

5. 您是西属殖民地人(Spanish)/西班牙语系拉美人(Hispanic)/拉美人(Latino)?如果不是西属殖民地人/西班牙语系拉美人/拉美人,请在"不是"的方框里标记⊗。
    □ 不是,非西属殖民地人/西班牙语系拉美人/拉美人
    □ 是,波多黎各人
    □ 是,墨西哥人、墨西哥裔美国人、齐卡诺人
    □ 是,古巴人
    □ 是,其他西属殖民地人/西班牙语系拉美人/拉美人——请标明具体种族名称

6. 您是什么种族?请选择您认为自己所属的民族（一个或多个），并标记 ⊗。
□ 白人
□ 黑人、非裔美国人，或者黑人后裔
□ 美国印第安人或阿拉斯加土著——请标明加入的或主要的部落名称

□ 印度裔   □ 日裔   □ 夏威夷土著
□ 华裔   □ 韩裔   □ 关岛人或查莫罗人
□ 菲律宾裔 □ 越南裔 □ 萨摩亚人
□ 其他亚裔——请标明具体种族名称

□ 其他太平洋岛民——请标明具体种族名称

□ 其他种族——请标明具体种族名称

注：关于如何拟定人口普查中种族问题的深入阅读，请参见 Anderson, M. J. and S. E. Fiengerg. 1999. *Who Counts? The Politics of Census—Taking in Contemporary America*. New York: Russell Sage Foundation; Mezey, N. 2003. "Erasure and Recognition: The Census, Race and the National Imagination," *Northwestern Law Review* 97: 1701 - 1768。

早期华裔移民主要是农民，他们很少或是根本没有受过任何正规教育，在美国西部急需廉价劳动力的时候，他们作为劳工大批涌入美国。加州发现金矿的消息也吸引了移民。大多数19世纪到美国的华裔移民都是男性，他们抱着到美国挣钱将来衣锦还乡的愿望。已婚女性则留在家中照看孩子，照顾丈夫的父母。到世纪之交时，美国大陆的华裔中只有5%的女性，夏威夷华裔中女性也只占14%。

华裔移民最初定居在农村，但很快就向城市中心集中：旧金山，以及后来的纽约、波士顿。到1900年，加州华裔中，45%居住在旧金山市。市区的华裔主要从事一些服务行业的工作——比如在洗衣店工作——并且住在本民族的社区里。因为这些社区使华裔与美国主流社会隔离开来，所以很多华裔移民的子女长大了只讲汉语，很少与白人交往。一些人干脆就用晚上或周末在中文学校的学习替代了美国公立学校的教育。

华裔移民在他们的聚居区外找的工作主要集中在农业、建筑业、采矿业，或者是做售货员。参与修建中心太平洋铁路的劳工90%是华裔。在白人劳工因为劳资争端而罢工后，华裔工人往往被招入工厂。因此，美国华裔被认为是对白人劳工的威胁，常常成为仇恨和种族暴力的对象。19世纪70年代末，联邦法庭裁定，华裔移民作为"无资格获得公民权的外国人"而被禁止移民。1882年的《排华法案》（Chinese Exclusion Act）在法律上限制了华裔移民。1924年的《民族血统法案》（National Origins Act）禁止所有"无资格获得公民权的外国人"移民美国，除了菲律宾裔因为其定居地当时是美国领土而没有被禁止外，其他亚裔移民都被禁止。1890年美国的华裔人口为10.7万人，但在接下来的几十年中，其人口却不断减少。直到1965年移民法被大幅修改后，这种现象才有所改观。此前的华裔移民实际上几乎已经停止了。

尽管1943年对《排华法案》的修正已使得少量的华裔能够移民至美国，但直到1965年《移民与民族法案》通过以前，来美国的华裔和其他亚裔并没有真正多起来。这个法案废除了以前所有对配额和移民的限制，并为那些想要与家人团聚的人或是美国劳动力市场急需的技术工人提供了有利条件。随着这一具有里程碑性质的法案的通过，来美国的华裔移民多是受过高等教育的人，拥有专业性和技术性的工作，并且是全家移民。许多人是从中国香港和中国台湾来的。新移民中的一部分定居在城市里的少数民族聚居区，如唐人街，另一些尤其是有专业性工作的人则在市郊社区落户。1900年以前，华裔是美国最大的亚裔群体，后来为日裔所取代。自1970年以来，华裔又成为在美人口最多的亚裔民族群体（参见表10-1）。目前，在美国居住的华裔有260多万人。

日 裔

日裔最早移民到美国是在19世纪。如同华裔，他们也是作为农民来到美国的。不同于华裔的是，一大部分日裔移民在夏威夷成了种植庄园的劳动力。20世纪20年代，夏威夷人口中43%是日裔。在美国大陆最初作为农业劳动力受雇的日裔很快成为个体商人和农场主。到1925年，日裔移民中46%从事与农业相关的工作。在像旧金山这样的城市里，他们建起了小型聚居区，可以互相帮助，

表 10-1　1980 年、1990 年和 2000 年人口普查：美国亚裔主要民族的人口

种族/民族	1980 年人口普查		1990 年人口普查		2000 年人口普查	
	数量（人）	百分比（%）	数量（人）	百分比（%）	数量（人）	百分比（%）
亚裔美国人	3259519	1.4	6908638	2.8	11070913	3.9
华　裔	806040	0.4	1645472	0.7	2633849	0.9
日　裔	700974	0.3	847562	0.3	958945	0.3
菲律宾裔	774652	0.3	1406770	0.6	2089701	0.7
韩　裔	354593	0.2	798849	0.3	1148951	0.4
印度裔	361531	0.2	815447	0.3	1785336	0.6
越南裔	261729	0.1	614547	0.3	1171776	0.4
其他类亚裔	806040	0.4	2425463	1.0	3916204	1.4
美国人口总数	226545805		248709873		281421906	

注：为了与 1980 年和 1990 年人口普查保持一致，2000 年人口普查中按照"对半原则"，多种族混血和多民族混血亚裔被均等地分配到适当的群体中去（参见专栏 2）。

资料来源：1980 和 1990 年美国人口普查总结报告，以及根据 2002 年 J. S. Barnes 和 C. E. Bennett 的《亚裔人口：2000》（*The Asian Population：2000*）计算的相关数据。

增进交往，饮食习惯类似，讲自己的语言。日裔男性建立起自己的农场和商店后，把妻子也接到美国，妻子与丈夫在农场或商店里工作。比起其他到美国的亚裔，日裔更早地安居乐业。

因为日裔有定居下来的愿望，所以总是跟他们的孩子强调学做美国人的重要性，以免遭受歧视。日裔将其子女送入美国公立学校并鼓励他们学习流利的英语。他们攒钱供子女上大学，并相信教育能帮助他们克服歧视。

遗憾的是，他们的努力并未使其免受政府支持的大规模歧视，因为跟华裔一样，日裔也被白人看作是不公平竞争的来源。日裔移民受到 1907~1908 年《君子协定》（Gentleman's Agreement）的限制，1924 年日裔移民被完全禁止。更糟的是，二战期间，来自加州和太平洋西北岸其他州的超过 10 万名日裔被美国政府驱赶到俘虏收容所（internment camps）。整户整户的家庭都被迫迁至收容所，因为他们被怀疑与日本勾结或者可能会与日本勾结袭击美国大陆。许多日裔家庭在被收容期间失去了自己的土地，一些日裔则在美国军队中效力以示对美国的忠心。

因为日裔多是以家庭形式在美国定居，所以他们的人口数也依照人口自然增长率增长。他们是 1910~1960 年间美国最大的亚裔群体（参见图 10-1）。到了 1965 年，由于日本经济的持续发展，即使是在 1965 年移民法被大幅修改后，日裔进入美国的数量相对也较少，很多日裔民族社区也因此没有保留下来。日裔大

都讲流利的英语，比起其他民族群体如华裔和韩裔更容易被结构性同化，也就是说，在受教育水平和职业上他们与白人更加相似。据估计，美国目前有不到 100 万的日裔。

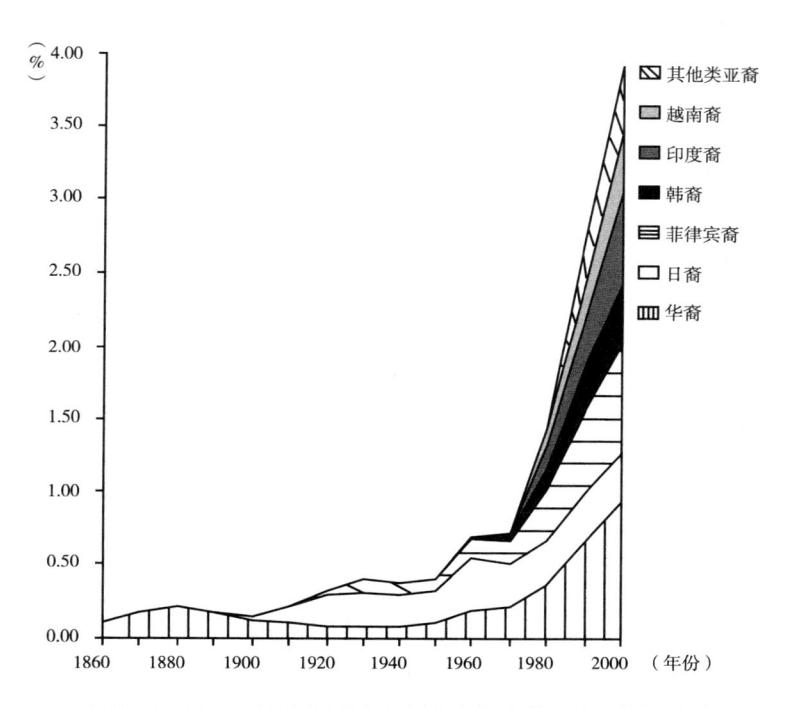

图 10-1　1860~2000 年亚裔各民族群体占美国人口的百分比

资料来源：作者根据美国统计局数据计算相关数据。

菲律宾裔

19 世纪末 20 世纪初，美国很少有菲律宾裔。早期菲律宾裔移民大多作为美国公民在 1898 年以后来到美国，因为这一年美国在美西战争的和约中取得了菲律宾。菲律宾裔移民至美，在夏威夷的种植庄园和美国大陆的农场寻找就业机会，也在太平洋西北海岸从事渔业工作，还会从事家政服务或其他服务性的工作。20 世纪早期许多菲律宾裔工人组织了工会，但他们试图赢得加薪的努力不仅受到他们的雇主而且还受到害怕竞争的白人工人的敌视。比起华裔和日裔，菲律宾裔更喜欢通婚，因此菲律宾裔男性与白人女性的通婚也激起了种族仇恨和暴力。由于一大部分菲律宾裔从事的是种植业和农业工作，他们没有在城市中心建立自己的民族社区。由于他们在地理上分散并有通婚倾向，菲律宾裔在美国比华裔和日裔结构同化得更为彻底。

菲律宾裔是1924年《民族血统法案》唯一没有禁止移民的亚裔民族群体，因为他们的定居地当时属于美国的领土。然而当1934年菲律宾成为美国的一个联邦自治国时，菲律宾裔移民受到严格限制。随后几十年里，美国的菲律宾裔人口由约10.8万降至9.8万。

1965年移民法修改以后，许多菲律宾裔为躲避马科斯政权（Marcos regime）的压迫来到美国，寻找更好的经济机会。比如，菲律宾裔医生、护士和药剂师凭借他们的技能在美国获得的报酬比在菲律宾高很多。自1980年以来，菲律宾裔在人口数量上成为美国第二大亚裔群体。目前，在美国的菲律宾裔有200万出头。

韩　裔

大部分早期韩裔移民，无论男女都是作为夏威夷种植庄园的工人开始美国大陆之旅的。夏威夷的种植园主利用民族仇恨，用韩裔种植工人去破坏日裔工人的罢工。约40%的韩裔移民是基督徒，他们在夏威夷建造了很多教堂，组织基督教协会。到1907年，近1000名韩裔离开夏威夷来到美国大陆。

其他韩裔来到美国大陆是在1910年日本吞并韩国以后。1910年人口普查统计约有4500名韩裔。美国韩裔保持了对韩国的绝对忠诚，并非常希望将他们的国家从日本的统治中解放出来。韩国的基督教教堂帮助维系这种民族主义，韩国语言学校也起到这种作用，使得第二代韩裔不仅能讲韩语，也对祖国的文化和政治有所了解。

许多移民到美国的韩裔从事采矿业和渔业，有的则组成了农业移民工人的帮派。一些韩裔也拥有了自己的生意。因为他们数量如此之少，所以尽管他们保持着鲜明的民族本质，却始终没有建立起自己的民族聚居区。与日本人的命运一样，1924年的《民族血统法案》也将韩国人拒之门外。

现在在美国的大多数韩国人都是随着1965年开始的移民潮涌入美国的。从那时起，在主要大都市中心，如纽约、洛杉矶，韩裔聚居区开始迅速出现。大部分1965年以后的韩裔移民都是中产阶级，受过良好的教育。20世纪60年代和70年代，韩国的教育水平上升，但在人口稠密的城市如汉城，技术工作的职位却没有相应的增加。具有专业技术的人员，如医生和药剂师，移民到世界各地，包括美国。一些韩裔携带资本来到美国，建立杂货店或其他小店铺。因此，韩裔中个体经营的比例是美国亚裔民族群体中最高的。现在美国有超过 100 万的韩裔。

印度裔

最早一批到美国的印度裔被招入夏威夷的庄园工作，其他人则到华盛顿州和加州去寻找农业工作，同样，印度裔劳动力常常被当作打击建筑业和采掘业工人罢工的工具。许多早期印度裔移民来自印度西北部的旁遮普（Punjab）地区，大约 80% 是世袭农民阶层（以种姓为基础的世袭等级制度）。到 1920 年，美国约有 6400 名印度裔。19 世纪晚期和 20 世纪早期美国南亚移民的大部分都是锡克教（Sikh）单身男性，他们保留了盘长发包头巾的锡克教传统。与华裔、日裔不同的是，印度裔在地理分布上并不集中。

根据 1910 年和 1913 年的法庭裁定，美国印度裔最初被划归为白人人种，这个判定允许印度裔加入美国国籍并与在美国出生的白人通婚。然而这些判定在 1923 年被推翻，因为印度裔祖先的发源地无法追溯到北欧或西欧，所以就把印度裔归入非白人的范畴。1924 年，与其他亚裔一样，印度裔移民重新被定类为非白人，被禁止成为公民和继续移民。反种族通婚的法律也不再允许印度裔娶白人女性，但是很多印度裔与刚刚移民到美国的墨西哥女性结了婚。

因为最初印度裔移民很少并且法律不允许印度裔将家人带到美国，1965 年以前美国的印度裔很少。1965 年以后，许多受过高等教育的专业人员从印度移民到美国寻找技术性职位。由于在印度有机会接触西方文化，接受西方教育，他们不难找到符合自己受教育水平和专业技能的职位。现在美国居住着约 180 万印度裔。

越南裔

1970 年以前很少有越南裔移民到美国。然而，美国卷入越战实际上导致了 20 世纪 70 年代越南人的大批移民。1972 年，在美国从越南撤出所有军队以后，许多越南人离开了这个国家。1975 年在南越政府倒台前几个月里，超过 10 万人乘坐飞机离开了这个国家。许多离开越南的人都是在南越政府执政时期富足起来的；另外一些逃离的人则是因为他们以某些方式为美国提供过援助，美军为他们的离开做好了准备。1975 年前离开越南的难民的经济状况要比越南整体人口的经济状况好。

1975年共产党占领了西贡。由于各种原因，一些越南人离开了越南。而那些1975年以后离开的人比起早先的一批更加穷困，往往没有资本或财产。他们中有许多人是华裔越南人，在民族上是华人但已在越南世代居住，这个群体集中在南部。许多人坐船离开越南，横渡湄公河（Mekong River）抵达泰国，或者挤上船横渡中国南海（South China Sea）。这些"船民"如此绝望，还要面对那些帮助他们离开越南的人的敲诈。一旦船民在海上被发现，或者即使他们安全到达港口，都要被送到位于菲律宾、马来西亚和泰国的难民集中营，在那里等待被准许进入美国，一等就是几年。难民集中营的孩子们被送入学校学习英语和西方礼仪，很多年都不学习数学、科学和其他课程。

作为难民的越南裔最初受到美国中西部教会和其他慈善组织的资助。这些团体为难民提供住处和食物，并帮助他们获得政府的临时援助。许多移民得到职业培训，他们的孩子进入公立学校。在美国居住几年后，越南裔开始联系已定居在美国其他地方的家人和朋友，又开始了第二波移民潮，这一次集中在一些社区，如加州的奥伦奇市、休斯顿，甚至新奥尔良市。目前，在美国的越南裔的数量超过100万。

其他类亚裔

美国还有一些其他亚裔少数民族群体，包括来自泰国、印度尼西亚、马来西亚、老挝和柬埔寨的东南亚人。柬埔寨裔和老挝裔类似于越南裔，他们也是作为越战的难民而移民美国的。其他亚裔来自南亚国家如尼泊尔、巴基斯坦和斯里兰卡，他们类似于印度裔，主要也是为寻找更好的经济机会而移民。如以上所讨论的群体，其他类亚裔从语言、文化、民族传统、移民和定居的经历来说也都表现出了多样性。

亚裔总体人口特征

1965年《移民与民族法案》通过以后，亚洲很快成为美国移民的第二大来源地，因此，美国亚裔人口增长迅速。例如，1980年人口普查亚裔占总人口的1.4%，而2000年则占近4%（参见表10-1）。除了日裔，所有亚裔民族群体都比1980年翻了一番还多。相比之下，美国总人口在这一时期只增长了24%。

2000年人口普查中第一次允许选择一个以上的种族，这使我们很难将过去不同时段亚裔人口以及亚裔各民族人口与2000年的数据作比较（参见专栏1）。为了比较2000年和先前人口普查的总数（表10-1），我们运用"对半原则"把多种族混血和多民族混血亚裔均等地分配到适当的群体中去（参见专栏2）。这个数据与美国人口普查局公布的2000年人口普查数据有细微差别，已经反映在

专栏2

一滴血原则与对半原则

2000年的美国人口普查第一次将多种族/民族混血儿单独列出。为了便于与历史数据比较和表达的简洁，有时需要将2000年人口普查中的多种族混血儿重新归类到统计列表的单一种族中。

为达到这个目的，有两种可行的简单原则：即一滴血原则与对半原则。一滴血原则是将白人视为主要种族并作为参照。任何有少数种族血统的人都被认为是非白人。对半原则出于统计目的将拥有两种种族血源的人均等地分配到他们部分所属的两个种族中去。这两种原则都是理想型的，因为还可以应用更多的原则来分配这些人，例如，根据多种族混血儿的父母或祖父母的种族，以1/4或1/8的比例来分配。

很久以来，在美国的历史和文化中，多种族黑人混血儿的划分原则通常是一滴血原则，但是，我们无法知道它在实践中贯彻的严格程度。对于多种族亚裔混血儿而言，由于它是一个最近才出现的现象，对半原则似乎是更恰当的估计。先前的研究发现父母一方是亚裔一方是白人（绝大部分多种族亚裔混血儿属于此种类型）的儿童，在被迫选择某个单一种族时，选择亚裔和选择白人的可能性几乎相等。

当需要将2000年人口普查中的多种族亚裔混血儿重新归类到某一单一种族时，这篇报告采用的是对半原则。例如，假如种族分类系统没有变化（参见表10-1）的话，2000年美国亚裔人口估计为11070913人（占总人口的3.9%）。该报告呈现的大部分分析中，2000年人口普查关于多种族的丰富信息都分别按多民族混血和多种族混血亚裔保存下来。

表10-2的第1列和第3列中。2000年人口普查中,有10019405人报告是某一亚裔少数民族(第3列),11898828人选择了一个亚裔少数民族或者多个(第1列)。总的来看,报告是某一亚裔少数民族的人中,有84%报告的是单一民族群体。这一比例粗略地测量了父辈不是混血亚裔的数量,从越南裔的92%到日裔的69%,比例不等。在比较不同亚裔民族群体时,该报告关注的只是那些选择单一民族群体的人。

美国亚裔人口增长的大部分是由于移民而不是自然增长,这种情况反映在美国亚裔中在国外出生者所占的比例上(参见表10-2)。尽管不同民族间的比例差异很大——日裔最低(41%),韩裔最高(79%),但总体来看,美国亚裔中64%的人出生在国外。

表10-2 2000年美国亚裔各民族人口规模及主要人口特征

种族/民族	单一亚裔民族或混血(人)	单一民族群体(%)	单一民族类别(人)	在国外出生(%)	在家中不讲英语(%)	女性(%)	儿童(%)(0~17岁)	老年人(%)(65岁及以上)
所有亚裔	11898828	84	10019405	64	73	52	27	7
华裔	2879636	84	2432585	72	86	52	21	10
日裔	1148932	69	796700	41	47	57	12	20
菲律宾裔	2364815	78	1850314	70	71	55	22	9
韩裔	1228427	88	1076872	79	82	56	24	6
印度裔	1899599	88	1678565	76	81	47	25	4
越南裔	1223736	92	1122528	77	93	50	27	5
其他类亚裔	1449087	73	1061641	68	87	50	35	3
多民族混血亚裔	223593	—	223593	50	61	51	33	4
多种族混血亚裔	1655830	—	1655830	30	35	50	45	4

注:(1)关于所有亚裔的百分比都是基于"单一亚裔民族或混血"这一列的总数;亚裔各民族群体的百分比都是基于"单一民族类别"这一列。(2)"—"表示不适用。

资料来源:作者根据2000年人口普查5%公用微观样本(PUMS)的估计,以及J. S. Barnes和C. E. Bennett的《亚裔人口:2000》(*The Asian Population: 2000*)计算相关数据。

出生于国外和在家中讲英语以外的语言,是衡量美国社会同化程度的粗略尺度。韩裔中在国外出生者的比例最高,在家中不讲英语比例最高的则是越南裔(93%)。除了多种族混血亚裔,日裔中在国外出生和在家中不讲英语的比例最低——都低于50%。多民族混血和多种族混血亚裔与日裔相似,出生于国外并且在家中不讲英语的比例都很低。

尽管历史上很长一段时间移民都是以男性为主，比例失衡，但总体上，亚裔中的性别比是平衡的，或者女性偏多。唯一的女性比例少于男性的少数民族群体是印度裔，女性占47%。不同民族间的年龄构成差异也很大。日裔民族出现人口老化的趋势，65岁及以上的占20%，18岁以下的占12%。其他所有群体都是儿童占相当大的比例（21%~45%），而老年人占很小的百分比（3%~10%）。其他类亚裔群体相对年轻是由于移民，因为移民者多是年轻人，他们会带着子女来美国或者在移民后很快生育子女。

从歧视到模范少数族裔

为了便于做统计报告，亚裔常常被看作一个种族，与其他主要种族群体如白人和黑人做比较。这里也采用这一做法，但是由于美国亚裔来自不同国家，他们在文化遗产和移民经历方面都有很大差异。由于这种多样性，多数美国亚裔不会接受他们属于一个单一亚裔种族的说法。当面临选择时，他们通常宁愿把自己视为亚裔群体（如华裔、日裔，或者越南裔）中的一部分，也不愿仅仅成为美国亚裔。然而，因为亚裔群体在数量上很少，缺乏政治力量，一些亚裔认为有必要发展出一个泛亚裔特征。

在这种背景下，我们总结出了种族和民族之间的三大差别：第一，普遍为人们所接受的是，种族代表了外貌特征的不同，而民族是根据文化标记，如民族起源、语言、宗教和饮食等方面来进行区分的；第二，种族对个人的生活机遇有着巨大的影响，而在当代美国，民族充其量只是一个可随意选择的特征；第三，个人选择种族身份的自由是很有限的，因为区分种族需要外界其他人的认同，而民族身份却不同，它可以由民族内部决定。

因此，亚裔自身在同一种族归属问题上的看法常常不作为参考，他们在与其他白人、黑人、美洲印第安人的比较中经常被定义为同一种族。就亚裔被划分为少数种族这一问题，在历史上、地理上和法律上都有所不同。夏威夷亚裔经常把自己当作夏威夷人，讲一种叫做泾浜（"pidgin"）的英语，这种语言混杂了英语、葡萄牙语、夏威夷土语和亚洲多种语言的元素。在密西西比，早期的华裔移民被迫经受与黑人一样的隔离政策，尽管他们后来因为经济成功达到了可与白人比肩的"令人尊敬的"地位。尽管不同地域间有所差别，美国最高法院案例——如People v. Hall（1854）和Saito v. United States（1893）——规定亚裔或者被划分为"类似于印第安人的具有较低社会地位的群体"（比如华裔），或者是蒙古人种（比如日裔），而不是高加索人种或白色人种。这两个法庭案例，重申了亚裔移民不能获得公民权，因为公民权只有"自由白人"或者那些在美国领土出生的人才有可能获得。印度裔先是根据1910年和1913年两个法庭案例被定类为高加索人种，而后又因为他们不是北欧或西欧血统于1923年被拒绝授予公民权。① 1943年对华裔授予公民权的限制被解除，对其他亚裔移民公民权的限制也于1952年被解除。

亚裔民族在种族上的定性影响到他们能不能成为美国公民、拥有土地以及从事正式工作。19世纪和20世纪早期大多数亚裔移民无法成为美国公民，然而出生在美国领土上的亚裔移民的子女却是美国公民。1913年，《加利福尼亚外国人土地法法案》禁止亚裔移民拥有或出租土地超过3年。1850年加州开始对"外国"矿工的收入征税。种族也决定了亚裔的居住地和结婚对象。华裔曾试图在华盛顿州的塔科马市（Tacoma）定居，却被当地城镇的白人阻止。韩裔曾被阻止在加州的瑞弗塞得市（Riverside）定居。早在1880年一些州就施行了反种族通婚的法律，特别禁止白人与蒙古人种通婚。

在美国历史上的各个时期，亚裔在各个地方也遭受着偏见、仇恨和种族暴力。1870年一首题为《野蛮的中国人》（"The Heathen Chinee"）的诗就反映了当时对华裔的负面情绪。这首诗屡次再版，风靡全美，"它哗众取宠的流行也使得布莱特·哈特（Bret Harte，诗作者）成为1870年美国最出名的文学家"。它是这样开篇的：

> 我很有心想谈谈，
> 我的言语质朴简单，
> 对于那些隐晦的手段而言，
> 对于那些虚假的伎俩而言，
> 那些野蛮的中国人可真是怪诞，
> 为此我同样会站出来论辩。②

---

① Almaguer, T. 1994. *Racial Fault Lines: The Historical Origins of White Supremacy in California*. Berkeley, CA: University of California Press.

② Harte, B. 1870. "Plain Language from Truthful James," *The Overland Monthly Magazine* (September 1870). http://etext.lib.virginia.edu./railton/roughingit/map/chiharte.html.

对亚裔的群体暴力的最早记载是 1871 年，欧洲血统的美国人进入洛杉矶唐人街的邻近地带，枪击和绞死了 21 名华裔。亚裔社区被焚毁，居民被迫迁出城市。对亚裔的恐惧和偏见最终导致禁止亚裔移民美国，这一结果是逐步实现的。华裔移民在 1882 年第一次受到《排华法案》的限制；日裔在 1907~1908 年移民受限；1924 年所有亚裔都被禁止移民。直到 1943 年，这些歧视性的移民法律才有所更改（参见专栏 3）。

专栏 3

影响美国亚裔的重要法律、协议和法庭案例

1790 年：《移民法案》（Naturalization Act）。该法案规定移民美国的候选人必须在美国已居住两年并且是"自由白人"。

1878 年：《尹若阿亚皮案例》（In re Ah Yup）。该法案规定华裔无资格获得美国国籍。

1882 年：《排华法案》（Chinese Exclusion Act）。该法案禁止华裔进入美国长达 10 年之久，并禁止华裔成为美国公民。排华期限在 1904 年变得不明确，并于 1943 年被废止。

1907~1908 年：《君子协定》（Gentleman's Agreement）。根据美日两国间的这个协定，美国不再向移民美国的日本劳工签发新的护照。

1913 年：《加利福尼亚外国人土地法法案》（California Alien Land Law Act）。该法案最初在加州获得通过，但很快在其他 14 个州被贯彻执行，禁止"无资格获得公民权的外国人"拥有土地。直到 1952 年，这项法案在一些州才被废止。

1923 年：《巴葛·辛·施德案例》（The United States v. Bhagat Singh Thind）。美国判定施德——一个出生于旁遮普地区的人为高加索人而非白人，因此他无资格获得美国国籍。

1924 年：《民族血统法案》（National Origins Act）。该法案禁止了除菲律宾裔（他们属于美国领土上的居民）以外的所有亚裔移民移居美国。配额仅为欧洲国家移民设定。

1934 年：《泰丁斯－麦杜菲法案》（Tydings－McDuffie Act）。该法案首先确定菲律宾为美国的一个联邦自治国，并保证 10 年之后（事实上到 1946 年才获得）宣布菲律宾独立。从菲律宾进入美国的移民被限制在每年最多 50 人，是所有国家中配额最少的。

1942 年：9066 号执行令（Executive Order 9066）。该总统令在二战期间授权给作战部长，可以将日裔从某个地区迁出，迁至俘虏收容所。最终有 120000 名日裔进入收容所。

1943 年：废止《排华法案》（Repeal of the Chinese Exclusion Act）。考虑到中国在二战期间是美国的盟国，该法案废止了《排华法案》，允许每年有 105 名华裔移民配额并允许华裔移民获得美国国籍。

1945 年：《战争新娘法案》（War Brides Act）。该法案允许外国女性与军人结婚，不限配额。约有 700 名华裔女性和 2000 名日裔女性作为"战争新娘"来到美国。

1952 年：《麦克卡兰－沃尔特移民与国家法案》（McCarran－Walter Immigration and Nationality Act）。该法案允许亚裔加入美国国籍并肯定了 1924 年的民族血统配额体系。

1965 年：《移民与民族法案》（也被称作《Hart－Cellar 法案》）（Immigration and Nationality Act，或 Hart－Cellar Act）。是自 1924 年以来美国移民法律最重大的变革，该法案废止了民族血统体系，取而代之的是倾向于家庭团聚移民和吸引技术移民的体系。

1967 年：《弗吉尼亚案例》（Loving v. Virginia）。法律承认，认为通婚有罪，是违宪的。

1980 年：《难民法案》（Refugee Act）。针对逃离越南的船民，该法案允许受到政治迫害的难民政治避难。

1988 年：《公民自由法案》（Civil Liberties Act）。美国政府为其在二战期间将日裔迁至俘虏收容所做出官方道歉，并给予每位被收容者 20000 美元的赔偿。

注：本年表摘自 2002 年 F. Odo 主编的 *The Columbia Documentary History of the Asian American Experience*. New York：Columbia University Press。

19 世纪 60 年代到 20 世纪 20 年代,美国亚裔移民的负面形象与近几十年来"模范少数族裔"的称号相差甚远。① 自 20 世纪 60 年代,亚裔在教育上获得的成功以及对工作的认真态度被大众媒体广为报道。亚裔的价值观被认为与美国的新教工作伦理是一致的。②

亚裔移民的公众形象由负面变得积极,部分也是由于人口质量的改变。1965 年修改了禁止亚裔移民的法律,移民的家庭成员和拥有技能的劳动力获得了移民的优先权。因此 60 年代以后进入美国的移民比起 19 世纪的那些移民,更多的是高水平的技术工人,而且很多人已经接受过英语教育并对西方文化有所了解。

难民是 20 世纪七八十年代移民的另一主要构成。70 年代,曾为美国提供过军事帮助的越南、柬埔寨、老挝和洪族难民得到援助逃离了他们的国家。许多援助团体和教会组织这些难民移民和定居。

另一种将亚裔移民刻画成为"模范少数族裔"的流行解释是亚裔移民在其子女教育上投资很大。对此的文化解释强调儒家文化的价值观与新教工作伦理是一致的。另一研究补充,由于预料到在就业中会遭歧视和排斥,亚裔采取了利用教育来提高社会地位的策略。

尽管整体上亚裔在教育和经济上很成功,但亚裔中的异质性也很高。就如"模范少数族裔"的形象,并不是亚裔的一个统一特征,把看到的亚裔移民的劣势都归咎于种族歧视太过简单化。本质复杂的社会现象是不能简单地进行解释的,需要细致的分析。亚裔的经历也不例外。本报告剩下的部分聚焦在亚裔如何生活的经验问题上,从社会经济地位的可测量指标来看他们与白人和黑人相比有哪些不同。

教育成就

实证研究发现,亚裔之所以脱颖而出是因为他们整体上获得了与白人相当,甚至在某些方面超过白人的社会经济地位。在研究亚裔相对较高的社会经济地位

---

① Hurh, W. M. and K. C. Kim. 1989. "The 'Success' Image of Asian Americans: Its Validity, and Its Practical and Theoretical Implications," *Racial and Ethnic Studies* 12: 512 – 538; Kao, G. 1995. "Asian-Americans as Model Minorities? A look at Their Academic Performance," *American Journal of Education* 103: 121 – 159.

② 尽管有对亚裔的正面描写,但对他们的歧视和仇恨仍在继续。比如,在 1982 年,Vincent Chin,一个被误认作日裔的华裔,被底特律附近的一个失业汽车工人殴打致死。

时，学者们不约而同地指出，由于亚裔有更高的受教育水平，[1] 因此要对亚裔的社会经济状况进行充分的考察，就要对他们的教育经历有所认识。

劳动力的新鲜血液

早在20世纪60年代，亚裔的教育成就已高于黑人和白人，亚裔中70%的人完成了高中教育，相比之下，白人有61%而黑人仅有33%（参见表10-3）。然

表10-3 1960~2000年美国各种族及亚裔各民族高中及大学毕业率（25~34岁的美国人）

单位：%

种族/民族	高中及高中以上学历					大学及大学以上学历				
	1960年	1970年	1980年	1990年	2000年	1960年	1970年	1980年	1990年	2000年
所有亚裔	70	84	87	85	90	19	37	42	43	53
美国出生	79	87	95	94	94	19	26	44	43	50
国外出生	58	82	84	83	89	19	46	42	44	54
华裔	62	82	88	85	92	26	44	50	53	67
美国出生	80	90	97	97	96	28	32	58	63	73
国外出生	48	79	85	83	91	25	48	48	51	65
日裔	77	90	96	98	97	16	32	45	49	57
美国出生	83	93	98	98	96	18	30	48	47	57
国外出生	63	84	93	97	98	11	37	40	52	57
菲律宾裔	58	82	88	90	95	18	37	42	37	43
美国出生	53	76	87	89	97	11	10	15	23	43
国外出生	63	85	89	91	94	25	47	47	42	43
韩裔	—	69	83	90	97	—	40	31	42	59
美国出生	—	40	91	97	98	—	6	33	57	70
国外出生	—	77	83	90	97	—	51	31	42	58
印度裔	—	—	90	90	94	—	—	60	60	76
美国出生	—	—	81	94	92	—	—	40	67	74
国外出生	—	—	90	89	94	—	—	61	60	76
越南裔	—	—	69	67	72	—	—	14	22	27
美国出生	—	—	—	42	52	—	—	—	8	23
国外出生	—	—	69	67	73	—	—	14	22	27
白人	61	74	87	87	88	12	16	25	25	30
黑人	33	52	75	77	81	4	6	12	12	15

注："—"表示数据缺失。
资料来源：作者根据1960~2000年人口普查1%公用微观样本（PUMS）计算相关数据。

---

[1] 参见如 Hirschman, C. and M. G. Wong. 1984. "Socioeconomic Gains of Asian Americans, Blacks, and Hispanics: 1960 – 1976," *American Journal of Sociology* 90: 584 – 607; Xie, Y. and K. Goyette. 2003. "Social Mobility and the Educational Choices of Asian Americans," *Social Science Research* 32: 467 – 498.

而高中毕业率的差距随着时间的推移已逐渐缩小。1990年，白人的高中毕业率比亚裔略高，这是东南亚新难民的涌入造成的。2000年，亚裔整体上获得高中学历的比率又略微高出一些。

亚裔和白人在大学毕业率上的差距更加引人注目。1960年，19%的亚裔完成了学业，相比之下，白人只有12%。接下来几十年这种差距加大了。2000年，53%的亚裔完成了大学学业，而白人只有30%。

实际上，亚裔与白人在大学毕业率上差距的扩大，部分原因是由在国外出生的亚裔造成的，特别是1965年以后的移民。移民法的修改鼓励了技术移民，其影响体现在1960~1970年间出生于外国的亚裔在大学毕业率上的显著效果。1960年，在国外出生和在美国出生的亚裔获得大学学位的比例都是19%。1970年，在国外出生的亚裔大学毕业率激增至46%。尽管一些在国外出生的亚裔在美国接受了教育，移民的高受教育水平仍是比例激增的最重要解释。相比之下，1970年，在美国出生的亚裔大学毕业的比例为26%，而白人的比例为16%。

亚裔的受教育水平在出生地方面和在民族方面都有差异。1960年，日裔的高中毕业率最高，而华裔的大学毕业率最高。随后几十年，亚裔中的华裔、韩裔和印度裔在教育上成就最大，2000年的大学毕业率分别是67%、59%和76%。相比之下，越南裔最不成功，高中和大学毕业率都低于白人，高中毕业率低于黑人。

但关于出生地的比较在不同时期并不遵循统一模式。比如在菲律宾裔中，反而是1965年以前在国外出生的似乎在教育上更有优势。1960年在国外出生的日裔比在美国出生的日裔大学毕业率低，但1970年时这种情况恰恰相反，经过十几年后情况再次发生逆转。韩裔的模式也有所不同。早期，在国外出生的韩裔比在美国出生的韩裔受教育程度更高。2000年则是58%的在国外出生的韩裔完成了大学教育，相比在美国出生的韩裔的比例是70%。值得说明的是，一些在国外出生的亚裔作为未成年人移民，在美国接受了全部或大部分教育，而大多数在国外出生的亚裔都是在移民到美国以前就完成了其教育。[①]

初级和中级教育

过去，亚裔儿童在教育上并不总是体现出优势。比如，1910年人口普查的

---

① 参见 Zeng, Z. and Y. Xie. 2004. "Asian Americans' Earnings Disadvantage Reexamined: The Role of Place of Education," *American Journal of Sociology* 109: 1075–1108。

数据显示，7~17岁的华裔和日裔儿童比起白人儿童入学率更低（华裔为77%，日裔为73%，相比白人是88%）。在某种程度上，这种劣势是由于隔离性法律不允许华裔、日裔儿童和白人儿童一起上学造成的。19世纪晚期在加州，诸如此类的法律将华裔和日裔儿童限制在为"东方人"开办的隔离学校学习。在一些亚裔人口较少的州，如密西西比，规定亚裔儿童和黑人儿童一起就读于隔离学校。与其他少数种族一样，亚裔为取消种族隔离和拥有平等的教育机会而激烈斗争。尽管隔离法直到50年代才被正式废除，早在1930年，华裔和日裔的初级和中级教育入学率就已经超过了白人。

今天，在初级和中级教育学校里，亚裔学生的学习成绩普遍较高。根据国家教育统计中心（National Center for Education Statistics，NCES）的数据，1999年，从幼儿园到12年级亚裔中只有7%的人留过级，相比白人中则有9%。根据1988~1994年全国教育历时研究（National Education Longitudinal Study，NELS）的补充结果，由NCES于1988年组织的一个全国8年级学生代表样本显示，亚裔学生在标准化数学测试中的分数显著高于白人，而白人和亚裔学生的语文分数在统计中没有太大差异。

这些结果也为2000~2001学年的学习资质测试（Scholastic Aptitude Test，SAT）的分数所肯定。在语言SAT中，亚裔学生的测试成绩略微低于白人同龄人（分数是501∶528），但比黑人和拉丁美洲裔高（分别是430分、460分）。在同年的数学SAT中，亚裔学生的分数高于其他所有群体，平均分是566分，而白人学生的平均分是531分。

亚裔高中学生的平均成绩也比白人高。NELS中，8年级和10年级亚裔学生在4分制考试中的平均分分别是3.2和3.0，相比白人则分别是2.9和2.7，[1] 而且亚裔学生比其他种族和民族的学生学习了更多高等数学和科学方面的课程。1998年，NCES报告说，74%的亚裔高中学生学过高等科学的课程，56%的学生学过高等数学的课程；白人的比例则分别是64%和45%。

亚裔青少年在学校里似乎也很少有行为方面的问题。根据1999年全国家庭调查（National Household Survey）显示，NCES报告7~12年级的学生中被勒令

---

[1] Kao, G., M. Tienda, and B. Schneider. 1996. "Racial and Ethnic Variation in Academic Performance," in *Research in Sociology of Education and Socialization*, Vol. 11, edited by Pallas, Aaron M. Greenwich, CT: JAI Press.

退学或者休学的比例，亚裔是13%，白人是15%，拉丁美洲裔是20%，黑人是35%。亚裔学生从高中辍学的可能性也很小。根据2000年10月现时人口调查（Current Population Survey）的统计，16~24岁年龄段的亚裔学生中，有4%的学生从高中辍学；而白人中相应比例是7%，黑人是13%，拉丁美洲裔是28%。2000年，18~24岁年龄段高中毕业的比例，亚裔是95%，白人是92%。类似地，1988年读8年级的学生中在6年里获得高中学位的比例，亚裔是92%，白人是85%。

亚裔在初级和中级学校教育中取得的学习成绩与亚裔儿童及其家长的态度和行为息息相关。亚裔家长比其他种族的家长更加期望他们的子女达到更高的教育水平。比如，NELS的数据显示，亚裔10年级学生的家长中，1/3都期望他们的子女能够拿到研究生学位，相比之下，白人家长中只有不到1/5。而且亚裔儿童本身也期望比他们的白人、黑人、拉丁美洲裔同龄人获得更高的教育。该报告显示，亚裔10年级学生中超过20%的人期望获得博士学位，相比黑人、拉丁美洲裔和白人中只有14%或更少。① 这说明亚裔家长认识到努力而不是能力是孩子教育成功的关键，而白人家长更相信天生的能力。② 为了达到家长和自己树立的目标，亚裔儿童在学习上也更加努力，平均每周比白人儿童多做近1个小时的家庭作业。③

高等教育

亚裔在高中的优异成绩为他们进入高等教育机构做好了准备。NELS的数据显示，除了菲律宾裔，各亚裔民族群体申请进入两年或四年制大学的比例要远远高于白人。④ 而且数据的详细分析也揭示出亚裔比白人更倾向于申请更多的大

---

① 参见 Goyette, K. and Y. Xie. 1999. "Educational Expectations of Asian Amercian Youths: Determinants and Ethnic Differences," *Sociology of Education* 72: 22 – 36; Cheng, S. and B. Starks. 2002. "Racial Differences in the Effects of Significant Others on Students' Educational Expectations," *Sociology of Education* 75: 306 – 327。
② Chen, C. and H. Stevenson. 1995. "Motivation and Mathematics Achievement: A Comparative Study of Asian-Americans, Caucasian-American and East Asian High School Students," *Child Development* 66: 1215 – 1234.
③ Kao, G., M. Tienda, and B. Schneider. 1996. "Racial and Ethnic Variation in Academic Performance," in *Research in Sociology of Education and Socialization*, Vol. 11, edited by Aaron M. Pallas, Greenwich, CT: JAI Press.
④ 这一段的主要数据基于NELS，由 Kimberly Goyette 摘录分析，*The College Attendance of Asian Americans*（博士论文，密歇根大学，Ann Arbor, 1999）。

学，而且是一流大学（以入校的平均 SAT 成绩来衡量）。白人更喜欢申请规模较小、较便宜、竞争不是很激烈的学校。

NELS 的数据也显示亚裔第一志愿学校的成功率整体上高于白人，这也可以从以下事实看出。近几十年来，如哈佛、普林斯顿、布朗、斯坦福这样竞争激烈的学校在考虑亚裔申请者入学的问题上，变得严格挑剔了。在学术方面是否合格的问题上，由于在录取程序中优先考虑课外活动和体育成绩突出的学生，使得亚裔申请者处于劣势。尽管困难重重，亚裔申请者们，或者更准确地说是他们的家长，对进入这些精英大学仍然充满热情。NELS 的数据分析揭示出被录取后进入一流大学学习的亚裔学生人数相当多。

亚裔比起白人和其他少数种族群体更倾向于进入高等教育机构（参见表10-4）。1988 年 8 年级在读学生以及后来获得高中学位的人中，截至 1994 年，80% 的亚裔进入两年或四年制高等教育机构，相比白人中只有 68%。亚裔各民族群体的入学率有所不同，从菲律宾裔的 76% 到南亚裔、华裔和东南亚裔的 86%~87% 不等。

表10-4　1994年美国各种族及亚裔各民族8年级在读学生6年内高中毕业及大学入学情况

单位：%

种族/民族	1988 年 8 年级在读学生	
	到 1994 年高中毕业	到 1994 年进入高等教育机构
所有亚裔	92*	80*
华裔	97*	87*
日裔	95	80
菲律宾裔	96*	76
韩裔	93*	79*
南亚裔	99*	87*
东南亚裔	88	86*
白人	85	68
黑人	73*	57*

* 亚裔和黑人的百分比与白人的百分比有显著差异。
资料来源：作者根据 1988 年全国教育历时研究（NELS）计算相关数据。

某些亚裔民族群体比白人更喜欢就读于两年制大学。比如，1988 年参与 NELS 调查研究的 8 年级菲律宾裔学生群体，进入两年制大学读书的可能性几乎是白人的两倍。日裔和东南亚裔进入两年制大学读书的比例也比白人高。两年制大学相比四年制大学更省钱，许多无法立即负担四年制大学学费的学生首先进入社区大学接受两年教育。这些学生可能后来转入四年制大学以完成学士学位的课程。

很多媒体非常关注亚裔学生在美国精英大学里的优异表现。NCES 发现亚裔进入第一流国立大学的可能性超过白人两倍〔根据《美国新闻和世界报道》（U. S. News & World Report）排名的前 50 所国立大学〕。[①] NELS 的数据分析显示，亚裔学生进入这类大学的比例非常高，从日裔和东南亚裔的 18%、22% 到韩裔和华裔学生的 42%、44%，相比白人中只有约 9%。

亚裔大学生在专业选择上也与白人学生不同。亚裔比白人更倾向于主修科学、数学和工程，不像白人更倾向于选择人文和教育领域。1993~1994 年对学士及学士以上学位研究的数据显示，20% 的亚裔毕业生被授予科学或数学学士学位，白人为 13%；相比 9% 的亚裔毕业生获得人文学位，白人为 14%。

NCES 1999~2000 年度的研究称，美国所有获得双学位人中的约 5% 以及所有授予学士学位人中的 6.5% 都是亚裔。

研究生教育

美国教育考试中心（Educational Testing Service）的数据显示，20 世纪 80 年代期间，亚裔的研究生入学考试（Graduate Record Examination）成绩与白人接近，数学成绩偏高，语文成绩略低。例如，1984~1985 年亚裔在考试中语文成绩是 479 分，数学成绩是 603 分，逻辑成绩是 533 分；相比白人的成绩分别是 513 分、537 分、550 分。在商学院、法学院和医学院的入学考试成绩中也能发现这种类似的亚裔与白人的对比模式。[②]

亚裔和白人一样也倾向于申请研究生和博士学位。然而，通过对学士及学士以上学位研究数据的具体分析，亚裔学生表现出这样的特点：在考虑到家庭背景、考试成绩以及其他本科学习特点的情况下，他们比白人更倾向于进入研究生院学习。对于专科类学院，亚裔更倾向于进入医学院，而白人则更倾向于进入法学院。与本科生专业选择的情况类似，亚裔更倾向于在科学工程领域里攻读博士

---

① National Center for Education Statistics. 1998. "Who Goes to America's Highly Ranked 'National' Universities?" NCES 98-095, Washington, DC: U. S. Department of Education.
② Hsia, J. 1988. *Asian Americans in Higher Education and at Work*. Hillsdale, NJ: Lawrence Erlbaum Associates.

学位，攻读文科博士学位的相对较少。

根据 NCES 的研究，1999～2000 年授予的硕士研究生学位中的 5%、职业学位中的 11% 以及博士学位中的 5% 都是亚裔获得的。

解　释

是什么成就了亚裔在教育方面总体较高的水平呢？以下是五种可能的解释。

社会经济背景　　社会经济解释强调了家庭社会经济资源在亚裔子女教育成功上所起的作用。许多受过高等教育的亚裔民族群体来到美国，另外一些人带着资本来到美国开始了自己的小本生意。亚裔家长可能充分利用了这些社会经济资源来帮助他们的子女获得好的教育。然而，认识到亚裔背景的多样性也是很重要的。越南裔和其他东南亚移民几乎没有人力和金融资本，而像华裔、韩裔这样的群体内部收入差异也很大。华裔、韩裔和越南裔中的贫困人口比例比白人还高。因此，社会经济解释并不能简单地适用于所有亚裔。

能力　　对亚裔较高学习成就的第二种解释集中在他们的能力上。在各种不同的标准化测试中，亚裔在数学能力上远远高于白人，在语言资质上只略低于白人。在能力测试中，对种族差异的普遍关注导致了很多关于这些差异来源的推测。一些人认为这些差异实质上是生理性的，另一些人则将差异归因于家长的社会经济资源、邻里和社区环境、移民的选择性，抑或是文化。

社区与身份　　对亚裔教育成功的另一种解释考虑了社区层面的支持、鼓励以及学生可获得的信息，因为亚裔对受高等教育的期望值都很高，他们在一起视彼此为榜样，互相鼓励，互相支持，相互交流有关大学以及申请大学的信息。比如，上过大学的亚裔成年人为高中生树立了榜样。亚裔学生也从其他亚裔同龄群体中受益匪浅。在联系紧密的民族社区（如新奥尔良的越南裔社区）中，学生受益于社区成员的监督和支持。孩子们与社区紧密相联，他们通过母语和自身的民族感保持了自己的民族特性，社区对他们负有责任并密切地监督他们。孩子们不仅从社区学到了促使他们成功的准则和规范，也从社区成员之间的相互联系中受益。[①]

关于教育的态度、价值观和信念　　亚裔不同于白人的态度、价值观和信念可能源于亚洲文化或者移民的自身选择。研究者认为，许多亚洲国家（最显著的

---

① Zhou, M. and C. L. Bankston Ⅲ. 1998. *Growing Up American: How Vietnamese Children Adapt to Life in the United States.* New York: Russell Sage Foundation.

是中国、韩国、日本和越南）的儒家文化的遗产之一，就是人能通过努力工作提高自身、渐臻完美的信念。在这种文化遗产的影响下，一些亚裔就可能比白人更相信在学校努力学习会有回报。也有人认为，基于这些源自亚洲国家的信念，亚裔比白人和其他少数种族更追求教育的回报，不仅是物质上的，还有名誉上的。传统儒家社会中，鼓励社会层次较低的人们通过勤奋学习争取社会地位的提高，官吏的选拔尤其与科举考试的成功联系在一起。由于这种文化，亚裔家长及其子女更可能将教育视作获得更好职业声望、社会地位和收入的最主要的（如果不是唯一的）手段。而且亚裔都是自愿移民到美国来的，他们很有可能怀有某种特殊的价值观、态度和信念，因为自愿移民的人常常希望成就一番事业。事实上，他们选择移民本身就可以证明这一点。因此，鼓励成功和努力工作的价值观可能是自己选择移民的结果，而不是其他某种特殊的民族或文化遗产。

  机遇的不平等 机遇不平等的观点和以上后两种解释很接近，它认为亚裔是以教育作为克服障碍、提高社会地位的手段。[①] 尽管亚裔之间的民族网络有助于他们取得教育成就，但作为新移民，亚裔缺少社会网络帮助他们在主流经济中找到好工作。比如，亚裔高中毕业后很难找到高薪的制造业工作，因为很少有亚裔在这样的职位上工作，他们缺乏通向这种社会网络的门路。在政治事业上他们也缺乏人口基础。亚裔父母向孩子们强调教育是提高社会地位的手段。在大量需要知识技术、以实力为基础的经济中，这种提高社会地位的策略很吸引人。尤其加上儒家文化的理念，即人能通过不断学习和实践提高和完善自身，亚裔对于努力工作与成功相联的强烈信念成为他们对教育大大投资的基础，他们把教育作为提高社会地位的手段，不接受教育，就得不到这样的机会。

  以上五种解释有所重叠，它们共同为亚裔的教育成就提供了看似合理的解释。许多亚裔青年的父母都受过很高的教育，他们自己的家庭收入也很高。整体来看，亚裔比白人在标准化数学测试中表现更好。亚裔学生还有受过高等教育的榜样、志向远大的同伴，并且居住在联系紧密的民族社区。或者是因为他们选择了移民，或者是因为他们的文化背景，一些亚裔相信努力工作就会获得成功的回报，并且也体会到了教育带来的高回报。这些价值观——再加上除教育外提高社

[①] Kao, G., M. Tienda, and B. Schneider. 1996. "Racial and Ethnic Variation in Academic Performance"; Sue, S. and S. Okazaki. 1995. "Asian-American Educational Achievement: A Phenomenon in Search of an Explanation"; Xie, Y. and K. Goyette. 2003. "Social Mobility and the Educational Choices of Asian Americans".

会地位的其他机会很有限——导致亚裔家庭强调在美国教育是提高社会地位和获得经济成功的手段。

劳动力状况

社会经济地位可以从多方面来衡量，其中教育和就业是它的两个主要组成部分。因此，种族不平等或者民族不平等通常是指在教育和就业上存在的种族或民族差异。在前一节，通过对教育的比较，我们发现，尽管亚裔不同民族群体间有实质性差异，但是美国亚裔在关键结果上整体高于白人。这一节主要关注就业情况。

就业情况与教育情况很不同。首先，就业情况对个人和家庭有直接的经济影响，而教育结果的影响是间接的，常常是通过人们在就业中的表现而发挥作用。其次，劳动力不仅受到个人努力和家庭资源的影响，也受到人际关系——与雇主、主管以及同事的关系——的影响。再次，亚裔的教育成就除了减少了其他种族成员进入享有很高声望大学的机会外，并不对白人和其他少数族裔构成威胁。但仍有些劳动者认为，亚裔在劳动力市场上占据的职位越多，非亚裔可找到职位的机会就越少。

由于就业状况比教育状况更易受到种族仇恨和种族歧视的影响，所以它们更能直接地衡量亚裔在美国的社会地位。这一节从三个方面来分析就业状况——劳动力供给、收入和职业——并做了种族间、民族间和性别间的比较。关注性别是必要的，因为传统上美国社会的工作是有性别隔离的。最后，我们讨论教育的作用。

劳动力供给

劳动参与率是指成年人口中，正在工作或者积极寻找工作的人口所占的比例。劳动参与率排除了没有工作和没有寻找工作的人。如果劳动力中未就业的既反映了个人选择，又反映了市场压力的话（比如，几乎没希望找到有意义的工作），那么劳动就业就模糊了劳动力供给和劳动力需求的界限。

这里，我们把劳动就业视为劳动力供给。为了用劳动时间来说明劳动力供给问题，这里假设劳动者能够根据自己的意愿增加劳动时间。也就是说，兼职的劳动者如果愿意就可以做一份全职的工作，尽管这样做会导致他们更换工作。这里没有提供是否就业的结果，原因有两点：首先，就业（失业）反映的是劳动力需求而不是劳动力供给；其次，初步的分析显示，亚裔和非亚裔在就业率上的种族差异以及亚裔各民族群体间的差异很小,而且并非系统性的差异。

检验劳动参与率时出现了一个有趣的模式,即不同种族的性别差异很大(参见表10-5)。几十年前,白人的性别间差异要比黑人大得多:参加工作的黑人男性比例比白人男性低,而参加工作的黑人女性比白人女性高。黑人女性相对较高的劳动参与率反映了更大的经济需求——部分是由于黑人男性较低的劳动参与率,部分是由于黑人女性较低的结婚率。而亚裔中男性和女性都具有较高的劳动参与率。

表10-5 1960~2000年美国各种族及亚裔各民族的劳动参与率(21~64岁的美国人)

单位:%

种族/民族	占劳动力的百分比				
	1960年	1970年	1980年	1990年	2000年
所有亚裔					
男性	92	89	87	86	80
女性	48	56	65	68	65
华裔					
男性	89	85	86	86	81
女性	45	53	67	69	66
日裔					
男性	94	93	88	88	84
女性	51	57	65	64	65
菲律宾裔					
男性	90	90	92	91	80
女性	39	61	75	80	73
韩裔					
男性	—	77	87	83	78
女性	—	36	61	61	59
印度裔					
男性	—	—	92	91	85
女性	—	—	57	64	59
越南裔					
男性	—	—	74	81	74
女性	—	—	53	63	61
白人					
男性	93	91	89	88	84
女性	39	48	59	70	71
黑人					
男性	86	83	79	76	68
女性	51	57	64	70	69

注:"—"表示数据缺失。
资料来源:作者根据1960~2000年人口普查1%公用微观样本(PUMS)计算相关数据。

特别是日裔和华裔女性在这一时期有很高的劳动参与率。比如，1960年日裔女性工作的比例是51%，华裔女性是45%，而白人女性是39%，黑人女性是51%。但是与黑人不同的是，华裔和日裔女性相对来说很少有未婚的。这些工作的亚裔女性对家庭收入的贡献很大，部分原因是很少有亚裔丈夫收入很高。

1960年以来的一个明显趋势是女性劳动参与率稳步增加。尽管所有的种族或民族群体都有所增加，但白人的增加最为急剧，劳动参与率由1960年的39%增加到2000年的71%。亚裔女性的劳动参与率由48%增加到1990年的68%，2000年回落到65%——与黑人女性的变化趋势非常相似。到1990年，白人女性的劳动参与率略高于黑人女性并超过了亚裔女性。而这几十年来亚裔男性的劳动参与率逐渐下降，白人、黑人男性亦如此。

1960~2000年间，亚裔各民族间的劳动参与率实际上有很大差异。亚裔男性中，越南裔的劳动参与率最低（1980~2000年间在74%~81%之间变动）。亚裔女性中，越南裔和韩裔的劳动参与率都比较低（1970~2000年处于36%~63%之间）。由于越南裔大多是难民，他们缺乏人力和金融资本，因而在劳动力市场上处于劣势。韩裔女性的低劳动参与率部分地反映了她们的传统文化——女性结婚和生育后就应该停止在外工作。这种传统在某种程度上会影响所有的民族群体（如数据所示），然而在韩裔女性的劳动参与率上体现得最明显。韩裔女性的低劳动参与率也可能是由于低估了她们参与的家庭经营活动。

在周平均工作时间上，亚裔男性比白人男性略少，亚裔女性比白人女性略多（整体上每周差1~2小时）。亚裔和白人的差异实际在性别上。总体上，女性比男性每周工作时间短，但白人的性别差异比亚裔大——这是1970年以后出现的不同，亚裔的性别差异实际上缩小了，而白人的性别差异基本上保持不变。例如，1980年亚裔男性每周平均工作43个小时，亚裔女性工作38个小时，性别差异约为5个小时。白人男性每周平均工作44个小时，白人女性工作36个小时，相差8个小时。黑人性别间的工作时间差异更小：1990年和2000年都是4个小时。①

亚裔各民族在工作时间上的性别差异要比白人小，但程度有所不同。性别差异最小的是越南裔：1980年和1990年是2个小时，2000年是3个小时。1960年以后，菲律宾裔在工作时间上的性别差异也变小了：1970年、1990年和2000年是2个小时。越南裔和菲律宾裔的平均社会经济地位比其他主要亚裔民族群体要

---

① 关于工作时间的具体信息，请关注网站 http://www.yuxie.com。

低。与黑人一样,越南裔和菲律宾裔在工作时间上性别差异较小的原因有两点:一是这两个民族男性的工作时间少;二是这两个民族女性的工作时间长,后者是用来补偿男性较低的劳动力供给和收入。

收　入

比起教育和劳动力供给,收入直接反映了劳动力市场对劳动力技能和生产力的需求。如果说亚裔因为其族裔或来源国受到歧视,那么他们的收入比其他指标更能反映出这个问题。

表10-6展示了在美国出生的亚裔和白人的收入比较,按性别分别列出。因为在美国的劳动力市场上,在国外接受的教育并不像在美国本土接受的教育那样被看重,因此,来美国前完成教育的移民在收入上处于劣势。①

表10-6　1959~1999年亚裔收入与白人收入比:观测值及根据教育和工作经历调整的修正值

种族/民族	1959年		1969年		1979年		1989年		1999年	
	观测值	修正值*	观测值	修正值*	观测值	修正值*	观测值	修正值*	观测值	修正值*
所有美国生亚裔										
男性	0.98	0.94**	1.04*	0.98	1.01	0.95**	1.09**	1.02	1.14**	1.04**
女性	1.04	1.02	1.13**	1.08**	1.17**	1.09**	1.28**	1.16**	1.32**	1.17**
华裔										
男性	0.99	0.94	1.01	0.90**	1.03	0.95	1.29**	1.11**	1.35**	1.12**
女性	1.10	1.07	1.18**	1.09	1.31**	1.18**	1.44**	1.24**	1.65**	1.35**
日裔										
男性	1.00	0.95**	1.08**	1.02	1.08**	0.99	1.13**	1.01	1.19**	1.00
女性	1.04	1.02	1.15**	1.11**	1.17**	1.09**	1.31**	1.17**	1.37**	1.15**
菲律宾裔										
男性	0.79**	0.87**	0.80**	0.89**	0.80**	0.86**	0.87**	0.95**	0.93**	1.00
女性	0.86	0.88	0.94	0.95	0.99	0.98	1.07**	1.07**	1.09**	1.09**
韩裔										
男性	—	—	0.97	1.00	0.85	0.86	1.04	1.11	1.15**	1.13**
女性	—	—	0.92	0.91	1.25	1.18	1.28**	1.20**	1.24**	1.20**

---

① Zeng, Z. and Y. Xie. 2004. "Asian Americans' Earnings Disadvantage Reexamined: The Role of Place of Education," *American Journal of Sociology* 109: 1075-1108.

续表

种族/民族	1959年		1969年		1979年		1989年		1999年	
	观测值	修正值*	观测值	修正值*	观测值	修正值*	观测值	修正值*	观测值	修正值*
印度裔										
男性	—	—	—	—	0.74**	0.67**	1.03	0.94	1.10	1.09**
女性	—	—	—	—	1.02	0.97	1.33**	1.15	1.34**	1.20**
越南裔										
男性	—	—	—	—	0.94	0.97	0.65**	0.77	0.87	1.08
女性	—	—	—	—	1.02	1.12	1.11	1.24	0.83	0.97

* 根据教育和工作经历修正过的比率。
** 美国生亚裔的收入与白人相比有显著差异。
注：(1) 分析限于21~64岁的全职/全年工作者并且有实际收入。(2) "—"表示数据缺失。
资料来源：作者根据1960~2000年人口普查1%公用微观样本计算相关数据。

表10-6中列出的是亚裔对白人的收入比，包括观测值和修正值。观测收入比是亚裔的平均收入比上白人的平均收入。修正收入比则是考虑了教育和工作经历的因素，根据学校教育和工作年数做调整后的比例，它可以反映亚裔的收入在考虑以上因素之后是否仍然处于不利地位。一些学者认为亚裔通过"接受过多教育"来达到与白人相同的经济状况，这被称作"纯劣势论"。[1] 因为亚裔在教育上比白人有优势（但在工作经历上却并非如此），因此，观测收入比与修正收入比的差异就源于亚裔普遍拥有较高的学历。

表10-6中赋值1.00意味着收入相等。比值小于1.00表明亚裔处于劣势，大于1.00表明亚裔具有优势。例如，1959年所有美国生亚裔男性的收入相当于白人男性的98%，但这个差异在统计上并不显著（换句话说，有可能是偶然的）。然而经过人力资本的修正后，1959年亚裔男性所赚的钱只是白人男性的94%，并且这个差异在统计上显著（不太可能是偶然的）。因此，观测收入的表面平等是由于亚裔男性拥有较高的学历。

在收入结果中有以下几个发现。首先，亚裔与白人相比，在观测收入上比在修正收入上更有优势。亚裔在观测收入上比白人有优势，1989年和1999年尤其明显，这部分地反映了这一时期美国劳动力市场上高等教育的回报率增加。其次，这几十年来呈现出一个对亚裔有利的显著而稳定的变化趋势。1959~1979

---

[1] Feagin, J. R. and C. B. Feagin. 1993. *Racial and Ethnic Relations*. Englewood Chiffs, NJ: Prentice-Hall.

年间，未修正前亚裔男性的收入和白人男性一样多，而 1989 年却多出 9 个百分点，1999 年多出 14 个百分点。1959、1979 年，修正后亚裔男性的收入有 6 个百分点的劣势，而 1999 年则有 4 个百分点的优势。在同白人收入比上，亚裔 6 个主要民族也表现出类似增加的趋势。再次，与白人女性相比，亚裔女性的收入也不错。考察整个这一时期以及各个民族群体，亚裔女性的收入在统计上并不显著低于白人女性。事实上，亚裔女性的观测收入和修正收入在 1969 年就超过了白人女性，并且这种优势仍在增加。到 1999 年，亚裔女性的收入在修正前比白人女性高 32 个百分点，修正后高 17 个百分点。

最后，各亚裔民族群体间也存在实质差异。对三个主要亚裔群体长达 40 年的观测显示，菲律宾裔不如华裔和日裔的收入情况好。1959 年，菲律宾裔男性的收入在修正前是白人男性的 79%，修正后是 87%。到 1999 年，菲律宾裔男性与白人男性之间的差距逐渐缩小。然而在这些年中，无论是观测值还是修正值，菲律宾裔男性的收入一直都没有白人男性高。1959～1979 年间菲律宾裔女性与白人女性的收入无统计上的显著差异，之后这种差异变为对菲律宾裔女性有利。事实上，1999 年菲律宾裔女性的收入在观测值和修正值上都比白人女性多 9 个百分点。虽然越南裔总体上收入相对较低，但越南裔与白人只有男性在 1989 年才有统计上的观测值显著不平等。1979 年印度裔男性的收入确实比白人低，修正前是白人收入的 74%，修正后是 67%。1989 年以后，印度裔男性在观测收入和修正收入上都达到了与白人相当的水平。1989 年，印度裔女性的观测收入比白人女性高出约三分之一，1999 年的修正收入高出约五分之一。

这些结果说明"纯劣势论"对解释 1989 年以前亚裔男性的状况可能有效，却不符合一直以来亚裔女性的状况和亚裔男性 1989 年以来的状况。自 1969 年以来，亚裔女性有较高的学历且在各个教育水平上都有较高的收入，因此她们一直都比白人女性收入高。亚裔男性的相对收入也显著增加，甚至经过教育和工作经历的修正后，仍然超过白人男性。如果说 1959～1979 年间亚裔男性的修正收入比白人低的情况反映了种族歧视，那么 1989 年以后这种情况就不存在了。

职　业

研究不平等学者的兴趣之所以集中于职业有这样几个原因：第一，一个人的职业是朋友、亲戚、熟人所知晓的，职业也常被看作社会地位的简化描述。相比而言，收入通常是个人隐私，也很少被用来描述一个人的社会地位。第二，职业相对稳定，它不会在生活起伏和商业兴衰中变化太多。在某种程度上，职业可被当作一个人终身收入的替代测量标准。第三，职业是现实的劳动者所占据的具体的社会职位。技术发明和经济增长等力量改变着职业结构，创造了新的职业，同时也为社会流动提供了机会。社会学家长期以来都对在这种结构变迁中谁受益谁受损的结果感兴趣。

职业受到重视的另一个原因是，它特别适合用来讨论亚裔受到的不平等待遇。一些职业可能提供了社会流动的渠道，因为它们很少受到潜在歧视的影响。[1] 首先，各种职业中用于绩效评估的客观标准差异很大，或者职业本身被认为有很大差异。比如在科学领域，普遍主义是核心的规范准则，外在的因素——如种族、性别、民族和宗教——不应在绩效评估时起任何作用。类似地，比起军事、教育和文秘一类的职业，工程师和计算机编程一类的职业，其生产的产品和提供的服务更易于被直接地考察和评估。

此外，教育文凭与进入某些特定职业直接相关。比如，要做一个科学家通常需要获得博士学位，要成为外科医生需要获得医学学位。获得这样的文凭是一个漫长而艰辛的过程，而且无论一个人如何拥有特权——由于家庭背景或者种族——他/她如果不获得教育文凭都无法成为一个科学家或者外科医生。但不考虑一个人的社会出身（包括种族），一旦拥有教育文凭，这些领域的工作机会就唾手可得。这种教育与进入某些高声望职业之间的紧密联系，使得亚裔合情合理地把教育当作社会流动的有效渠道，来获得现实或潜在的某些高社会地位的职业。

我们已经了解了亚裔受过高等教育并获得学位文凭，他们能够理性地选择那些能证明自己能力并且有客观标准来评估绩效的工作。一位 30 岁的韩裔这样总结亚裔的工作热情：

> 我认为不是亚裔喜欢科学工作，但有时这是唯一向他们敞开的大门。在科学领域，经验结果比人文科学式的深奥讨论更重要。所以作为一个工程师，你至少知道如何操作机器，这样才能成为有用之才。我认为我们的工作机会就在这个领域。[2]

---

[1] 关于争论的更全面说明，参见 Xie, Y. and K. Goyette. 2003. "Social Mobility and the Educational Choices of Asian Americans".

[2] Lee, J. F. J. 1991. *Asian American Experiences in the United States*. Jefferson, NC: McFarland and Company.

亚裔会集中于某些特定的职业，这是由于他们希望得到最实惠的社会经济结果。然而，某些职业的种族性集中也有可能通过其他社会机制发生。举一个历史例证，19世纪晚期在旧金山，一小批华裔因为白人的歧视和劳动竞争，开始经营洗衣店。他们成功地证明了自己能够经营洗衣店，但并不是因为自己就只适合于这项工作而非其他类型的工作。在某种程度上，社会网络和角色示范作用，使许多中国人随即也开始经营自己的洗衣店生意，最终导致到20世纪20年代华裔主导了整个洗衣服务业。①

表10-7显示了亚裔集中从事特定职业的情况。用每一行的赋值与倒数第二行相应的值比较，倒数第二行是根据每年人口普查得到的亚裔劳动者占劳动力的总百分比。比值大于总百分比的，说明这种类型的工作中亚裔的比例过大。同样，小于总百分比的说明亚裔比例不足。表格的最后一行是相异指数，用来测量亚裔与非亚裔的职业隔离。

表10-7 1960~2000年亚裔在各类职业中所占百分比及相异指数

职　　业	1960年	1970年	1980年	1990年	2000年
生命科学家	3.6	4.2	4.4	6.7	14.7
物理学家	0.7	2.6	4.8	7.0	15.3
社会科学家	0.3	1.3	2.0	2.4	4.3
数学家	0.6	2.7	2.4	5.6	11.1
工程师	0.9	1.6	4.5	6.7	9.9
建筑师	1.5	2.5	5.1	6.3	6.9
内科医生、牙医及其他职业医生	1.4	3.7	7.9	9.0	13.6
护士、营养学家和临床医学家	0.7	1.4	3.5	4.2	6.2
小学及学前教师	0.4	0.6	1.1	1.3	1.9
中学及职业教师	0.5	0.6	1.1	1.7	2.8
高校教师	1.7	1.7	3.6	7.0	8.7
健康专家	0.6	1.7	3.8	4.4	5.4
其他各类专家	0.7	1.2	2.6	4.2	4.3
计算机专家	—	1.2	4.2	7.0	13.2
作家、艺术家及媒体工作者	0.4	1.0	1.9	2.6	4.1
律师及法官	0.3	0.3	0.7	1.3	2.7
图书管理员、档案管理员及馆长	0.5	1.8	2.0	3.2	3.5
社交娱乐工作者	0.9	0.9	1.3	1.7	2.3
宗教工作者	0.2	0.4	1.2	2.9	4.0
会计师及金融分析师	0.8	1.1	2.9	4.3	6.1

① Takaki, R. 1989. *Strangers from a Different Shore: A History of Asian Americans*. New York: Penguin Books.

续表

职业	1960年	1970年	1980年	1990年	2000年
行政及政府官员	0.5	0.6	1.1	1.8	2.4
经理及经营主	0.6	0.7	1.6	2.6	4.1
零售推销员	0.4	0.7	1.4	3.3	4.8
其他类推销员	0.5	0.5	1.3	2.6	3.8
文职人员	0.5	0.8	1.8	2.9	3.8
会计	0.5	0.8	1.7	2.9	3.8
秘书	0.6	0.7	1.2	1.7	2.3
机械工人	0.5	0.5	1.2	1.8	2.5
木匠	0.5	0.6	0.7	1.0	1.3
电工	0.3	0.6	1.1	1.5	1.5
建筑工人	0.3	0.4	0.6	1.0	1.0
手工艺人	0.3	0.4	1.3	3.0	4.7
纺织工人	1.1	1.4	3.5	6.7	10.1
冶炼及运输工人	0.3	0.3	0.7	1.2	2.3
其他工人	0.3	0.5	1.3	2.5	4.0
除农业外体力劳动者	0.4	0.7	1.2	1.7	2.1
农场主及农业工人	1.1	0.8	1.0	1.2	1.5
清洁及餐饮服务人员	1.1	1.4	2.7	3.9	4.7
健康服务人员	0.2	0.6	1.5	2.3	3.3
私人服务者及理发师	0.5	0.8	1.6	2.8	5.1
保镖	0.1	0.4	0.6	1.1	1.8
总百分比	0.5	0.8	1.7	2.8	4.1
相异指数	18.6	17.7	19.7	17.8	18.1

注：（1）分析限于21~64岁的所有劳动者。相异指数测量的是需要更换职业来保证亚裔和非亚裔分布一致的亚裔百分比。（2）"—"表示数据缺失。

资料来源：作者根据1960~2000年人口普查1%公用微观样本计算相关数据，以及根据2000年人口普查5%公用微观样本计算相关数据。

这个表格支持了亚裔可能有意识地寻求某些职业的理论，比如成为生命科学家、建筑师、内科医生和牙医，以使他们向上层社会流动的机会最大化——因为高社会地位的职业要求的是有高学历的人才。亚裔从事的其他一些职业，如农场主、纺织工人则反映了早期亚裔移民从事的工作类型。

如前所述，1965年以后亚裔人口迅速增长。这也反映在劳动力中亚裔所占百分比的稳步增长，从1960年的0.5%增长到2000年的4.1%——在40年间增长了8倍。但其中一些职业领域比例的增长相比其他领域要急剧得多。首先，最明显的是科学和工程领域。比如，从事物理科学工作的亚裔的百分比由1960年微乎其微的 0.7%，增长到 2000 年的 15.3%，令人吃惊。1960 年人口普查职业分类中还没有计算机专家，而亚裔在这个职业中的比例由 1970 年的 1.2% 增长到 2000 年的 13.2%。其次，除了小学和学前教师、中学和职业教育教师、律师及法官以及社交娱乐工作者外，亚裔在其他所有专业工作中的百分比都有显著增长。比如，内科医生、牙医及其他职业医生中亚裔的比例由 1960 年的 1.4% 迅速上升至 2000 年的 13.6%。再次，出乎我们意料的是，亚裔在某些手工技术工作中的比例也迅速增长，比如纺织工人、手工艺人和其他工人（2000 年比例分别为 10.1%、4.7%、4.0%）。最后，亚裔在私人服务者及理发师行业中不仅有绝对值的增长（从 1960 年的 0.5% 增长到 2000 年的 5.1%），而且相对于亚裔劳动力的增长比例（从 1960 年的 0.5% 增长到 2000 年的 4.1%），其百分比也有所增长。清洁及餐饮服务行业的亚裔比例，相比 1960 年的 1.1% 在绝对值上有所增长（2000 年为 4.7%），但相对比例没有增长。

亚裔在某些职业中的比例仍然很小，并且总体上比例不足。尽管这些都是白领工作，但是社会地位和薪水相对较低且缺少向上晋升的机会，从事这些职业的主要是女性。不知何故，亚裔避开了这些职业。① 这或许可以解释亚裔女性比白人女性收入高的现象。然而 2000 年亚裔在两类高社会地位的职业中比例不足：律师及法官为 2.7%，行政及政府官员为 2.4%。亚裔从事某些手工技术职业的人，比如木匠、电工和建筑工人，数量微乎其微。一是由于历史原因，因为技术行业的白人与其他少数种族之间的竞争激烈，19 世纪和 20 世纪初亚裔被排挤出这些当时是主流行业的组织，如美国劳工联合会。另一个原因是缺乏社会网络和角色示范，几乎没有亚裔从事这些职业。最后，有趣的是，亚裔从事农业生产的比例很低，尽管许多亚裔（特别是日裔）在历史上一直从事这个行业。许多日裔在二战期间失去土地并被羁押在集中营里，这之后他们便不再从事农业；另一些亚裔，特别是新一代移民，可能不再向往围绕着农业的生活，而更喜欢在城市里工作和生活。

探求亚裔在这些年人口普查中比例变化的源头非常重要。每十年里劳动力的结构变化不大，从这种意义上来说，职业构成有很强的惯性。除了职业流动，亚裔比例的变化还受到先前考察的两个人口学因素的影响——人口老化和移民。早

---

① 事实上，在对 2000 年人口普查数据的最初分析中，Emily Greenman 发现亚裔女性比白人女性更有可能在某种（传统上是男性主导的）专业领域工作，特别是科学和工程领域。

些年的人口普查中，年老的工作者（55 岁及以上）现在离开了劳动力大军，年轻的劳动力群体加入进来（之前人口普查中 11～20 岁的群体）。而大部分职业类型的变迁又与新移民及他们的子女进入劳动力市场有关。

以上讨论突出了亚裔在哪些领域中比例过高或者比例不足，但要切记的是，亚裔和非亚裔在各种职业上分布的整体差异很小。表 10-7 的最后一行显示的是相异指数，它测量了职业上的种族间隔离。这一指数在 18%（1970 年、1990 年和 2000 年）到 20%（1980 年）之间变化，根据这一指数我们可以认为种族的隔离程度是很低的。它说明的是，假如要使亚裔与非亚裔在所有职业类型上的分布一致，所有亚裔（或非亚裔）中只有 18%～20% 的人需要更换职业。

教育的作用

教育是亚裔社会流动的核心所在，较高的受教育水平帮助他们进入许多要求拥有大学和更高学历的职业。1960～2000 年，亚裔逐渐在科学、工程和医学领域占有一席之地。这种转变部分原因是新移民及其子女的涌入，因为他们增加了亚裔在劳动力中的整体份额，但归根结底是因为大部分亚裔，无论是在美国出生的还是在国外出生的，都受到过高等教育。正是这些高等教育的文凭帮助亚裔在就业市场上找到了专业化的职业。

亚裔的高学历也是他们高收入的一个主要原因。在美国出生的就业人员中，1959 年和 1979 年，亚裔男性凭借自己的高学历达到了与白人男性相当的收入水平。然而，在每一个教育水平上，亚裔男性在收入方面都有 5% 的劣势。教育解释了 1989 年以前亚裔与白人在观测收入上约 5% 的差异，1999 年上升到 9%。至此，亚裔男性不仅在观测收入（高 14%）上而且在修正收入（高 4%）上都比白人男性高。

亚裔女性的收入在整个这一时期一直高于白人女性——无论是观测收入还是修正收入。近几十年来，教育对亚裔女性获得高收入似乎起到了特别重要的作用。1999 年亚裔女性的观测收入比白人女性高出 32%，经过修正后这种优势回落到 17%，这说明观测到的亚裔女性收入优势的近一半都为教育所解释。当然，亚裔无论是较高的观测收入还是较高的修正收入都不是一蹴而就的，事实上，亚裔男性在 1959 年和 1979 年都处于绝对劣势。

最后，亚裔各民族间存在实质性差异。在教育和收入上，菲律宾裔和越南裔都落后于其他主要亚裔群体。越南裔（甚至包括在美国出生的越南裔）是唯一一个比白人的大学教育率低的亚裔群体。然而，随着时间的流逝，菲律宾裔和越南裔的社会经济状况都已得到明显改善，1999年他们的收入已经大致与白人相当了。

婚姻与家庭

亚裔有效地利用教育作为社会流动的工具，但是，教育通常都发生在生命历程的早期，是个人在经济和感情上都依赖于父母的时候。因为父母的情感鼓励和经济支持有助于教育，所以亚裔受到的高等教育体现的是亚裔父母的倾心投入。不难看出，通过教育实现社会流动是一种家庭策略。因此，如果不了解亚裔的家庭，就不可能充分了解美国亚裔的地位和生活经历。

这一节考察的是亚裔相对于白人和黑人的家庭特征以及婚姻类型。为了行文简洁，这里只提供了2000年人口普查的结果。① 近几十年来，美国家庭发生了巨大变化，比如结婚年龄增大（即延迟婚期），结婚率下降，离婚和婚前同居率上升。这些趋势影响了所有种族群体，对2000年人口普查数据的分析显示了亚裔和非亚裔，以及不同亚裔民族间存在明显差异。

另外一个重要趋势是女性劳动参与率的稳步上升。一些学者提出假设认为女性不断进入劳动力群体，与她们推迟婚期和逃避婚姻有直接关系，因为这为女性在婚姻以外提供了稳定的经济来源。这一假设也许可以解释为什么黑人女性比白人女性结婚率低。一直以来，黑人女性在美国劳动力市场上都比黑人男性更活跃；很大一批黑人男性缺乏稳定的工作，这使他们不能成为理想的婚姻伴侣。

1990年以前，亚裔女性的劳动参与率高于白人女性，接近黑人女性。亚裔女性也倾向于长时间工作并且比白人女性和黑人女性收入要高。所有研究结果都表明，亚裔女性在经济事务上更为活跃。但亚裔中也存在着民族差异，例如韩裔女性比其他民族女性的经济活动要少。亚裔女性在经济上的独立并未导致她们对婚姻的抵触，事实上，亚裔的结婚率相对较高而离婚率相对较低。

家庭特征

与白人和黑人相比，亚裔大多成长在已婚或夫妻家庭中（参见表10-8）。

---

① 为了计算亚裔各民族的可靠估计值，我们运用了2000年人口普查的5%公用微观样本（PUMS）来分析亚裔。然后我们将这些结果与1%公用微观样本（PUMS）的白人和黑人的结果合并起来。

这里界定的夫妻家庭不同于核心家庭（只包括一对已婚夫妇及其子女），但又包含着核心家庭。例如，一个长辈女性与她的女儿及女婿居住在一起，与一个小孩和自己的祖父母住在一起一样，他们都被认为是住在一个夫妻家庭中。单独居住或居住在未婚成年人家庭中的人则不被视为是居住在夫妻家庭中。家庭生活通常与婚姻密切相关，在这里，我们就用夫妻家庭作为衡量与婚姻密切相关的家庭生活稳定性与对家人在精神上、物质上支持程度的尺度。

表10-8 2000年美国各种族及亚裔各民族的家庭特征

种族/民族及年龄	生活在夫妻家庭中(%)	生活在世代同堂家庭中(%)	平均家庭规模（人）	1999年家庭收入平均值（千美元）	1999年家庭收入中位值（千美元）	1999年贫困率(%)
所有人						
所有亚裔	73	15	4.2	77	61	13
华裔	73	15	3.9	82	63	13
日裔	65	5	3.2	91	74	9
菲律宾裔	73	22	4.4	81	70	6
韩裔	74	10	3.7	71	53	15
印度裔	80	14	4.0	94	70	10
越南裔	72	16	4.7	65	52	15
其他类亚裔	74	19	5.3	56	44	23
多民族混血亚裔	72	13	4.3	78	64	12
多种族混血亚裔	66	11	4.1	71	55	13
白人	67	5	3.5	70	55	9
黑人	40	14	3.9	45	35	24
儿童(0~17岁)						
所有亚裔	84	17	4.8	74	57	14
华裔	88	19	4.5	82	63	13
日裔	88	7	4.1	98	80	6
菲律宾裔	82	27	5.0	77	67	6
韩裔	88	11	4.2	73	56	12
印度裔	92	18	4.6	91	66	10
越南裔	81	17	5.1	59	45	20
其他类亚裔	82	21	6.1	49	38	30
多民族混血亚裔	84	15	4.7	80	65	11
多种族混血亚裔	77	13	4.4	72	56	11
白人	78	7	4.4	68	52	11
黑人	40	18	4.4	39	29	32

注：平均家庭规模、平均家庭收入以及家庭收入中位值以每个群体中的个人为单位。
资料来源：作者根据2000年人口普查1%公用微观样本计算白人和黑人相关数据，5%公用微观样本计算亚裔群体相关数据。

不考虑年龄，亚裔中有73%的人生活在夫妻家庭中，而白人有67%，黑人有40%。对儿童而言，亚裔比例是84%，而白人是78%，黑人是40%。亚裔中存在一些民族间差异。最明显的是日裔，他们被视为融入美国社会程度最高的一个亚裔群体，但居住在夫妻家庭中的比例只有65%。日裔儿童居住在夫妻家庭中的比例则高达88%。儿童居住在夫妻家庭中比例较低的亚裔群体是多种族混血亚裔，他们的比例近似于白人的比例。从这些数据中显现出的一个整体画面是，绝大多数亚裔尤其是亚裔儿童，都居住在已婚夫妇的家庭中并从中受益。

家庭成员依照血缘关系三代或更多代居住在一起，我们就称之为世代同堂。举个例子，一个多代大家庭包括子女、父母和祖父母，对婚姻状况没有特别要求；这样，多代大家庭中父母和祖父母可以是单身、已婚、离婚或者丧偶。

上年纪的父母与成年已婚子女居住是亚洲社会的文化传统。① 这种风俗在美国亚裔中比起在亚洲国家要弱很多，但仍然存在（参见表10-8）。所有亚裔中，这一比例为15%，在亚裔儿童中，这一比例为17%。比起白人（分别是5%和7%）来，这些比例的确很高，与黑人（分别是14%和18%）相比，比例十分接近。但是，表面上看似相近的亚裔和黑人世代同堂比例，实际上是有误导性的。回顾一下，亚裔儿童主要居住在夫妻家庭中。对他们来说，祖父母同住家中往往意味着额外的资源。而对黑人儿童而言，祖父母往往替代了其父母成为主要照料者。对2000年人口普查的进一步分析显示，居住在多代大家庭中的黑人儿童有2/3并未与自己的生身父母居住在一起，而亚裔儿童中属于这种居住方式的只占很小一部分（约18%）。

亚裔各民族间世代同堂的居住方式也有所不同。无论是日裔还是日裔儿童，世代同堂的情况比较少见。菲律宾裔中的比例则比较高（菲律宾裔的比例是22%，其儿童的比例是27%），其他类亚裔（分别是19%和21%）和越南裔（分别是16%和17%）的比例也很高。如前所述，亚裔世代同堂比例高的原因之一是文化上的，另一个原因则是经济上的。多代之间共享资源可以节约支出并降低经济风险。第三点原因与移民有关。新移民在建立自己独立的家庭之前，最初往往先与其他家庭成员居住在一起。

除了日裔，亚裔居住的家庭规模比白人和黑人要大（参见表10-8）。值得

---

① Hermalin, A. 2002. *The Well-being of the Elderly in Asia: A Four-Country Comparative Study*. Ann Arbor, MI: University of Michigan Press.

一提的是，家庭规模受到诸多因素的影响：户主的婚姻状况，孩子的个数（即生育率），老人是否健在。然而，亚裔的生育率相对较低。① 因此，亚裔的平均家庭规模比白人和黑人大不是由于亚裔家庭平均子女数多，而是由于稳定婚姻的比例以及长辈与已婚子女居住的比例较高。因此，亚裔各民族世代同堂的比例和家庭规模之间有对应关系就不足为奇了，这种现象在菲律宾裔、越南裔和其他类亚裔中普遍存在，而在日裔中比较少见。

与黑人相比，亚裔家庭整体上收入较高（参见表10-8）。除了越南裔和其他类亚裔外，亚裔的家庭收入平均值比白人高。因为亚裔的平均家庭规模比白人的大，对每个人的家庭收入进行估计就会减少甚至改变亚裔在收入上高于白人的优势。

例如，对所有亚裔而言，1999年家庭收入平均值为77000美元，而白人是70000美元。对所有亚裔而言，人均家庭收入的平均值约为18000美元，低于白人的20000美元。亚裔各民族间的家庭收入也存在很大差异。在收入高的亚裔中，日裔的家庭收入中位值（74000美元）最高，家庭收入平均值（91000美元）列第二；印度裔的家庭收入平均值（94000美元）最高，家庭收入中位值（70000美元）列第二。在收入低的亚裔中，越南裔和其他类亚裔家庭收入的平均值和中位值处于比白人更低的水平。

家庭居住方式对经济福利产生直接影响，这是因为家庭通常是共享收入和消费的基本单位。假设其他一切条件都相同，根据规模经济的原理，家庭规模越大就越有经济效率。与家庭收入类似，贫困状况也是一个家庭特征（尽管表10-8是在个人水平上计算得出的）。如果一个人其家庭总收入低于官方根据家庭规模和家庭结构规定的维持基本生活所需的最低收入，那么这个人就被认为处于贫困状态。

与"模范少数族裔"的形象形成反差的是，亚裔中的贫困人口比例比白人高。整体而言，1999年亚裔中有13%的人生活在贫困中，而白人只有9%。对儿童而言，亚裔为14%，而白人为11%。不过亚裔的贫困率比黑人（所有人中占24%，儿童中占32%）还是要低很多。各民族间的差异也很大。日裔和菲律宾裔（事实上比白人中的贫困率还要低）的贫困率较低，华裔、韩裔、越南裔和

---

① Bachu, A. and M. O. Connell. 2001. "Fertility of American Women: June 2000," *Current Population Reports*, pp. 20-543RV. Washington, DC: U. S. Census Bureau.

其他类亚裔则较高。越南裔的贫困率高是因为他们是作为难民来到美国的，而华裔和韩裔的平均经济状况很好——与白人相当甚至超过白人。这些结果说明亚裔和韩裔中存在着经济状况的两极分化：这两个群体中很大一部分人实现了成为中产阶级的美国梦，而另外一部分人则被远远甩在了后面，并遭受经济剥夺。亚裔同一民族群体内部的这种经济多样性往往被忽视了。

结婚率和结婚时间

研究亚裔的婚姻模式并不是一件容易的工作，因为人口普查的数据只提供了目前婚姻状况的信息，而没有提供婚姻史的信息。尤其是回答"目前已婚"的人，他们结婚多久或者以前是否曾结婚并离异，我们都无从知道。对那些离异的人，我们既不知道其离婚的时间，也不知道其离婚以前的婚史。以下分析忽略了再婚和丧偶的情况，估计了曾婚和目前已婚的差值，以这种差值来粗略地估计离婚率。

亚裔中目前已婚的比例比白人和黑人的要高（参见表10-9）。35~44岁的男性中，78%的亚裔目前已婚，相比白人中比例为69%，黑人中比例为52%。35~44岁的女性中，80%的亚裔目前已婚，相比白人中比例为71%，黑人中比例为42%。相对于白人，亚裔目前已婚率很高，一些事实表明这是由于他们不太愿意离婚导致的。

表10-9 2000年按种族/民族及性别分类的目前已婚率、曾婚率，以及婚龄中位值

	目前已婚(%) 35~44岁	曾婚(%) 35~44岁	目前已婚(%) 45~54岁	曾婚(%) 45~54岁	婚龄 中位值(岁)
所有亚裔					
男性	78	85	85	93	28
女性	80	90	78	94	25
华裔					
男性	82	87	87	94	29
女性	82	90	81	94	27
日裔					
男性	64	72	72	84	30
女性	74	85	75	91	27

续表

	目前已婚(%) 35~44岁	曾婚(%) 35~44岁	目前已婚(%) 45~54岁	曾婚(%) 45~54岁	婚龄 中位值(岁)
菲律宾裔					
男性	76	84	83	92	28
女性	77	89	76	92	25
韩裔					
男性	85	91	90	98	30
女性	84	94	81	98	27
印度裔					
男性	88	92	92	97	27
女性	90	95	87	97	23
越南裔					
男性	75	80	84	93	30
女性	76	87	76	93	26
其他类亚裔					
男性	79	86	86	95	28
女性	81	92	76	94	24
多民族混血亚裔					
男性	76	82	83	93	—
女性	75	88	78	94	—
多种族混血亚裔					
男性	67	80	74	90	28
女性	68	87	65	91	25
白人					
男性	69	84	74	91	26
女性	71	89	70	93	24
黑人					
男性	52	71	55	82	27
女性	42	69	43	82	28

注："—"表示数据不足。
资料来源：作者根据2000年人口普查1%公用微观样本计算白人和黑人相关数据，5%公用微观样本计算亚裔群体相关数据。

亚裔和白人的曾婚率相当（男性是85%，女性是90%）。35~44岁年龄组中曾婚和目前已婚的差值，可以看作是对离婚率的一个粗略测量，亚裔男性的差值是7%，女性的差值是10%。与之相比，白人男性的差值是15%，女性的差值是18%。黑人目前已婚率较低有两个原因：一是因为曾婚率太低（男性是71%，女性是69%）；二是因为离异不再结婚的人比例较高（男性是19%，女性是27%）。

亚裔各民族在目前已婚率和曾婚率上存在显著的差异。日裔的已婚率相对低，韩裔和印度裔的已婚率最高。此外，多种族混血亚裔的已婚率与白人相似。特别是在这两种结婚率的差值上，即曾婚率减去目前已婚率，多种族混血亚裔女性（19%）比白人女性（18%）略高。这一结果说明多种族混血亚裔已被同化，他们的婚姻模式比起单一种族的亚裔来与白人更相似。

45～54岁亚裔男性的初婚比例（8%）是亚裔女性（4%）的两倍，类似的性别差异也存在于白人男性（7%）和白人女性（4%）之间。整体来看，数据显示，亚裔和白人中都只有很小一部分的人超过44岁以后才第一次结婚，因为他们中绝大部分在44岁以前都已结婚。然而，这个比例在黑人（12%）中却很高。

跨年龄组的目前已婚比例的变化是没有考虑离婚、再婚或新婚的结果。亚裔男性的差值是正7%，而亚裔女性的差值是负2%。这种性别差异可能反映了离婚男性中再婚的比例比离婚女性的要高，他们可能是与更年轻的女性结婚了。这种性别的不对称在白人和黑人中也存在。无论哪种情况，45～54岁年龄组中，亚裔男性中的85%和亚裔女性中的78%目前已婚，相比而言，白人男性的比例是74%，白人女性的比例是70%。因此，数据显示，除日裔和多种族混血亚裔外，在这一较高年龄段里，亚裔比白人更倾向于结婚。

据估算，亚裔男性的婚龄中位值是28岁，亚裔女性是25岁。与白人的数值（男性是26岁，女性是24岁）相比可以得到两个结论：（1）亚裔结婚年龄比白人大；（2）男性与女性之间存在着结婚年龄中位值的差异，亚裔的差异（3岁）比白人的差异（2岁）稍大。亚裔的晚婚可能反映了传统期望，即人们（特别是男性）婚前需要在经济上有所成就。晚婚和结婚年龄的性别差异较大的模式在所有亚裔群体中都存在。例如，日裔作为最为同化的亚裔群体，其男性的结婚年龄中位值约为30岁，女性为27岁。有趣的是，黑人女性的结婚年龄中位值高达28岁。

2000年人口普查的数据部分地反映了亚裔的婚姻模式。比起白人和黑人，亚裔有相对较高的已婚率和较低的离婚率，但结婚年龄中位值较高。这些结果表明，亚裔仍然受到强调家庭重要性和家庭责任的文化的影响。

通 婚

早期亚裔移民主要是男性体力劳动者。在美国，他们可以选择作为婚姻伴侣的亚裔女性非常少。更糟的是，亚裔劳工不可以将其妻子带到美国。因为担心亚裔男性与在美国出生的白人女性结婚，许多州制定了反种族通婚法以禁止亚裔与白人通婚。这种状况一直持续到二战结束，战斗和驻扎在亚洲的军人陆续从亚洲带回战争新娘。这开启了一个新纪元，亚裔女性作为白人或黑人的妻子被接纳，有时甚至更受欢迎。

直到1965年里程碑性的《移民与民族法案》的通过，大规模的移民才开始出现。移民新浪潮的开始伴随着民权运动，最终使得反种族通婚的法律于1967年被废止。亚裔和其他种族群体间的通婚开始增加。美国文化用"一滴血原则"来确定白人与黑人所生子女的种族，但在确定白人和亚裔所生子女的种族时却没有用同样的原则（参见专栏2）。可能是因为这些混血儿是最近才出现的现象，他们多出生于20世纪60年代的民权运动以后，而且亚裔与白人之间的关系并不像白人与黑人之间可以一直追溯到奴隶制的关系那般错综复杂。我们之前的研究使用了1990年人口普查的数据，发现约一半的混血亚裔儿童被认定为亚裔，这说明如何认定这个群体是不固定的，甚至是可以自由选择的。① 2000年亚裔人口有将近1200万，其中190万是混血亚裔——170万是多种族混血亚裔（即亚裔与非亚裔混血），223593人是多民族混血亚裔（即两个不同亚裔民族混血）。这些种族间或民族间通婚后代的混血儿童大部分是婚生子女，只有很少一部分是非婚生子女。

尽管亚裔倾向于与亚裔结婚，但亚裔与非亚裔间的通婚在当今的美国社会中已是很引人注目的现象。已婚亚裔男性中娶非亚裔女性为妻的占12%（参见表10-10），已婚亚裔女性中与非亚裔男性结婚的比例则高达23%。

对通婚比率的解释并不总是直截了当的，因为它的高低受到相对群体规模的影响，也就是所谓的接触（exposure）或机会结构（opportunity structure）。假定婚姻是随机发生的，不需要种族或民族相匹配，在这种不现实的理想情况下，群体越小，与该群体成员结婚的可能性就越小。相反，群体越大，与该群体中某成

---

① Xie, Y. and K. Goyette. 1997. "The Racial Identification of Biracial Children with One Asian Parent: Evidence from the 1990 Census," *Social Forces* 76: 547-570.

员结婚的可能性就越大。因此，小群体中的人由于供给不足而与群体外人结婚是自然的趋势。同样道理，大群体中的人与该群体内某人结婚也是自然的趋势。因此，表10-10中没有列出非亚裔的通婚比率，因为他们的数据没有可比性。

表 10-10　2000 年按民族及性别分类的亚裔通婚率

单位：%

	配偶的种族/民族		
	非亚裔	相同亚裔民族	不同亚裔民族
所有亚裔			
男性	12	—	—
女性	23	—	—
华裔			
男性	6	90	5
女性	13	83	4
日裔			
男性	20	69	11
女性	41	51	8
菲律宾裔			
男性	13	83	4
女性	33	63	4
韩裔			
男性	4	93	3
女性	27	69	4
印度裔			
男性	8	90	3
女性	5	92	3
越南裔			
男性	3	92	4
女性	10	86	4
其他类亚裔			
男性	9	—	—
女性	18	—	—
多民族混血亚裔			
男性	13	—	—
女性	26	—	—
多种族混血亚裔			
男性	44	—	—
女性	54	—	—

注：（1）配偶的种族/民族列的"其他类亚裔"包括多民族混血亚裔和多种族混血亚裔。
（2）"—"表示数据不适用或缺失。
资料来源：作者根据 2000 年人口普查 5% 公用微观数据样本计算相关数据。

从表 10-10 中观察到的最有趣的现象是亚裔女性通婚的比例远远高于亚裔男性。所有亚裔中，女性通婚的比例约为男性的 2 倍（23% 比 12%）。菲律宾裔中，这种差别几乎是 3 倍（33% 比 13%）。韩裔中对比更强烈（27% 比 4%）。当然，这种性别差异部分是由于一些军人在亚洲服役期间结识了亚裔女性并与其结婚。但是，所有民族群体的性别差异都很大，而且都非常一致，使其原因远非这一因素所能解释。甚至当仅仅局限于对在美国出生的亚裔的分析时，也出现了性别差异：在美国出生的亚裔男性中，38% 与非亚裔女性结婚，而在美国出生的亚裔女性中则有 49% 与非亚裔男性结婚。显然，亚裔女性通婚的社会门槛要比男性低很多，但是我们很难将这种性别差异确切地与某种社会过程联系起来。

在美国出生的亚裔中通婚的现象要比亚裔移民中的多很多，部分原因当然是由于很大一批移民在到美国前已经结婚了。同时，因为在美国出生的亚裔比新移民更加同化并且有更多机会结识非亚裔，使得这一模式的出现更加合情合理。通婚率高说明亚裔第二代或第二代以上现在已经很好地融入了美国社会，因为他们中很大一部分已经达到了同化的最终标准——融合（amalgamation），即种族融合（racial mixing）。① 然而，虽然在美国出生的亚裔有较高的通婚率，但是随着大批亚洲移民的不断涌入，亚裔作为整个群体完全融入美国主流社会，近期来看，还是不大可能的。

亚裔各民族通婚率的差异也反映了他们同化程度的不同。日裔是最为同化的群体，男性通婚率达 20%，女性则高达 41%。多种族混血亚裔因为混血而成为结构性同化群体，亚裔男性与非亚裔结婚的比率是 44%，亚裔女性是 54%。相比而言，越南裔的通婚率较低，男性为 3%，女性为 10%。尽管印度裔的社会经济地位很高，但他们只是近年来才移民美国，并且保持了自己的文化特点。他们的通婚率也很低（男性是 8%，女性是 5%）。印度裔是唯一的女性通婚率没有男性高的亚裔群体。

亚裔之间结婚并不一定意味着丈夫和妻子是同一民族的。如果亚裔没有同他自己民族群体中的人结婚，那么他们比普通人群更倾向于同另一亚裔民族的人而不是非亚裔结婚，这在日裔男性的婚姻模式中可以看得很清楚。没有同日裔女性结婚的日裔男性中，有 11% 与其他亚裔结婚（比如华裔、韩裔），有 20% 与非亚裔结婚。其他亚裔（11%）和非亚裔（20%）的比是 0.56，远远高于总人口之比 0.04。

---

① Park, R. E. 1950. *Race and Culture*. Glencoe, IL: Free Press.

延续与变迁

亚裔的家庭行为体现了延续与变迁。他们仍然保留了一些在原国家流传很久的传统习俗，比如高结婚率，低离婚率（特别是孩子出生以后），相对较大的性别间结婚年龄差异，以及世代同堂的居住方式。此外，他们倾向于同本民族中的人结婚。如若不行，亚裔仍倾向于与其他亚裔民族群体的成员结婚而不是非亚裔。

在被美国社会同化过程中亚裔也表现出了变迁。比如，就离婚率而言，亚裔也有不低的离婚率——尽管比白人和黑人要低。在子女生育上，尽管新近移民中处于生育年龄段的年轻人占多数，出生率应该较高，但实际上亚裔的生育率很低。在居住上，多数亚裔并不居住在世代同堂的大家庭中。同化的最明显表现体现在亚裔各民族之间的差异中。日裔是最为同化的群体，他们在婚姻和家庭行为上与白人很相似。另外，在美国出生的亚裔比在国外出生的亚裔通婚率要高很多。更为同化的亚裔与那些不太同化的亚裔相比，似乎缺少家庭性和传统性的家庭行为。

亚裔家庭观念很强：一方面体现在绝大部分亚裔儿童生活在双亲家庭中，有时还与祖父母同住，兄弟姐妹不多。这种家庭居住方式无疑对亚裔儿童的受教育水平有帮助。另一方面，亚裔父母都望子成龙、望女成凤，并愿意将家庭资源投到他们身上。正是由于这些原因，家庭可以说是年轻一代的亚裔社会流动背后的驱动力。

居　住

美国是一个对种族很敏感的社会。在工作场所、学校、邻里、公园、健身房以及宗教集会中，种族关系在不同种族人们之间的交往中影响尤为重要。尽管计算机技术和电子通信迅速发展，但是这种社会布局还是受到空间和位置的制约。在这种社会环境中，住得越近的人们比起住得很远的人们之间就越可能相互交往。换句话说，如果亚裔与亚裔之间住得很近，在社会环境中他们就更倾向于相互交往。反过来，如果亚裔被其他种族（例如白人）包围着，他们被这种结构强迫就会有更多的种族间互动。

更具体地说，居住模式是衡量种族关系的一个重要尺度，影响到一个人有多大可能接触其他种族，进而有多大可能与其他种族进行进一步的交往。事实上，亚裔倾向于与本民族或者与其他亚裔民族的人结婚，这可能部分地反映了亚裔在居住、学校、兴趣群体甚至工作环境方面，更多接触的是亚裔（特别是本民族）

人群，而不是非亚裔人群。

这一部分分析了亚裔的居住模式——亚裔在各州及大城市区域上的地理分布，以及城市区域中亚裔与非亚裔居住隔离的模式。这些分析都是以2000年人口普查数据为基础的。

地理分布

首先，如何区分绝对分布与相对分布是非常重要的。绝对分布指亚裔在不同的地理区域（如州和大城市地区）上的不平均分配；相对分布指亚裔的空间分布与非亚裔的空间分布相比的差异。空间分布的测量是相对的，因为一些更大和更稠密的地理区域会吸引更多的人口——无论是亚裔还是非亚裔。亚裔的绝对分布说明了他们喜欢居住在哪里，而相对分布则说明了在哪些地方亚裔相对于美国人口中其他种族的比例更高。

同样，对亚裔地理分布的分析使用的是2000年人口普查的数据，因为近14%的亚裔是多种族混血，这使得分析变得更加复杂，将这些人包括进来就会显著地改变调查结果。美国人口普查局报告了各州、县和地区的亚裔百分比。[①] 但人口普查局给出的数据并不理想，因为它们不包括多种族混血亚裔。为了得到一个可与历史数据相比较的2000年亚裔人口的估计数，人们简单地将多种族混血亚裔中的一半归为亚裔人口，另一半归为非亚裔人口，这使得亚裔在美国人口中的百分比由3.6%上升到3.9%。因此，某地区亚裔百分比大于3.9说明亚裔的比例较高。相反，百分比小于3.9说明亚裔比例较低。按照这个标准，亚裔只在10个州比例很高（参见图10-2）：夏威夷（50%），加利福尼亚（12%），华盛顿、新泽西和纽约（均为6%），内华达和阿拉斯加（均为5%），马里兰、弗吉尼亚和马萨诸塞（均为4%）。

要了解亚裔在地理分布上的集中程度，还需要看亚裔的绝对分布。41%的亚裔都只住在两个州——加利福尼亚和夏威夷。仅加利福尼亚就有390万人，或者说占美国亚裔的36%，集中程度非常高。而美国人口中只有12%的人居住在加利福尼亚，居住在加利福尼亚和夏威夷两地的一共是13%。如果将新泽西、华盛顿和纽约加入亚裔所占百分比最高州的排行榜中，它们的亚裔合起来一共占了亚裔人口的59%，而这些州的人口只占美国总人口的24%。亚裔地理分布很集

---

① 参见 http://quickfacts.census.gov 以及 http://www.census.gov/population/www/cen2000/phc-t6.html。

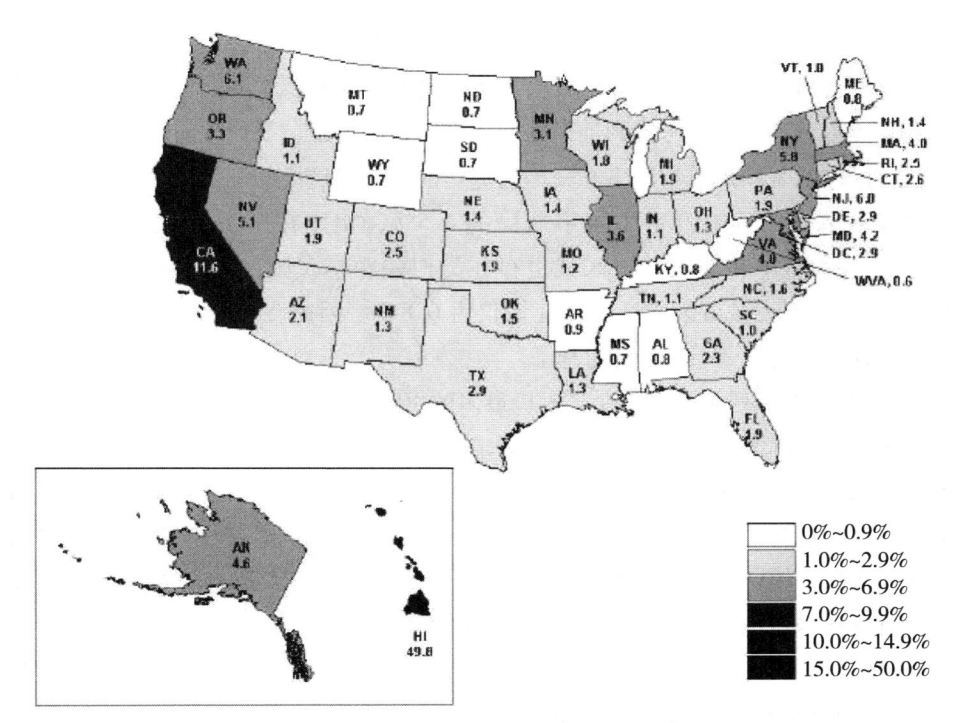

图 10 – 2　2000 年亚裔所占各州人口百分比

注：全美平均百分比为 3.9%。

资料来源：根据 2002 年 J. S. Barnes 和 C. E. Bennett 发表的《亚裔人口：2000》（*The Asian Population*：*2000*）计算相关数据。

中的原因有：（1）历史原因。因为亚裔移民作为劳动力首先来到了加利福尼亚和夏威夷。（2）距离原因。夏威夷和西海岸比起其他地方离亚洲更近。但这种分布也有文化上的因素：一旦亚裔定居并建立起自己的社区，就开始吸引其他亚裔移民，特别是初来乍到者。现在，在美国几乎所有的大城市中都能找到风俗依旧的古老唐人街，在像洛杉矶、旧金山和纽约这样的大都市地区的中产阶级郊区则能发现很多充满活力的新兴亚裔社区。

除了由于历史和地理原因亚裔与夏威夷和西海岸有紧密联系外，目前他们也倾向于集中在主要大城市中心。这与早期移民浪潮形成了鲜明对比，尤其是日裔移民，他们中的一大部分在农场工作。事实上，直到 1960 年，职业数据中仍能看到亚裔在农业中所占的比例，他们成为"农场主及农业工人"的可能性是平均值的 2 倍。亚裔在农业上的集中程度逐渐下降。到 1980 年，亚裔在农业中的比例低于平均值。最近的一批亚洲移民不再从事农业工作。

亚裔目前集中于两类职业：社会地位较高的专业和技术职业，低技术含量的服务和体力劳动行业。考虑到他们在职业结构中的位置，亚裔倾向于居住在主要大城市区域就是顺理成章的事——因为那里能够提供这样的工作机会。人口普查表格显示单一民族亚裔占了城市居民的 4.5%，相比在所有农村居民中仅占 0.5%。在大城市和非大城市区域也存在类似差距：大城市区域居民中亚裔占 4.3%，而在非大城市区域居民中亚裔仅占 0.8%。因此，在非城市的农村地区亚裔居住率只有 0.3% 就不足为奇了。

表 10-11 中列出了亚裔在其人口最多的 10 个城市中的分布，包括绝对分布和相对分布。因为各地区之间在城市的定义上有很大差异，因此如何比较各城市的绝对人数并不很明确。但是，表 10-11 中的数字显示出亚裔在主要城市中的集中程度。纽约是美国最大的城市，也有最多的亚裔人口——829912 人。纽约的亚裔人口占 10.4%，是全美平均水平的两倍还多。令人惊讶的是，洛杉矶亚裔的百分比与纽约接近，占 10.5%，在绝对数量上也有一大批亚裔（388349 人）住在洛杉矶。亚裔并不是在所有大城市中都有很高的比例，比如达拉斯、圣安东尼奥、凤凰城和底特律这样的大城市就没有出现在表 10-11 中。亚裔在这些大城市中的比例都低于 3.9% 的全美平均水平。

表 10-11 2000 年美国亚裔人口最多的 10 个城市

城　　市	人　口(人)	亚　裔(人)	亚裔百分比
美国总人口	281421906	11070913	3.9%
10 个城市的总人口	20586265	2521098	12.2%
占美国人口的百分比	7.3%	22.8%	—
纽约,纽约州	8008278	829912	10.4%
洛杉矶,加州	3694820	388349	10.5%
圣何塞,加州	894943	248973	27.8%
旧金山,加州	776733	246521	31.7%
檀香山,夏威夷州	371657	229637	61.8%
圣地亚哥,加州	1223400	178191	14.6%
芝加哥,伊利诺伊州	2896016	133246	4.6%
休斯敦,得克萨斯州	1953631	108917	5.6%
西雅图,华盛顿州	563374	79280	14.1%
弗里蒙特,加州	203413	78072	38.4%

注："—"表示数据不适用。

资料来源：根据 2002 年 J. S. Barnes 和 C. E. Bennett 发表的《亚裔人口：2000》(*The Asian Population*: *2000*) 计算相关数据。

这 10 个城市加起来，亚裔平均百分比为 12.2%，是全美水平的 3 倍。换一种方式来描述亚裔的集中程度，23% 的亚裔居住在这 10 个城市中，而美国总人口中只有 7% 居住在这 10 个城市中。因此，亚裔在这些城市的平均集中水平是全美的 3 倍。

居住隔离

由于亚裔与亚裔住得太近，在很大程度上影响了种族之间的交往，所以接下来的分析转向亚裔在城市中的居住模式。长期以来，黑人与白人的居住隔离被认为是美国社会中种族歧视的标志和根源之一，也是黑人处于社会经济劣势的一个主要原因。早期到美国的华裔和日裔移民也遭受到严重的种族歧视，并且被限制居住在少数民族隔离区里。

当代亚裔无论是同自己的过去相比，还是同黑人的现在相比，与白人的隔离都要少很多。这有两点原因：（1）亚裔获得了相对较高的社会经济地位，总体而言，要么与白人相当，要么高于白人，尤其是在教育方面；（2）亚裔人口在规模上很小，单一亚裔民族群体就更小。假如他们在大部分地区数量都很小的话，当亚裔搬进某个白人社区，他们就不会对这个社区造成威胁，因为他们不会像黑人那样很快占据整个社区。因此，尽管一些白人可能还是不喜欢亚裔成为自己的邻居，但在这种情况下，他们不可能表现出对邻居强烈的种族偏好。态度调查也显示，白人在面对亚裔邻居时也不像面对黑人邻居时那样充满敌意。①

除了在很少几个闭塞的地区，阻碍亚裔生活在白人区域的障碍，比起隔离黑人与白人之间的屏障要小得多。然而，尽管不存在这样的种族界限，并不是所有的亚裔都愿意混杂居住。多数亚裔都是新移民，保持着自己的本国文化，在家讲母语，并且强烈依赖民族社区来适应美国生活。民族社区为移民提供了许多实际的资源，包括具有民族特色的商品和服务、文化活动、母语形式的信息以及就业机会。

实际上，社会学中关于移民生活在民族社区中的益处，有两种相关的理论争论。②

---

① Bobo, L. and C. L. Zubrinsky. 1996. "Attitudes on Residential Integration: Percieved Status Differences, Mere In-Group Preference, or Racial Prejudice?" *Social Forces* 74: 883-909.

② Portes, A. and R. L. Bach. 1985. *Latin Journey: Cuban and Mexican Immigrants in the United States*. Berkeley: University of California Press; Portes, A. and R. G. Rumbaut. 2001. *Legacies: The Story of the Immigrant Second Generation*. New York: Russell Sage Foundation. 关于反对观点，参见 Alba, R. D. and V. Nee. 2003. *Remaking the American Mainstream: Assimilation and Contemporary Immigration*. Cambridge, MA: Harvard University Press。

第一种争论与在民族小环境中工作的潜在经济利益相关，即民族社区经济。一些学者认为，民族社区经济为新移民工作者提供了保护性工作环境，在这里他们能够获得在主流经济中不可能获得的利益。这些利益包括与其技术、教育和经验相称的薪水，获取较高经济社会地位，以及成为企业家的机会。然而，另一些学者则认为民族社区经济主要是对民族社区企业的业主有利而不是对他们同一民族的工人有利，而后者只有在主流经济中工作才会帮助他们融入社会，并且向上流动。

第二种争论围绕着分隔同化理论展开。争论焦点在于移民的孩子能不能由于保持着强烈的民族认同和同民族间的社会网络，没有完全融入美国社会，从而在长远利益（尤其是教育方面）上得益。这一理论的基础是当今美国极端多样化、分隔化，下层阶级居住在市中心，那里也定居了一大批初次来到美国的新移民家庭。因此，有学者提出存在着新移民同化的不同路径：一个路径是完全直接融入美国主流社会；对那些尤其脆弱的中心城市的新居民而言，另一个完全同化的可能路径是，融入城市的下层阶级。根据这一理论，为避免后一种情况，新移民在掌握劳动力市场所需技术的同时最好保持自身的文化，这种同化的折中路线被称为"选择性文化同化"。

到目前为止，有关民族社区经济争论和分隔同化争论的经验证据仍模糊难辨。但即使没有这些假设的利益，许多亚裔仍然愿意彼此居住得更近，分享共同的文化，或者为了方便走亲访友，因此我们可以看到亚裔聚集的居住模式。

表10-12给出了亚裔人口最多的10个城市的常用的种族隔离指数（相异指数），这一指数测量了两个人群——在这个例子中就是亚裔和白人——的居住隔离状况。[①] 种族隔离是在人口普查片区水平上测量的。加州弗里蒙特市亚裔与白人间的隔离指数最低，只有29%，而圣地亚哥的隔离指数高达50%，亚裔与白人间的隔离指数就在这个范围之间变化。隔离指数为29%意味着，要想使这个城市中各个人口普查片区间的这两个群体所占比例都相等，要么29%的亚裔要么29%的白人需要搬到其他的人口普查片区去。第二列给出了亚裔和黑人间的隔离指数，最后一列给出了相应的白人与黑人间的隔离指数。亚裔与白人以及亚

---

① 密歇根大学人口研究中心、种族居住隔离测量项目（Racial Residential Segregation Measurement Project），可在下列网址获得：http: //www.psc.isr.umich.edu/residentialsegregation，2004年7月10日。

裔与黑人间的种族隔离仍旧很严重。比如在洛杉矶，亚裔与白人间的隔离指数为47%，亚裔与黑人间的隔离指数为69%——尽管白人与黑人间这一指数更高，达73%。这些数字意味着：在洛杉矶，白人与黑人以及亚裔与黑人间的居住隔离程度很高。相比之下，白人与亚裔间的居住隔离则高得不那么极端。

表 10-12　2000 年美国亚裔人口最多的 10 个城市的居住隔离指数

城　市	亚裔与白人	亚裔与黑人	白人与黑人
纽约,纽约州	42	63	63
洛杉矶,加州	47	69	73
圣何塞,加州	48	31	41
旧金山,加州	41	58	59
檀香山,夏威夷州	36	58	47
圣地亚哥,加州	50	50	62
芝加哥,伊利诺伊州	48	87	86
休斯敦,得克萨斯州	45	68	72
西雅图,华盛顿州	48	34	60
弗里蒙特,加州	29	26	24

注：种族隔离指数测量的是一个种族群体中不得不搬至另一个普查片区以达到所有人口普查片区该种族分布相等的百分比。

资料来源：2004 年 6 月 21 日存取自 http：//www.psc.isr.umich.edu/residentialsegregation。

除了弗里蒙特和圣何塞这两个特例，亚裔与白人间的居住隔离程度都要远低于白人与黑人间的隔离程度。在弗里蒙特，三个群体中任意两个之间的种族隔离水平都很低（29%或更低）。就这 10 个城市而言，纽约、洛杉矶、旧金山、檀香山、芝加哥和休斯敦（6 个城市），亚裔与白人间的种族隔离程度要比亚裔与黑人间的种族隔离程度低得多。然而，在其余几个城市中，亚裔与黑人间的种族隔离程度同亚裔与白人间的种族隔离程度相当（圣地亚哥和弗里蒙特），甚至更低（圣何塞和西雅图）。

表 10-12 中没有分别给出亚裔各民族的种族隔离指数，在这个意义上，表 10-12 的结果只是粗略的。假如确实存在这种趋势往往会低估了亚裔的种族隔离水平，因为在这种情况下，通常是按民族群体聚居的。日裔和菲律宾裔比起其他亚裔群体（比如华裔和越南裔）与白人间的隔离程度更低。[1] 但你仍然可以下

---

[1]　这一论述基于纽约州立大学阿尔博尼分校 Lewis Mumford 中心的 John Logan 未发表的表格。

这样的结论：亚裔总体上居住在聚居区里，与白人和黑人是隔离的。然而亚裔的居住隔离并没有黑人的隔离程度显著。这种差异也是质上的，因为在当代美国，亚裔在住房市场上至少不用面对黑人所遭受的那种歧视和偏见。就亚裔集中的居住模式而言，它们似乎反映的是亚裔喜欢与亚裔为邻的偏好，而不是他们选择居住时受到的那些外在限制。

然而，在文化上，亚裔愿意与同族居住的偏好也反映了他们在融入美国社会主流方面还存在欠缺，随着移民逐渐被社会同化，同族居住的偏好也应逐渐减弱。在关于移民的文学作品中，居住在理想的地区（比如在郊区的那些平均家庭收入高且非拉美裔白人比例高的社区）中一直被视为空间同化或居住同化。①众所周知，由于同化与世代之间的关系，第二代和第三代亚裔（比如大多数日裔）比起第一代亚裔与白人间隔离的可能性更小。更少隔离的结果之一是亚裔与非亚裔在日常生活中相互接触的机会结构性地增加了，这会促进亚裔与非亚裔的通婚。这部分地解释了作为最为同化的亚裔群体，日裔的通婚率为何最高。事实上，所有在美国出生的亚裔通婚率都很高。

地理性集中

出于多种原因，亚裔倾向于与亚裔居住在一起。这一点在两种地理水平上都成立。在全美水平上，亚裔一般都是集中在几个州（如加利福尼亚和夏威夷）和少数大城市（如纽约和洛杉矶）区域；在城市水平上，亚裔倾向于集中在特定区域或社区，并不完全融入白人或黑人所在区域中去。然而在大多数城市，亚裔比黑人在居住上同白人更加融合，亚裔与白人也比黑人与白人关系更加融洽。

这些实证发现是显而易见的，但理论解释却没有那么明晰。亚裔与亚裔居住在一起是由于他们希望保持自己的文化，还是出于应对潜在的种族歧视风险的需要？换句话说，亚裔统一的居住模式究竟是他们自愿选择的结果，还是他们受到结构性限制的结果？人口普查数据并不能针对这些备受关注的理论问题给出答案。但至少在与黑人遇到的这些限制比起来，亚裔居住在白人中间的限制相对要低一些。因此，亚裔与白人间的种族隔离的水平相对低一些。如果说黑人因为与

---

① Alba, R. D., J. R. Logan, B. Stults, G. Marzan, and W. Zhang. 1999. "Immigrant Groups in the Suburbs: A Reexamination of Suburbanization and Spatial Assimilation," *American Sociological Review* 64: 446–460.

白人的居住隔离而遭受到严重的社会经济后果，那么亚裔并没有面临类似的不利状况。

结　论

尽管亚裔在美国人口普查中的最早记录可以追溯到 1860 年，但直到 1965 年以后，移民潮才从根本上改变了美国人口的构成，亚裔对美国社会的意义才开始受到广泛的关注。由于 1965 年以后的移民主要来自亚洲和拉丁美洲，由白人和黑人建构的美国传统的种族关系被数量巨大且迅猛增长的亚裔和拉丁美洲裔进一步复杂化了。如果说在 1965 年以前还能慢慢地考虑在美国种族全貌中亚裔是否应当被看作单一种族这一问题，那么在亚裔人口迅猛增长的今天，回答这一问题已经刻不容缓。

对这一问题的回答是比较复杂的，它取决于对种族的定义。[①] 种族定义有四个基本点：心理的、生理的、社会的和外在的。心理定义将种族看作对群体成员资格的自我认同，这种认同以先辈血缘为基础。生理定义将种族看作是有共同的生理外表。社会定义则把种族与一套共同的社会后果（比如面临种族歧视和种族隔离）联系一起。外在定义则将种族与被称作某个群体之外的人们对该群体的共同认知联系在一起。根据心理定义，亚裔显然不是一个种族，因为他们中的大多数更愿意将自己看作民族群体的成员——如华裔、韩裔——而不是亚裔。根据生理的或社会的定义，他们是不是一个种族也不明确。他们在生理外表上差异很大，尤其是南亚人（比如印度裔）和东亚人（比如华裔）。对于某些亚裔群体而言，社会结果是相似的（华裔和韩裔），而另一些则相去甚远（日裔对比越南裔）。对我们而言，对亚裔最看似合理的定义是外在的，因为非亚裔会把他们看作一个同质性群体，并把他们当作一个种族。的确，常见的"模范少数族裔"称谓已含蓄地将亚裔当作一个种族了。

人口学家探讨了关于亚裔是否表现出某些人口特征的问题，这些人口特征能将他们与白人和其他少数种族群体区分开来。因此，亚裔是否应该被视作一个种族，在某种程度上是一个可以用人口统计数据来说明的问题。根据该报告中的结果，问题的答案是：可以谨慎地认为"是"，这是因为亚裔的一些独特的人口特

[①] 作者受益于与 David Harris 关于这一主题的非正式讨论。

征将他们与白人和其他少数种族群体区分开来。

- 亚裔的居住模式明显不同。他们生活在这个国家的不同地区,集中在夏威夷、加州,以及少数一些大城市区域。在城市里,他们也倾向于集中在能吸引其他亚裔的社区。
- 亚裔的家庭观念强。他们的结婚率很高,离婚率很低,保持着传统习俗,比如世代同堂。
- 亚裔受教育水平很高。
- 自 1950 年以来,亚裔显著改善了他们的就业情况,比如收入和职业。

这篇报告从人口学的各个角度进行了分析,不难看出,亚裔各民族群体间以及在美国出生与在国外出生的亚裔群体间确实存在差异,这些差异又使得用一个类似"模范少数族裔"的简单称谓去描述亚裔的整体特征的做法受到质疑。比如,菲律宾裔和越南裔的收入远远落后于其他亚裔群体。各民族群体间世代同堂的居住方式的普遍程度差异也很大,日裔比白人世代同堂的情况还少。此外,如教育分析结果所示,在国外出生的亚裔的民族间差异要比在美国出生的亚裔的民族间差异更明显。[①] 可能是同化加速了同质化,因为它使得不同民族的亚裔看上去十分相似。但亚裔不同民族群体间的相似性,可能是因为他们面临着同样的困境。比如,亚裔可能认识到自己作为一个少数种族群体,面临着诸如种族歧视和缺乏主流社会资本的不利因素,因此亚裔家庭可能对其子女的教育进行巨大的投资,有意地将其作为一种补偿策略。

随着进一步的同化和在社会经济领域中的不断成功,亚裔可能会越来越成为美国主流社会的组成部分,而不是一个少数种族。在美国出生的亚裔很高的通婚率就证明了这个预测。但由于来自亚洲的移民不断涌入,从人口学的角度来说,近期亚裔还不可能被完全同化。事实上,亚裔中的一大部分都是新移民,而且可以预见,在将来一段时间里,还会有很多新移民。因此,亚裔极有可能还会表现出某些独特的人口学特征(比如与非亚裔的居住隔离),这至少可以归因为许多亚裔都是新移民。

---

① 关于收入的类似结果,参见 Zeng, Z. and Y. Xie. 2004. "Asian Americans' Earnings Disadvantage Reexamined: The Role of Place of Education," *American Journal of Sociology* 109: 1075 – 1108。

根据现在的数据,我们很难将种族效应从移民效应中区分出来,因为大多数亚裔都是移民。但随着时间的推移,在美国出生的第二代和第二代以上的亚裔所占的比例会稳步上升。在不远的将来,一种可能的情况是:亚裔与白人间的种族差异变得模糊,相比之下,在国外出生的亚裔与在美国出生的亚裔间的差异变得更加明显。另一种可能的情况是:亚裔人口的持续增长和逐渐融入美国主流社会,将会提高第二代和第二代以上的亚裔的种族区分意识。无论将来亚裔是否会被当作单一种族,有一点是确定的:不断变化的亚裔人口和亚裔因种族不同以及是否在美国出生而产生的多样的生活经历,会一直挑战种族分类的逻辑和对美国种族关系的理解。

参考文献

Alba, R. D., J. R. Logan, B. Stults, G. Marzan, and W. Zhang. 1999. "Immigrant Groups in the Suburbs: A Reexamination of Suburbanization and Spatial Assimilation," *American Sociological Review* 64: 446–460.

Alba, R. D. and V. Nee. 2003. *Remaking the American Mainstream: Assimilation and Contemporary Immigration*. Cambridge, MA: Harvard University Press.

Almaguer, T. 1994. *Racial Fault Lines: The Historical Origins of White Supremacy in California*. Berkeley, CA: University of California Press.

Anderson, M. J. and S. E. Fiengerg. 1999. *Who Counts? The Politics of Census—Taking in Contemporary America*. New York: Russell Sage Foundation.

Bachu, A. and M. O. Connell. 2001. "Fertility of American Women: June 2000," *Current Population Reports*, pp. 20–543RV. Washington, DC: U. S. Census Bureau.

Barnes, J. S. and C. E. Bennett. 2002. "The Asian Population: 2000," *Census 2000 Brief* C2KBR 01–16. June 11, 2004.

Barringer, H. R., R. W. Gardner, and M. J. Levin. 1993. *Asians and Pacific Islanders in the United States*. New York: Russell Sage Foundation.

Bobo, L. and C. L. Zubrinsky. 1996. "Attitudes on Residential Integration: Percieved Status Differences, Mere In-Group Preference, or Racial Prejudice?" *Social Forces* 74: 883–909.

Chan, S. 1991. *Asian Americans: An Interpretive History*. Boston: Twayne Publishers.

Chen, C. and H. Stevenson. 1995 "Motivation and Mathematics Achievement: A Comparative Study of Asian-Americans, Caucasian-American and East Asian High School Students," *Child Development* 66: 1215–1234.

Cheng, S. and B. Starks. 2002. "Racial Differences in the Effects of Significant Others on Students' Educational Expectations," *Sociology of Education* 75: 306–327.

Feagin, J. R. and C. B. Feagin. 1993. *Racial and Ethnic Relations*. Englewood Chiffs, NJ: Prentice-Hall.

Goyette, K. 1999. *The College Attendance of Asian Americans*. Doctoral Dissertation, University of Michigan, Ann Arbor.

Goyette, K. and Y. Xie. 1999. "Educational Expectations of Asian Amercian Youths: Determinants and Ethnic Differences," *Sociology of Education* 72: 22–36.

Harte, B. 1870. "Plain Language from Truthful James," *The Overland Monthly Magazine* (September 1870). http://etext.lib.virginia.edu./railton/roughingit/map/chiharte.html.

Hermalin, A. 2002. *The Well-being of the Elderly in Asia: A Four-Country Comparative Study*. Ann Arbor, MI: University of Michigan Press.

Hirschman, C. and M. G. Wong. 1984. "Socioeconomic Gains of Asian Americans, Blacks, and Hispanics: 1960–1976," *American Journal of Sociology* 90: 584–607.

Hsia, J. 1988. *Asian Americans in Higher Education and at Work*. Hillsdale, NJ: Lawrence Erlbaum Associates.

Hurh, W. M. and K. C. Kim. 1989. "The 'Success' Image of Asian Americans: Its Validity, and Its Practical and Theoretical Implications," *Racial and Ethnic Studies* 12: 512–538.

Kao, G. 1995. "Asian-Americans as Model Minorities? A look at Their Academic Performance," *American Journal of Education* 103: 121–159.

Kao, G., M. Tienda, and B. Schneider. 1996. "Racial and Ethnic Variation in Academic Performance," in *Research in Sociology of Education and Socialization*, Vol. 11, edited by Aaron M. Pallas, Greenwich, CT: JAI Press.

Kitano, H. H. L. and R. Daniels. 1988. *Asian Americans: Emerging Minorities*. Englewood Cliffs, NJ: Prentice-Hall.

Lee, J. F. J. 1991. *Asian American Experiences in the United States*. Jefferson, NC: McFarland and Company.

Lee, S. M. 1998. *Asian Americans: Diverse and Growing*. Population Bulletin. Vol. 53, No. 2. Washington DC: Population Reference Bureau.

Mezey, N. 2003. "Erasure and Recognition: The Census, Race and the National Imagination," *Northwestern Law Review* 97: 1701–1768.

National Center for Education Statistics. 1998. "Who Goes to America's Highly Ranked 'National' Universities?" *NCES* 98–095, Washington, DC: U. S. Department of Education.

Park, R. E. 1950. *Race and Culture*. Glencoe, IL: Free Press.

Portes, A. and R. L. Bach. 1985. *Latin Journey: Cuban and Mexican Immigrants in the United States*. Berkeley: University of California Press.

Portes, A. and R. G. Rumbaut. 2001. *Legacies: The Story of the Immigrant Second Generation*. New York: Russell Sage Foundation.

Sue, S. and S. Okazaki. 1995. "Asian-American Educational Achievement: A Phenomenon in Search of an Explanation," in *The Asian American Educational Experience: A Source Report for Teachers and Students*, edited by Don T. Nakanishi and Tina Yamano Nishida, New York: Routledge.

Takaki, R. 1989. *Strangers from a Different Shore: A History of Asian Americans.* New York: Penguin Books.

Xie, Y. and K. Goyette. 1997. "The Racial Identification of Biracial Children with One Asian Parent: Evidence from the 1990 Census," *Social Forces* 76: 547-570.

——. 2003. "Social Mobility and the Educational Choices of Asian Americans," *Social Science Research* 32: 467-498.

Zeng, Z. and Y. Xie. 2004. "Asian Americans' Earnings Disadvantage Reexamined: The Role of Place of Education," *American Journal of Sociology* 109: 1075-1108.

Zhou, M. 2003. "Are Asian Americans Becoming 'White?'" *Contexts* 3 (1): 25-27.

Zhou, M. and C. L. Bankston Ⅲ. 1998. *Growing Up American: How Vietnamese Children Adapt to Life in the United States.* New York: Russell Sage Foundation.

Zhou, M. and J. V. Gatewood. 2000. "Introduction: Revisiting Contemporary Asian America," pp. 1-46, in Zhou, Min and J. V. Gatewood. (Eds.) *Contemporary Asian America: A Multidisciplinary Reader.* New York: University Press.

11

下乡给知青带来了好处吗？

——对中国"文化大革命"期间城乡人口流动的
社会后果的再评价

导 言

包括来自中国政府的各种记录表明，1966~1976年的"文化大革命"带来了灾难性的社会和经济后果。这一时期带来的恶劣影响表现在如下方面：社会稳定的瓦解、社会规范的崩溃、经济生产的停滞、由暴力和迫害带来的不必要的死亡、一些人身体和精神上的创伤以及在"文化大革命"中成长起来的一整代人生活机遇的丧失（Chen, 1999; Chen and Cheng, 1999; Davis, 1992; Heng and Shapiro, 1986; Hung and Chiu, 2003; Pye, 1986; Walder and Su, 2003; Zhou, Moen, and Tuma, 1998）。"文化大革命"对受害者们后来生活的影响因人而异。在一种极端情况下，一些人丧失了生命而没能度过"文化大革命"（Lan, 2004; Heng and Shapiro, 1986）；在另一种极端情况下，一些人及时地做出反应，并通过积极主动地采取适应性的策略而在这一噩梦似的环境中无恙地生存下去（Heng and Shapiro, 1986; Zang, 2000）。介于二者之间，"文化大革命"中还有无数的普通青年面临着巨大的挑战，并经历了相当多的苦难（Thurston, 1985）。

用于解释年轻人在"文化大革命"这场史无前例的动乱中付出巨大代价的具体原因有三个（Hung and Chiu, 2003）。首先，大学生和中学生被动员去当"文化大革命"的先锋，即"红卫兵"。在毛泽东"三大指示"的号召下，除了参加工农业劳动，"红卫兵"把大部分时间都用来参加政治运动。常规的教学课程大多被中断，包括人文和社会科学在内的一些学科也从教学计划中被"砍掉"（Bernstein，1977；Cheng and Manning，2003）。由于无法接受正规教育和学习生产技能，这一代人失去了积累人力资本的机会（Deng and Treiman，1997；Walder，Li，and Treiman，2000）。其次，大专院校在"文化大革命"期间停止招生，直到1972年才根据政治忠诚度和家庭背景而非学业成绩选拔了一小批学生进入大专院校学习（Shirk，1982），而高考直到1977年才得以恢复。因此，大部分年轻人在"文化大革命"期间失去了接受高等教育的机会（Chen，1999；Davis，1992；Meng and Gregory，2002）。最后，由于国家的"下乡"政策，一大批城市青年在"文化大革命"开始后被迫前往农村（Singer，1971；Unger，1980；Zhou and Hou，1999）。下乡经历的社会后果正是本研究的主题。

背景：中国的下乡政策

下乡政策是把初中或高中毕业的城市青年下放到山区和农村，即"上山下乡"。多种因素促使中国政府在当时制定这一政策，包括缓解城市失业和不充分就业问题的需要、培养年轻人的马克思主义意识形态和共产主义道德的需要以及发展中国农村和边疆的需要（Pye，1986；Rosen，1981；Seybolt，1977）。由于知识分子在"文化大革命"期间被视作"坏分子"（Bernstein，1977；Heng and Shapiro，1986；Lin and Xie，1988；Sausmikat，2003；Singer，1971；Walder，1989），因此导致师资缺乏，而这一下乡政策也正帮助减少了对教师的需求（Deng and Treiman，1997）。尽管"上山下乡"运动在"文化大革命"之前就以试验的形式出现，但在"文化大革命"中它才成为一个全国性的政策，并使得成千上万的城市青年前往农村（Bernstein，1977；Unger，1979；Zhou and Hou，1999）。有充分的证据表明，除了少数被广泛宣传的年轻人是自愿下乡之外，大多数被下放的年轻人并不愿意去农村，在去农村后也会想尽办法返城（Bernstein，1977；Chen and Cheng，1999；Gold，1980；Lan，2004；Rosen，1981；Unger，1979；Zhou and Hou，1999）。

年轻人和他们的父母抵制下乡政策并想尽办法回到城市的主要原因在于城市居民比农村居民享有更多的优惠条件。即使家庭背景和个人特征相同，住在农村的人仍在生活机遇的享有方面较差。比如，他们没有好学校、非农业的城市工作、养老保障、现代的医疗设施、国家提供的住房以及其他城市居民享有的好处（Bian, 2002；Liang, 2001；Liang and White, 1996；Wu and Treiman, 2004）。有一个事实可以充分说明住在农村的劣势：在 1949 年以后，中国事实上没有自愿从城市到农村的人口流动（Wu and Treiman, 2004）。1955 年，政府制定了户籍登记制度，这从根本上把居民划分为"农村"和"城市"两种身份。在 1978 年改革之前，中国公民在没有政府的准许之下是不能随意流动的。最常见的从农村迁移到城市的正当理由包括在城市里接受高等教育、当兵、招工、与有城市户口的人结婚以及家庭团聚（Goldstein, Goldstein, and Guo, 1991；Gui and Xian, 1992；Walder, 1989；Walder, Li, and Treiman, 2000；Wu and Treiman, 2004）。这些条件不仅很难满足，而且审批的过程也很复杂、缓慢，有时甚至凭借主观臆断。因此，家庭的社会和政治关系网在决定一个人是否有机会从农村流动到城市时起着重要作用（Gold, 1980, 1985, 1991；Seybolt, 1977；Singer, 1971；Unger, 1979；潘一, 1994；史卫民, 1995）。

Zhou 和 Hou（1999）的研究较好地证明了：在某种程度上，下乡政策对来自不同家庭背景的年轻人均产生了影响。父母的社会地位和政治资本并没有使特权阶层的年轻人免于被下放到农村（Bernstein, 1977；Singer, 1971；Unger, 1979；Zhou and Hou, 1999）。像毛泽东所期望的那样，"文化大革命"似乎真的降低了社会不平等程度（Chan, 1985；Pye, 1986；Singer, 1971）。家庭背景较优越的人，如来自知识分子家庭或干部家庭，并没有得到政治上的青睐。他们的子女被剥夺了许多机会，例如被高校录取和被分配到专业性的和行政性的工作岗位。然而此时，那些父母是农民、工人、党员或红军战士的年轻人却在被学校录取、就业和升迁方面有优势（Li and Walder, 2001；Seybolt, 1977；Walder, 1989；Walder, Li, and Treiman, 2000；Zang, 2000；刘小萌, 1995）。性别不平等程度也被大大降低，例如基础教育中的性别差距在这个时期变小了（Hannum and Xie, 1994）。如上所述，由于来自不同家庭背景的年轻人被下放到农村的可能性几乎相同，因此"文化大革命"时期的下乡政策对年轻人来说起到了社会轧平机的作用。

但是，就像 Zhou 和 Hou 所认识到的，不同的知青在下乡的持续时间上存有巨大的差异，有些人可以比其他人更早地返城。因此，社会不平等在下乡政策的执行过程中可能更多地体现在下乡时间的长短而非是否下乡上。某些家庭可能比其他家庭更成功地帮助他们的子女早些返城（Gold, 1991）。例如，可能仅在农村待了一两年后，有良好的政治和社会网络的家庭就可以使他们的子女优先被挑选回城（Gold，1980；Rosen，1981；Unger，1979）。最终，政府在1979年开始执行一个全国性的政策，允许下乡知青回到他们原来居住的城市，除了那些已与当地人结婚或者在当地有了非农工作的人之外（Zhou and Hou，1999）。

Zhou和Hou（1999）的研究指出，下乡知青在婚姻和生育这两个方面都明显地受到伤害，其婚龄和育龄都有所推迟。但是对于下乡所造成的社会经济后果，他们的研究仍没有确定的答案。该研究在发现下乡对收入和职业不具有负面影响的同时，也指出下乡带来的一些好处。

> 更有趣的是，我们的研究结果也揭示出下乡经历的一些积极后果。比如，与城市青年相比，知青在1977年后接受高等教育的比例明显较高。在就业方面，除去部分由教育成就带来的影响，这些知青，尤其是那些在农村停留时间较短的，尽管具有较少的在城市工作的经验，但同样能够在城市中找到好工作（职业类型和单位性质）。(Zhou and Hou，1999：32)

Chen和Cheng在与Zhou和Hou的文章相伴发表的评论中，赞同了Zhou和Hou的观点，即"下乡经历给生活带来了某些积极的影响"（Chen and Cheng，1999：38），并对这一结论产生的原因进行了一系列推测。Chen和Cheng认为，下乡知青所面临的非同寻常的困难迫使他们要更加具有适应性，也由此学会了一些有助于他们在后来的经济改革中处于有利位置的生存技巧。应该注意，Zhou、Chen和Cheng都下过乡。看起来悲惨的下乡经历可能产生了长期的有益的效应，这一观点恰好与那一代下乡知青的集体怀旧情结相一致（Yang，2003；赵小石，1994）。尽管对一些在"文化大革命"中成长起来的中国人来说，这个观点也许很迷人，但是我们并不相信它会得到经验证据的支持。

让我们先考虑一个经常被借用的工作假设（working proposition）：人类是理性的，并且根据预期的结果来决定他们的偏好和行为（Heckman，2001）。因此，受到影响的知青对下乡的强烈抵制引导我们做出如下推断：下乡经历可能会给他们带来负面后果，至少在预期中是这样的。赞同"下乡会使抵制这一政策的知青受益"这个观点，就相当于声称这些知青被短期利益（也就是物质上的舒适和便利）蒙蔽而看不到长远的利益。事实上，这也是Chen和Cheng所意指的"短期消极但长远积极"（Chen and Cheng，1999：37）。因为人类的理性总是受制于可以获得的信息，所以下乡知青可能没有预见到下乡经历可以给他们带来如毛泽东和其他中国领导人所不断承诺的那些好处。这一说法看起来似乎很合理（Gold, 1991; Seybolt, 1977; Singer, 1971）。可是"文化大革命"已经过去30多年了，当年下乡的人也早已为人父母。如果下乡确实是有益的，那么问题就出现了：为什么这些经历了下乡的人并没有普遍要求继续实施这个政策呢？

显然，与任何一次社会干预或历史变迁一样，下乡给不同的个体造成了不同的影响（Elder, 1999; Heckman, 2001）。这一干预效应（treatment effect）的异质性使得我们很难辨识出下乡经历的社会后果。由于无法获得那些下乡的人如果没有下乡的反事实的结果（counter-factual outcome），所以我们难以在个人层面上测量出下乡经历的干预效应。所以，对下乡经历的社会后果的讨论需要在一个聚合的层面（aggregate level）上进行。可能存在的情况是，下乡对一些人有积极作用但对另一些人却有消极作用，而这使得我们难以区分下乡的人和留在城市的人之间的平均差异。从以前对大规模社会变迁的研究中我们得知，尽管所有的社会成员都可能受到影响，但对不同群体产生的影响并不相同。例如，我们知道美国经济大萧条对于不同年龄、不同性别、不同社会阶层、农村和城市的居民以及处在不同人生阶段的人，有着不同的影响（Elder, 1977, 1999; Elder and Shanahan, 2006）。

下乡不存在消极影响的另一种解释是，留在城市的年轻人所处的恶劣环境同样不利于其社会经济方面的发展，原因在于他们没有接受高等教育的机会，也无法找到满意的工作或搬到其他城市去。相反，他们只能被分配到多为低级的手工或服务性岗位上工作。

此外，在面对极端困难时，人类有惊人的适应与复原能力。人们往往能够忍受并克服各种各样的困难，如自然灾害、疾病、贫穷、战争、犯罪、叛乱、监禁、经济损失、失去心爱的人、当众受辱以及由于其他原因导致的苦难。在近代史中，这种在悲惨的环境中克服困难且取得成功的例子并不少见。例如，在大萧条时期，尽管当时正处于青少年时期的人们经历了巨大的经济困难，但其中很多人都在中年的时候取得了非凡的成就（Elder, 1999）。因此，下乡知青很可能会寻找方法应对下乡带来的困难并生存下来，这使得我们很难辨识出下乡政策的消极影响。但是，我们不应该把人类克服困难、适应环境的能力与经历艰苦环境的好处等同起来。即使下乡知青能够找到方法避免下乡给其带来的长期消极的社会后果，可仅仅据此就断言他们从下乡政策中获得了好处可能有些欠妥。

在此背景下，我们将分析进一步推进。在这一研究中，我们致力于对下乡经历会带来有利影响这一观点进行评论。通过分析 1999 年在三个大城市进行的"中国城市家庭生活调查"的数据，我们对这一观点进行了检验。这个调查中的一系列问题使得我们可以确定被调查者及其一个兄弟姐妹的下乡经历以及被调查者在下乡之前与返城时的受教育程度。

数据和研究设计

Zhou 和 Hou（1999）的研究基于在 1993 和 1994 年对城市居民进行的一个横断面调查。有两个原因使得他们的结论可能还需商榷。第一，有些下乡知青可能留在了农村或去了其他城市，这就使得在选定的调查城市进行有下乡经历与没有下乡经历的人之间的比较是有问题的。第二，Zhou 和 Hou 对于与下乡时间长短相关联的差异的重要发现使得我们有必要对较早返城知青的选取过程特别留心。

为了解决这两个问题，我们利用了我们数据的一个特色。数据来自 1999 年夏天我们在上海、武汉和西安这三个中国城市进行的"中国城市家庭生活调查"，我们也将其称为"三城调查"。在三城调查中，我们收集了被调查者及与其在年龄上最接近的兄弟姐妹（如果有的话）的有关下乡经历和社会经济地位的信息。"文化大革命"期间，当一个家庭有一个以上子女时，当地政府通常会采用刻板的方式分派下乡任务（如让家中最大或最小的孩子留在城里），尽管这种分配方法并无特别的道理（Unger，1979；史卫民，1995）。因此，对下乡知青和其没有下乡的兄弟姐妹之间的比较构成了一个近似真正实验的理想的研究设计。在下乡经历对生活机会的真正影响这个问题上，兄弟姐妹比较模型让我们可以得到一个比 Zhou 和 Hou 更加明确的答案。

另外，我们收集了详细的教育史信息，包括在每个教育阶段上所花费的时间以及完成不同阶段教育（即小学、初中、高中、大专、本科和研究生）的时间。① 根据这些随时间变化（time-varying）的信息，我们可以确定知青在下乡之前与返城时的受教育年限和受教育程度。由此，我们就能够比较短期下乡的知青与长期下乡的知青在下乡之前和返城时所受教育情况之间的差异。

---

① 遗憾的是，我们没有收集到被调查者的不同阶段教育的开始时间。我们根据完成教育的时间和每个阶段教育的年限填补了教育开始的时间。

三城调查使用两阶段概率抽样在每个调查地点抽取了 1000 户家庭的样本。在第一阶段，我们按规模大小比例随机抽取了 50 个社区。在每个被选中的社区中，又随机抽取了 20 户家庭。在每个被选中的家庭中，我们使用 Kish 表来抽取一个成年人作为被调查者（大于或等于 18 岁）。如果被调查者小于 60 岁，我们就用问卷 A 对其进行调查。接着，我们用专门为调查老年人设计的问卷 A + 调查被调查者的父亲或母亲。如果一开始被抽取的被调查者大于或等于 60 岁，我们就用与问卷 A + 类似的针对老年人的问卷 B 对其进行调查。然后我们再随机选取被调查者的一个子女，并用与问卷 A 类似的针对成年人的问卷 B + 对其进行调查。

我们把三个城市中所有填写问卷 A 和问卷 B + 的被调查者合并在一起，并在研究中将分析限于 37~48 岁、城市出身的被调查者。这些人出生于 1951~1962 年，并且在"文化大革命"期间都有被下放的可能（Bernstein，1977；Zhou and Hou，1999）。为了控制社会经济后果在不同城市间的均值差异，我们在回归分析中加入了城市的虚拟变量。

在本研究中，我们共考察了六个社会经济地位指标，包括：①接受大学教育（包括大专）的可能性；②受教育年限；③1998 年的年工资（人民币）；④1998 年总的年收入（人民币）；⑤成为干部的可能性；⑥根据国际社会经济指标（SEI）测量的社会经济地位。除常规的工资外，总收入还包含奖金、现金津贴和其他收入。职业的编码依照国家统计局制定的一个三位数的职业分类系统进行，干部身份和 SEI 根据被调查者提供的当前的具体职业进行分类。

统计分析分四步进行。第一步，我们给出有下乡经历的与没有下乡经历的被调查者在一系列社会经济地位指标上的差异。我们提供了简单的描述性比较（没有控制任何变量），以及通过回归分析控制了协变量后的组间比较。回归分析中的协变量包括年龄、性别、工作经验、居住的城市、父亲的受教育年限、父母的干部身份和根据国际社会经济指标（SEI）的职业指标测量的被调查者在 16 岁时其父亲的社会经济地位。第二步，我们给出利用数据中的兄弟姐妹结构计算出的固定效应模型的结果。第三步，我们使用 logistic 风险模型（logistic hazard model）来研究什么因素可能加速知青返城。在第四步也就是最后一步，对于教育成就，我们将其视作一个随时间变化的协变量，并对其在影响知青较早返城中的内生角色进行了仔细考量。

未调整的比较与调整后的比较

在表 11-1 中,我们比较了有下乡经历的与没有下乡经历的被调查者在六个主要社会经济地位指标上的差异,在第一和第二行中,我们也对这两组人的两个主要的人口学特征(即年龄和性别)进行了比较。我们的数据包括 650 个没有下乡经历的和 481 个有下乡经历的被调查者,并在前两列对这两组人进行了比较。与 Zhou 和 Hou 一样,我们也把有下乡经历的被调查者分为短期下乡(小于 6 年)和长期下乡(大于或等于 6 年)两类,并将二者的比较结果呈现在表 11-1 的最后两列。① 统计显著性是通过对没有下乡经历的被调查者(第一列)与有下乡经历的被调查者(第二、三、四列)之间的检验得出的。

表 11-1 有下乡经历的和没有下乡经历的被调查者之间的描述性差异

	没有下过乡	下过乡	下乡时间小于6年	下乡时间大于或等于6年
年龄(岁)	41.4	43.8 ***	43.4 ***	44.9 ***
性别(%,女性)	51.7	47.6	49.3	43.2 *
接受大学教育(%)	10.9	11.9	15.2 *	3.0 ***
受教育年限	11.0	10.8	11.3 **	9.4 ***
年工资(元)	5317	4983	4567 ***	6083 ***
年总收入(元)	8470	8680	7976	10542 ***
干部身份(%)	5.3	6.3	6.6	5.3
SEI	42.5	42.0	42.6	40.6
N	650	481	349	132

注:* $p<0.1$,** $p<0.05$,*** $p<0.01$,p 代表对没有下乡经历组(第一列)和有下乡经历组(第二列)之间没有差异的原假设进行统计检验的 p 值。

资料来源:1999 年上海、武汉和西安社会调查中的主要样本(main sample)。分析限于年龄在 37~48 岁之间的城市出身的被调查者。

---

① 在表 11-1 中,我们重复了 Zhou 和 Hou 的分析,以下乡 6 年为分割点将下乡组分为两组。他们这样做是因为在他们的样本中 50% 的被调查者在 6 年之内返城。而我们的样本在下乡的平均时间上与他们的样本有很大的不同。在我们的样本中,有超过一半的人在农村只待了 3 年或者更短的时间。因此,我们也用 3 年作为分割点来看看这是否明显地影响结果。大多数的结果(没有给出,可以向作者索取)与表 11-1 中的结果十分类似:符号的方向都相同,大多数结果的显著性水平不变,差异的值也基本没有变化。但是,有一些长期下乡组与没有下乡组之间的差异变得不显著了,包括接受大学教育的百分比、年工资和年总收入。这些结果表明在农村待了 3~6 年的人与那些待了不到 3 年的人更为相似,而非那些待了超过 6 年的人。因此,我们使用与 Zhou 和 Hou 一样的分组。

平均而言，有下乡经历的被调查者比没有下乡经历的被调查者年龄大，这一差异也通过了显著性检验。如我们稍后将讨论的，这可能正反映了政策常常会要求兄弟姐妹中年长的去下乡（史卫民，1995）。尽管没有通过显著性检验，但相比没有下过乡的被调查者，在下过乡的被调查者中男性占了更大的比例。在所有六个社会经济地位指标中，我们在下过乡的被调查者与没有下过乡的被调查者之间均没有发现显著的差异。如此一致的结果让我们感到很惊讶。

在最后两列，当把下过乡的被调查者按照下乡的持续时间来分组后，我们发现了一些显著的差异。尤其是，我们可以证实 Zhou 和 Hou 的一个结论，即短期下乡（小于6年）的人与没有下过乡的人相比似乎会有一个教育上的优势。但是，与没有下过乡的人相比，长期下乡的人在教育上更具劣势。在我们的数据中，接受大学教育的比例在短期下乡的人中为15.2%，在没有下过乡的人中为10.9%，在下乡6年或以上的人中为3.0%。从受教育年限来看，短期下乡的被调查者具有显著的优势，平均受教育年限为11.3年，而没有下过乡者为11年，长期下乡者为9.4年。所以，结果似乎说明短期下乡会给教育获得带来好处。

在收入方面，我们也在没有下过乡的组、短期下乡组和长期下乡组这三个组间看到了明显的差异。与没有下过乡的人相比，长期下乡的人有着更高的年工资和年总收入（各为6083和10542元）。短期下乡者的年工资和年总收入（各为4567和7976元）比起没有下过乡的人要低。但是因为在这个简单的比较中没有考虑地区差异，所以这个收入差距并不真实可信。事实上，被调查者中大多数的长期下乡者（75%）居住在上海，而非另外两个城市。在中国的经济改革中，经济发展在地区间是不平衡的（Xie and Hannum，1996）。选取这三个调查地点正是为了代表中国城市不同的经济发展水平：上海最高，西安最低，武汉处在两者之间。根据我们的数据，上海的平均工资为6089元，武汉为5384元，西安为3256元。一旦我们控制了地区变量，年工资和年总收入方面就不再存在统计上的差异（在此没有给出，相关结果见表11–2）。

上面的例子表明，我们在根据下乡经历得出结论前，有必要对有关的特征加以控制。在表11–2中，我们给出了控制相关协变量后的回归分析结果。由于引入的协变量在统计上改变了社会经济地位方面的组间差异，我们把这些结果称为"调整后的比较"，与表11–1中"未调整的"描述性统计量相对。我们仍将继续关注这六个社会经济地位指标。

表 11-2 下过乡的被调查者与没有下过乡的被调查者之间的未调整和调整后的社会经济后果差异

	尺度	未调整			调整后		
		下过乡相对于没有下过乡	下乡时间小于 6 年相对于没有下过乡	下乡时间大于或等于 6 年相对于没有下过乡	下过乡相对于没有下过乡	下乡时间小于 6 年相对于没有下过乡	下乡时间大于或等于 6 年相对于没有下过乡
接受大学教育	对数发生比	0.09	0.38*	-1.37**	0.04	0.30	-1.33**
受教育年限	差异	-0.18	0.34**	-1.54***	0.31**	0.64***	-0.53**
年工资(元)的对数	差异	-0.07	-0.16***	0.19***	-0.02	-0.03	0.02
年总收入(元)的对数	差异	0.04	-0.03	0.23***	0.07	0.07	0.06
干部身份(%)	对数发生比	0.18	0.24	0.01	0.07	0.03	0.16
SEI	差异	-0.48	0.05	-1.88	-0.86	-1.45	0.59

注: *p<0.1, **p<0.05, ***p<0.01, p 代表对没有下乡经历组和有下乡经历组之间没有差异的原假设进行统计检验的 p 值。调整后的结果是通过在回归分析中对如下变量加以控制得到的:

接受大学教育和受教育年限: 居住的城市、父亲的受教育年限、父亲的 SEI、父母的干部身份、性别和年龄。

年工资和年总收入: 居住的城市、被调查者的受教育年限、性别和工作经验。

干部身份和 SEI: 居住的城市、被调查者的受教育年限、父亲的受教育年限、父亲的 SEI、父母的干部身份、性别和年龄。

资料来源: 1999 年上海、武汉和西安社会调查中的主要样本。分析限于年龄在 37~48 岁之间的城市出身的被调查者。

根据因变量的性质,我们使用两种不同的尺度(scales)进行比较。对连续型因变量,我们使用均值的差异:

$$E(Y_s) - E(Y_0) \tag{1}$$

这里, $E(Y_0)$ 代表没有下乡经历组的平均值, $E(Y_s)$ 代表第 s 个有下乡经历组的平均值。在我们的研究中, s 可以表示以下三个组中的任一个: ①所有有下乡经历的, ②有短期下乡经历的, 和③有长期下乡经历的。对二分因变量, 我们使用对数尺度(logit scale)测量对数发生比(log-odds-ratios):

$$\log(P_s/(1-P_s)) - \log(P_0/(1-P_0)) \tag{2}$$

这里, P_0 代表没有下乡经历组的概率, P_s 代表第 s 个有下乡经历组的概率。在两个尺度中, 正数表示下乡经历带来的优势; 反之, 负数表示其带来的劣势。

现在我们就三对后果中的每一对所涉及的一组协变量进行调整, 调整方式反映了我们就不同的社会经济后果与哪些因素最为相关的理解。对接受大学教育和受教育年限，我们纳入了年龄、性别、居住的城市、父亲的受教育年限、父亲的 SEI 以及父母的干部身份。对年工资和年总收入，我们纳入了性别、居住的城市、被调查者的受教育年限和工作经验。对干部身份和 SEI，我们纳入了性别、年龄、居住的城市、被调查者的受教育年限、父亲的受教育年限、父亲的 SEI 以及父母的干部身份。

表 11-2 中未调整的结果（左侧）已在表 11-1 中给出并进行了讨论，尽管现在所用的比较标准不同。我们来关注表 11-2 右侧调整后的结果。对于所有下过乡的和没有下过乡的被调查者所做的第一个比较而言，唯有受教育年限在统计上是显著的。我们观察到在调整了居住的城市和家庭背景后，有下乡经历的人具有 0.31 年的教育优势。这一结果使得 Zhou 和 Hou 所持的"下乡可能给教育带来有利的影响"的观点变得更为可信。第二和第三个比较显示这一有利的影响在很大程度上取决于下乡持续的时间。短期下乡（小于 6 年）的被调查者与没有下过乡的被调查者相比具有 0.64 年的教育优势，而长期下乡（大于或等于 6 年）的人与没有下过乡的人相比具有明显的劣势（接受大学教育的对数发生比为 -1.33，并且少 0.53 年的教育）。调整之后，在年工资和年总收入上不再存在差异。①

兄弟姐妹模型的固定效应结果

前面的分析结果与 Zhou 和 Hou（1999）的分析结果相一致，都显示出下乡经历，特别是短期下乡的经历，可能会给教育带来积极的影响。然而，一个重要的问题就此产生：这个观察到的关联是因果关系吗？

有两个原因使得我们怀疑表 11-1 和表 11-2 所给出的结果以及 Zhou 和 Hou 的研究可能存在偏差。首先，有些家庭背景特征是观察不到的，而家庭背景既可能与被下放的可能性相关，也可能接着影响年轻人的教育成就。为了解决这个问题，我们重复了 Zhou 和 Hou 的分析，检验了家庭背景在多大程度上会影响被下放的可能性。我们的结果证实了 Zhou 和 Hou 的结论，即观察到的家庭背景特征在预测谁会被下放上并没有太大的解释力。② 因此，我们并没有找到表明观

---

① 用 3 年作为分割点，我们也比较了短期下乡、长期下乡和没有下乡经历的被调查者的未调整和调整后的社会经济后果差异。但是，在没有下乡组与下乡时间大于或等于 3 年的组之间，6 个社会经济地位指标当中的任一个都没有统计上显著的差异。这再一次表明在农村待了 3~6 年的人与待了 6 年以上的人在社会经济后果方面是非常不同的。

② 结果没有给出，可以向作者索取。

察到的家庭背景特征对被下放的可能性有影响的证据。但同时我们也不知道未观察到的家庭背景因素是否会对此有影响。

其次,一些下乡知青可能留在了农村或去了其他城市。这就使得在所选城市中对有下乡经历者与没有下乡经历者之间差异的比较存在问题。在缺乏有代表性的全国纵向数据的情况下,这一问题可能会对我们的分析结果产生不利的影响。Zhou 和 Hou 在此问题上对其研究结果的辩护是,大多数下乡知青最终回到了城市。但是,这一小部分没有回去的人仍可能造成偏差。另外,并不是所有的下乡知青都回到了原来的城市。如果接受教育与返城的地点相关,那么偏差也是有可能存在的。上海作为我们三城调查的地点之一,是中国最大的城市且拥有很多大学,因而很可能有许多下乡知青去往上海接受高等教育并留在那里。而这使得我们在估计下乡经历对教育产生的积极影响时存在上向偏差(upward bias)。

为了解决这两个问题,我们利用了我们调查中有关被调查者兄弟姐妹的信息。如表 11-3 所示的固定效应模型,通过利用兄弟姐妹对(sibling pair)来对未观察到的由兄弟姐妹共享的家庭层次特征进行了控制。同时,兄弟姐妹对也解决了样本选择性这一问题,因为兄弟姐妹的信息是由被调查者代答的,所以不必考虑其身在何处。在这一部分的分析中,我们未纳入没有兄弟姐妹或者没有报告有兄弟姐妹的被调查者。我们进一步限定了兄弟姐妹对,使得他们的年龄都在 37~48 岁之间。这样共计得到 785 个兄弟姐妹对。我们首先考察了兄弟姐妹对的下乡经历:(被调查者=是、兄弟姐妹=是),(被调查者=是、兄弟姐妹=否),(被调查者=否、兄弟姐妹=是)和(被调查者=否、兄弟姐妹=否)。四

表 11-3 使用兄弟姐妹对的固定效应分析结果

	没有下过乡	下过乡	δ
年龄	41.9	43.2	-1.2***
性别(%,女性)	50.9	39.0	11.9***
接受大学教育(%)	11.4	11.7	-0.3
受教育年限	11.2	11.0	0.2
干部身份(%)	8.9	5.4	3.5
SEI	43.7	44.5	-0.7
N	344	344	

注:*$p<0.1$,**$p<0.05$,***$p<0.01$,p 代表对没有下乡经历的被调查者或其兄弟姐妹组和有下乡经历的被调查者或其兄弟姐妹组之间没有差异的原假设进行统计检验的 p 值。

资料来源:1999 年上海、武汉和西安社会调查中的主要样本。分析限于符合如下标准的被调查者和其兄弟姐妹:年龄在 37~48 岁之间,以及其中一个下过乡而另一个没有下过乡。

种类型的兄弟姐妹对数量分别为 158、193、151 和 283 个。与表 11-1 的结果类似，我们发现被调查者和其兄弟姐妹都没有下乡的相比于其他情形，其平均教育成就要稍微低一些。①

现在我们使用一个针对每个家庭中两个子女的简单固定效应模型。该模型要求我们把分析限于兄弟姐妹中有且只有一个下乡的兄弟姐妹对，如前所述，共有 344 个。设 j ($j=1,\cdots,n$) 表示第 j 个家庭，i ($i=0,1$) 表示家庭中第 i 个兄弟姐妹，$i=0$ 代表没有下乡的兄弟姐妹，$i=1$ 代表另一个下乡的兄弟姐妹。我们用参数 δ 表示下乡经历的叠加（additive）影响。固定效应模型能够非常有效地将未观察到的家庭层次的固定因素纳入计算，α_j 表示家庭层次固定的特征，既包括观察到的，也包括未观察到的。分兄弟姐妹的模型是：

$$y_{0j} = \alpha_j + \varepsilon_{0j} \tag{3a}$$

$$y_{1j} = \alpha_j + \delta + \varepsilon_{1j} \tag{3b}$$

把方程（3a）和（3b）相减就消除了家庭层次的未观察到的因素，得到如下简单方程：

$$y_{1j} - y_{0j} = \delta + (\varepsilon_{1j} - \varepsilon_{0j}) \tag{4}$$

如果我们对方程（4）的两边取期望，我们就得到 $E[(y_1) - (y_0)] = \delta$。这意味着在控制了所有可能的家庭层次的固定的、未观察到的异质性后，下过乡的与没有下过乡的兄弟姐妹间的社会经济后果的差异是由下乡经历带来的。我们将这个固定效应模型应用于四个因变量：接受大学教育、受教育年限、干部身份和社会经济地位指标（SEI）。② 由于我们认为来自他人报告的收入是不可靠的，因而我们并没有收集被调查者兄弟姐妹的收入信息。另外，数据中没有被调查者兄弟姐妹下乡的持续时间，这使得我们无法对在农村待了不同时间的兄弟姐妹进行比较。固定效应分析的结果见表 11-3。

尽管人口学特征在下乡之前即已存在，我们仍在下乡的兄弟姐妹模型中对其进行比较。在表 11-3 的前两行中，我们看到兄弟姐妹中下过乡者的平均年龄

---

① 都没有下乡的被调查者和其兄弟姐妹各自有 10.91 和 10.70 年的平均受教育年限，而其他所有兄弟姐妹对至少接受了 10.95 年的教育。

② 当有其他的协变量时，二分变量的固定效应模型能以条件 logit 的形式表示（Powers and Xie, 2000: 179-183）。

(43.2 岁)显著地高于没有下过乡的(41.9 岁)。这证实了表 11-1 的结果,即兄弟姐妹中年长的比年幼的更有可能被下放。下乡政策允许家庭将一个孩子留在城里(Whyte and Parish, 1984;史卫民,1995),很可能一些父母愿意或一些当地的政策会要求将最小的孩子留下。我们还发现兄弟姐妹中女性下过乡的比例明显低于没下过乡的(39.0%对50.9%)。考虑到下乡知青要忍受农村恶劣的居住条件,并往往要去往中国西部的偏僻边疆,父母可能更倾向于让儿子而不是女儿下乡。

但两类兄弟姐妹除了在上述两个人口学特征方面具有统计上的显著差异外,我们发现其在四个社会经济地位指标上均不存在明显的平均差异。由此,通过固定效应的兄弟姐妹分析我们可以推断,下乡经历看来并未对受到影响的知青的社会经济地位产生因果影响。①

教育对早返城的内生作用

为什么短期下乡的人比没有下过乡和长期下乡的人拥有更高的受教育水平仍是个难解之谜。Zhou 和 Hou 的这一重要发现在我们的研究中也被证实(见表 11-1和表 11-2)。我们认为,这个发现并不应该被解释为因果关系,因为下乡时间的长短这一内生结果既可能受过去的教育经历影响,也与将来的大学教育紧密相关。如 Zhou 和 Hou 的研究所指出的,受过更高教育的下乡知青返城的速度有可能要比受教育程度低一些的下乡知青快。因此,我们接下来要关注与下乡持续时间有关的教育的内生性问题。

在三城调查中,我们收集了足够的教育史信息用以构建对已获教育和入学状态随时间变化的测量指标。对于被下放的被调查者,我们也知道其下乡与返城的时间。根据这些信息,我们可以生成一些新的教育变量:①下乡时高中已毕业,②下乡时的受教育年限,③返城时的受教育年限和④返城时大学入学的状态。然后我们对短期下乡和长期下乡的被调查者在这些变量上的差异进行了比较。我们在表 11-4 中给出了结果。②

---

① 因为被调查者的性别与下乡的可能性相关,也可能与我们考察的社会经济后果潜在相关,所以我们也对同性别的兄弟姐妹对进行了固定效应分析。在兄弟和姐妹中,下过乡与没有下过乡的在所有社会经济后果上都没有统计上显著的差异。
② Zhou 和 Hou 的研究只考察了到 1977 年(即恢复高考的那一年)为止的返城的情况。在我们的数据中,这样处理将减少 53.64% 的被调查者,因为这些人是在 1977 年之后返城的。

表 11-4 短期下乡和长期下乡的被调查者之间未调整的差异

	下乡时间小于 6 年	下乡时间大于等于 6 年
下乡时的年龄	17.94	17.60***
下乡时高中已毕业(%)	49.57	11.36***
下乡时的受教育年限	10.42	9.03***
返城时的受教育年限	10.52	9.20***
返城时入学(%)	13.47	1.52***
接受大学教育(%)	15.19	3.03***
删减样本	11.59	2.31***
现在的受教育年限	11.33	9.45***
删减样本	11.08	9.38***
N	349	132

注：*p<0.1，**p<0.05，***p<0.01，p 代表对下乡时间小于 6 年组和下乡时间大于或等于 6 年组之间没有差异的原假设进行统计检验的 p 值。

资料来源：1999 年上海、武汉和西安社会调查中的主要样本。分析限于年龄在 37～48 岁、在 1967～1978 年间下乡的城市出身的被调查者。"删减样本"（truncated sample）指我们去掉 49 个在离开农村那一年入学的知青后的样本。

如我们所料，两组下乡知青在下乡前的受教育程度上存在很大的差异。与待在农村 6 年或以上的人相比，下乡时间小于 6 年的被调查者年龄偏大（17.94 和 17.60 岁），并且更可能已高中毕业（49.57% 和 11.36%）。所以，短期下乡组的教育优势在很大程度上与下乡经历无关，因为这在下乡之前就已存在。我们也根据表 11-4 推断，经历了短期下乡的知青在返城后更有可能考入大学。这很可能是一个重要的结果，但我们将在讨论完那些可以促成较早返城的因素以后再继续对其进行探讨。

如我们之前提到的，大多数下乡知青有强烈的返城愿望（Chen and Cheng, 1999；Gold, 1985；Rosen, 1981；Singer, 1971；Zhou and Hou, 1999）。但事实上，在早点返城这件事上存在很激烈的竞争（Gold, 1980；Unger, 1979；史卫民，1995）。在表 11-5 中，我们首先给出了一个预测相对较早返城（6 年之内）可能性的简单 logit 模型。我们纳入了多个调查收集到的背景因素，包括下乡前的受教育程度、下乡时的年龄、性别、居住的城市以及父亲的 SEI。在简单 logit

模型中，下乡前的受教育程度、下乡时的年龄以及居住的城市显著地预测了6年之内的返城。① 下乡前的受教育程度在对早返城的预测中显得尤为重要：下乡前所获得的教育每增加一年，能够在6年之内早返城的发生比就增加将近36% [exp(0.31) − 1]。

表11-5 基于所选变量建立的早返城 logistic 模型

变量	模型1 6年之内返城的简单 logit 模型		模型2 离散时间 logistic 风险模型	
	系数	标准误	系数	标准误
下乡前的受教育程度	0.31***	(0.08)	0.09**	(0.04)
下乡期间获得的教育			−0.01	(0.10)
下乡时的年龄	0.32***	(0.11)	0.08	(0.05)
下乡持续时间			0.12***	(0.02)
性别（女性）	−0.12	(0.29)	0.09	(0.11)
居住的城市（上海为参照组）				
武汉	3.24***	(0.33)	1.46***	(0.14)
西安	3.45***	(0.46)	1.40***	(0.17)
父亲的受教育程度（小学以下为参照组）				
小学	0.68*	(0.38)	0.27*	(0.15)
初中	0.32	(0.51)	0.13	(0.19)
高中及以上	−0.25	(0.49)	−0.03	(0.19)
父亲的SEI	0.01	(0.01)	0.01**	(0.005)
父亲的干部身份	−0.25	(0.41)	0.002	(0.15)
截距	−10.0***	(2.20)	−5.49***	(0.95)
N	481		2,202	

注：*p<0.1，**p<0.05，***p<0.01；N=2202；回归模型中还纳入了代表父亲的受教育程度、父亲的SEI和父亲的干部身份缺失值的虚拟变量。

资料来源：1999年上海、武汉和西安社会调查中的主要样本。分析限于年龄在37~48岁、在1967~1978年间下乡的城市出身的被调查者。

在模型2中，我们使用了离散时间 logistic 风险模型（discrete-time logistic hazard model）来考察影响返城可能性的因素。我们纳入了与模型1中相同的变

---

① 要注意居住的城市是指当前居住的城市，不是下乡前所在的城市。遗憾的是，关于下乡前所在的城市我们从调查中并没有办法知道。我们把居住的城市作为下乡前所在的城市的替代，因为大部分下乡知青确实返回了原来的城市。

量,另外又加入了两个随时间变化的变量——自下乡后在农村待的时间和在下乡期间接受的额外教育,并都以年为测量单位。同样,在该模型中下乡前的受教育程度依旧是一个重要的预测早返城的变量,下乡前所受的教育每增加一年,在给定年份返城的发生比就增加大约9%。而在下乡期间接受的额外教育对返城的可能性却并没有显著的影响。考虑到只有很少的下乡知青在农村接受了额外的教育(在我们的调查中只有28人),这个结果也就不足为奇。下乡持续时间、居住在武汉或西安而非上海以及父亲的SEI也都与高的返城可能性显著相关。下乡时间每增加一个单位,预测的返城发生比就增加12.75%,而父亲职业声望的一个单位的增长会使预测的返城发生比增加1%。这些结果看起来支持了Zhou和Hou关于父亲的社会地位以及下乡时间长短与返城的可能性是正相关的论点,但它们也为Zhou和Hou所忽略的一个重要因素提供了证明:在下乡前受过更多的教育可能使知青更容易早点返城。

另外,下乡持续时间与教育成就之间关系的混淆,是由于另一个机制:许多知青正是通过升入大学来结束其下乡经历的。升入大学有两条途径:第一,在1972~1977年间,少数下乡知青并非通过考试,而是凭借基于其政治忠诚度和家庭背景所做的推荐被大学录取。第二,在政府于1979年开始允许所有的下乡知青返城之前(Deng and Treiman, 1997; Meng and Gregory, 2002; Zhou and Hou, 1999),1977年高考的恢复使所有人都有机会考入大学。所以,通过接受大学教育来结束下乡经历对一些人来说是很有可能的。对他们而言,因果关系的方向并不是从短期下乡到接受大学教育,而是接受大学教育导致短期下乡。

尽管我们没有收集关于被调查的知青是怎样离开农村的详细信息,但我们构建了一个随时间变化的变量,即分年龄的入学状况。在我们收集到的数据中,我们发现有49个被调查者在同一年内既结束了下乡经历又进入了大学。我们假设他们是离开农村去上大学的。在表11-4的第五行,我们指出,与有长期下乡经历的人相比,这一事件更有可能发生在短期下乡的人身上。如果我们去掉这49个在同一年结束下乡经历并开始上大学的被调查者,我们发现在短期下乡的被调查者中,大学入学比例从15.19%一下子下降到11.59%,而这一比例与没有下乡经历组的比例(10.9%)之间的差异变得不再显著。与之类似,短期下乡者的受教育年限也从11.33年下降到11.08年。由于对随时间变化的入学的测量是一个粗略近似,我们很有可能会低估由于大学入学而给下乡带来的选择性程度。

总而言之，在将短期下乡知青较高的教育成就归因于下乡经历时，我们必须慎之又慎。与之相反，由于存在一个选择下乡知青返城的这样一个社会过程，我们认为这个表面上看来由下乡带来的教育优势可能是一个统计假象。如 Zhou 和 Hou 所意识到的，在谁被下放这个问题上没有太多的选择余地，而在谁会早点返城这个问题上选择性是很强的。我们的结果显示，教育的内生作用通过两个重要的途径造成短期下乡经历是有好处的这一表象。第一，因为教育成就是对返城的一个有力的预测变量，且下乡持续时间与下乡之前的受教育程度是负相关的。第二，因为考入大学是促成早点返城的一个极佳的途径，所以可以观察到两者间的相关，而其因果过程是这样的——一个提升教育成就的机会是早点返城的原因而非结果。

结　论

下乡经历给知青带来了好处吗？本研究所报告的结果让我们得到一个试探性的答案——没有。在本研究中，我们分析了 1999 年我们在中国三个大城市进行的社会调查所收集的数据，而该数据让我们可以对这个问题进行比以前更为详细的解释。我们考察了 6 个社会经济地位指标：接受大学教育的可能性、受教育年限、年工资、年总收入、成为干部的可能性和社会经济地位。在不同的研究设计中，我们使用了多种不同的统计模型和方法。

通过对调查中的大部分被调查者进行分析，我们的初步结果显示，除了下过乡的人年龄较大之外，事实上，在经历与没有经历下乡的被调查者之间并没有平均的差异。而当我们根据在农村待的时间长短把下过乡的被调查者分组后，一些差异出现了。不管用 6 年还是 3 年做分割点，短期下乡的被调查者都在教育成就上显示出优势。但是，我们基于兄弟姐妹对的固定效应模型在控制了未观察到的家庭层面的异质性后，并没有显示出兄弟姐妹中下过乡的比没有下过乡的有教育方面（或其他任一社会经济后果）的优势。因而，我们的研究结果并不支持"下乡经历是有益的"这一说法。

我们进一步探讨了短期下乡者与未下过乡者或长期下乡者相比显示出一定的教育优势这一经验性的发现。通过对随时间变化的信息的分析，我们发现，观察到的优势其实是由两个相关的社会过程造成的假象。首先，在下乡前的受教育程度有力地预测了下乡经历的提早结束。其次，接受大学教育使得某些人可以结束他们的下乡经历。因此，我们对新数据的分析显示，下乡经历本身并没有给下乡知青带来好处。经历与没有经历过下乡的人在社会经济后果上的差异或者并不存在，或者是由其他社会过程造成的假象。

尽管我们没有发现下乡的好处，我们同样也未发现有证据表明下乡有负面影响。除了在教育方面的不同结论外，我们大多数的发现与 Zhou 和 Hou 的主要发现是一致的，即下乡经历似乎并没有给下乡知青造成持久的负面的社会经济后果。这个结果在一定程度上违背了我们的直觉：这样一个遭到广泛抵制的被迫迁移的政策为何与对受其影响者之后的社会经济后果没有关系？毫无疑问，一部分原因要归结于没有下过乡的年轻人同样也缺乏生活机会。"文化大革命"期间城市中严重的失业和不充分就业以及大学的关闭意味着留在城市的年轻人只有有限的生活机会，而且还要在困难的环境中奋斗。不管有没有下乡，在中国历史中这批年轻人都被剥夺了很多机会。最后，下乡没有带来持续的负面影响亦可以被视作人类复原能力的一个证明。遭受困难或者处于恶劣环境中的人们凭借这种能力找到了适应的方式，并由此避开了持续性的伤害。比起下乡经历对知青有好处这一论点，这种依据复原能力做出的解释自然要更合理一些。

参考文献

Bernstein, Thomas. 1977. *Up to the Mountains and Down to the Villages: The Transfers of Youth from Urban to Rural China.* New Heaven: Yale University Press.

Bian, Yanjie. 2002. "Chinese Social Stratification and Social Mobility," *Annual Review of Sociology* 28: 91 – 116.

Chan, Anita. 1985. *Children of Mao: Personality Development and Political Activism in the Red Guard Generation.* Seattle, WA: University of Washington Press.

Chen, Kevin and Xiaonong Cheng. 1999. "Comment on Zhou & Hou: A Negative Life Event with Positive Consequences?" *American Sociological Review* 64: 37 – 40.

Chen, Yixin. 1999. "Lost in Revolution and Reform: The Socioeconomic Pains of China's Red Guards Generation, 1966 – 1996," *Journal of Contemporary China* 8: 219 – 240.

Cheng, Yinghong and Patrick Manning. 2003. "Revolution in Education in China and Cuba in Global Context, 1957 – 1976," *Journal of World History* 14: 359 – 391.

Davis, Deborah. 1992. "'Skidding': Downward Mobility among Children of the Maoist Middle Class," *Modern China* 18: 410 – 437.

Deng, Zhong and Donald Treiman. 1997. "The Impact of the Cultural Revolution on Trends in Educational Attainment in the People's Republic of China," *American Journal of Sociology*

103: 391 – 428.

Elder, Glen. 1977. "Family History and the Life Course," *Journal of Family History* 2: 279 – 304.

Elder, Glen. 1999. *Children of the Great Depression: Social Change in Life Experience.* Boulder, CO: Westview Press.

Elder, Glen and Michael Shanahan. 2006. "The Life Course and Human Development," for the *Handbook of Child Psychology.* Rev. ed. New York: Wiley.

Gold, Thomas. 1980. "Back to the City: The Return of Shanghai's Educated Youth," *The China Quarterly* 84: 755 – 770.

Gold, Thomas. 1985. "After Comradeship: Personal Relations in China Since the Cultural Revolution," *The China Quarterly* 104: 657 – 675.

Gold, Thomas. 1991. "Youth and the State," *The China Quarterly* 127: 594 – 612.

Goldstein, Alice, Sidney Goldstein, and Shenyang Guo. 1991. "Temporary Migrants in Shanghai Households, 1984," *Demography* 28: 275 – 291.

Gui, Shixun and Liu Xian. 1992. "Urban Migration in Shanghai, 1950 – 88: Trends and Characteristics," *Population and Development Review* 18: 533 – 548.

Hannum, Emily and Yu Xie. 1994. "Trends in Educational Gender Inequality in China: 1949 – 1985," *Research in Social Stratification and Mobility* 13: 73 – 98.

Heckman, James. 2001. "Micro Data, Heterogeneity, and the Evaluation of Public Policy: Nobel Lecture," *Journal of Political Economy* 109: 673 – 748.

Heng, Liang and Judith Shapiro. 1986. *After The Nightmare: A Survivor of the Cultural Revolution Reports on China Today.* New York: Alfred A. Knopf.

Hung, Eva and Stephen Chiu. 2003. "The Lost Generation: Life Course Dynamics and Xiagang in China," *Modern China* 29: 204 – 236.

Lan, Feng. 2004. "Reframing the Chinese Cultural Revolution in Diaspora: Joan Chen's the Sent-Down Girl," *Literature Film Quarterly* 32: 193 – 198.

Li, Bobai and Andrew Walder. 2001. "Career Advancement as Party Patronage: Sponsored Mobility into the Chinese Administrative Elite, 1949 – 1996," *American Journal of Sociology* 106: 1371 – 1408.

Liang, Zai. 2001. "The Age of Migration in China," *Population and Development Review* 27: 499 – 524.

Liang, Zai and Michael White. 1996. "Internal Migration in China, 1950 – 1988," *Demography* 33: 375 – 384.

Lin, Nan and Wen Xie. 1988. "Occupational Prestige in Urban China," *American Journal of Sociology* 93: 793 – 832.

Meng, Xin and Robert Gregory. 2002. "The Impact of Interrupted Education on Subsequent Educational Attainment: A Cost of the Chinese Cultural Revolution," *Economic Development and Cultural Change* 50: 935 – 959.

Powers, Daniel A. and Yu Xie. 2000. *Statistical Methods for Categorical Data Analysis.* New York: Academic Press.

Pye, Lucian W. 1986. "Reassessing the Cultural Revolution," *The China Quarterly* 108: 597–612.

Rosen, Stanley. 1981. *The Role of Sent-Down Youth in the Chinese Cultural Revolution: The Case of Guangzhou.* Berkeley: The Regents of the University of California.

Sausmikat, Nora. 2003. "Generations, Legitimacy, and Political Ideas in China," *Asian Survey* 43: 352–384.

Seybolt, Peter. 1977. *The Rustication of Urban Youth in China: A Social Experiment.* White Plains, NY: M. E. Sharpe.

Shirk, Susan. 1982. *Competitive Comrades: Career Incentives and Student Strategies in China.* Berkeley: University of California Press.

Singer, Martin. 1971. "Educated Youth and the Cultural Revolution in China," Michigan Papers in Chinese Studies 10. Ann Arbor, MI: The University of Michigan Center for Chinese Studies.

Thurston, Anne F. 1985. "Victims of China's Cultural Revolution: The Invisible Wounds," *Pacific Affairs* 57: 599–620.

Unger, Jonathan. 1979. "China's Troubled Down-to-the-Countryside Campaign," *Contemporary China* 3: 79–92.

Unger, Jonathan. 1980. "Bending the School Ladder: The Failure of Chinese Educational Reform in the 1960s," *Comparative Education Review* 24: 221–237.

Walder, Andrew. 1989. "Social Change in Post-Revolution China," *Annual Review of Sociology* 15: 405–424.

Walder, Andrew, Bobai Li, and Donald Treiman. 2000. "Politics and Life Chances in a State Socialist Regime: Dual Career Paths into the Urban Chinese Elite, 1949 to 1996," *American Sociological Review* 65: 191–209.

Walder, Andrew and Yang Su. 2003. "The Cultural Revolution in the Countryside: Scope, Timing and Human Impact," *The China Quarterly* 173: 74–99.

Whyte, King and William Parish. 1984. *Urban Life in Contemporary China.* Chicago: University of Chicago Press.

Wu, Xiaogang and Donald Treiman. 2004. "The Household Registration System and Social Stratification in China: 1955–1996," *Demography* 41: 363–384.

Xie, Yu and Emily Hannum. 1996. "Regional Variation in Earnings Inequality in Reform-Era Urban China," *American Journal of Sociology* 101: 950–992.

Yang, Guobin. 2003. "China's Zhiqing Generation: Nostalgia, Identity, and Cultural Resistance in the 1990s," *Modern China* 29: 267–296.

Zang, Xiaowei. 2000. *Children of the Cultural Revolution: Family Life and Political Behavior in Mao's China.* Boulder: Westview Press.

Zhou, Xueguang and Liren Hou. 1999. "Children of the Cultural Revolution: The State and the Life Course in the People's Republic of China," *American Sociological Review* 64: 12–36.

Zhou, Xueguang, Phyllis Moen, and Nancy Tuma. 1998. "Educational Stratification in Urban China: 1949–94," *Sociology of Education* 71: 199–222.

刘小萌，1995，《"血统论"与知青上山下乡运动》，《青年研究》第 2 期，第 33~37 页。

潘一，1994，《知识青年大返城风潮动因探寻》，《青年研究》第 3 期，第 26~28 页。

史卫民，1995，《上山下乡知识青年的"病退"、"困退"问题》，《青年研究》第 5 期，第 46~49 页。

赵小石，1994，《略论"知青情结"》，《齐齐哈尔大学学报（哲学社会科学版）》第 3 期，第 40~44 页。

12

改革时期中国城市居民收入不平等的地区差异*

    1978 年以来的经济改革给中国带来了经济的飞速增长，人均收入达到了历史最高水平。人均国民生产总值从 1978 年的 375 元增长到 1992 年的 1026 元（扣除通胀因素后），平均每年增长 7.45%。与此同时，扣除通胀因素后，城市居民的平均年收入从 316 元增加到 712 元，平均年增长率为 6.07%。[①] 改革以来中国经济的飞速增长与改革前的经济不稳定和平均主义思想形成鲜明对照（Riskin, 1987），[②] 这引起社会科学家对经济改革如何影响收入和财富分配产生

---

* 本研究经费来自国家科学基金会授予谢宇的青年研究者奖以及 NICHD 组织给 Emily Hannum 的研究生奖学金。我们在贫困问题研究所（IRP）的 1994 年年会和国际社会学协会（社会分层研究组）的 1994 年年会上介绍并与听众研讨过本论文的初稿。我们对参加这两次研讨的听众深表谢意，同时还要感谢 John Bound、Albert Hermalin、David Lam、Victor Nee 和 Bill Parish 先生的批评与意见。我们特别要感谢 Bill Parish 先生建议我们对总收入进行分解。本文的观点只代表作者的意见。如果读者对本文的数据资料和其他统计结果感兴趣，欢迎与我们联系。联系人：谢宇；地址：Department of Sociology, University of Michigan, Ann Arbor, MI 48109 - 1382；电子信箱：yuxie@ umich. edu。

① 从国家统计局（State Statistical Bureau, 1993：表 2 - 12 和表 8 - 6）公布数字计算得到。所有数字都是指 1978 年的不变人民币（元）。尽管农村居民人均收入的增长速度同一时期要比城市居民快得多（年平均增长率为 8.86%），但到 1992 年，农村居民的人均年收入仍然只有 438 元，比城市居民低 40%。

② 正如 Whyte（1986）所指出的，改革前的中国虽然有平均主义思想，但也存在不平等现象。与资本主义社会突出的货币不平等不同的是，社会主义社会的不平等现象大多表现在商品和服务的分配上，例如由政府再分配等级机构分配的房子（Szelenyi, 1978, 1983）。此外，尽管改革前中国的收入不平等现象从国际标准来看是低的，但仍然广泛存在，其中很大一部分是由于农村与城市的收入差别所导致的（Whyte, 1986; Adelman and Sunding, 1987）。

了极大的兴趣（Trescott，1985；Adelman and Sunding，1987；Walder，1987，1990，1992a，1992b；Riskin，1987；Hsiung and Putterman，1989；Nee，1989，1991，1994，1996；Gelb，1990；Zhao，1994；Li，1991；Zhu，1991；Peng，1992；Khan et al.，1992；Griffin and Zhao，1993；Selden，1993；辛欣，1994）。研究者们对两个基本问题最感兴趣：（1）经济改革是扩大还是缩小了不平等现象？（2）经济改革是否维护了一些特定群体的利益而牺牲了其他群体的利益？事实上，这两个问题也是社会学家对于后社会主义经济和改革中社会主义经济的争论的主要课题。这些讨论最近由 Rona-Tas（1994：表1）整理并加以总结。①

很多有关中国经济改革的研究只使用地区性的资料（除了 Khan et al.，1992；Knight and Song，1993；Nee，1994，1996 的研究外），但这些研究往往会对全中国的情况做出结论。这种推论方式忽视了中国巨大的地区差异而把中国看作一个同质体。这样的做法在以前中国资料很少的情况下是可以理解的，但是现在不应该再继续这样做了，因为中国是一个地区经济差距极大的大国（Linge and Forbes，1990；Li，1993）。这些忽视中国地区差异的研究与研究匈牙利的文献形成鲜明的对照：以人口而言，匈牙利比中国 30 个省级行政单位中的 25 个都要小，② 但是有关匈牙利改革的文献却已出了"几十本书和上百篇学刊论文"（Kornai，1989：32）。

在研究中国的经济改革时考虑地区差异是很有必要的，这不仅是由于中国各地区的经济活动在很大程度上是由各地的自然资源和人力资源等决定的，更重要的是，中国的工业经济改革是分地区进行的。Aguignier（1988）、Falkenheim（1988）、Shirk（1989）、Linge 和 Forbes（1990），以及 Li（1991，1993）的研究都表明，改革重沿海轻内地，并由此导致了地区间的紧张关系。但是以前的研究通常没有注意到的是，地区差距的扩大从一开始便是中央政府"蓄意"而为的。这有如下几个原因：其一，中央政府认为"在偏远地区（如广东省）进行改革

---

① 尽管 Rona-Tas 的总结看上去简洁而雄辩，但他认为 Nee（1989，1991）的理论表明：由于市场调节和政府职能机构调节的"结构上的补偿"（Rona-Tas，1994：47），"不平等现象不会加剧"（1994：43），这是对 Nee 的理论的误解。Nee 的市场转型理论实质上是说社会主义国家通过经济改革将使市场调节逐渐取代政府再分配机构的调节，从而优待生产率高的生产者而不是政府机构的官员们。尽管 Nee（1991：269）清楚地意识到市场也会产生各种不平等的现象，但他没有明确指出经济改革时期不平等现象的总体趋势。下文指出，Nee 的理论实际上暗示着不平等现象将随着教育回报率的上升而上升。

② 例外的地区有天津、海南（最近刚从广东省分离出来）、西藏、青海、宁夏。

试验的危险性比在天津、上海等工业中心地带进行的危险性要小些"（Linge and Forbes，1990：15）。因为改革只在指定区域内进行，万一失败了也不会引起整个国民经济的混乱。其二，根据一贯做法，中国的改革者们希望树立几个工业改革的典型做示范，把政府资源和外资投入到有限的地区会大大加强这些示范成功的可能性。中国共产党经济改革计划的核心现已成为一句口号——"让一部分人先富起来，再达到共同富裕"（Zhao，1994：115），这是希望沿海地区的富裕日后会影响和带动落后的中西部地区，最终使整个国家走沿海地区的成功道路。故意拉大地区差距的最后一个原因是，中国领导人已经在农村改革中认识到权力下放的价值，现在在工业改革的起步阶段加以运用，允许各地方政府运用各地的相对优势来"取长补短"（Falkenheim，1988：287）。这个允许利用相对优势的政策正是深圳兴起的主要原因。深圳位于广东省与香港特别行政区的交界处，它由一个鲜为人知的小镇发展到一个具有相当规模的大都市，不但经济飞速增长，而且成为一个重要的证券市场。

本文的主要目的是研究中国城市居民收入的地区差异。我们采用了1988年全国9009户城市居民调查的数据。以各地区改革步伐的不均衡为前提，我们研究了经济改革的成功（以城市为单位，用1985年和1988年之间的经济增长来衡量）与个人收入决定因素之间的关系。我们的分析分为四个步骤：第一步，我们建立和估算了一个经修正的人力资本（human capital）模型，这一模型考虑到中国国情中政治优势对收入所起的作用；第二步，我们把工作收入分为基本工资和以现金形式发放的奖金和补贴；第三步，我们考虑地区间异质的多层次模型，各城市基本人力资本模型的参数取决于其经济增长的测量值；第四步，我们就总体不平等中的地区差异及其与经济增长的关系做出推论。

基本人力资本模型

我们修正了Mincer（1974）的人力资本模型以适合中国的国情。修正后的模型如下：

$$T = LogY = \beta_0 + \beta_1 x_1 + \beta_2 x_2 + \beta_3 x_2^2 + \beta_4 x_4 + \beta_5 x_5 + \beta_6 x_1 x_5 + \varepsilon \tag{1}$$

Y表示收入，x_1表示受教育年数，x_2表示工作年数，x_4是党员身份的虚拟变量（dummy variable）（1 = 党员），x_5是性别的虚拟变量（1 = 女性）。所有的都是未知参数，ε 是此模型未能包括的其他收入决定因素。方程（1）与 Mincer 的模型有两个不同：第一，我们把党员因素包括在模型内，并把它解释成人力资本的一个方面——政治优势。① 现有研究（如 Walder，1990；Knight and Song，1993）表明，党员身份是决定收入的因素之一，这是对我们修正这一模型的有力支持。第二，我们用此模型包括了男性职工和女性职工，允许男性和女性在截距和教育回报率上存在差异。把女性包括在收入方程里边，相对于美国和其他国家只分析男性职工收入的同类模型来说是一个进步。通常把妇女排除在外的主要原因是避免由于不参加工作的妇女引起的复杂性。但在当代中国，这一问题并不存在，因为妇女普遍参加工作。我们在后面将讨论为什么要考虑性别和受教育年数的交互作用。

我们使用 1988 年中国居民收入调查（CHIP）的数据来测算我们的模型。CHIP 包括两个调查：一个是对城市居民的调查，另一个是对农村居民的调查。本文只使用城市调查的数据。这次调查采用分阶段抽样的方法：先从 30 个省级行政单位中抽选出 10 个省份，然后再从这 10 个省份的 434 个城市中抽选出 55 个城市来代表不同情况的中国城市（Eichen and Zhang，1993）。城市部分的调查在 1989 年 3～4 月间进行，共调查了 9009 户。

CHIP 调查收集了被访者所有家庭成员的资料，包括基本情况、受教育情况和就业情况。我们做了一个方便但并不完全符合实际的假定，即忽略家庭各成员之间的相似性，把所有 20～59 岁之间参加工作的人都当作独立的观测值来分析。去掉资料空缺或不完整的被访者后，我们总共得到了 15862 个个案。②

作为一次专门针对收入的调查，CHIP 问卷的设计尽量包括了 1988 年居民的各种形式的收入，包括以现金形式发放的奖金和补贴。这次调查的主要发现已由 Griffin 和 Zhao（1993）编辑成书出版。本文主要研究职工从工作单位得到的现

---

① 我们用"党员身份"来测量 Nee（1989，1991，1994）所说的"政治资本"或"地位权力"。在改革期间政治资本的重要性相对于"市场资本"或"工作表现"的重要性来说会降低。在这里，我们的测量没有 Nee 的"干部类型"变量理想。正如 James Heckman 1994 年在 IRP 研讨会上指出的，党员身份应被理解为人力资本的一部分，因为人们可能会为了获得更多的经济利益而入党。

② 我们主要想研究经济增长对收入决定的地区差异的影响，所以我们排除了那些收集不到可靠宏观资料的县里的居民。这样一来，我们的被访者就少了 926 位。通过另外的敏感性分析（这里没有报告，但读者如果需要可以向我们索取），我们确信前半部分的研究结果没有受到上述排除因素的影响。

金劳动收入。具体来说，我们把收入分成三个部分：（1）月基本工资×12，用Y_1来表示；（2）月奖金与补贴×12，用Y_2来表示；（3）1988年从私营企业中得到的年收入，用Y_3来表示。最后一个部分极少，只占总收入的1%。在前面两种形式的收入中，工资比奖金略高一些。①

我们采用Mincer（1974：48）的做法，从受教育程度推算出受教育年数（少于3年=1，3年以上但未完成小学教育=4，小学教育=6，初中=9，高中=12，技校=13，大专=15，本科和研究生=17）。由于研究者们对中国的情况还不大熟悉和了解，很多人采用了比较保守的做法，把教育当作分类变量（categorical variable）（如Peng，1992；Khan et al.，1992；Griffin and Zhao，1993；Nee，1994，1996）。对我们的研究而言，使用受教育年数这个间距测量（interval measure）更有优势。我们有如下三个考虑：第一，人力资本理论框架要求把受教育程度按受教育年数来估算。这样，就可以把教育当作人力资本的投资，也即成本（Mincer，1974）。第二，在方程（1）中，收入的对数值为因变量，所以受教育年数的系数可以当作教育的回报率来解释，这还可以方便与其他国家进行比较（Psacharopoulos，1981）。第三，将受教育程度变成一个间距变量，只有一个自由度，便于根据各地经济发展的情况来分析教育回报率的地区差异。尽管教育回报率的函数严格来说不是线性的，但和线性很接近。为了检验把它简化为线性函数是否恰当，我们进行了一个敏感度试验。

我们也采用了Mincer（1974：48）计算工龄的方法：现年龄减去参加工作时的年龄。参加工作时的年龄从受教育程度估算（小学或小学以下=14，初中以下=16，高中=19，技校=20，大专=22，本科和研究生=24），这样选择参数变量也是由于我们的基本人力资本模型的需要，因为"这里的自变量（independent variable）是工作经历而不是年龄（以区分时间对生理的作用和对人力资本积累的作用）"（Psacharopoulos，1977：40）。

表12-1的第一栏列出了$\beta_6=0$时方程式（1）的普通最小平方（OLS）的估计值。因为我们规定$\beta_6=0$，模型1中受教育程度对收入的影响对男性和女性来说是相同的。从这个较受局限的模型中，我们得出了有关中国城市居民收入的决定因素的一般性结论。β_3是负值，这证明了人力资本理论所说的工作经历的作用应该是一条倒U形曲线：先随着工作年数的增加而增加，然后在临近退休的

---

① 奖金和补贴共占总收入的45%（私营企业收入不算在总收入内），见附表A1。

时候开始下降（Mincer，1974：84）。我们从模型 2 算出，最有利于收入的工作年数是 33.2 年，这与 Mincer（1974：92）提到的美国的数据——33.8 年相近。①

表 12-1 在假定地区间同质前提下的三个总收入回归模型

自变量	模型 1 参数	S. E.	模型 2 参数	S. E.	模型 3 参数	S. E.
截距（β_0）	6.591	0.017	6.685	0.019	6.870	0.017
受教育年数（β_1）	0.031	0.001	0.022	0.001		
受教育程度（不包括小学以下）						
初中					-0.008	0.015
高中					0.071	0.016
技校					0.082	0.018
大专					0.137	0.020
本科及以上					0.226	0.019
工龄（β_2）	0.044	0.001	0.046	0.001	0.047	0.001
工龄平方（β_3）	-6.63×10^{-4}	2.54×10^{-5}	-6.93×10^{-4}	2.54×10^{-5}	-7.25×10^{-4}	2.61×10^{-5}
党员身份（1 = 是）（β_4）	0.071	0.008	0.073	0.008	0.074	0.008
性别（1 = 女性）（β_5）	-0.114	0.006	-0.344	0.021	-0.302	0.017
性别×受教育年数（β_6）			0.022	0.002		
性别与受教育程度的交互影响						
初中					0.173	0.019
高中					0.217	0.021
技校					0.265	0.024
大专					0.281	0.029
本科及以上					0.272	0.031
误差平方和	2179.2		2161.8		2160.0	
自由度	15856		15855		15847	
R^2	26.14%		26.73%		26.79%	

注：总个体数为 15862。因变量（T）为年收入总数（元）的自然对数。各 β 值指方程（1）的普通最小平方的估计值。

---

① 工龄的最优值根据公式 $\partial \log Y / \partial X_2 = 0$ 算得。

根据模型1估算，教育对收入的回报率为3.1%。按国际标准来看，这个数字是非常低的。Psacharopoulos（1981：336）在他的一篇着重于国际比较研究的文章中估计，教育回报率的范围在5.9%（加拿大）和22.8%（马来西亚）之间。中国自1978年改革以来经济快速增长，但仍属发展中国家，这两个特征都是与较高的教育回报率联系在一起的，而中国的教育回报率如此之低，实在令人感到困惑。Psacharopoulos（1981）在文章中说，一般说来，发展中国家的教育回报率要比发达国家的高，前者平均为14.4%，后者平均为7.7%。从经济理论的角度看也可以得出教育回报率与经济发展速度正相关的结论，因为"受良好教育的个人在风云变幻的时期更善于把握机遇"（Chiswick，1971：28）。

我们没有理由因为教育的回报率低而怀疑CHIP数据的可靠性：一些使用其他数据的研究也得出中国教育回报率非常低的结论。比如，Byron和Manaloto（1990：790）的南京抽样调查发现"教育对于收入的回报率出奇低，每多一年教育，收入只增加4%"①。Walder（1990：149 - 150）从天津的抽样调查发现，教育对总收入的回报率只有1.0%，对基本工资的回报率则是1.6%。此外，更早的地区性研究显示，教育对收入的回报率甚至为零（如Whyte and Parish，1984；Zhu，1991）或是负值（如Gelb，1990；Peng，1992；Nee，1994）。这样，这些较早的研究便证实了我们根据模型1得到的低教育回报率。

系数β_4表明党员身份是一种优势。模型1显示，在受教育程度、工作经历、性别都相同的情况下，党员比非党员的收入高7.4%。这与Walder根据天津1976年和1986年数据得出的9%差不多。Knight和Song（1993：253 - 259）则提醒大家：党员身份与收入高低不见得有因果关系。党在发展党员时会挑选具有某些品质的个人，而这些品质可能会与工作效率有联系。这些品质当中有些是无法观察到的，所以在这里就不予考虑。不管怎样，我们考虑党员身份的目的只是为了研究党员身份影响收入的地区性差异，所以，除非各地挑选党员的标准不一样，用党员身份来表示地位权力还是可行的。②

模型1中β_5的估算值显示，在受教育程度、工作经历和党员身份相同的情

---

① 实际上，Byron和Manaloto（1990：788）的估计值在修正了测量误差后增加了一些。修正前的估计值随估计方法的不同在1.2% ~1.9%之间变化。
② 换句话说，要想驳斥我们对党员身份的分析方法，就需要分析三个因素：党员、地区和未知因素的交叉作用。谢宇（Xie，1989）在另一篇文章中说：如果没有一个很好的理论，又没有可靠的证据支持，最好不要假定这种高度复杂的交叉影响。

况下，女性的平均收入比男性低 10.8%。这一数据与 Byron 和 Manaloto（1990）、Gelb（1990）、Peng（1992）、Walder（1990）、Knight 和 Song（1993）得到的数据接近，他们得到的估算从 5%～14% 不等。尽管这个数据与国际标准相比是偏小的，① 但男女之间还是存在收入差距。虽然 1949 年后中国政府一直在提倡男女平等，但是男女之间的差距还不算小（参见 Hannum and Xie，1994）。两性之间的收入差距与受教育程度有关。在模型 2 中我们研究了性别与教育的交互作用。

模型 2 放开了对 β_6 的约束，即 β_6 可以不等于 0，因此模型 2 包括了方程（1）中的所有参数。根据我们把模型 1 和模型 2 套在一起所做的 F 检验（F test），自由度为 1/15855，F 值为 128，这个数值很高，说明教育的影响对男性和女性来说是不同的。性别与教育的交互作用参数是正值，表明女性的教育回报率高于男性的教育回报率。根据模型 2 的估算，女性的教育回报率为 4.5%，是男性的两倍（2.2%）。性别与教育之间有交互作用最主要的原因是受教育程度低的妇女得到的报酬比具有同样教育程度的男性得到的报酬要少。② 这一点在图 12-1 中表现得很明显，代表男女两条不同的实线是根据模型 2 教育和收入的函数关系计算出的收入的对数值。

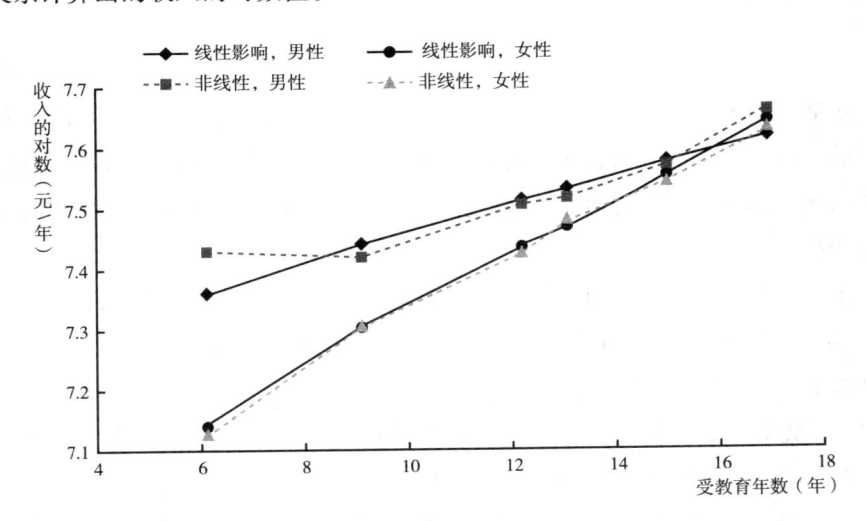

图 12-1 教育对收入的影响：两种效应的比较

---

① 例如在美国，1960～1980 年间，在同等教育和年龄的情况下，性别因素对于收入的影响在 30% 以上（Bianchi and Spain，1986：177）。
② 感谢 Bill Parish 向我们指出这一点。

为了防止模型 1 和模型 2 所假定的教育对收入线性关系的偏差，我们在模型 3 中进行了灵敏度分析，通过离散编码（discrete coding）计算六种受教育程度对收入的影响。根据模型 2 和模型 3 所做的 F 检验，得到的 F 值为 1.65，自由度为 8/15847，这在 0.05 的误差水平上差异不显著，因此看出教育对收入影响的线性假定是可行的。图 12-1 比较了在控制其他自变量后，分别根据模型 2 和模型 3 中教育和性别对收入的影响而预测的收入。图 12-1 显示，假定教育和收入的线性关系会导致略低地估计受教育程度为小学或低于小学的男性的收入。除此之外，线性近似偏差不大，因此我们在下文中使用线性函数。

总收入的分解

表 12-1 回归模型中的因变量是 $T = \log Y$，这里 $Y = (Y_1 + Y_2 + Y_3)$。Y_1、Y_2、Y_3 分别代表：(a) 基本工资，(b) 奖金与现金补贴，(c) 从私营企业得到的收入。1988 年中国城市居民中只有极少一部分人从私营企业得到收入，因此可得到如下近似的公式：

$$T = \log Y \approx \log(Y_1 + Y_2)$$

正如 Knight 和 Song（1993）所指出的，把总收入 Y 分解为 Y_1 和 Y_2 是很有必要的。因为这两部分的收入有很大差别，改革前中国城市居民的收入只有 Y_1，改革后 Y_2 的地位越来越重要。因此我们推断，Y_2 是经济改革对收入影响大小的最好指标。

把 Y 分解成 Y_1 与 Y_2 的显而易见的方法是建立因变量分别为 $\log(Y_1)$ 和 $\log(Y_2)$ 的模型。事实上，Knight 和 Song（1993）就使用了这个方法。但是，我们也看到这个方法有两个弱点：第一，$\log(Y_1 + Y_2)$ 不能被分解为 $\log Y_1$ 和 $\log Y_2$ 的线性函数，因此对因变量 $\log Y_1$ 和 $\log Y_2$ 的回归分析与对 $\log Y$ 的回归分析没有一个简单的关系。第二，$\log Y_1$ 中 Y_1 不能为 0，$\log Y_2$ 中 Y_2 也不能为 0。当然，我们可以说，如果某个被访者没有基本工资，即意味着没有正式工作，应该被排除在与工作收入有关的分析之外。但当一个被访者的 Y_2 为 0 时，我们就没有理由这样做，因为在逻辑上，有些人可能只挣基本工资而没有任何其他收入（虽然事实上往往不会这样）。[1]

---

[1] 前面的回归分析中有 191 个这样的被访者。

把 Y_2 的零值用一个非常小的正数来代替也有问题，因为任意选择即便是很小的数值也会影响回归分析。为了解决这两个问题，我们设计了下面的分解方法：

$$\log(Y_1+Y_2)=\log(Y_1)+\log(1+Y_2/Y_1)=\log(Y_1)-\log[Y_1/(Y_1+Y_2)]=S+B \quad (2)$$

我们把 $S=\log(Y_1)$ 定义成基本工资回归模型中的因变量，把 $B=-\log[Y_1/(Y_1+Y_2)]$ 定义成奖金和补贴回归模型中的因变量。分解方程（2）成立的条件是，Y_1 必须为正数。在分解分析中，我们去掉了那些没有基本工资的人，只分析有工作的人。Y_2 与 Y_1 不同，可以在 0 到任何正数之间变化。当 Y_2 为 0 时，B 也是 0。请注意，B 并不测量奖金与补贴的绝对数值，而是测量它们与基本工资的比重，很明显，B 与奖金率 $Y_2/(Y_1+Y_2)$ 有如下的密切关系：①

$$B=-\log[Y_1/(Y_1+Y_2)]=-\log[1-Y_2/(Y_1+Y_2)] \quad (3)$$

在我们的数据中，B 与 $Y_2/(Y_1+Y_2)$ 的相关系数为 0.960。此外，方程（3）还表明：如果 Y_1 固定不变，B 与 Y_2 有简单递变的关系。为了方便分解 $\log Y$，我们把 S 与 B 当作因变量，把 B 解释为工作总收入中的"奖金比重"，B 的变化也就是奖金与补贴相对于基本工资的变化。如果 B 不变，那么奖金与补贴占工作总收入的比重不变。

现在我们运用方程（1）这一基本模型来估算 $\log Y$ 的两个部分，那些没有基本工资的被访者不算在内。回归分析的结果如表 12-2 所示。请注意，对每个自变量来讲，两个方程所算得的系数的维度（dimension）是一样的 [对 $\log(Y_1+Y_2)$ 而言]。因此，把每一行的系数加起来会得到对 $\log(Y_1+Y_2)$ 的净影响，其值与 T 方程系数接近。这样我们可以把所算得的表 12-2 中 S 与 B 方程的系数与表 12-1 中模型 2 的 T 方程式加以比较。结果，我们得到了一些有趣的发现。第一，基本模型在决定工资方面比在决定奖金和补贴方面要有效得多。算工资的 S 方程 R^2 为 44.60%，而算奖金的 B 方程 R^2 仅为 3.27%。第二，党员身份对收入的影响完全在工资方面。这表现在 B 方程中党员身份的系数并不显著，而 S 方程和 T 方程中党员身份的系数则非常接近（分别为 0.075 和 0.073）。第三，

---

① 这种表达式类似于广泛用于一般线性模型中的补充替代对数（complimentary log log transformation）。补充替代对数的形式是 $\log[-\log(1-r)]$，在此，r 一般是比率。我们不取 B 的对数有两个原因：一是 B 可以解释为 $\log Y$ 的线性部分，因此和 $S(\log Y_1)$ 的维度一样；二是因为我们觉得有些被访者的 B 是 0。

同理，工作经历对于总收入的影响也主要体现在工资上，大约4/5的工龄的线性影响体现在工资上，只有1/5体现在奖金和补贴上。第四，对于那些没有受过教育的人来说，男女收入差距的2/3以上体现在工资（S）上面，剩下的体现在奖金和补贴（B）上面。第五，教育对收入的影响的方式对男女两性来说也是不同的。对于男性而言，教育回报率被收入中的奖金比重拉了下来。这一系数在 B 方程中为负值（-0.007），因而在 S 方程中的系数大于在 T 方程中的系数（分别为0.029和0.022）。对于女性而言，教育对奖金和补贴的比重没有显著影响。这些发现说明，T 方程里性别与教育对收入的交互作用（0.022）有一大部分（1/3左右）是因为奖金和补贴的缘故而不是因为基本工资，因为对男性而言，教育对奖金比重的回报率是负的。

表 12-2 把工作收入分解为基本工资和奖金比重的分解模型

自变量	基本工资(S)		奖金比重(B)	
	参数	S. E.	参数	S. E.
截距 t (β_0)	6.039	0.014	0.646	0.014
受教育年数 (β_1)	0.029	0.001	-0.007	0.001
工龄 (β_2)	0.037	0.001	0.008	0.001
工龄平方 (β_3)	-3.74×10^{-4}	1.87×10^{-5}	-3.02×10^{-4}	1.94×10^{-5}
党员身份（1=是）(β_4)	0.075	0.006	-0.003	0.006
性别（1=女性）(β_5)	-0.225	0.016	-0.098	0.016
性别×受教育年数 (β_6)	0.013	0.001	0.007	0.001
误差平方和	1124.0		1213.2	
自由度	15581		15581	
R^2	44.60%		3.27%	

注：总个体数为15588。本分析没有包括没有基本工资的被访者。因变量的定义如下：$S = \log(Y_1)$，$B = -\log[Y_1/(Y_1+Y_2)]$。Y_1 表示基本工资，Y_2 表示奖金和补贴。

建立地区异质性模型

模型

尽管使用方程（1）这一人力资本基本模型是一个有效的开始，但把中国看作一个同质体在方法论上是行不通的，从理论上来说是浪费的。说它在方法论上行不通是因为收入决定因素的地区性差异太大，详见附表A2。说它在理论上是浪费的，是因为我们可以利用收入决定因素的地区性差异来检验有关经济改革和收入不平等关系的理论。所以，我们不再假定方程（1）这一人力资本模型具有地区同质性。

如果要用极端的方法来处理地区异质性问题，可以认为不同的城市有完全不同的收入决定函数，即城市和方程（1）中的各个系数相互影响。这样运算的结果请见附表A2。尽管这个方法可以使我们从各个城市的收入决定系数中得到一些启发，但这样做过于保守，无助于我们验证有趣的假设。比如说，我们想知道收入决定因素的地区性差异性是否是由于地区间经济增长的不均衡所导致的，为此，我们建立了由以下两部分组成的多层次模型：一个建立在个人的层面上，另一个则建立在城市的层面上。我们的方法与Diprete和Grusky（1990）的相近，唯一不同的是我们在宏观层面上的变量是地区而不是时间。

用总收入方程（T）来说明我们的模型，对于在第k个城市的第i个职工（$i=1,2,3\cdots n_k$）来说，个人层面上的模型为：

$$\log(y_{ik}) = \beta_{0k} + \beta_{1k}x_{1ik} + \beta_{2k}x_{2ik} + \beta_3 x_{2ik}^2 + \beta_{4k}x_{4ik} + \beta_{5k}x_{5ik} + \beta_6 x_{1ik}x_{5ik} + \varepsilon_{ik} \tag{4}$$

与方程（1）相比，方程（4）有一个显著特征，即各个城市的X_1、X_2、X_4、X_5的系数（即β_{0k}、β_{1k}、β_{2k}、β_{4k}、β_{5k}）不同。请注意，我们在这里规定系数β_3、β_6不随k的变化而变化。① 在城市层面上的模型中我们做了以下假设：

$$\beta_{0k} = \alpha_0 + \lambda_0 z_k + \mu_{0k} \tag{5a}$$

$$\beta_{1k} = \alpha_1 + \lambda_1 z_k + \mu_{1k} \tag{5b}$$

$$\beta_{2k} = \alpha_2 + \lambda_2 z_k + \mu_{2k} \tag{5c}$$

$$\beta_3 = \alpha_3 \tag{5d}$$

$$\beta_{4k} = \alpha_4 + \lambda_4 z_k + \mu_{4k} \tag{5e}$$

$$\beta_{5k} = \alpha_5 + \lambda_5 z_k + \mu_{5k} \tag{5f}$$

$$\beta_6 = \alpha_6 \tag{5g}$$

---

① 这个限制相当于指定教育和工作经历在所有的城市不是上升就是下降，这样非常有助于理解结论和检验假设。

城市层面的变量 z 测量经济增长，本文这样来计算 z：

$$z = \log(\text{GPVI}_{1988}/\text{GPVI}_{1985}) \tag{6}$$

这里，GPVI 代表工业总产值。我们从 1985 年和 1988 年的《中国城市统计年鉴》（CUS）得到这些数据（State Statistical Bureau，1985，1990）。① 尽管许多比较研究用能源消耗量来测量现代化程度（Crenshaw and Ameen，1994：10），我们还是选用了工业总产值来直接测量经济增长。测量能源消耗的方法并不适合我们的研究，因为它对地区工业结构很敏感（例如，轻工业城市与重工业城市）。请注意：

$$z = \log(\text{GPVI}_{1988}) - \log(\text{GPVI}_{1985})$$

这就是说，z 测量 1985 年与 1988 年间总产值的变化，即经济增长量。它是不受地区特征（如当地经济的规模、基础建设、自然与社会条件）影响的净增长量（Firebaugh and Beck，1994：636）。另外，z 还可以被解释为大家较为熟悉的增长率（用 r 来表示）的转化形式：

$$r = (\text{GPVI}_{1988} - \text{GPVI}_{1985})/\text{GPVI}_{1985} = \exp(z) - 1$$

在附表 A1 中，我们把 z、由 z 推算出的年增长率以及其他从 CHIP 算得的有关城市情况的描述性数据放在一起。② 我们看出，z 在不同城市之间变化很大，从山西省阳泉市的 0.19（相应的年增长率为 6.5%）到广东省深圳市的 1.16（相应的年增长率为 47.2%）。正如我们所预想的，沿海省份广东、江苏的增长率比其他省份的要高。

我们主要想了解，在中国，收入的决定因素作为经济增长的函数是怎样变化的。如果我们把等式（5）代到等式（4）中就很明显了：

---

① 除了工业总产值以外，我们还尝试了其他能从 CUS 获得的经济指标（如净产值和企业数目等）。我们决定使用工业总产值是因为它是最可靠的测量实际经济增长的指标。正如 Nee 于 1995 年 5 月 19 日在电话中向我们指出的那样，我们的测量不包括 1989 年以来机构的产权变化和劳动力市场的变化。

② 这一数据已经根据通胀情况进行过调整。虽然城市的边界在 1985～1988 年间发生了变化，出于以下两个原因，我们没有调整人口数：首先，我们想尽量准确地测量这段时间与城市化有关的实际经济增长；其次，我们不肯定国家统计局是否根据工业总产值所包括的地域范围对人口数做了调整。考虑到两种计算方法都可能有误差，调整人口数量有可能会增加误差。由于我们的 GPVI 值包括了城市所属县的工业总产值，城市边界的更改应该不会是个严重的问题。

$$\begin{aligned}\log(y_{ik}) = &\alpha_0 + \alpha_1 x_{1ik} + \alpha_2 x_{2ik} + \alpha_3 x_{2ik}^2 + \alpha_4 x_{4ik} + \alpha_5 x_{5ik} + \alpha_6 x_{1ik} x_{5ik} + \\ &\lambda_0 z_k + \lambda_1 x_{1ik} z_k + \lambda_2 x_{2ik} z_k + \lambda_4 x_{4ik} z_k + \lambda_5 x_{5ik} z_k + \\ &(\mu_{0k} + \mu_{1k} x_{1ik} + \mu_{2k} x_{2ik} + \mu_{4k} x_{4ik} + \mu_{5k} x_{5ik} + \varepsilon_{ik})\end{aligned} \quad (7)$$

方程（7）的第二行表示的是个人层面上的解释性变量（explanatory variable）（包括截距，但排除了工龄平方、教育性别间的交互影响）与城市层面上的经济增长量的交互影响。方程（7）的第三行表示复合误差，它由个人层面上的误差和按个人层面上的自变量进行加权的城市层面上的误差组成。

方程（7）这一双层面的总体模型为我们分析收入决定因素的地区性差异提供了基本框架（见 Mason, Wong, and Entwisle, 1983）。这个模型的一些特例值得一提：

（A）如果所有的 λ 为零，这个模型便成为"随机系数"模型。在这种情况下，经济发展对收入的决定因素并没有系统性的影响，它只是随机地对城市产生影响。

（B）如果所有的 λ 都为零，并且 μ_{1k}、μ_{2k}、μ_{4k} 和 μ_{5k} 也都为零，那么这个模型便成为方差分量模型。在这种情况下，只有总收入的水平（由截距表示）在城市之间随机地变化。

（C）如果所有 λ 与所有的 μ 都为零，并且 β 不随城市变化，那么这个模型就简化为个人层面的模型，可以通过 OLS 来测算。在这种情况下，城市间的差异忽略不计，即假定没有地区间差异。这样的模型如表 12-1 所示。

假 设

我们把经济增长的测量值 z 当作 1985 年和 1988 年间城市经济改革成功程度的指标。请注意，z 并不测量"意愿"，而只测量"结果"。如果某城市的经济改革取得了预期的成绩，也就是说刺激了经济的增长，那么这两者就没有什么区别。如果某城市的经济改革并不是很成功（见 Shirk, 1989; Walder, 1992a, 1992b），那么我们就有必要区分"意愿"和"结果"。使用 z 意味着我们实际上是在研究经济改革的成功对收入决定的影响，而不是研究改革本身对收入决定的影响。澄清了这一点之后，我们提出了下面两个假设。

假设1：经济增长越快，教育回报率就越高

Nee（1989）的市场转型理论和 Chiswick（1971）的经济分析都提出过这一假设。根据 Nee 的市场转型理论，在改革过程中，市场将逐渐取代国家机关在再分配剩余资料方面的作用。由于市场更有利于"直接生产者而不是再分配者"，生产力高的人得到回报而不是政治上忠诚的人得到回报。这样，转型中的经济将提高教育回报率，"因为教育是生产力最好的指标之一"（Nee，1989：666）。如果我们把经济增长（z）当作经济改革成功的指标，进而是市场转型成功的指标，那么我们预计，经济增长与教育回报率是正相关的。

事实上，在 Nee 做中国研究以前就已经有人提出这一假设了。在从经济学的角度分析收入不平等与经济发展的关系时，Chiswick（1971）已得出上述结论。虽然 Chiswick 没有明确指出回报率与经济发展水平的关系，但他预言，"回报率很可能与产出**增长率**正相关"（Chiswick，1971：27，强调系作者所加）。他的解释是，经济增长总是伴随着生产力的提高和技术的改进，因此往往为受教育程度高的人提供更多的机会。这样，受教育程度高的人就对迅速增长的经济贡献较大，从中得到的报酬也较多。根据这番推理，我们预测，我们所测量的经济增长的指标 z 与教育回报率是正相关的，即方程（7）中的 λ_1 应为正值。

假设 2：经济增长越快，党员身份的回报率就越低

以市场将逐渐取代政治等级对社会分层的作用为论据，Nee（1989）明确提出：在向市场经济转型过程中，"政治资本会贬值"（Nee，1989：671）。根据 Nee 的市场转型理论，这是因为商品和服务的分配越来越依赖于市场的协调，对国家各职能机构的依赖越来越少。为了证明这一点，Nee 引用了 Walder 在天津所做调查的发现，即党员身份对收入的正面影响在 1976 年和 1985 年间呈下降趋势（见 Walder，1990）。Nee 还进一步指出，社会主义经济市场化的进度在不同的地区和部门之间会有很大的差别，而这些差别会对社会分层产生直接影响（Nee，1989：667）。在分析中，我们通过一个在宏观水平上带有 z 变量（用来以测量市场转型的成功程度）的多层次模型来操作 Nee 的这一命题。如果 Nee 的预测是正确的，我们将得到一个负值的系数 λ_4。

除了这两个假设外，我们还想研究经济增长与工龄间的交互作用 λ_2，以及经济增长与性别的交互作用 λ_5——虽然我们对这些影响在理论上还没有一个清晰的认识。相比之下，工作经历在旧的再分配经济体制下可能更重要，因为工作经历在旧体制下是官僚等级制度决定工资的重要标准，但在新体制下却要受到市场的调节。如果工作经历提高生产力超过官僚等级体制中对工龄的支付，那么工作经历与经济增长有着正相关的联系。但是，我们还不能就这样接受这个假说，尤其是考虑到在高速增长的经济中工作经验很快就会过时。因此，我们要等说明了分析结果后，再从理论上来讨论经济增长与工作经历回报率的关系。

出于同样的原因，我们也不想就收入的性别差异与经济增长的关系做出明确的假设。学术界已有学者表示担心男女之间的收入不平等会因经济改革而加剧（如 Trescott, 1985）。很明显，这主要是担心政府实施旨在消除性别差异的社会主义项目的能力会减弱。换句话说，如果男女不平等只是在政府干预下才被控制在低水平的话，那么在向市场转型的过程中不平等现象将会加剧。但是，Walder 反驳了这番推理，并提出证据证明收入中的性别差距正在缩小。

我们沿用前面的分解方法，在多层次模型中把总收入的对数 T 分解为基本工资部分 S 和奖金比重部分 B。我们不仅想检验我们有关经济增长是如何影响教育和党员身份回报率的假设，而且想知道这些作用是通过工资还是通过奖金与补贴发生的。就算经济增长对个人总收入的决定因素没有什么影响，它也可能对个人工资的决定因素和奖金的决定因素有相反方向的影响。

分析结果

为了估算方程（7）这一多层模型，我们做了以下的假定：第一，我们的解释性变量是外生的，即所有的 x 和 z 都与 ε 和 μ 不相关。第二，ε_{ik} 独立于 i 和 k，且有期望值（expected value）为 0、方差（variance）为 σ_ε^2 的相同分布。第三，各层次上的残差（residual）是不相关的，即，$\text{Cov}(\varepsilon, \mu_p) = 0$（对 $p = 0$、1、2、4、5）。第四，城市层面上的残余值的联合分布（joint distribution）的平均数为 0，对角方差—协方差矩阵为 Ω_μ。① 有了这些假定之后，这个模型就可以用迭代最小平方法（iterative generalized least squares，IGLS）来推算，以校正方差—协方差矩阵估算的复合残余值［即方程（7）中的第三行］。Goldstein（1986）指出，如果模型的随机分量（ε_{ik} 和 μ_p）是呈多变量正态分布（multivariate normal distribution）的话，那么 IGLS 方法相当于最大似然估计法。因此，我们补充这一正态分布的假定以利于作统计推断。②

---

① 城市层面残余值的协方差为零的假设对计算来说并不是必要的。我们也确实估算了一些协方差不为零的多层次模型。因为它们的实证意义不大，我们在此未采用它们。我们的结果汇报因此简化很多。
② Charles Manski 向我们指出，在无穷大的情况下，迭代复合残差的方差—协方差矩阵的 GLS 的估算值不会提高效率。但是为了统计推断的方便，我们使用了迭代的程序，这样我们就可以把 IGLS 解释为无穷大时的最大似然估计。估算所用的电脑程序是 ML3〔估算方法和电脑程序简介参见 Hox 和 Kreft（1994）〕。

我们给 T、S、B 这些因变量测算了同样的模型，在数据处理中如法炮制表 12-1、表 12-2 中模型所用的样本。表 12-3 中，我们给出了三个模型的拟合优度统计数，它们是对方程（7）的修正。第一个模型是方差分量模型。在此模型中，所有的 λ，以及 μ_1、μ_2、μ_4 和 μ_5 都被限为 0。它与地区间同质模型（即表 12-1 中的模型 2）的差别是它引入了随机分量 μ_0 做截距。这个模型需要估算 9 个参数、7 个系数（α_0、α_1、α_2、α_3、α_4、α_5 和 α_6）和两个剩余方差（ε 与 μ_0 的方差）。在随机系数模型中，我们允许 4 个 μ（μ_1、μ_2、μ_4 和 μ_5）影响各自对应的系数 β。因为两个模型是相互镶嵌的，我们可以用它们的对数似然率统计值（L^2）的差来做一个卡方试验以检验拟和优化统计数的改进情况。最后两栏显示，这一对比得到了一个有 4 个自由度的卡方检验数。对所有三个因变量来说，随机系数模型都比简单的方差分量模型要优化，因为卡方检验数具有统计显著性。

表 12-3　多层次模型的拟和优度统计量

模型特征	参数数目	L^2	χ^2	DF
总收入（T）（n = 15862）				
方差分量模型	9	10132.2		
随机系数模型	13	10016.5	115.7*	4
完备模型	18	9986.2	30.3*	5
基本工资（S）（n = 15588）				
方差分量模型	9	1126.6		
随机系数模型	13	975.4	151.2*	4
完备模型	18	955.1	20.3*	5
奖金比重（B）（n = 15588）				
方差分量模型	9	1003.2		
随机系数模型	13	966.9	36.3*	4
完备模型	18	926.7	40.2*	5

注：宏观层面误差的协方差被限定为零。参数包括 Var（ε）；L^2 = -2 log-likelihood；χ^2 = 对比现模型和前模型的对数似然比卡方统计；DF = 与 χ^2 相关的自由度。

＊$p \leqslant 0.001$。

在完备模型中，我们进一步允许城市层面的变量 z 影响个人层面的系数。也就是说，我们现在可以估算 λ_0、λ_1、λ_2、λ_4、λ_5。完备模型比随机系数模型多使用了5个自由度。我们再用卡方检验（自由度为5）来评估当我们从随机系数模型转为完备模型时拟合优度统计量的改善情况。对于这三个因变量来说，卡方检验的结果是 P 值都小于或等于0.001时，即支持完备模型。注意，表12-3中所提供的卡方检验是"复合"的，因为它们同时检测几个参数。不使用简单模型并不意味着我们的模型必须要包括复杂模型中的所有新的参数，尽管刚开始时我们试图通过去掉不必要的参数来简化完备模型，我们最终还是决定使用完备模型以保持三个因变量的一致性，并讨论各个参数的显著性检验。这三个因变量在完备模型中的估计参数及其标准误差列在表12-4中。

我们先来看总收入方程（T）中的估计参数。估算的微观水平截距的指数变换［exp（6.384）＝592.3］应该理解为这样一个假设人群的平均收入：男性，非党员，没有受过教育，无工作经历，住在一个无经济增长的城市中。因为我们允许截距随城市而变化，所以截距由一个结构部分（λ_{0z}）和一个随机部分（μ_0）构成。λ_0 的估计值（见表12-4"微宏观交互作用的系数"）是正值，并具有统计显著性。这是可以预料到的，因为经济增长快则意味着有更多的财富在当地劳动者中间再分配。在我们的数据中，因为 z 在 0.19～1.16 之间变化，值为 0.685 的 λ_0 意味着基本截距 6.384 会有 0.130～0.795 的改变。这个结果清楚地表明经济增长对收入水平有明显的影响。表12-4第二列和第三列分解收入的结果显示，收入水平随着经济的增长而提高主要是通过奖金部分而不是通过基本工资部分（经济增长对两者的作用分别为0.440和0.261）实现的。也就是说，在经济增长快的城市中，人们有较高的收入是因为收入中奖金和补贴的比重较大。

当经济增长为0时，受教育程度对男性总收入的影响为0.029，对女性总收入的影响为0.050。奇怪的是，受教育程度对总收入的影响与经济增长（z）是负相关的，因为估算的 λ_1 是 -0.017，标准误差是 0.006。在观测到的范围内，不同的 z 会使教育对收入的基本影响（0.029）有 -0.020～-0.003 的变化。尽管经济增长对教育回报率的负面影响还不至于改变教育和收入正相关的联系，但能减少教育对收入影响的2/3。虽然 λ_1 在 S 方程和 B 方程中仍是负数，但它仅在 B 方程中统计量上不等于0。所以，多层次的总收入模型证明我们的第一个假设是错误的：经济增长与受教育程度不是正相关，而是负相关的。此外，我们的分解收入的结果表明，经济增长对教育回报率的负面影响主要是通过奖金与补贴产生的。在经济发展较快的城市中，奖金份额不仅不随着受教育程度的增加而增加，反而随着受教育程度的增加而减少。

表 12-4 三个因变量的多层次完备模型的估计参数

	总收入 (T)		基本工资 (S)		奖金比重 (B)	
	参数	S.E.	参数	S.E.	参数	S.E.
微观层面的系数						
截距 (α_0)	6.384	0.059	5.937	0.043	0.443	0.044
受教育年数 (α_1)	0.029	0.003	0.030	0.002	-0.002	0.002
工龄 (α_2)	0.045	0.001	0.037	0.001	0.007	0.001
工龄平方 (α_3)	-6.35×10^{-4}	2.30×10^{-5}	-3.46×10^{-4}	1.75×10^{-5}	-2.71×10^{-4}	1.75×10^{-5}
党员身份（1=是）(α_4)	0.071	0.019	0.084	0.014	-0.013	0.015
性别（1=女性）(α_5)	-0.332	0.028	-0.242	0.023	-0.065	0.017
性别×受教育年数 (α_6)	0.021	0.002	0.013	0.001	0.008	0.001
微宏观交互作用的系数						
截距 (λ_0)	0.685	0.116	0.261	0.085	0.440	0.087
受教育年数 (λ_1)	-0.017	0.006	-0.005	0.005	-0.009	0.004
工龄 (λ_2)	-0.004	0.002	-0.005	0.001	0.000	0.001
党员身份（1=是）(λ_4)	0.029	0.039	-0.014	0.029	0.040	0.031
性别（1=女性）(λ_5)	-0.009	0.043	0.053	0.035	-0.087	0.020
宏观层面的方差要素						
截距 [$\text{Var}(\mu_0)$]	2.31×10^{-2}	5.20×10^{-3}	1.13×10^{-2}	2.71×10^{-3}	1.26×10^{-2}	2.76×10^{-3}
受教育年数 [$\text{Var}(\mu_1)$]	2.95×10^{-5}	1.29×10^{-5}	2.54×10^{-5}	9.05×10^{-6}	1.30×10^{-5}	6.57×10^{-6}
工龄 [$\text{Var}(\mu_2)$]	2.47×10^{-6}	1.20×10^{-6}	1.83×10^{-6}	7.77×10^{-7}	1.28×10^{-6}	6.62×10^{-7}
党员身份（1=是）[$\text{Var}(\mu_4)$]	8.92×10^{-4}	6.14×10^{-4}	3.52×10^{-4}	3.15×10^{-4}	7.67×10^{-4}	4.00×10^{-4}
性别（1=女性）[$\text{Var}(\mu_5)$]	2.84×10^{-3}	8.80×10^{-4}	2.18×10^{-3}	6.15×10^{-4}	0.000	0.000
微观层面的方差要素						
$\text{Var}(\varepsilon)$	0.108	0.001	0.061	0.001	0.061	0.001

注：我们给三个因变量估算了多层次完备模型［方程（7）］。各个模型的拟和优度统计量列在表 12-3 中其所对应的"完备模型"一行。

与前面假定地区间没有差异时所得到的结论相同，工作经历对于收入的对数值有大体上是正面的但下拱（倒 U 形）的影响。特别有趣的是，工龄对收入影响的线性部分与经济增长的关系和教育回报率与经济增长的关系相同，即 λ_2 的估计值是负值。在提出假设时，我们还不肯定经济增长如何影响工作经历对收入的关系。有了表 12-4 第一列的数据后，我们倾向于把教育和工作经历放在人力资本这个大范畴里。在人力资本中，教育和工作经历是最重要的两个要素，分别代表着正式和非正式的培训（Mincer，1974）。然而，工作经历和教育的相似仅局限于总收入模型。与教育不一样的是，工作经历和经济增长的交互作用（λ_2）对基本工资有着明显的负面影响（-0.005），但对奖金比重没有显著的影响。也就是说，工作经历对基本工资的影响在经济增长快的城市较小，在经济增长慢的城市较大。这种负面关系说明，政府按工龄长短定工资等级的制度在发展较快的城市已被弱化。

在表12-4中，我们还可以观察到党员身份和性别对总收入的影响与经济增长无关。对于党员身份来说，分解收入后的分析结果也证明它的回报率与经济增长无关。性别差异的情况则比较复杂。随着经济的增长，男女在奖金份额上的差别扩大了。这种趋势在一定程度上被男女在基本工资上日益缩小的差别所抵消。尽管后一种趋势在统计上没有显著性，但这两种相反的趋势合在一起，对总收入水平没有影响。

收入不平等的地区差别

我们的多层次分析适当地概括了个人收入决定因素的地区差异。但我们还不知道各个城市的总体收入差异是怎样的，因此我们现在以城市为单位来分析。我们在这一节中的任务是研究：（1）经济增长是否影响总体收入不平等；（2）收入函数的地区差异是怎样影响各城市不平等程度的。为此，我们就两种研究方法做些探讨。首先是找到一个合适的测量城市层面收入差别的指标；其次是从个人收入方程式中得出关于各城市不平等状况的结论。除非特别说明，本节中的收入均指总收入，即 $Y = Y_1 + Y_2 + Y_3$。

正如 Allison（1978：867）所说的：“用来检验收入差别的最普遍的标准是基尼系数。"基尼系数可以定义为离中趋势除以两倍的平均数：

$$G = \left[1/n^2 \sum_{i=1}^{n} \sum_{j=1}^{n} | y_i - y_j | \right] / (2\mu_y) \tag{8}$$

这里，$\mu_y = E(y)$，i 和 j 是总体（population）中的任意两点。基尼系数被限定在（0，1）之间。0表示绝对平等，1表示绝对不平等。关于基尼系数的性质，读者可参看其他资料（如，Allison，1978；Lerman and Yitzhaki，1984）。注意，基尼系数的定义假定有总体的资料。在许多研究中，包括本项研究，研究者都只有样本资料。这个问题有两个解决方法：第一个解决方法是忽略实际总体与样本之间的差别，把样本数据代入这个应该使用总体数据的方程。我们把这种方法叫做"样本模拟（SA）"估算。为方便起见，我们采用了 Lerman 和 Yitzhaki（1984）用样本模拟来估算基尼系数的方法。

$$G_s = 2 \operatorname{Cov}[y, F(y)]/\bar{y} \tag{9}$$

这里，$F(y)$ 是 y 按大小排列后的累计分布（cumulative distribution），$\bar{y}$ 是样本 y 的平均值。第二种解决方法是给因变量假定一个参数分布，并得出其极大估计值。我们的最大似然估计值是建立在因变量 y 服从对数正态分布（lognormal distribution）的假定上的。这一假定把基尼系数简化为 y 的对数值的标准差的简单递变（monotonic transformation）（Allison，1978：874）。

$$G_m = 2\Phi[S_{\log(y)}/(2^{1/2})] - 1 \tag{10}$$

$S_{\log(y)}$ 是 $\log(y)$ 的标准差，$\Phi(\cdot)$ 是一个标准正常变量的累计分布函数。

对每个城市，我们分别用方程（9）和方程（10）计算 G_s 和 G_m，计算结果列在附表 A1 中。除了几个特例外，G_s 和 G_m 在 0.17～0.28 之间变化。全部城市放在一起，$G_s = 0.230$，$G_m = 0.240$。这样的基尼系数在国际上算是很低的（Psacharopoulos，1981；Executive Yuan，1990：19）。但是，我们主要感兴趣的不是基尼系数的总体水平，而是基尼系数在中国不同城市间的差别。我们想专门研究基尼系数或其他收入差距的测量值与经济增长之间的关系。在做数据分析之前，我们想援引一些其他学者在这方面的先验的结论。

有关经济发展和收入不平等的关系的一个主要观点是 Kuznets 的倒 U 型命题，即不平等现象在经济发展的初中期上升，然后随着经济的持续发展下降。但严格地说，Kuznets 的理论不适用于我们的研究，因为 Kuznets 关心的是整个社会的不平等，不是城市内部的不平等。而实际上，农村人口向城市的迁徙正是 Kuznets 提出工业化阶段不平等上升的一个重要因素。但是现在 Kuznets 的命题已被纳入到现代化理论中，即发展中国家的经济迅速增长将伴随着不平等现象的加剧（Nee，1991：277；Crenshaw and Ameen，1994：2）。虽然这一假说在巴西等几个国家已得到证明（Fishlow，1972），但是中国台湾近来的情况却提供了一个很好的反证：基尼系数从 1964 年的 0.321 降到 1980 年的 0.277，然后缓慢地回升到 1990 年的 0.312（Executive Yuan，1990：15）。中国台湾的例子在三个方面与本研究有关：第一，大部分支持 Kuznets 命题的研究使用的是截面数据（Gillis et al., 1987; Nee, 1994: 7), 而台湾拥有高质量的趋势资料; 第二, 同属中国文化, 台湾是大陆的自然参考系; 第三, 与大陆相似, 台湾的不平等程度一直保持在很低的水平上。如果台湾在六七十年代经济迅速发展的早期不平等现象没有加剧, 那么我们就有理由相信中国大陆在经济改革过程中也可以使不平等现象保持在较低水平上。

请注意, 两种计算基尼系数的方法得到了近似的结果, 这可以从 G_s 和 G_m 的相关系数是 0.932 看出来。这样一来, 选择 G_s 还是 G_m 对我们的讨论没有很大的影响。为了计算和解释的方便, 我们使用 G_m, 因为它与 $\log(y)$ 的标准差是简单递变的关系。实际上, $\log(y)$ 的标准差或方差可以直接用作衡量不平等的指标 (Allison, 1978)。劳动经济学家 (Chiswick, 1971; Fishlow, 1972; Lam and Levison, 1992) 指出, 整体的收入不平等归根结底来自个人层面的收入决定因素。为了便于说明问题, 我们考虑一个简单的情况, 假定教育与性别之间没有交互作用, 即 $\beta_6 = 0$, 对每一个城市, 在收入方程的两边都取方差函数, 然后对 β_1 和 β_2 求 $\log Y$ 的偏导:

$$\partial V(\log Y)/\partial \beta_1 = 2\beta_1 V(X_1) + 2\beta_2 \text{Cov}(X_1, X_2) + 2\beta_3 \text{Cov}(X_1, X_2^2) + 2\beta_4 \text{Cov}(X_1, X_4) + 2\beta_5 \text{Cov}(X_1, X_5) \tag{11a}$$

$$\partial V(\log Y)/\partial \beta_2 = 2\beta_2 V(X_2) + 2\beta_1 \text{Cov}(X_1, X_2) + 2\beta_3 \text{Cov}(X_2, X_2^2) + 2\beta_4 \text{Cov}(X_2, X_4) + 2\beta_5 \text{Cov}(X_2, X_5) \tag{11b}$$

我们再假设不同城市的协方差是相同的, 这样我们就可以把从整个样本得到的数据代到方程中去。[①] 我们还使用了前面得到的假定地区间同质的参数估计值 (即表 12-1 的模型 1) 作为近似计算。这样, 我们就把方程 (11) 简化为:

$$\partial V(\log Y)/\partial \beta_1 = -0.2799 + 19.4992\beta_1 \tag{12a}$$

$$\partial V(\log Y)/\partial \beta_2 = -6.0645 + 210.1464\beta_2 \tag{12b}$$

也就是说, 如果 β_1 超过 0.0144 (我们的数据基本上都能满足这个条件), 收入差距是教育回报率的正相关递增函数。同理, 如果 β_2 超过 0.0289 (这个条件也能满足), 收入差距是工作经历线性部分的正相关递增函数。

这样, 我们便得出结论: 总体收入差距随着教育和工作经历的回报率的增加而增加。而且在教育和工作经历的回报率较低时, 收入不平等随之增加的速度较

---

① 假定如不成立则意味着城市变量与一对 X 变量有三个变量的交互影响。

慢；在教育和工作经历的回报率较高时，收入不平等随之增加的速度较快。这是因为不平等与回报率之间的关系不是线性的，而是呈上拱的弧形。正是因为这个原因，我们认为 Nee 的市场转型理论暗示着整体收入差距将拉大。

表 12-5 是城市层面的各个指标与回归方程的系数的相关度矩阵（correlation matrix）。正如我们所预想的，经济增长与平均收入相关（相关系数为 0.577），也与收入对数的平均值相关（相关系数为 0.502）。经济增长与奖金比重对数的平均值的相关度比与基本工资对数的平均值的相关度要高得多（分别为 0.522 和 0.216）。请注意，按城市计算的奖金率（见附表 A1）和我们计算奖金比重对数的平均值相关性极高，为 0.980。这说明 B 能反映出各个城市之间奖金和补贴相对于基本工资的重要性。

我们从各城市的基本模型看出，R^2 与经济增长率（z）是负相关的（-0.407）。这意味着人力资本模型对经济增长快的城市的适用性较低，而对经济增长慢的城市的适用性较高。R^2 和 z 的负相关在很大程度上是由奖金和补贴引起的，因为 R^2 和 B 的平均数与城市水平的奖金率有较大的负相关（分别为 -0.515 和 -0.503），但与工资对数有小的正相关（0.103）。

与我们从多层次模型分析得到的结果一样，经济增长速度与教育回报率成负相关（相关系数为 -0.337），也与工作经历回报率成负相关（相关系数为 -0.115）。[①] 表 12-5 中特别有趣的发现是经济增长和几个收入差距指标的相关性：经济增长和基尼系数的 SA 估计值（G_s）和 ML 估计值（G_m）都只有很低的相关性，分别为 0.236 和 0.287。这些分析结果没有强有力地支持现代化理论的观点，即高度不平等是高速经济增长的必要代价。简言之，经济增长快的城市的特点为：平均收入水平，特别是奖金和补贴收入较高，教育回报率和工作经历回报率较低，基本收入模型的适用性较差，而总体收入不平等水平只是微高于别的城市。

从方程（12）得到的这些分析结果意味着教育和工作经历的回报率降低了经济增长快的城市的收入不平等。也就是说，如果人力资本的回报率在各城市相同，经济增长与收入不平等的相关度将会更高。我们的一个依据是，在通过回归分析以控制自变量的影响后，经济增长与残差基尼系数之间的相关度较高，为 0.386。[②]

[①] 我们指定教育对男女收入的影响相同并且工作经历对收入的影响为线性，以便考察这些影响与经济增长之间的简单关系。

[②] 残差基尼表示各城市中基本模型所未能解释的收入差距，它是通过把平均误差平方的平方根（RMSE）代到等式（10）中算得的。RMSE 是未解释的 log$Y$ 的标准差。

表 12-5 中国 55 个城市的城市情况变量和估计统计数的相关性

	z	$\log P$	$\bar{y}$	$\overline{\log y}$	$\bar{S}$	$\bar{B}$	BR	G_m	G_s	R^2	G_r	β_1	β_2
经济增长 (z)	1.000												
人口对数值 ($\log P$)	-0.151	1.000											
平均收入 ($\bar{y}$)	0.577	0.060	1.000										
收入对数的平均值 ($\overline{\log y}$)	0.502	0.077	0.967	1.000									
基本工资对数的平均值 ($\bar{S}$)	0.216	0.020	0.728	0.734	1.000								
奖金比重对数的平均值 ($\bar{B}$)	0.522	0.081	0.661	0.699	0.031	1.000							
奖金率 (BR)	0.517	0.089	0.634	0.673	0.018	0.980	1.000						
基尼系数, ML 估计法 (G_m)	0.287	0.047	0.178	0.025	-0.099	0.182	0.237	1.000					
基尼系数, SA 估计法 (G_s)	0.236	0.029	0.139	-0.023	-0.144	0.145	0.201	0.932	1.000				
R^2 (R^2)	-0.407	-0.060	-0.341	-0.290	0.103	-0.515	-0.503	-0.256	-0.293	1.000			
残差基尼 (G_r)	0.386	0.047	0.254	0.103	-0.129	0.321	0.368	0.959	0.906	-0.512	1.000		
教育的系数 (β_1)	-0.337	-0.188	-0.185	-0.225	-0.040	-0.276	-0.263	0.206	0.167	0.451	0.041	1.000	
工龄的系数 (β_2)	-0.115	0.077	-0.134	-0.166	-0.013	-0.200	-0.145	0.395	0.294	0.358	0.241	0.445	1.000

注: ML 表示最大似然估计法, SA 表示样本模拟估计法。回归系数 (β) 是 55 个城市各自的方程 (1) 的最小平方估计值, 制约条件是 $\beta_3 = \beta_6 = 0$。有关奖金革的解释请看附表 A1, 各城市的奖金革也列在附表 A1 中。R^2 和 G_r 得自附表 A2。

讨 论

扼要重述一下，分析结果未能证明我们的假说：在经济增长较快的城市里，我们没能发现较高的教育回报率和较低的党员身份回报率。相反，教育和工作经历对于个人总收入的回报率与经济增长是负相关的，而党员身份和性别对收入的影响在不同的城市中是相同的。此外，我们发现经济增长与收入不平等的相关性不很强，一部分原因是人力资本因素的回报率与经济增长之间有着负相关的联系。

这些新的研究结果与我们从现有文献中所推证的预想是矛盾的，从而给我们出了一道有趣的实证上的难题。通常，新的实证结果不仅是理论争论的最终仲裁者，而且是未来理论研究指导的指路牌。虽然我们的初衷只是想阐明一些不寻常的发现，但我们仍想在这里给出我们自己的解释。

虽然大家总是可以对数据的质量提出怀疑，[①] 但我们不相信这次研究得出与理论矛盾的结果是数据不准确导致的。与其他有关中国收入不平等现象的研究所采用的数据相比，CHIP 的数据质量应属上乘。其原因有二：第一，CHIP 是一个大型的全国性样本，而大多数以前的研究使用的是地区性样本，只有少数例外（如 Khan et al., 1992；Griffin and Zhao, 1993；Nee, 1994, 1996）。第二，CHIP 的问卷非常详细，搜集了包括各种形式的补贴在内的收入情况（Griffin and Zhao, 1993）。此外，我们的分析结果可信的一个原因是这些定性的结论并不依赖于我们的多层次模型。表 12-5 表明，通过 OLS 估算的各城市的教育和工作经历的回报率与经济增长是负相关的。我们承认在测量经济增长时可能会有误差，但是我们没有理由怀疑这些误差是系统的，以至于使结果产生偏差。我们通过两种方法来检查我们对经济增长的测量效度：一是一个城市一个城市地看它的表面有效性，二是看它与平均收入的相关度（表 12-5）。导致测量经济增长时可能会出现误差的一个原因是 1985~1988 年间有些城市的地理边界发生了变化（参见 224 页注释②）。这种变化对小城市有利，因为小城市近年来扩展得快一些。也就是说，1985~1988 年间城市边界的重新划

[①] 例如，虽然我们怀疑太原和其他几个城市的一些异常观察值可能是误报的数字，但剔除这些异常数据并不改变我们的结论。

分可能会使我们对于小城市经济增量的测量有所夸大。然而，表 12-5 表明，1988 年人口数量的对数与经济增长的测量值之间只有微弱的负相关关系（-0.151）。我们不应把这种负相关统统都归结于城市边界的重新划分，因为我们知道，自改革以来，小城市的经济增长率确实比大城市要高。不管怎样，我们可以有把握地说：此相关性小得不足以用来解释经济增长对收入决定因素的作用。

还有一种可能的解释是：Nee 的市场转型理论和 Chiswick 的推断只适用于中国农村，而不适用于中国城市。Rona-Tas（1994：44）评论说，Nee 用来支持他市场转型理论的资料都来自中国农村；至于从农村研究中得到的结论是否可以推广到城市，还是一个尚未解决的问题。中国存在着巨大的城乡差别，主要原因是城市和农村受到不同的行政政策的管制，而且农村人口向城市的迁移受到严格的限制。有关当代中国的研究几乎总是严格区分农村和城市，把它们看成是两个独立的实体。Peng（1992）在他最近调查城市和农村工资状况的研究中发现，中国工资体制的最明显的特征是城乡差异而不是公有企业和私有企业的差异，因为农村公有企业的工资体制与农村私有企业的工资体制相近，而与城市公有企业的工资体制大相径庭。城市和农村的一个显著区别是：经济改革前，中国农村是以公社为单位的集体所有制，但却从未被国有化；而中国城市里的重要企业差不多全是国家所有的。的确，我们有理由说中国的城市改革比农村改革还要不彻底，即它更远离"市场"这一理想状态。

看来，我们与理论相反的发现似乎可以归因于中国城市改革的不彻底，因为向市场的过渡尚未完成。然而这种解释却因为下面三个原因而很难站得住脚。首先，正如 Rona-Tas（1994：44）所说，把相反的发现归因于"改革的不彻底"实在是太方便了，这样，市场转型理论就不可能被证伪。其次，如果把这些相反的发现归因于"不彻底性"，那么我们就要知道不彻底的改革如何造成收入决定因素的地区性差异与理论预期相矛盾。再次，Nee（1996）报告说，在中国内陆省区的农村，受教育程度对收入有明显的正面影响，但在沿海地区的农村却没有影响，或者甚至有负面影响。这个发现是 Nee（1996：940）未曾预料到的，但却与我们的发现一致。

我们把本文的负面发现归因于 1988 年的中国城市缺乏真正的劳动力市场。换句话说，雇主与雇员的关系在本质上仍然是旧的计划经济体制下的那种关系，虽然这种关系在经济改革中有了新的表现形式。正如 Lin 和 Bian（1991：661）

在一篇有关社会地位获得的研究报告中指出的:"在中国,地位高低与其说与职业本身有关,还不如说与工作单位有关。"也就是说,"在哪儿"工作很重要,可能比"干什么"还要重要。与西方社会的职业相类似,在中国,一个人的工作单位很能说明他的社会地位。改革前,工作单位的好坏主要是通过住房条件的好坏、是否有公共设施(如浴室、托儿所等)、有无交换和寻求好处的能力("关系")以及能否享受其他福利表现出来。改革以后,职工从单位得到的利益更多地表现为货币形式。Walder 的著作(1986,1987,1992a,1992b)清楚地表明:工作单位常常以货币形式给职工提供福利,有时甚至超过政府规定的上限。假如单位有自己支配的资源,这些资源就会以奖金、补贴的形式转移给职工,而不管职工的实际贡献如何。也就是说,主要通过奖金、补贴的发放,单位组织内部的收入差距被维持在较低水平上,而单位组织间的差距则可能扩大。

我们用一个假想的例子来解释这种情况。例如,两个工作性质相同的工作人员("a"和"b"),本身条件完全相同,可以互相替代,但是他们的实际所得却由于工作单位(分别为 A 和 B)支付的奖金和补贴的能力不同而差距很大。A 组织每月付给 a 的钱有可能比 B 组织付给 b 的钱多 1000 元(大约为城市居民 1988 年平均收入的 53%),但这仅仅是因为 A 组织比 B 组织拥有更多的可支配的资源。实际上,A 组织所有的职工比 B 组织所有的职工每月都要多拿 1000 元。由于中国缺乏劳动力市场,B 组织的职工不能辞职进 A 组织以得到更多的收入;A 组织也不能为了降低劳动力成本而雇用 B 组织的职工。实际上,如后面所示,A 组织没有降低成本的动机,因而工作单位之间支付水平的不平等不会消除或接近平衡。尽管这个例子是大大简化了的,但它还是能说明近来学者们,尤其是 Walder 所描述的社会不平等和工作单位的情况。

我们怎样解释 A 组织的看起来不理智的行为呢?即:A 组织为什么要以奖金和补贴的形式付给职工超过"必要"水平的工资,从而牺牲更高的利润呢?Walder(1992a:526)排除了这是为了留住熟练工人的需要,因为在中国城市,劳动力市场基本上是不存在的,工作流动性很弱(Walder,1986;Davis,1992)。这里有两种解释:其一是经济学的,其二是社会学的。经济学的解释是建立在 Kornai(1986,1989)所说的"软预算"的概念上的。由于产权模糊,社会主义经济是在"软预算"下运行的。对单位来说,尽量花钱是理智的行为,因为它们在不断地与中央政府讨价还价，以争取或保护既得的经济利益。发给职工超额工资或给他们其他的好处虽然提高了生产成本，但却可以防止利润被政府拿走以进行全社会范围内的再分配。

社会学的解释是，在社会主义社会里，工作组织是社会结构的中心（Walder，1986）。在社会主义经济中，单位和个人的关系并不是用工资和劳动力或服务交换的市场关系。"单位还起到提供福利的作用"，单位的责任就是要保证全体职工的福利（Walder，1986：11）。虽然中国政府近年来试图改变这种单位与职工的关系（比如，在某些地区推行住房改革），但是由于"单位像家长"的这种观念在中国社会根深蒂固，因此这种尝试尚未成功。实际上，现在个人对工作单位的依赖不仅没有减弱，反而加强了，因为由单位决定的奖金和补贴在职工收入中占越来越大的比重。我们使用 CHIP 数据发现，在经济增长较快的城市中，奖金和补贴在总收入中所占比重比经济增长较慢的城市要高。

尽管单位都想给职工多发点钱，但并不是所有的单位都可以这样做。经济改革的后果之一是：单位只有在能找到经济资源时才可以奖励其职工。但是，评论家认为，单位之间的支付水平不同是"不合理"或者是"不公平"的，因为单位之间的利润差异可能是人为的。一位中国学者（Zhao，1994：113）指出，利润水平受到很多职工生产力以外的"外部条件"影响。这些外部条件包括：价格双轨制，国内和国际市场的差别，政府行政管理不当，以及政府对某些地区、行业和企业的优惠政策等。由此，Zhao 总结说："由以上种种原因造成不同地区、不同行业、不同单位在劳动投入和效率大致相同的情况下出现的收入差距过大的情况，引起人们的不满。这种不满表面上是分配不公，实际上是过程不公所致。由此看来，国家和地区在制定和实施改革计划时，在可能的情况下应给予全体劳动者以公平竞争的过程。"Zhao 所说的"过程不公"的意思是：是否在效益好的企业工作是决定收入高低的主要决定因素，但能否进效益好的企业却是由行政渠道决定的，而不是由市场决定的。

如果说单位组织间的不平等主要是由与经济不均衡有关的外部因素所导致的，那么组织内部的不平等则更加具有随意性了。Walder（1987，1992b）和 Shirk（1989）的研究结果都显示：在组织内部，职工宁可要平均分配，也不愿让收入与个人的生产率挂钩。让我们回想一下，1988 年中国城市职工的收入包括重要性相当的两个部分：（a）基本工资和（b）奖金和补贴。工资部分由政府决定，几乎没有什么差距，奖金部分则是由各个单位自己决定的。请注意，政府的工资等级制度明显地显示出教育和工作经历在收入上的回报。Walder 和 Shirk 的研究提示我们，在组织内部决定奖金和补贴时，人力资本因素所起的作用并不大。假如真是如此，单位组织效益越好，收入方程式的截距就越大，而人力资本因素的斜率就越平坦。① 经济增长和单位效益的地区性差异可以解释为什么经济发展快的城市平均工资较高，但是教育和工作经历的回报率却较低。

我们还没有找到直接证据来证明奖金和补贴的决定与单位的财务状况高度相关。但是，CHIP 数据显示，相对于其他因素来说，地区在决定奖金和补贴方面占有显著地位。在表 12-6 中，我们列出了以基本工资的对数（S）和奖金比重（B）作为因变量的方差分析结果（ANOVA），目的是看看各种因素在决定工资和奖金方面的相对重要性。在做这个分析时，我们增加了以前没有考虑的变量：单位所有制、职业、行业以及就业的性质。② 我们采用保守的做法，把所有的解释性变量都当作分类变量。表 12-6 中的主要内容是与每个变量有关的偏平方和（partial sum of squares）以及偏均方值（partial means of squares）。很明显，决定 S 和 B 这两个因变量的情况是截然不同的。首先让我们把均方值作为一个衡量标准，用它来修正自由度的影响。对基本工资的对数（S）来说，城市变量是继工作经历、性别、教育、党员身份之后的第五个重要的变量。对奖金比重（B）来说，城市的重要性远远超出其他因素：有 4.659 的均方值是城市之间的差异造成的，而第二个最大的均方值是 1.820（就业的性质）。与表 12-2 显示的结果相似，奖金比重不如基本工资好解释。在 B 模型中，R^2 是 26.06%，而 S 模型的 R^2 是 55.42%。就我们所能解释的来说：奖金比重主要是由地区因素决定的，B 模型中的 R^2 至少有 77.0% 可归因于城市间的差别。③ 对 S 模型来说，相应的数字仅为 12.7%。

表 12-6 中的 ANOVA 结果与我们"奖金和补贴主要是由企业的经济效益决

---

① 这是因为我们收入方程的因变量是个对数值，如果一个受教育程度高的人和一个受教育程度低的人收入增加相同的数量，受教育程度高的人收入增加的比例比受教育程度低的人低。

② "就业性质"包括四个类别：固定工、临时工、大部分时间在私营企业和其他。该调查测量行业和职业变量的问题相当粗糙。所有变量的原始编码都被保留下来，用在分析中。在使用雇主所有制、职业、行业和就业状况这四个变量时，我们把"缺少数据"另列为一个类别。

③ 我们说"至少"，是因为表 12-6 的平方和是偏平方和，不包括这些变量和其他变量共同对模型总平方和所起的作用。由于这个原因，偏平方和的总和小于模型的平方和。

定的"这一观点吻合。总收入中奖金和补贴所占的比重并不是对人力资本的回报。奖金和补贴既不是按照旧的计划经济机制也不是按照市场机制来分配的。在计划经济机制下，工资是按照国家制定的教育和工作经历的增函数来分配的；在市场机制（通常被认为是中国经济改革的最终目标）下，雇主需要提高工资以争取到生产效率高的职工。由于1988年中国城市缺乏真正的劳动力市场，人力资本因素对于工资的回报率较小，表明工资还是在旧的计划经济机制控制下。相反，奖金和补贴的分配则不受任何规范而符合逻辑的机制调节。

表12-6 基本工资的对数和奖金比重的各种决定因素的重要性：方差分析结果

因素	DF	基本工资的对数(S)		奖金比重(B)	
		SS	MS	SS	MS
解释性变量					
城市	54	142.258	2.634	251.588	4.659
教育	7	43.905	6.272	0.778	0.111
工龄	45	429.793	9.551	29.213	0.649
党员身份	1	5.402	5.402	0.093	0.093
性别	1	9.145	9.145	0.129	0.129
性别×教育	7	5.379	0.768	0.810	0.116
雇主所有制	8	20.301	2.538	4.199	0.525
职业	7	7.776	1.111	0.810	0.116
行业	16	11.200	0.700	5.989	0.374
就业性质	4	4.750	1.188	7.279	1.820
模型	150	1124.339	7.496	326.907	2.179
误差	15437	904.494	0.059	927.312	0.060
总数	15587	2028.833		1254.219	
R^2		55.42%		26.06%	

注：总个体数为15588。所有解释性变量都是作为分类变量来进行方差分析的。DF表示自由度，SS表示平方和，MS表示平方平均值（MS = SS/DF）。对于解释性变量，SS表示控制其他变量后的偏平方和。雇主所有制、职业、行业、就业性质的缺少数据另为一类。

结　论

本研究对当代一些流行的假说提出了有力的反证。利用在经济改革过程

(即在经济增长)中地区间巨大的差距,我们显示了教育回报率并没有如 Nee 的市场转型理论和 Chiswick 的经济分析所预测的,随着经济的增长而提高。相反,教育和工作经历的回报率,在经济增长快的城市中比在经济增长慢的城市中低。Nee 预测,干部地位的重要性将随着经济改革的发展而降低,这在我们的研究中也没有得到支持,因为我们发现党员身份的回报率在各个城市中差不多是相同的。① 我们的研究与 Rona-Tas(1994)近年来的研究是一致的,其研究结果清楚地表明:在匈牙利向市场经济转型过程中,政治资本在保持优势地位方面的重要性。此外,我们的结果还表明,总收入的性别差异与经济增长无关。中国整体收入不平等水平仍然很低,并且与经济增长只有轻微的相关性,一个原因是经济增长快的城市中收入差距加大的势头被这些城市中人力资本较低的回报率抵消了。

通过使用高质量的数据和恰当的统计方法,我们做出结论否定了 Nee 的市场转型理论的适用性,至少对 1988 年的中国城市来讲,Nee 的这一理论是不适用的。尽管我们不能排除随着时间的推移市场转型理论会变得适用于中国的情况的可能性,我们仍不把"渐进式改革"当作万能的解释,因为这样一来,市场转型理论就成了永远正确而无法被证伪的了。相反,我们得到的结果与强调机构在社会主义或改革中的社会主义中起到社会分层作用的经济学与社会学的看法相一致。

最后,我们发现在收入的决定因素上,改革中的中国城市不能被简单地放在再分配经济和市场或资本主义经济之间的连续体上。我们认为改革后的中国经济有其独特的性质,应当就其特点来研究。一个特点是,尽管存在着商品和劳务的自由或半自由市场,劳动力市场却是几乎不存在的。与此相关的一个特点是产权模糊,这导致了如何分配名义上是全民所有制企业的利润的混乱。因为单位应当为职工提供福利的观点仍继续存在,盈利能力的差别就转化为各单位间,继而是各地区间在奖金和补贴上的巨大差别,因而传统的人力资本模型不能完全解释奖金和补贴上的差异。具有讽刺意味的是,集中体现经济改革的以奖金和补贴形式存在的额外收入比基本工资更不受市场的调节。我们认为这是因为中国的经济改革迄今为止仍不能有效地解决产权和劳动力市场两大根本问题所带来的始料不及的后果。

---

① 我们再次强调党员身份不是地位权力的直接计量指标,而是地位权力的估计测量。

附表 A1　各省份和城市的收入差距与经济指标

省份	城市	n	1988 年 CHIP 微观数据						奖金率	1985～1988 年 CUS 数据	
			年收入(元)		收入的对数		基尼系数 x			经济增长	
			平均数	标准差	平均数	标准差	G_m	G_s		z	年增长率(%)
总数		15862	1871	1077	7.439	0.431	0.240	0.230	0.45		
北京	北京	815	1952	715	7.507	0.388	0.216	0.196	0.49	0.24	8.3
山西	太原	382	1830	2207	7.354	0.477	0.264	0.281	0.42	0.26	9.1
	大同	336	1645	828	7.318	0.422	0.234	0.219	0.40	0.28	9.8
	阳泉	207	1672	1345	7.299	0.449	0.249	0.260	0.37	0.19	6.5
	长治	200	1587	582	7.293	0.426	0.237	0.196	0.41	0.51	18.5
	晋城	198	1699	804	7.336	0.453	0.251	0.252	0.43	0.79	30.1
	运城	179	1642	884	7.306	0.433	0.241	0.231	0.40	0.57	20.9
辽宁	沈阳	619	1815	642	7.454	0.307	0.172	0.173	0.45	0.32	11.3
	大连	613	1887	555	7.504	0.279	0.156	0.152	0.47	0.34	12.0
	丹东	182	1780	618	7.438	0.298	0.167	0.161	0.43	0.31	10.9
	锦州	371	1631	521	7.348	0.316	0.177	0.176	0.40	0.27	9.4
江苏	南京	524	1730	520	7.410	0.312	0.174	0.161	0.44	0.43	15.4
	无锡	443	1865	553	7.485	0.314	0.176	0.163	0.49	0.54	19.7
	徐州	340	1692	554	7.380	0.339	0.189	0.180	0.40	0.34	12.0
	常州	176	1878	723	7.475	0.359	0.200	0.186	0.47	0.50	18.1
	南通	194	1931	636	7.516	0.324	0.181	0.162	0.47	0.52	18.9
	淮阴	107	1282	474	7.089	0.372	0.207	0.209	0.40	0.56	20.5
	盐城	90	1765	526	7.423	0.354	0.197	0.164	0.45	0.57	20.9
	扬州	290	1843	1946	7.420	0.365	0.204	0.217	0.45	0.89	34.5
安徽	合肥	409	1786	983	7.406	0.401	0.223	0.197	0.45	0.48	17.4
	芜湖	173	1712	788	7.381	0.348	0.194	0.179	0.43	0.37	13.1
	蚌埠	186	1730	753	7.361	0.452	0.251	0.237	0.48	0.35	12.4
	淮南	377	1677	981	7.304	0.494	0.273	0.258	0.43	0.32	11.3
	安庆	292	1803	1526	7.365	0.465	0.258	0.267	0.46	0.35	12.4
	阜阳	91	1172	510	6.983	0.413	0.230	0.226	0.40	0.48	17.4
	屯溪	85	1584	688	7.286	0.416	0.231	0.212	0.46	0.38	13.5

续附表

| 省份 | 城市 | n | 1988年CHIP微观数据 |||||| 奖金率 | 1985~1988年CUS数据 ||
| | | | 年收入(元) || 收入的对数 || 基尼系数 x ||| 经济增长 ||
			平均数	标准差	平均数	标准差	G_m	G_s		z	年增长率(%)
河南	郑州	384	1613	638	7.324	0.350	0.196	0.190	0.35	0.29	10.1
	开封	194	1393	473	7.183	0.340	0.190	0.179	0.36	0.25	8.7
	洛阳	362	1566	592	7.272	0.437	0.242	0.214	0.27	0.43	15.4
	平顶山	182	1500	560	7.246	0.372	0.207	0.201	0.34	0.46	16.6
	安阳	285	1430	661	7.165	0.479	0.265	0.224	0.33	0.37	13.1
	新乡	269	1520	585	7.247	0.418	0.233	0.212	0.37	0.60	22.1
	驻马店	124	1537	586	7.273	0.362	0.202	0.191	0.39	0.57	20.9
	南阳	105	1563	485	7.304	0.328	0.183	0.168	0.41	0.39	13.9
湖北	武汉	653	1762	620	7.419	0.343	0.192	0.174	0.41	0.28	9.8
	黄石	196	1798	537	7.440	0.358	0.200	0.166	0.45	0.30	10.5
	十堰	194	1889	598	7.499	0.302	0.169	0.159	0.44	0.41	14.6
	沙市	207	1660	554	7.370	0.296	0.166	0.160	0.38	0.37	13.1
	孝感	192	1773	447	7.447	0.268	0.150	0.138	0.44	0.75	28.4
广东	广州	557	2506	1745	7.710	0.454	0.252	0.250	0.53	0.41	14.6
	韶关	189	2036	970	7.497	0.558	0.307	0.239	0.53	0.42	15.0
	深圳	206	4066	1541	8.237	0.410	0.228	0.196	0.47	1.16	47.2
	汕头	97	2036	1515	7.437	0.617	0.338	0.313	0.52	0.97	38.2
	佛山	309	3282	2026	7.995	0.423	0.235	0.238	0.68	0.97	38.2
	湛江	196	2223	1462	7.567	0.536	0.295	0.270	0.58	0.75	28.4
	惠州	220	2318	1017	7.655	0.454	0.252	0.225	0.56	1.04	41.4
	肇庆	207	2229	1180	7.592	0.518	0.286	0.244	0.58	0.79	30.1
云南	昆明	575	2024	693	7.558	0.343	0.192	0.174	0.50	0.32	11.3
	东川	151	1833	1310	7.412	0.414	0.230	0.235	0.34	0.20	6.9
	曲靖	80	2023	581	7.569	0.304	0.170	0.162	0.48	0.34	12.0
	玉溪	186	2142	928	7.588	0.400	0.223	0.223	0.54	0.61	22.5
	个旧	192	1834	1040	7.431	0.394	0.220	0.206	0.37	0.40	14.3
	大理	184	1800	454	7.461	0.272	0.153	0.142	0.42	0.39	13.9
	保山	191	1713	482	7.409	0.275	0.154	0.150	0.43	0.27	9.4
甘肃	兰州	1096	1865	1286	7.409	0.497	0.275	0.251	0.38	0.22	7.6

注：n 表示样本单位数，G_m 和 G_s 分别表示基尼系数的最大似然估计值和样本模拟估计值。奖金率（对于那些基本工资为正数的被访者来说）被定义为 $\bar{Y}_2/(\bar{Y}_1+\bar{Y}_2)$。$\bar{Y}_1$ 表示平均基本工资，$\bar{Y}_2$ 表示奖金和补贴的平均数。经济增长的测量值是工业生产总值（GPVI）；$z=\log(GPVI_{1988}/GPVI_{1985})$，最后一栏"年增长率"把 z 换算成年增长率。

附表A2　各省份和城市的修正后的人力资本模型的估计参数

	城市	β_0	β_1	β_2	β_3 ($\times 10^{-4}$)	β_4	β_5	β_6	R^2(%)	RMSE	G_r
北京	北京	6.835	0.018	0.043	-6.485	0.037	-0.184	0.005	28.7	0.329	0.184
山西	太原	6.461	0.023	0.051	-8.198	0.225	-0.420	0.032	40.5	0.370	0.207
	大同	6.748	0.010	0.054	-9.350	0.075	-0.893	0.060	40.7	0.328	0.183
	阳泉	6.349	0.036	0.060	-9.651	-0.090	-0.472	0.030	30.1	0.381	0.212
	长治	6.446	0.019	0.056	-7.355	0.040	-0.722	0.058	35.0	0.349	0.195
	晋城	6.860	-0.008	0.067	-12.22	0.121	-1.090	0.077	44.8	0.342	0.191
	运城	6.697	0.008	0.040	-5.340	0.030	-0.564	0.042	26.9	0.377	0.210
辽宁	沈阳	6.747	0.024	0.033	-4.142	0.077	-0.220	0.015	34.3	0.250	0.140
	大连	6.857	0.019	0.034	-4.276	0.059	-0.191	0.013	35.6	0.225	0.126
	丹东	6.717	0.038	0.021	-1.232	0.037	0.000	-0.006	32.8	0.249	0.140
	锦州	6.623	0.023	0.037	-4.746	0.102	-0.372	0.024	46.3	0.233	0.131
江苏	南京	6.688	0.017	0.047	-7.346	0.095	-0.227	0.013	48.4	0.225	0.126
	无锡	6.716	0.029	0.034	-3.954	0.067	-0.070	0.004	38.6	0.248	0.139
	徐州	6.794	0.014	0.044	-6.901	0.091	-0.557	0.038	44.7	0.254	0.143
	常州	6.969	0.003	0.045	-7.132	0.051	-0.396	0.025	31.4	0.302	0.169
	南通	7.100	0.004	0.031	-4.214	0.118	-0.305	0.018	34.4	0.266	0.149
	淮阴	6.313	0.036	0.046	-7.419	0.107	-0.220	0.017	30.1	0.320	0.179
	盐城	6.769	0.015	0.041	-5.935	0.101	-0.199	0.010	41.2	0.281	0.157
	扬州	6.821	0.018	0.032	-3.542	0.041	-0.284	0.018	29.3	0.310	0.174
安徽	合肥	6.496	0.036	0.038	-4.608	0.069	-0.138	0.009	34.9	0.326	0.182
	芜湖	6.611	0.029	0.035	-4.191	0.026	-0.073	0.002	29.4	0.298	0.167
	蚌埠	6.344	-0.040	0.054	-7.099	-0.010	-0.275	0.010	41.3	0.352	0.196
	淮南	6.871	0.015	0.036	-4.849	0.068	-0.940	0.061	38.3	0.391	0.218
	安庆	6.558	0.024	0.049	-6.970	0.038	-0.281	0.021	26.8	0.402	0.224
	阜阳	6.679	0.013	0.021	-2.211	0.111	-0.429	0.021	21.5	0.379	0.211
	屯溪	6.662	0.019	0.031	-2.462	0.105	-0.935	0.090	45.2	0.319	0.179
河南	郑州	6.848	0.017	0.021	-2.049	0.116	-0.433	0.027	35.9	0.282	0.158
	开封	6.441	0.031	0.033	-4.345	0.194	-0.015	-0.001	28.3	0.293	0.164
	洛阳	6.311	0.021	0.065	-11.01	0.185	-0.463	0.034	41.2	0.338	0.189

续附表

	城市	β_0	β_1	β_2	β_3 ($\times 10^{-4}$)	β_4	β_5	β_6	$R^2(\%)$	RMSE	G_r
河南	平顶山	6.765	0.013	0.027	-2.902	0.172	-0.421	0.024	36.1	0.302	0.169
	安阳	6.322	0.023	0.056	-8.579	0.075	-0.269	0.009	39.0	0.378	0.211
	新乡	6.487	0.019	0.041	-5.194	0.146	-0.362	0.028	31.9	0.349	0.195
	驻马店	6.506	0.027	0.047	-7.853	0.092	-0.320	0.017	36.1	0.297	0.166
	南阳	6.599	0.030	0.030	-3.381	0.055	-0.165	0.002	38.5	0.265	0.148
湖北	武汉	6.546	0.030	0.042	-6.195	0.072	-0.243	0.016	38.0	0.272	0.152
	黄石	6.465	0.014	0.071	-11.89	0.020	-0.402	0.036	48.2	0.262	0.147
	十堰	6.867	0.016	0.032	-4.206	0.084	-0.217	0.018	22.4	0.270	0.151
	沙市	6.781	0.017	0.028	-2.937	0.042	-0.057	0.005	29.8	0.252	0.141
	孝感	6.672	0.022	0.044	-6.393	-0.024	-0.040	-0.001	30.3	0.228	0.128
广东	广州	7.271	0.010	0.029	-4.032	0.132	-0.335	0.020	14.7	0.421	0.234
	韶关	6.498	0.022	0.078	-14.32	0.159	-0.446	0.030	27.1	0.484	0.268
	深圳	7.168	0.025	0.082	-16.99	0.070	-0.226	0.013	32.4	0.342	0.191
	汕头	6.268	0.047	0.065	-12.17	0.034	1.007	-0.104	22.7	0.561	0.308
	佛山	7.782	0.002	0.017	-1.804	0.141	-0.350	0.020	14.8	0.394	0.220
	湛江	6.654	0.025	0.060	-9.654	0.085	-0.079	-0.004	22.1	0.480	0.266
	惠州	6.855	0.036	0.034	-5.090	0.153	-0.217	0.009	28.7	0.389	0.217
	肇庆	6.637	0.034	0.059	-9.176	-0.002	-0.370	0.018	28.9	0.444	0.246
云南	昆明	6.619	0.034	0.046	-7.089	0.060	0.040	-0.007	29.4	0.290	0.163
	东川	6.544	0.030	0.036	-3.928	0.175	-0.374	0.024	43.9	0.317	0.177
	曲靖	7.129	0.025	0.011	-0.008	0.097	-0.371	0.029	40.8	0.243	0.137
	玉溪	7.327	-0.003	0.023	-2.750	0.122	-0.337	0.021	18.5	0.367	0.205
	个旧	6.320	0.041	0.062	-9.775	0.015	-0.237	0.010	45.9	0.295	0.165
	大理	6.906	0.026	0.023	-2.944	0.053	-0.184	0.003	31.2	0.230	0.129
	保山	6.517	0.037	0.041	-5.778	0.009	-0.054	-0.005	50.4	0.196	0.110
甘肃	兰州	6.413	0.032	0.056	-8.144	0.120	-0.679	0.049	41.3	0.382	0.213

注：所有 β 都是方程式（1）的普通最小平方估计数。RMSE 表示平均误差平方的平方根，G_r 为根据 RMSE 计算的基尼系数的最大似然估计值。

参考文献

Adelman, I. and D. Sunding. 1987. "Economic Policy and Income Distribution in China," *Journal of Comparative Economics* 11: 444–461.

Aguignier, P. 1988. "Regional Disparities Since 1978," pp. 93–106, in *Transforming China's Economy in the Eighties*; Volume II: *Management, Industry and the Urban Economy*, edited by Feuchtwang, S., A. Hussain, and T. Pairault. Boulder, CO: Westview Press.

Allison, P. D. 1978. "Measures of Inequality," *American Sociological Review* 43: 865–880.

Bianchi, S. and D. Spain. 1986. *American Women in Transition*. New York, NY: Russell Sage Foundation.

Byron, R. P. and E. Q. Manaloto. 1990. "Returns to Education in China," *Economic Development and Cultural Change* 38: 783–796.

Chiswick, B. 1971. "Earnings Inequality and Economic Development," *Quarterly Journal of Economics* 85: 21–39.

Crenshaw, E. and A. Ameen. 1994. "The Distribution of Income Across National Populations: Testing Multiple Paradigms," *Social Science Research* 23: 1–22.

Davis, D. 1992. "Job Mobility in Post-Mao Cities: Increases on the Margins," *China Quarterly* 132: 1062–1085.

Diprete, T. A. and D. B. Grusky. 1990. "Structure and Trend in the Process of Stratification for American Men and Women," *American Journal of Sociology* 96: 107–143.

Eichen, M. and M. Zhang. 1993. "Annex: The 1988 Household Sample Survey—Data Description and Availability," pp. 331–346, in *The Distribution of Income in China*, edited by Griffin, Keith and R. Zhao. New York: St. Martin's Press.

Executive Yuan. 1990. *Report on the Survey of Personal Income Distribution in Taiwan Area of the Republic of China*. Taipei, ROC: Directorate-General of Budget, Accounting and Statistics.

Falkenheim, V. 1988. "The Political Economy of Regional Reform: An Overview," pp. 285–309, in *Chinese Economic Policy: Economic Reform at Midstream*, edited by Bruce Reynolds. New York: Paragon House.

Firebaugh, G. and F. D. Beck. 1994. "Does Economic Growth Benefit the Masses? Growth, Dependence, and Welfare in the Third World," *American Sociological Review* 59: 631–653.

Fishlow, A. 1972. "On the Emerging Problems of Development Policy: Brazilian Size Distribution of Income," *American Economic Review* 62: 391–410.

Gelb, A. 1990. "TVP Workers' Incomes, Incentives, and Attitudes," pp. 280–298, in *China's Rural Industry: Structure, Development, and Reform*, edited by Byrd, W. A. and Lin Qingsong. Oxford: Oxford University Press.

Gillis, M., D. H. Perkins, M. Roemer, and R. D. Snodgrass. 1987. *Economics of Development*. New York: W. W. Norton and Company.

Goldstein, H. 1986. "Multilevel Mixed Linear Model Analysis Using Iterative Generalized Least Squares," *Biometrika* 73: 43 – 56.

Griffin, K. and R. Zhao. (Eds.) 1993. *The Distribution of Income in China*. New York: St. Martin's Press.

Hannum, E. and Y. Xie. 1994. "Trends in Educational Gender Inequality in China: 1949 – 1985," *Research in Social Stratification and Mobility* 13: 73 – 98.

Hox, J. J. and I. G. Kreft. 1994. "Multilevel Analysis Methods," *Sociological Methods & Research* 22: 283 – 299.

Hsiung, B. and L. Putterman. 1989. "Pre- and Post-reform Income Distribution in a Chinese Commune: The Case of Dahe Township in Hebei Province," *Journal of Comparative Economics* 13: 406 – 445.

Khan, A. R., K. Griffin, C. Riskin, and R. Zhao. 1992. "Household Income and its Distribution in China," *China Quarterly* 132: 1029 – 1061.

Knight, J. and L. Song. 1993. "Why Urban Wages Differ in China," pp. 216 – 284, in *The Distribution of Income in China*, edited by Griffin, Keith and Zhao, Renwei. New York: St. Martin's Press.

Kornai, J. 1986. *Contradictions and Dilemmas: Studies on the Socialist Economy and Society*. Cambridge, MA: The MIT Press.

——. 1989. "The Hungarian Reform Process: Visions, Hopes, and Reality," pp. 32 – 94, in *Remaking the Economic Institutions of Socialism: China and Eastern Europe*, edited by Victor Nee and David Stark with Mark Selden. Stanford, CA: Stanford University Press.

Kuznets, S. 1955. "Economic Growth and Income Inequality," *American Economic Review* 45: 1 – 28.

Lam, D. and D. Levison. 1992. "Age, Experience, and Schooling: Decomposing Earnings Inequality in the United States and Brazil," *Sociological Inquiry* 62: 220 – 245.

Lerman, R. I. and S. Yitzhaki. 1984. "A Note on the Calculation and Interpretation of the Gini Index," *Economics Letters* 15: 363 – 368.

Li, R. 1991. "A Preliminary Investigation of the Issue of Increasing Cross-Regional Differences in Personal Income" (in Chinese, our translation). *Shehui Kexue* (Shanghai) 3: 41 – 44.

——. 1993. "The Problem of Regional Disparity in Contemporary China's Social Development" (in Chinese, our translation). *Shehui Kexue Zhanxian* (Changchun) 5: 112 – 120.

Lin, N. and Y. Bian. 1991. "Getting Ahead in Urban China," *American Journal of Sociology* 97: 657 – 688.

Linge, G. J. R. and D. K. Forbes. 1990. "The Space Economy of China," pp. 10 – 34, in *China's Spatial Economy: Recent Developments and Reforms*, edited by Linge, G. J. R. and Forbes, D. K. New York: Oxford University Press.

Mason, W. M., G. Y. Wong, and B. Entwisle. 1983. "Contextual Analysis Through the Multilevel Linear Model," pp. 72 – 103, in *Sociological Methodology 1983 – 1984*, edited by

Leinhardt, Samuel. San Francisco and Washington: Jossey-Bass.

Mincer, J. 1974. *Schooling, Experience and Earnings*. New York: Columbia University Press.

Nee, V. 1989. "A Theory of Market Transition: From Redistribution to Markets in State Socialism," *American Sociological Review* 54: 663 – 681.

———. 1991. "Social Inequalities in Reforming State Socialism: Between Redistribution and Markets in China," *American Sociological Review* 56: 267 – 282.

———. 1994. "Markets and Inequality: Why Marx and Smith are Both Right," Working Paper Number 94.4, Mario Einaudi Center for International Studies, Cornell University.

———. 1996. "The Emergence of a Market Society: Changing Mechanisms of Stratification in China," *American Journal of Sociology* 101: 908 – 949.

Peng, Y. 1992. "Wage Determination in Rural and Urban China: A Comparison of Public and Private Industrial Sectors," *American Sociological Review* 57: 198 – 213.

Psacharopoulos, G. 1977. "Schooling, Experience and Earnings: The Case of an LDC," *Journal of Development Economics* 4: 39 – 48.

———. 1981. "Returns to Education: An Updated International Comparison," *Comparative Education* 17: 321 – 341.

Riskin, C. 1987. *China's Political Economy—The Quest for Development Since 1949*. New York, NY: Oxford University Press.

Rona-Tas, A. 1994. "The Fist Shall Be the Last? Entrepreneurship and Communist Cadres in the Transition from Socialism," *American Journal of Sociology* 100: 40 – 69.

Selden, M. 1993. *The Political Economy of Chinese Development*. Armonk, New York: M. E. Sharpe.

Shirk, S. 1989. "The Political Economy of Chinese Industrial Reform," pp. 328 – 362, in *Remaking the Economic Institutions of Socialism: China and Eastern Europe*, edited by Victor Nee and David Stark with Mark Selden. Stanford, CA: Stanford University Press.

State Statistical Bureau. 1985. *China Urban Statistics 1985*. London: Longman Group Ltd.

———. 1990. *China Urban Statistics 1988*. New York: Praeger Publishers.

———. 1993. *1993 Statistical Yearbook of China*. Beijing: China Statistical Publishing House.

Szelenyi, I. 1978. "Social Inequalities in State Socialist Redistributive Economies: Dilemmas for Social Policy in Contemporary Socialist Societies of Eastern Europe," *International Journal of Comparative Sociology* 19: 63 – 87.

———. 1983. *Urban Inequalities Under State Socialism*. New York: Oxford University Press.

Trescott, P. B. 1985 "Incentives Versus Equality: What Does China's Recent Experience Show?" *World Development* 13: 205 – 217.

Walder, A. G. 1986. *Communist Neo-Traditionalism: Work and Authority in Chinese Industry*. Berkeley, CA: University of California Press.

———. 1987. "Wage Reform and the Web of Factory Interests," *China Quarterly* 109: 22 – 41.

———. 1990. "Economic Reform and Income Distribution in Tianjin, 1976 – 1986," pp. 135 – 156, in *Chinese Society on the Eve of Tiananmen*, edited by Deborah Davis and Ezra F. Vogel. Cambridge, MA: The Council on East Asian Studies/Harvard University Press.

——. 1992a. "Property Rights and Stratification in Socialist Redistributive Economies," *American Sociological Review* 57: 524 – 539.

——. 1992b. "Urban Industrial Workers: Some Observations on the 1980s," pp. 103 – 120, in *State & Society in China: The Consequences of Reform*, edited by Arthur G. Rosenbaum. Boulder, CO: Westview Press.

Whyte, M. K. 1986. "Social Trends in China: The Triumph of Inequality," pp. 103 – 123, in *Modernizing China: Post-Mao Reform and Development*, edited by A. Doak Barnett and Ralph N. Clough. Boulder, CO: Westview Press.

Whyte, M. K. and W. L. Parish. 1984. *Urban Life in Contemporary China*. Chicago, IL: The University of Chicago Press.

Xie, Y. 1989. "Measuring Regional Variation in Sex Preference in China: A Cautionary Note," *Social Science Research* 18: 291 – 305.

Zhao, R. 1990. "Income Distribution," pp. 187 – 199, in *The Chinese Economy and Its Future: Achievements and Problems of Post-Mao Reform*, edited by Peter Nolan and Fureng Dong. Cambridge, MA: Polity Press.

——. 1994. "On Several Issues of Inequality in Social Distribution" (in Chinese, our translation) . *Shehui Kexue Zhanxian* (Changchun) 1: 112 – 121.

Zhu, L. 1991. *Rural Reform and Peasant Income in China: The Impact of China's Post-Mao Rural Reforms in Selected Regions*. Basingstoke: Macmillan.

李若建，1991，《地区间居民收入差距扩大问题初探》，《社会科学》（沪）第 3 期。

李若建，1993，《当代中国社会发展中的地区差距问题》，《社会科学战线》（长春）第 5 期。

辛欣，1994，《关于我国贫富分化问题观点综述》，《甘肃理论学刊》（兰州）第 1 期。

赵振宇，1994，《关于社会分配不公的几个问题》，《社会科学战线》（长春）第 1 期。

13

市场回报、社会过程和"统计至上主义"

统计学是一个有效但也具有潜在风险的分析工具。二十多年以前,已故的Duncan(1984:226)曾警告过我们关于"统计至上主义"(statisticism)的危险,即"将做统计计算等同于做研究,天真地认为'统计学是科学的方法论之完备的基础',迷信存在着能评价不同实质性理论之优劣的统计公式"。长期以来,Duncan的警告仅被理解为是针对那些做定量分析的社会学研究者的。然而事实上,对于做定量研究的读者,即使是他们当中比较谨慎的人,Duncan的这一警告也同样适用。

在我们早些时候的研究中(Wu and Xie, 2003),我们提出了这样的问题:"市场真的有回报吗?"我们强调的是市场部门中的劳动者具有的潜在异质性。通过使用工作经历的数据,我们将他们分成两种类型:"早些进入市场的人"和"晚些进入市场的人"。我们考虑到这样的可能性,即,将"早些进入市场的人"和"晚些进入市场的人"放在一起,哪怕他们每个群体都与"留在国有部门的人"具有相同的教育回报率,也很有可能导致在市场部门中的人教育的回报率看起来比在国有部门中的人要高。我们主要的经验结果表明,"晚些进入市场的人",而不是"早些进入市场的人",能够享受到比"留在国有部门的人"显著更高的教育回报。这一结果也被Jann(2005)的研究所证实。

Jann的评论主要是认为我们的数据没有足够的统计效力(statistical power)能把对"早些进入市场的人"的教育回报与对"晚些进入市场的人"、"留在国有部门的人"的教育回报区分开来。① 应该承认，他的上述批评在技术层面上是成立的，尽管只是在狭隘的有关"原假设显著性检验"（null hypothesis significance testing）的统计范式下成立。在最近的几十年中，这一统计范式已经受到了严厉的批评（比如，Cohen，1994）。它的一个基本的问题在于：只要数据充分，任何差异都必然具有"统计上的显著性"。已故的 Tukey（1991：100）对这一范式曾有如下说法："统计学家们惯于提出一个错误的问题，并且乐于用谎言（经常是彻头彻尾的谎言）去回答这一问题。他们问，'A 和 B 的作用是不同的吗？'；然后，他们乐于回答说'没有不同'……［我们知道］，对于任何 A 和 B 而言——在一些小数位上——A 和 B 的作用总是不同的。"

我们不同意 Jann 的根本之处，并不在于统计方法在技术上正确不正确，而是在于统计方法应该怎样应用于社会学的研究中。我们坚信统计方法在指导研究时不应该与所关注的实质性问题分开。Jann 对我们的研究在"方法论上"的批评之所以误入歧途，恰恰是因为他的批评仅仅局限于统计方法本身，而缺乏对实质性研究问题和其背后的社会过程的理解。正如我们将要揭示的，这使得他对"早些进入市场的人"和"晚些进入市场的人"之间差异的检验，与我们研究的实质性问题毫无关系。

平心而论，Jann 并不是唯一掉入"统计至上主义"陷阱的人，因为"统计至上主义"在当前社会学中如此普遍，以至于它常常导致定量研究变得毫无吸引力。Jann 的评论体现出了一个普遍存在于做定量研究的社会学者中的倾向，即，依赖于程式化的统计检验，而不是实质性的知识。因此，我们愿意借此机会，为包括我们在内的所有人总结一条普遍经验：只有对社会过程有实质性的理解，统计方法才能够产生富有成效的研究。

从根本上讲，Wu 和 Xie（2003）的研究只是描述性的。我们通篇都强调了这一点，不断地提醒读者说，将事实上具有异质性的劳动者作为一个群体可能是有问题的。虽然我们对"市场化本身'导致'教育回报率提高"这一流行的看法提出了质疑，但我们从未试图将我们的统计分析超越描述性研究的范围。在描述性研究中，只有当存在足够的统计效力的时候，正式的统计检验才能够增进我们的理解；当缺乏有效的统计信息时，应由实质性的知识而非正式的统计检验来

---

① 正是本文的第一作者向 Jann 建议说他关于 Wu 和 Xie（2003）的问题，应该被理解为统计效力的问题。

主导我们的判断。

在 Jann 的评论中,他把我们所讨论的三个群体——"留在国有部门的人"、"早些进入市场的人"和"晚些进入市场的人"当作完全对称的组,就像在实验条件下看到的控制组和对照组那样。通过这一处理,他借用了通常在方差分析(ANOVA,常常和实验设计联系在一起)中用到的多组比较的方法。然而,由于我们处理的是观察数据,我们关心的是由社会过程造成的组间异质性和组内异质性。在我们看来,上述三个群体的收入机制是由一个累积性的历史过程产生的,而这一历史过程无疑是非对称的(见图 13-1)。因此,这三个群体的收入机制在分析中也应该按照非对称的来处理。像 Jann 那样将这三个群体当作是在三个实验条件下来比较,不但不合适,而且具有误导性。

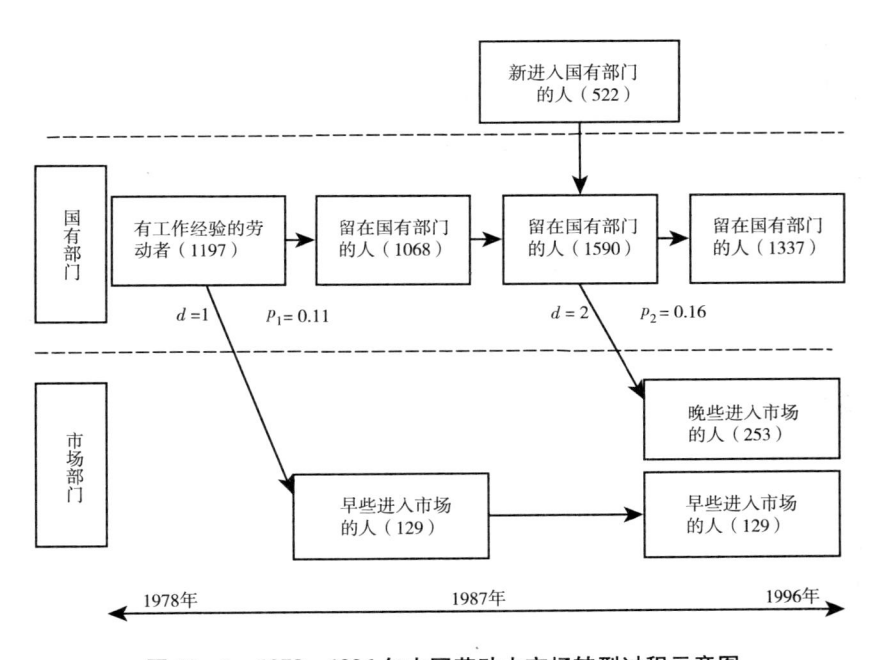

图 13-1　1978~1996 年中国劳动力市场转型过程示意图

在图 13-1 中,我们描绘了一个关于受访者类型的流动过程示意图。这一示意图基于 1996 年"当代中国的社会结构和社会现代化调查"的数据,亦即 Wu 和 Xie(2003)分析中所用到的数据。在该图中,y 轴代表雇佣部门(国有部门 vs. 市场部门),x 轴代表历史时间。这里,为简便起见,我们假设市场部门处于一个吸纳的状态，因而没有从市场部门到国有部门的逆向流动。① 从图 13-1 中可以看到，当 1978 年中国经济改革刚开始的时候，有 1197 个受访者在国有部门工作。到 1987 年的时候，他们中间有 11% 的人转到了市场部门（$d=1$），这些人被我们称为"早些进入市场的人"。剩下的 1068 个受访者，加上 522 个在 1978 年和 1987 年间新进入国有部门的受访者，在这 1590 人中间，有 16% 的人在 1987 年之后转到了市场部门（$d=2$），我们称这些人为"晚些进入市场的人"。② 最后剩下的 1337 个受访者被我们称为"留在国有部门的人"。

对于 Jann 所产生的困惑，Wu 和 Xie（2003）的文章应该负部分责任，因为 Jann 的分析模型正是基于 Wu 和 Xie（2003）以教育、雇佣部门和它们的交互项为自变量，以收入的对数为因变量所做的回归分析。在 Wu 和 Xie（2003）的研究当中，有大量关于不同部门之间具有不同的对教育的回报率的讨论。这使得表面上看起来，教育是一个原因因子（causal factor），而雇佣部门是一个协变量。然而，我们真正要研究的问题是不同雇佣部门之间的收入差异，而教育只是一个混杂变量（confounder）。我们不妨重新回顾 Jann 所引用和强调的一段话（Wu and Xie，2003：430）：

> 这两个假设的根本区别在于对那些早些进入市场的人的处理。在假设 1 中，早些进入市场的人与晚些进入市场的人被归为一组，因为他们同在市场部门……在假设 2 中，早些进入市场的人和留在国有部门的人被归为一组，因为这两类人趋于一致。而相对于这两类人而言，晚些进入市场的人则有很大不同，因为晚些进入市场的人是有选择性地进入市场部门的。

Jann 自以为"归为一组"意味着"具有相同的教育回报系数"。可是，如图 13-1 所示的那样，这种理解是不正确的。比如，很可能"早些进入市场的人"和"晚些进入市场的人"在收入分布和教育分布上确实不同，但是都与"留在国有部门的人"具有同样的教育回报率；这个时候，如果我们把"早些进入市场的人"和"晚些进入市场的人"归为一组，就会使市场部门的劳动者作为一

---

① 即，我们去掉了图 13-1 中数目很小的"市场上的失败者"，因为该群体的个案数很少（Wu and Xie，2003）。我们对市场部门的分类是基于 Wu 和 Xie 对市场部门的综合测量。

② 有 275 个劳动者，包括 Wu 和 Xie（2003）原论文中 82 个"晚些进入市场的人"，在 1987 年以后进入劳动力市场。在这里的分析中他们被剔除。

个整体,比留在国有部门的劳动者有更高的对教育的回报。

为了更深入地探讨这一问题,让我们明确地用因果推断中清晰的"反事实"的概念将这一实质性的问题重新论述一下(Heckman,2005;Holland,1986;Manski,1995;Winship and Morgan,1999)。假设我们的研究兴趣在于"进入市场部门"这一事件对1996年收入的因果作用。从概念上来说,这一论述包含着两个因果问题:(1)在早些时候进入市场会有什么作用(即$d=1$)?(2)在晚些时候进入市场又会有什么作用(即$d=2$)?显然,这两个问题具有内在的不对称性。第二个问题只对那些并没有在早些时候进入市场部门的劳动者有意义,而第一个问题则包括了对那些在早些时候进入市场的人和那些没有在早些时候进入市场的人(无论他们是否在晚些时候进入市场)之间的反事实比较(counterfactual comparison)。借用因果推断的文献中关于时变处理(time-varying treatments)的表示符号(Brand and Xie,2005),如果第i个人在时间d($d=1$,2,∞)做了转换(transition),此处即进入市场部门,我们就用Y_i^d表示这个人潜在的结果。其中,$d=\infty$表示这个人在我们收集数据的时候仍然没有做过一次转换("留在国有部门的人")。需要注意的是,对于一个在早些时候做出转换的人($d=1$)来说,他的反事实的结果应该服从"前瞻性系列预期"(forward-looking sequential expectation)的原则(Brand and Xie,2005)。也就是说,他的反事实的结果应该是"晚些进入市场部门"($d=2$)和"留在国有部门"($d=\infty$)的概率性结合。因此,我们通过等式(1)来定义在早些时候做出转换("早些进入市场的人")的"平均因果效应"(average causal effect):

$$E(Y^{d=1}) - E(Y^{d>1}) = E(Y^{d=1}) - [E(Y^{d=2})P_2 + E(Y^{d=\infty})(1-P_2)] \qquad (1)$$

注意,转换概率P_2是条件概率(以没有在早些时候做过转换为条件),因此$P_2 = P(d=2 | d>1)$。

第二个等式是关于在晚些时候做出转换("晚些进入市场的人")的平均因果效应的,相对比较简单,它包括了两个特定状态下的均值:

$$E(Y^{d=2}) - E(Y^{d>2}) = E(Y^{d=2}) - E(Y^{d=\infty}) \qquad (2)$$

由于我们所观察到的仅仅是每个劳动者在3个可能性的结果($d=1$,2,∞)中的一个,我们无法计算出等式(1)和等式(2)中所定义的统计量。为了推断因果关系,在此我们有必要引入"可忽略性假设"(ignorability assumption)。该假设是一个有条件的假设,因为它不可能在现实中成立。根据这一假设，所有与转换相关联的系统性差异，都可以通过一系列观察到的协变量（X）来概括（Rosenbaum and Rubin，1984）。

在这一假设下，期望收入就可以基于所观察到的协变量（包括教育）做出估计。正如等式（1）和等式（2）所显示的，我们需要 4 个条件期望值来进行因果分析：等式（1）需要 $E(Y^{d=1}|X)$ 和 $E(Y^{d>1}|X)$，等式（2）需要 $E(Y^{d=2}|X)$ 和 $E(Y^{d>2}|X)$。"可忽略性假设"意味着 $E(Y^{d=1}|X)$ 可以通过"早些进入市场的人"来估计，$E(Y^{d=2}|X)$ 可以通过"晚些进入市场的人"来估计，$E(Y^{d>2}|X)$ 可以通过"留在国有部门的人"来估计。但是，$E(Y^{d>1}|X)$ 作为 2 个条件期望值的加权总和，应该通过"晚些进入市场的人"以及"留在国有部门的人"来共同估计。在 P_2 很小的情况下（0.16），对 $E(Y^{d>1}|X)$ 的一个粗略的近似可以仅通过"留在国有部门的人"来估计（即，将所有的权重都给"留在国有部门的人"，而把"晚些进入市场的人"的权重设为 0）。这一粗略的近似恰恰解释了 Wu 和 Xie（2003）的分析策略。由于"晚些进入市场的人"只占与"早些进入市场的人"相比较的适当群体（即没有"早些进入市场的人"这一群体）的非常小的比例，像 Jann 所建议的那样，将"晚些进入市场的人"直接与"早些进入市场的人"进行比较，几乎没有什么意义。

为了揭示上述论述的意义，我们进行"倾向分数分析"（propensity score analysis）。限于篇幅，我们在这里只报告分析中所得到的最重要的结果，该分析的所有结果已在其他地方给出（Xie and Wu，2005）。按照因果推断文献中的术语，我们在本研究中考虑两个"干预"："在早些时候进入市场部门"和"在晚些时候进入市场部门"。对于第一个干预而言，控制组包括没有发生"在早些时候进入市场部门"这一事件的所有劳动者，因此包含了"留在国有部门的人"和"晚些进入市场的人"。对于第二个干预而言，控制组只包括"留在国有部门的人"。倾向分数的方法允许我们只用一个维度，即受到一个特定干预的概率来概括实验组和控制组之间的所有差别。这样，我们可以在每一个倾向分数层（propensity score stratum）中计算对收入的"平均干预效应"（average treatment effect）。

通过使用倾向分数分析，我们得到了两个主要的发现。首先，"在晚些时候进入市场部门"的倾向模型（propensity model）与"在早些时候进入市场部门"的倾向模型不同，因为做出"进入市场部门"这一转换的机制起了变化。当我们用人力资本和政治资本的测量指标，如教育、党员身份、资历和与干部的联系等变量,来预测"在早些时候进入市场部门"的概率时,这些变量都具有负向的系数。但是当使用这些变量来预测"在晚些时候进入市场部门"的概率时,上述负效应变得很不明显。

其次,我们发现"进入市场部门"这一干预的效应对于"在早些时候进入市场部门"和"在晚些时候进入市场部分"并不相同。对"在早些时候进入市场部门"这一事件,我们在所有的倾向分数层中都没有发现它对收入起作用;而对"在晚些时候进入市场部门"这一事件,所估计出的干预效应则相对较大,而且在最底下的 4 个倾向分数层中显著地区别于 0。我们将这一结果报告在图 13-2 中。另外,如果我们将不同的层合并在一起,在"同质性效应"假设 (homogeneous effect assumption) 下(即认为干预的作用在所有的层中都是一样的)去估计总体的干预效应,所得到的估计值是:"进入市场部门"这一事件本身将带来 236 元的收入回报,其标准误(S. E.)为 54,从而其 t 值是显著的,为 4.4(236/54)。然而,"同质性效应"假设显然并不符合图 13-2 所示的干预

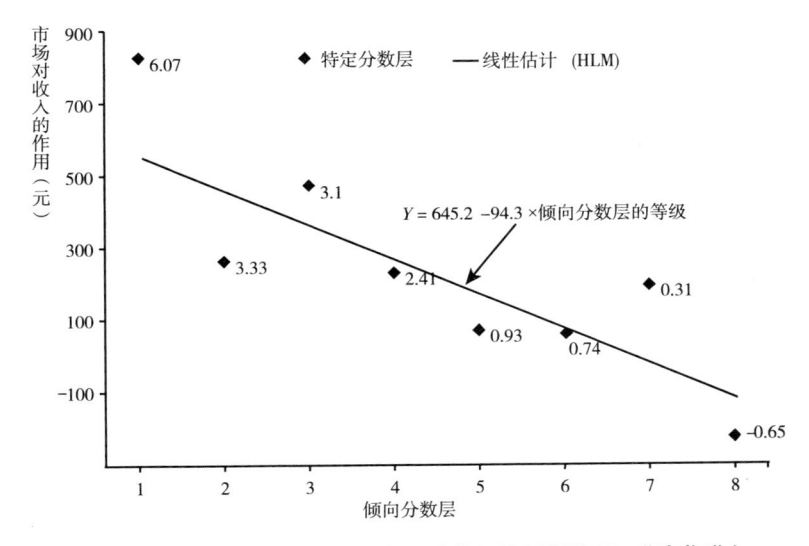

图 13-2　不同倾向分数层中市场对收入的干预作用:"晚些进入
　　　　　市场的人"与"留在国有部门的人"的比较

注:散点图中的数字是"晚些进入市场的人"(实验组)和"留在国有部门的人"(控制组)之间收入比较的 t 值;$t<1.96$ 表示在该倾向分数层中,实验组和控制组在收入上没有显著差别。图中的直线是通过层级线性模型估计得到的(第一层的模型对倾向分数层的等级进行回归,第二层的模型是对第一层的模型斜率的处理)。"倾向分数层的等级"这一变量的作用在统计上显著($t=-3.6$)。

作用下降的趋势。为此，我们进一步使用多层线性模型（hierarchical linear model）来估计各个层的干预作用。结果显示，倾向分数的大小强烈地，并且是负向地影响干预作用的大小。一个单位的倾向分数层的等级变化（即从一个倾向分数层跳到另一个倾向分数层），将使得干预作用减少 94 元（该关系在统计上是显著的，$t = -3.6$）。也就是说，"在晚些时候进入市场部门"的回报，对于那些最不可能进入市场部门的人最大，并且随着进入市场的倾向性上升而下降。

可以说，上述这些新的结果对于"市场真的有回报吗"这一问题并没有给出简单的答案。我们没有发现市场本身对收入具有普遍的、一致的作用，相反，市场的作用在两个维度上变化：（1）我们的发现再一次证实了 Wu 和 Xie 以前的结论：虽然"在晚些时候进入市场部门"确实有更高的收入，但没有证据表明"在早些时候进入市场部门"也有回报（Wu and Xie, 2003）。（2）我们的结果表明，即使对于"晚些进入市场的人"而言，随着他们进入市场的倾向性的增加，工作在市场部门的回报急剧下降。因此，总结我们的分析结果，我们发现市场回报仅仅适用于那些"在晚些时候进入市场部门"而且只有很小的可能性做出向市场部门转换的人。他们是哪些人呢？

这些只有很低的转换倾向的"晚些进入市场的人"极有可能是那些在国有部门做得特别好的劳动者。基于成本—收益分析（cost-benefit analysis），对于一个自愿地从国有部门转换到市场部门的人来说，进入市场部门所带来的收益必须要超过留在国有部门的收益。那些在国有部门做得很好而又不可能失业的劳动者有很好的理由继续留在国有部门。对于他们而言，只有当市场部门的吸引力大到不仅能够补偿，而且要多于他们在国有部门的既得利益时，他们才有可能做出向市场部门的转换。因此，实际上只有那些拥有最好市场机遇的人，才会从国有部门转换到市场部门。在 Wu 和 Xie 的文章（2003：435）中，我们用示意图强调了这一群体，将他们作为自愿的"晚些进入市场的人"。这些结果典型地违背了"可忽略性假设"，即显示出了"内生性"问题。在社会变革中，个人基于预期的结果来选择他受到的干预，而这些预期的结果在个体之间并不是相同的。这种对社会过程的洞察结果永远不可能通过像 Jann 那样的统计分析来得到。他的批评不恰当地比较了"早些进入市场的人"和"晚些进入市场的人"这两个群体之间的差异，从而导致他的结果依赖于并不能给我们带来任何信息的统计检验，也失去了对实质性知识的探求。这样，Jann 的统计检验几乎没有为加深我们对社会过程的理解做出贡献，而这一社会过程却隐含在 Wu 和 Xie（2003）所报告的经验模式之中。

参考文献

Brand, J. E. and Y. Xie. 2005. "Time-Varying Treatments, Time-Varying Effects: Causal Effects in a Longitudinal Setting," Annual Winter/Spring Meeting of Sociological Methodology Section, American Sociological Association, April 22, Chapel Hill, NC.

Cohen, J. 1994. "The Earth Is Round (p < .05)," *The American Psychologist* 49: 997–1003.

Duncan, O. D. 1984. *Notes on Social Measurement, Historical and Critical.* New York: Russell Sage Foundation.

Heckman, J. J. 2005. "The Scientific Model of Causality," Department of Economics, University of Chicago, Chicago, IL. Unpublished manuscript.

Holland, P. W. 1986. "Statistics and Causal Inference," (with discussion) *Journal of American Statistical Association* 81: 945–970.

Jann, B. 2005. "Earnings Returns to Education in Urban China: A Note on Testing Difference among Groups," *American Sociological Review* 70: 860–864.

Manski, C. 1995. *Identification Problems in the Social Sciences.* Boston, MA: Harvard University Press.

Rosenbaum, P. R. and D. B. Rubin. 1984. "Reducing Bias in Observational Studies Using Subclassification on the Propensity Score," *Journal of American Statistical Association* 79: 516–524.

Tukey, J. W. 1991. "The Philosophy of Multiple Comparisons," *Statistical Science* 6: 100–116.

Winship, C. and S. L. Morgan. 1999. "The Estimation of Causal Effects from Observational Data," *Annual Review of Sociology* 25: 659–707.

Wu, X. and Y. Xie. 2003. "Does the Market Pay Off? Earnings Returns to Education in Urban China," *American Sociological Review* 68: 425–442.

Xie, Y. and X. Wu. 2005. "Market Premium, Social Process, and Statistical Naivety: Further Evidence on Differential Returns to Education in Urban China," PSC Research Report 05-578, Population Studies Center, University of Michigan, Ann Arbor, Michigan.

14

认识中国的不平等[*]

导　言

　　首先解释一下标题——"认识中国的不平等"。"认识"一词在此的特别意义是指以理解为最终目的、为了知识而寻求知识。我不对中国的不平等做价值判断，也无意为中国政府或社会解决不平等问题出谋献策，只是作为一个学者，试图摆脱政治因素的干扰，理解中国的不平等。

　　中国现在正经历着一场划时代的社会变迁，其程度和意义堪比世界历史上其他一些重大的变迁，如早期欧洲的文艺复兴、英国的工业革命等。事实上，中国的这场变迁所涉及的范围之广、规模之大、人口之众、速度之快、影响之深，是人类历史上从未有过的。而且，这一变迁也是根本性的、不可逆的。作为当代的社会科学工作者，我们是幸运的，因为我们有机会观察、记录、研究、理解中国正在发生的这些变化。

　　中国发生的巨大变化具体反映在哪些方面？总结一下，大致有如下几点。第一，经济发展。从速度上而言，中国的经济发展是十分迅速的（下文会用数据说明）；从制度上而言，中国经历着从计划经济向市场经济的转型。第二，社会变化。很多社会主义的特征，比如城市居民由国家和单位安排住房和工作，在今

---

[*] 本文基于谢宇教授2009年4月10日在华中科技大学做的讲演写成。帮助整理稿件的有胡楠、於嘉、赖庆、穆峥、巫锡炜、宋曦、董慕达、彭利国、程思薇、陶涛、黄国英、靳永爱、胡婧炜。

天的中国已经发生了根本性的变化。第三，人口变化。尽管有些社会科学工作者还不够重视人口的变化，但近几十年来人口的变化是中国经济发展的一个重要原因。死亡率从20世纪50年代开始迅速下降，生育率从20世纪70年代、80年代开始迅速下降，这两点变化对中国影响深远。第四，文化变化。这包括西方文化的侵蚀和中国传统文化观念的淡薄。文化并非一成不变，中国现在一方面受到西方文化的影响，另一方面其自身固有的传统也在发生变化。需要注意的是，不同群体的中国人具有不同的文化，不能一概而论。上述这些变化都在影响着当今中国人的生活和工作，同时也影响着中国社会的不平等——这也是中国近年来所发生的巨大变化的一个方面。

在此，我想用数据来阐述中国近年来的经济发展和不平等趋势。首先，中国经济的产出在20世纪80年代以后迅速上升，实际平均增长率约为每年8%（见图14-1，中华人民共和国国家统计局，2000~2004）。这样大规模、持续、快速的经济发展是前所未有的，它远远超过了美国历史上经济迅速发展的时代——1860~1930年（当时美国经济产出的实际平均增长率约为每年4%，数据来自Measuring Worth，2009）。可见，中国现在的发展要比当时的美国快得多，且不论中国目前的经济规模也比当时的美国要大。其次，在经济发展的同时，社会的不平等程度也在中国增加了。当然，衡量中国不平等程度的数据在学术上是存有争议的，如数据是否可信，是否具有可比性，是否有质量问题，等等。尽管我们知道基尼系数有缺点，但我们通常还是用基尼系数来衡量不平等程度（Wu，2009）。图14-2给出的基尼系数的数据来自国家部门，可以看到，即使是官方

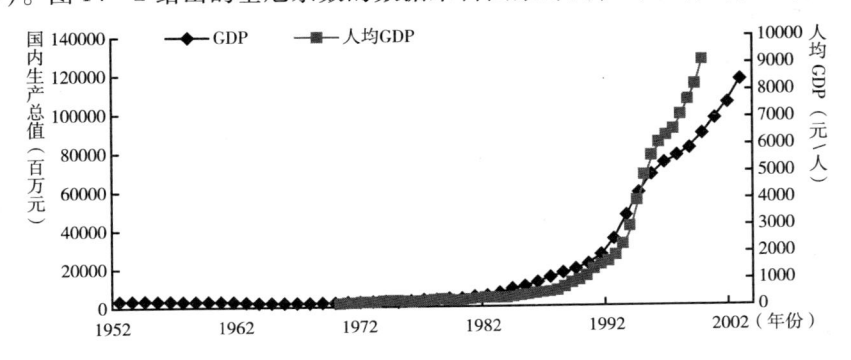

图14-1 国内生产总值GDP（1952~2002年）

注：图中数据按当年价格计算。
资料来源：中华人民共和国国家统计局，2000~2004。

的数据，也清晰地反映出不平等程度的增加。其实，无论选用的是什么指标、什么数据，不可否认的是，中国的不平等程度在这段时间内确实是大幅度增加了。

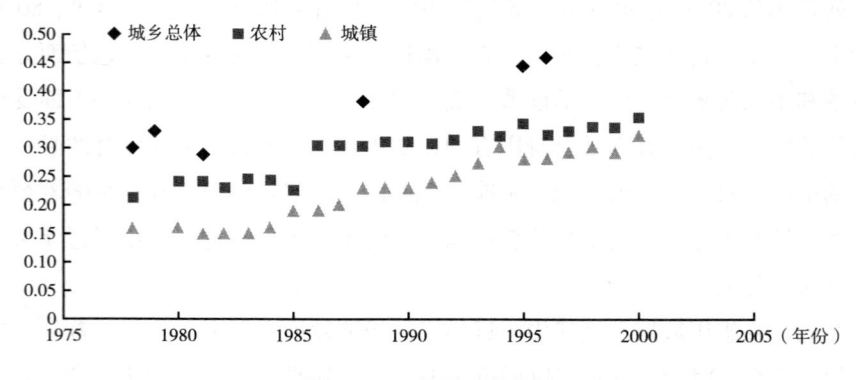

图 14 – 2　基尼系数趋势

资料来源：Han，2004。

我想要探讨的问题是我们如何认识当代中国涌现出的不平等问题。报界有些评论说，中国的不平等会影响中国政治和社会稳定。大家之所以对此都很关心，也是因为担心不平等可能会导致种种动荡〔关于这方面更详细的讨论，可参考吴晓刚最近的文章（Wu，2009）〕。

实际上，对这个问题，我没有答案。在我看来，这是一个不可能有简单答案的问题，而是一个研究议程。但是，我至少坚持一点看法：我认为，我们不应该也不可能孤立地分析不平等问题。这不像实验科学，其研究对象可以与其他东西隔开，可以把其他因素和外界干扰完全排除。我们要理解中国的不平等，就应该将其置于中国的情境中，包括中国的历史、文化、政治和经济结构。虽然我目前对中国的不平等这一命题的理解还很有限，许多想法尚有待于将来的经验研究加以检验，但我还是想提出几点初步的看法供大家参考。

第一，中国的不平等很大程度上可以归因于集体的因素，比如区域、户籍、工作单位、社会关系、乡镇、家族、家庭等。也就是说，很多不平等不是个人层次上的，而是集体层次上的。

第二，中国传统的政治意识形态助长了以业绩为基础的不平等。此处所谓的业绩是以集体利益为标准的。我们经常给居于领导地位的人很多便利和特权，其理由就是他们为公共利益做出了贡献。换句话说，假如赋予上层人特权将有利于其属下或社会中的其他人，那么这种不平等在中国传统意识形态体系中是被认可、被鼓励的。

第三，可能是因为官方的宣传以及中国近年来自身的经历，有一种观点认为不平等是中国经济发展不可避免的后果和代价。官方的宣传强调，经济发展需要让一部分人先富起来，而由此带来的不平等就是我们为发展付出的代价。现在，很多中国人已接受这一观点，认为不平等是一个国家经济发展不可避免的（即使是他们不愿意看到的）后果。

当然，我并不认为这三点看法已得到充分的实证研究的证明，但下面我想解释为什么我会有这三点看法。

一 中介集体的力量

前面提到，认识中国的不平等应该考虑到中国的国情和特征。有时，我认为我们不应该过分强调中国和其他国家不一样。过分强调不一样和认为中国与外国没有区别都是走极端，在我看来都不正确。我认为，中国是有一定的特点的，但和外国相比，它的许多特点其实是量的差别，而不是质的差别。下面，我阐述一下我所认为的中国社会现有的重要特点。

第一，在中国，政府的角色非常显著，从中央到地方，政府都是非常强的。在大多数其他国家，没有这么强的政府。第二，企业利益和政府利益是结合在一起的，也就是说，企业（商业）和政府（政治）在经济利益上是一致的，私人关系也是密切的。而世界上的很多国家并不是这样。第三，中国有多层次的家长式的管理传统。这是指中国是一个强调多层共同属性的社会，而不是一个每个人都是大社会的一般成员的社会。在古希腊，虽然不是每个人都能成为公民，但公民之间是平等的，是可以直接与政府对话的。而中国很大，中国人在社会上的角色都是由属于一个小的地方、小的单位开始，到一个大的地方、大的单位。管理是一级管一级，是嵌套的，而不是直接针对个人的，个人在社会上没有独立的角色。譬如，在中国开会的时候，单位属性很重要，头衔（如院长、主任之类）也很重要，这是因为中国是一个强调多层共同属性的社会。一个单位的成员或领导不是一个独立的人，不是一个可以抛开单位属性的人，一旦他们的身份脱离了单位，就不容易被认可。相对而言，这是一个和西方社会不一样的地方。这里所讲的涉及"多层"这一概念，那么"多层"是什么意思呢？举例而言，有地方政府、基层政府、单位、家庭、社会关系等不同的层次；有系、院、大学等不同层次，而大学又有"211"大学、"985"大学等不同等级；等等。所以，中国社会是一种很多层次嵌套的、一环套一环的社会结构。

基于如上的重要特点，我认为，中国的经济并不是简单地向市场经济、向美国式的市场经济迈进。有些比较幼稚的观点认为，中国就是像美国一样的资本主义社会，如果今天不是的话，明天一定会是。我认为中国的社会体制不会变成一种完全的资本主义的经济、社会体制，就是因为这些结构上的原因、传统文化的原因以及相互利益关系的原因。

我在1996年发表的文章（Xie and Hannum，1996）中就已经提出，在中国影响收入最重要的因素，不是个人因素，而是区域差异。在中国，收入受区域的影响非常大。我后来在2005年发表的文章（Hauser and Xie，2005）中，发现区域的作用有增无减。吴晓刚和他的导师（Wu and Treiman，2004）提出，户口对人的社会地位的影响也非常大，即农村户口人群和城市户口人群之间有很大的差异。这些差异，并不是由个人的努力和能力不同造成的，而是一种结构性差异，是个人摆脱不了的。我和吴晓刚最近的一篇文章（Xie and Wu，2008）还说明了单位在当今中国的重要性。很多人认为，单位已经不重要了，这种说法并不正确。在当今中国，单位依然举足轻重。单位对个人的收入、声望、福利乃至社会关系，都仍旧起着非常大的作用。王丰最近的著作（Wang，2008）也支持了这一观点。

英国《卫报》（*The Guardian*）近期发表了一篇基于一份联合国调查报告写成的文章（Vidal，2008），题为《贫富差距制造了一枚社会的定时炸弹》（"Wealth Gap Creating a Social Time Bomb"）。这篇文章不是特别针对中国的，但是有两处提到中国。文章首先引述该报告称北京是世界上最平等的城市。但是接下来又称中国存在很大程度的不平等。为什么会有这两个看上去有些自相矛盾的观点？其实，这两个观点并不矛盾。中国的不平等程度是很大的，但中国的不平等主要是区域之间或群体之间的不平等，如北京和其他城市的，或者农民和非农民之间的不平等。而对在同一个城市——比如北京——居住的人来讲，他们之间的不平等——尽管很难说是不是世界上最小的——从世界水平上来看还是比较小的，比如纽约、伦敦，这些城市的不平等系数要更大。这两个看上去自相矛盾的观点实际上告诉我们，中国的不平等是由区域造成的。

基于官方发布的资料，我们可以用数据说明区域的重要性。从图14-3可以看出，区域差异对收入是有很大影响的，农村和城镇的差别也是很大的。众所周知，广东、上海的收入很高,而甘肃的收入却很低;城镇人口收入高,而农村人口收入低。中国的这一差别幅度非常大,要比其他国家(如美国)的地域差异大很多。

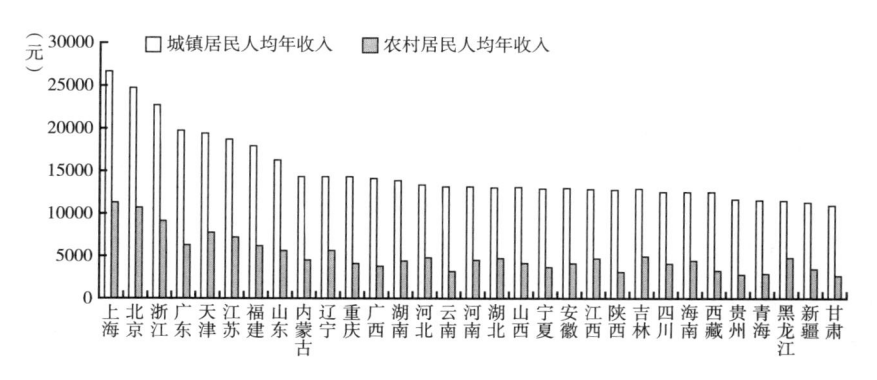

图 14-3 城镇与农村居民人均年收入比较——2008 年

* 图中数据按当年价格计算。
资料来源:《地方年度统计公报》,2008。

与区域相似,单位也是产生、维护不平等的一个重要的中介集体力量。我们知道,在改革开放以前,单位很重要,单位几乎决定了一个人的所有方面,包括日常生活、政治生活、工作、经济状况等。在那个时代,肉票、粮票、糖票、电影票、洗澡票、自行车票、缝纫机票等所有票据都由单位发放。此外,连结婚都要单位批准,住房也要单位出面提供。假如婚姻不幸福,单位还要出面调解。如果一个人在外面犯了错误,别人首先就要找到他的单位……有人提出,这都是 1978 年以前的事情了,改革开放以后,单位制就垮了,就不重要了。这个认识是不全面的,我认为今天的单位还是很重要。例如,当大学生对自己的事情处理不当出了事情,系、院、校领导还是要负责的。

1999 年我们在三个城市(上海、武汉、西安)做了一个调查。在进行数据分析后我们发现,决定收入的最主要的因素是地区、城市,其次就是单位(表 14-1)。单位的重要性远远超过个人因素,比如受教育程度、工作经历、性别、干部身份等(详细结果见 Xie and Wu,2008)。在中国(尤其是城市),单位属性、单位效益对个人收入有很大的影响(图 14-4)。例如,同样是大学教授,工资收入会有差异。为什么有的教授工资高?很大程度上是因为有单位把他们保护起来,单位的效益直接影响个人的收入。一个教授在这一单位里做的贡献——假如可以从客观的角度来衡量的话——可能和另一单位的教授做的贡献是一样的，比如所教的课程是一样的、发表文章的情况也是一样的，但待遇却可能是不一样的。这就是说，仅仅因为单位属性不一样，便导致收入也不一样。所以，从事同样工作的职员，在不同单位，收入会有差别，有时会是很大的差别。即使我们用统计的办法能够控制一些个人的特征，比如受教育年限等，单位在决定职员的经济收入和福利方面仍起着重要的作用。单位是中国不平等或分层的一个重要原因。单位实际上是一个边界，看职员在里面还是在外面。在里面是一种情况，在外面又是另外一种情况。这个边界决定了职员的待遇，而待遇是单位提供的。有的单位有钱，有的单位没有钱。虽然有些人可能会认为不平等是不公平的，但很多人还是可以接受由单位因素造成的经济待遇等方面的不平等。因为有边界，不是谁都可以随便成为某单位的成员，所以进入好的单位是获得社会地位关键的一步。

表 14 – 1 收入对数方差被解释的百分比

单位：%

变量	DF	R^2	$\triangle R^2(1)$
城市	2	17.47 ***	19.12 ***
受教育年限	5	7.82 ***	4.46 ***
工龄 + 工龄^2	2	0.23	0.05
性别	1	4.78 ***	3.05 ***
干部身份	1	3.08 ***	0.63 ***
工作部门	3	3.54 ***	1.80 ***
单位效益（线性）	1	12.52 ***	9.30 ***
单位效益（虚拟变量）	4	12.89 ***	

注：* $p < 0.05$，** $p < 0.01$，*** $p < 0.001$。

资料来源：Xie and Wu 2008，基于 1999 年在上海、武汉和西安的调查。

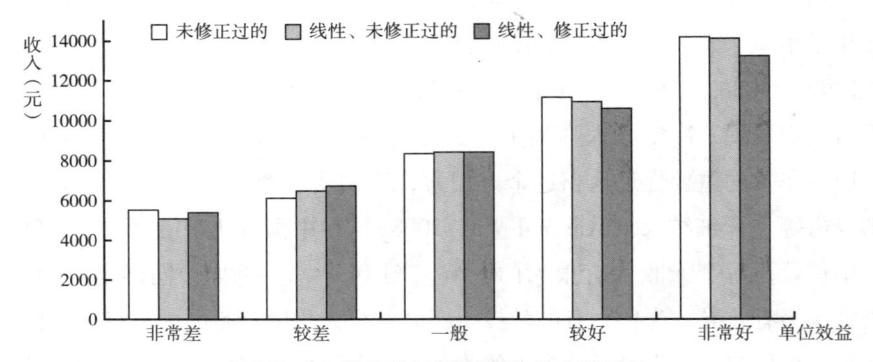

图 14 – 4 单位效益不同导致的收入差异

资料来源：Xie and Wu，2008。

二 以业绩为基础的不平等传统

我认为，不平等自古以来就是中国文化的一部分。这一看法基于历史资料。我现在正在学习中国文化和历史，相对于我通常使用的量化资料，这些资料是比较粗糙的，我对此了解也不是很深。我在这方面的工作还在进行中，还是尝试性的（谢宇、董慕达，2011）。我们先来大致看一下古代中国的几大重要特征，这些特征在西方学术界已有共识，并不是我个人的创造，我只是出于自己的需要把它们整理出来而已。

第一个特征，中华帝国在理想的情况下是统一的，即一个天下只能有一个君主。这种大一统的思想，在中国非常强烈，这和西方是不一样的。当然，大一统是理想情况，例外是常见的，如三国鼎立。但在理想情况下，天下应该只有一个皇帝。

第二个特征，中华帝国地广人多，所以，它面临的最大的问题是管理。在当时没有汽车、高速公路、火车、手机、电脑和其他现代技术的情况下，从中央政府到地方，一封信可能就要走几个月，交通不方便，信息也不通畅。如此之大的国家若想管理好几乎是不可能的，但在古代中国的确出现了这样的奇迹。当今很强大的国家——美国，也可谓地广人多，但幸运的是，美国是在现代社会条件下产生的。美国在19世纪末就有了铁路、汽车，美国的工业化、机械化速度都很快，到1930年就已经比较发达了。经过两次世界大战，美国的联邦政府强大了，国家管理也有资源了。但是在古代的中国，这么大的国家，统治这么多年，而基本的模式没有什么变化，这是极不寻常的。

第三个特征，中国的文官官僚制。虽然改朝换代要靠军人，但在中国的漫长历史中，中华帝国的管理靠的是文官官僚，这是和其他古代帝国（如罗马帝国）较为不同的。文人可以做官，甚至做大官。直到今天，中国人都希望自己的儿女读书，"学而优则仕"，读好了书就有出路，这是一个有特点的文化产物。与其他国家相比，中国的官僚制起源早、规模大，在世界历史上显得很特别。

第四个特征，除了皇帝，中国的贵族和权贵阶层是很不稳定的。像清朝的平西王吴三桂，一代都没有过，就把自己也平掉了。其实，皇帝不希望贵族和权贵阶层世袭。中国重要的官僚不是世袭的，这和欧洲很不一样，欧洲的官职是可以由上一代传到下一代的。欧洲贵族的财产也只传给一个儿子——长子，所以他们的家族可以一直保持财富和影响力。而中国就不一样，首先，除了皇帝（和极少数职位），职位不可以传代；其次，富人实行多妻制，有很多儿子，而且这些儿子对父辈留下的财产基本上是平分的，所以不管有多大的能耐，再多的财富、再大的影响到三代后就稀释到没有什么了。也就是说，要靠传代获得财富，在中国是很困难的（何炳棣，1999）。中国的特征，就是强调对儿子进行投资以使他们以后有能力挣得财产，而不是直接给予财产。儿子没有财产不要紧，让他去读书，让他以后做官、有钱。所以，从文化观念上讲，中国社会是强调社会流动的，至少有些社会流动是实现了的（见 Ho，1964；下面会给出例证）。而在西方，贵族就是贵族，平民就是平民，两者根本上是分隔的。所以，从这一点来讲，中国从秦朝开始，甚至从战国开始，就没有了封建制，因为封建制的特征就是世袭制，就是分割制，而不是流动，不是集权。

第五个特征，在中国的政治体系里，意识形态的作用是非常强大的。从西汉开始，整个中国的政治体系几乎没有变化。这个政治体系中最核心的内容还是以孔孟之道为基础的意识形态。我甚至认为现在的中国政府在某些方面已继承了古代中国 2000 多年的传统。更进一步讲，中国现在的政治体系在一定程度上是中国文化 2000 多年遗留下来的产物。

马克斯·韦伯（Max Weber）是一个德国人，他没有来过中国，不懂中文，但他是一个非常优秀的社会学家（主要著作有 Weber，1978）。他写了一本有关中国官僚体制的书（Weber，1951），虽然只用了二手资料，但他对中国的情况还是写得很好的（Zhao，2006）。他在书中对中国的体制提出了两个疑问。第一个疑问是，官员的选拔，用考试是可以的，但为什么不是考他的管理能力，比如算账、管理等这些有用的知识，而是考一些毫无实用价值的经典。他想不通，为什么考试的内容和官员要做的工作是不一致的。其实现在也是一样，升官要有学位，最好是学理工科的，要数学好、物理好，哪怕官员在管理时用不到这些课程的内容。提拔官员时看重数学和物理，这好像是很奇怪的事情。这是韦伯的第一个疑问，他觉得这是很浪费的，因为考的东西是没用的东西。他的第二个疑问是，地方官员的指派是短期的，三年一轮，他认为这很浪费。一个官员为了工作，要对一个地方进行了解，要和一个地方打成一片，要了解民情和风俗习惯，但是刚刚了解了就被调走了。所以他得出结论，中国的官僚体制是低效率的。他的结论其实没错，中国的官僚体制的确效率不高。但他没有想到，效率对于一个政权、一个王朝来说不是最重要的事情。效率再低，国家还是我的；效率高了，国家破裂，变成人家的了怎么办呢？从这个角度而言，我认为中国古代的官僚体制是成功的，因为它解决了管理中国这一大难题。除了中国的官僚体制，在当时的客观条件下，我想不出任何其他的办法能够管理这么大的国家。

为什么统治中国需要官僚体制呢？假如一个地方的贵族形成了自己的势力，如何能保证他们对中央政府完全服从？战争时期，如何让他们派兵、出钱？要挖运河、建城墙，如何知道他们会配合？所以，皇帝只能指派自己的官员到地方上去管理。当然，在实际管理的时候，官员又一定要有很多自主权，因为皇帝太远，不了解情况。这样一来，集权帝国的地方官员所面临的处境与封建制下的地方贵族就有着本质的区别。一方面，地方官员是受中央政权指派和控制的，以后的提升也要靠中央的决定；另一方面，地方官员又必须为地方做事情，这样才有升迁的机会（谢宇、董慕达，2011）。中国的官僚体制，是一个对中国古代皇帝很有用的发明，是一种能够把中华帝国稳定维持下去的非常重要的手段。从古到今，中国的版图一直非常大，但皇帝意识到不能靠军事来统治。因为军事是一把双刃剑，如果不给军人以权力，他们做不成事情；给他们权力，他们可能造反。军人是很危险的，所以皇帝很聪明，不用军人，用文人，虽然文人可能效率低、迂腐，但是不易造反。

中华帝国靠什么来统治？不是靠刀剑，而是靠孔孟之道，我认为这一说法并不夸张。孔孟之道是皇帝统治中国的重要工具，没有孔孟之道，就没有官僚体制，也不可能有中国这么长期存在的帝国。孔孟之道很有意思，它的重点是仁政。也就是说，我有权力，实际上是为你好，这是一种具有亲和力的意识形态。比如孟子说"民为贵，社稷次之，君为轻"（《孟子·尽心下》），这就把皇权的最终目的归结到为民服务上。然而，为了最终做到为民服务，孟子认为不平等是天经地义的："夫物之不齐，物之情也。"（《孟子·滕文公上》）用现代经济学的说法，适当的人与人之间的不平等关系是一种互补性关系，对大家都有好处，而绝对的平等会导致整个社会的普遍贫困。孟子说："如必自为而后用之，是率天下而路也。故曰：或劳心，或劳力；劳心者治人，劳力者治于人；治于人者食人，治人者食于人；天下之通义也。"（《孟子·滕文公上》）他认为，每个人都必须耕作的绝对平等是行不通的，会使大家都贫困。人是有区别的：有的人聪明，他们就从事脑力劳动；有的人不聪明但力气大，他们就从事体力劳动。社会分工有别。在中国，很多人都知道这句话："或劳心，或劳力；劳心者治人，劳力者治于人。"这句话对我们理解不平等是有意义的。能力强的，就有特权，就统治别人；没能力、花力气的，就做底层的工作，就给别人打工，这是一种合作关系，是大家都认可的，穷人也认为这样好。

为什么穷人也觉得这样好？实际上在中国的历史环境下这是有两层含义的。第一层含义是，如前所述，富人有特权是为大家做事，包括为穷人做事。所以穷人不要觉得吃亏，这样的社会分工对大家都有好处，能给大家都带来利益。这叫家长制思想（paternalism），现在也很普遍。第二层含义是，这个社会谁有特权、谁富，至少理论上讲不是天生注定的，而是看个人做得怎么样，是不是有能力。一个人现在没能力，也许将来会有能力；自己没能力，可以把儿子培养得有能力；再退一步，如果儿子没能力，可能孙子会有能力，总是有一些希望。所以，中国的文化，总是往前看，不仅仅是往自己的将来看，同时还往下一代看，经常是为了实现将来的梦想而牺牲现在的利益和享受。比如说今天我不好，我没有接受教育，我打工，但我把所有的财富、所有的精力、所有的希望放在我儿子身上。所以，一个人的现状不好并不要紧，他还可以寄希望于下一代。这种想法是很有吸引力的。这是一种社会流动机制，能给大家带来机会。

大家都知道欧阳修的故事，有本小人书专讲他的故事。这类小人书在中国有很多，大都讲历史上成功人士的故事。老师、家长都会给孩子讲这些故事，让他们知道即使家境贫困，什么都没有，只要勤奋努力，他们就可以得到除了皇位以外的任何东西。读书读得好，可以像欧阳修一样做官，做兵部尚书，等等。另外，中国文化中最理想的文人不但是很好的学者，还是很好的官（"民之父母"）。为什么？这是因为中国传统的政治意识形态强调仁政，而且官员的管理行为是相对独立的、自治的，所以对官员的选择标准并不是管理能力或者执行命令的能力，而是要看这个人是不是好人，是不是一个有德的人。这就很难评价，如何知道一个人有德还是没德呢？中国古代用过很多方法来衡量一个人的德行，如看他是不是孝顺，对上级是不是尊重，是不是守规矩，等等。在汉朝，选官的察举制中最主要的常科叫"孝廉"，这是因为儒家思想认为孝与廉都是人最基本的道德品行。《论语》有言："其为人也孝弟，而好犯上者，鲜矣。"（《论语·学而第一》）隋以后，更看重这个人古书读得好不好。至少，古书读得好可以反映出一些基本素质：聪明、勤奋、顺服、尊师、自律等。这和今天官方提干考虑数理化背景的道理相似。虽然管理工作本身可能并不需要数理化知识，但是至少通过对数理化知识水平的检验，上级可以知道一个人是不是聪明，是不是听话，是不是用功，是不是努力上进。这看上去是对知识的检验，其实是对德行、人品的检验。

前面讲过，中华帝国幅员辽阔，被指派的官员工作的地方很远。官员是一个工作相对独立的人，他是不是一个好官——"民之父母"——主要不是取决于他的技术能力，而是他的德行。官员，特别是地方官承担着双重责任，即对上司、对下属都要负责任。他们的工作是自治的，因为皇上离得那么远，管不到他，很多事情都是可以先斩后奏、自己管理的。皇权的合法性在哪里？是天命，他们认为自己是为老百姓做事情，让老百姓有吃有穿，所以，中级官员的功能就是帮助皇上实现这个天命。我们在古书中经常看到，中级官员有时候违背上级命令，是因为他们认为这样做是真正符合他们作为"民之父母"的使命，也是最终和皇上的天命相吻合的。

县一级以上的官员都由朝廷任命，所以官员的权力来自中央，而他们做事情主要又是为了下面。这是个矛盾，需要平衡，因为对上面太负责，就可能牺牲下面的利益。中国官僚体制下的这种双重责任性不可避免地导致"欺上瞒下"这种现象，对上面不能说全，对下面也不能说全，官员总是要有所保留。这种"欺上瞒下"的现象是中国的社会结构造成的。官员有时不能讲实话，讲实话乌纱帽就保不住了。三年"自然灾害"的根本原因就是这个平衡被打破了，官员只对上面负责，而不对下面负责。中国这个相互牵制的体系有2000多年的历史，官员没有很多的自由空间，他们既要对上面负责，又要对下面负责，所以他们是很累的。但如前所述，在中国这样的环境中，当官恰恰是很多人向往的，想起来挺可悲的。很多官员实际上是很优秀的，但因为结构的原因被迫作假，那怎么办呢？上面也知道下面的官员作假，所以制定了一系列的管理程序来监督和牵制下面的官员。"上有政策，下有对策"，不断地循环，不断地使管理程序越来越复杂化、官僚化。

衡量官员的重要标准是他们的政绩，即他们是否帮助皇上实现天命，其实就是他们管辖下的人民生活如何。中央不管他做什么，只要这个地方富裕了、和平了、不出事，他们就是好官；他们做得再好、再努力，出了事情，都是他们的错，甚至出现天灾也是地方官的错。如果情况好，大家就说这个官真好，几年都没有发生灾害，连老天都欣赏他做官。所以政绩自古以来就很重要，中国现在讲政绩从一定程度上来说只不过是回到了中华帝国的管理方式。

2007年我们在甘肃做了一个调查。甘肃很贫困、很偏远。我们问被访者：对你的经济福利来讲，什么因素最重要？我们给被访者五个选项：中央政府、地方政府、单位、家庭和个人（见表14-2）。虽然居住得很偏远，但他们的首选都是中央政府，认为中央政府是决定他们经济福利的最重要的因素。第二重要因素是地方政府。相对来讲，个人因素是次要的，没有政府重要。这就呼应了前面提及的，在中国传统文化中，人民对官员、对政府有很高的期望。

上文提及父母官有时候为了保护自己地方的利益违抗上级的命令，那么当地的人是怎么来控制当地官员为他们做事的呢？我们知道，被派遣来的当地官员往往并不是当地人，和当地人也没有亲属、密友关系。中国古代的做法很漂亮，从汉代开始，人们就给地方官员立碑（甚至建祠庙、唱颂歌），说他们怎么怎么好，修了路、建了桥、制住了土匪等，在碑上把政绩大大地、夸张地歌颂一遍。在路边、桥前或祠堂里立碑，大家都能看见，官员当然也很高兴。碑不但为死去的官员立，而且也为活着的官员立。作为民意的一种反映，碑对官员的提升是有益的（谢宇、董慕达，2011）。所以说，尽管中国古代没有民主，但是地方势力利用声誉机制控制了官员，满足了官员在心理和仕途方面的需要，使得他们有为当地人民造福的理性动机。

表14-2 2007年在甘肃调查的结果（$N=633$）

现在，请思考您自己总体上的经济福利状况。许多因素会影响一个人的经济福利，在您看来，请根据您的想法，将以下五个因素按重要性进行排序。（哪个因素您认为"最重要"，哪个因素您认为"第二重要"，依此类推。）

单位：%

	第一重要	第二重要
中央政府	41.61	12.03
地方（市/县）政府	8.54	31.33
工作单位或村委会	8.23	12.82
家庭因素	21.33	18.80
个人因素	20.38	25.28

三 不平等是中国经济发展的副产品

改革开放刚开始的时候，官方做过宣传，说经济发展需要让一部分人先富起来。当然，这样的说法是为了让民众把不平等作为经济发展的代价来接受。我认为，现在有许多中国人已经认同这一观点：不平等是中国经济发展的副产品。下面，我用我们收集的社会调查数据来说明这一命题。

我先提出一个假设——社会投影（Xie et al., 2012）。一般的中国人对其他国家的社会状况并没有直接的了解。他们没去过国外，就算去过也是走马观花，并没有深刻的了解，这是因为了解一个社会是件很难的事情。所以，对于一般的中国人来说，他们对其他国家的社会情况（包括其不平等程度在内）都是不甚了解的。但相比之下，中国人对其他国家的发展水平还是知道一些的，这可能是因为中国媒体对其他国家的发展水平报道较多。所以，当被问到其他国家的不平等程度时，尽管他们都会给出自己对此的看法，但这些看法大多是根据想象得来的；而当被问到哪个国家发展水平高、哪个国家发展水平低时，他们往往能够给出较为准确的判断。

我们的数据来自 2006 年在六个省市（北京、河北、青海、湖北、四川、广东）做的调查，有将近 5000 人参加。我们请他们评价五个国家——中国、日本、美国、巴西、巴基斯坦——的发展水平，按 0~10 分评分，发展水平最高的是 10 分，最低的是 0 分。然后，我们又请他们评价这五个国家的不平等程度，按 0~10 分评分，最不平等是 10 分，最平等是 0 分。实际上，社会科学研究对各国的这两方面都是有数据指标测量的，都有发展水平和不平等程度的比较数据。表 14-3 给出的是我们的调查数据结果和客观指标的比较。联合国对国家发展水平的客观指标在第一列，第二列是被访者给这五个国家发展水平的平均评价分，其中美国遥遥领先（9.19 分），日本次之。此处，我们的调查数据结果和联合国的指标基本上吻合，只是中国的被访者明显低估了日本的发展水平，但美国和日本还是排在其他国家前面。下面两个是中国和巴西，这两个国家相近，而从联合国的数据来看也很相近。最后是巴基斯坦，这也和联合国的数据基本吻合。当然，调查数据总是有误差的。

表 14-3 被访者对于以下五个国家的发展水平与不平等程度的评分
（与联合国的评分相比较）

国家	联合国对发展水平的评分(0~1 分)	被访者对发展水平的评分(0~10 分)	联合国对不平等程度的评分(Gini,0~1 分)	被访者对不平等程度的评分(0~10 分)
中国	0.768	5.56	0.447	6.25
日本	0.949	7.79	0.249	5.92
巴西	0.792	5.49	0.580	5.47
美国	0.948	9.19	0.408	6.81
巴基斯坦	0.539	3.80	0.306	5.07

在我们解释对不平等程度的评分结果前，先来了解一下各国不平等的客观情况。在世界上规模较大的国家中，最不平等的国家之一就是巴西，这主要是因为巴西的受教育程度低，又说葡萄牙语。但巴西同时又是一个国际化的国家，正因为国际化，所以教育的回报率非常高，这就加剧了巴西的不平等程度。同时，巴西也很大，也有较大的地区差异。中国和美国相比，中国的不平等程度实际上已经远远超过了美国。巴基斯坦的不平等程度是低的，而日本是最低的，它的贫富差距不大。以上的观察基于第三列给出的联合国提供的不平等程度的指标——基尼系数。

我们的被访者是怎么给各国的不平等程度评分的呢？第四列显示出，我们访问的 5000 人认为，美国的不平等程度要超过中国，日本的不平等程度也很高，而最低的是巴基斯坦。他们认为巴西的不平等程度是低的，而不是高的。可以发现，这些评价正好与事实相反。如前所述，被访者对其他国家的发展水平可以比较准确地评分，但对其他国家的不平等程度却不了解，因此他们对此的评分大多是错的。但是，他们给出的信息却可以让我们知道普通老百姓为什么要这样评分。

中国最近经历了很多变化，从不发达到相对发达，从相对平等到不平等。以前贫困时大家相对平等，现在相对发达了，不平等程度也增加了。假如有些人认为美国是我们的将来，那么中国已经走了一半的路了，我们的不平等程度已经增加了那么多，如果变成像美国那样，以后还要更加不平等。正因为美国比中国更发达，所以他们认为美国会更不平等。我们在同一调查中还问到，和不发达国家的不平等程度相比，发达国家的不平等程度是否要更高，认为是的被访者占了大多数。

我们又做了这样一个数据分析，按照被访者对不同国家发展水平评分的高低进行排序，即认为哪个国家最发达、哪个国家第二发达等（见表 14-4）。第一类主流排序，发展水平的排序是美国第一，日本第二，巴西第三，中国第四，巴基斯坦第五，有 34.11% 的人选择了这样的排序；第二类，把巴西和中国换一下位置，这种排序也有百分之三十多；第三类是日本、美国、巴西、中国、巴基斯坦；第四类是日本、美国、中国、巴西、巴基斯坦。选择这四类排序的累计百分比占到了 71.62%，其他的排序没有规律，可看作是测量误差造成的。看到这样的数据后，我们想知道对发展水平的评分排列和对不平等程度的评分排列有什么关系（见表 14-5）。我们发现被访者对不平等程度的评分排列和对发展水平的评分排列有明显的关联,有很多人对发展水平的排列顺序和对不平等程度的排列顺序是完全一致的,这是正向的关系(见表 14-5 的上半部分,第 1~4 行)。此外还有负向的关系,即假如他们认为发展水平由高到低的排列是美国、日本、巴西、中国、巴基斯坦,那么他们认为不平等程度的排列是相反的,最低的是美国,第二低的是日本,等等。这是一种相反的排列,在我们的数据中也存在(见表 14-5 的下半部分,第 6~9 行)。

表 14-4 被访者关于发展水平的主要排序方式

单位:%

排序模式编号	排序方式	百分比	累计百分比
1	美国≥日本≥巴西≥中国≥巴基斯坦	34.11	34.11
2	美国≥日本≥中国≥巴西≥巴基斯坦	33.96	68.07
3	日本≥美国≥巴西≥中国≥巴基斯坦	2.18	70.25
4	日本≥美国≥中国≥巴西≥巴基斯坦	1.37	71.62
5	其他 116 种排序方式	28.38	100.00

表 14-5 被访者关于不平等程度与发展水平的主要排序方式的交互统计

单位:%

序号	被访者关于不平等程度的排序方式 具体方式	被访者关于发展水平的排序方式					
		1	2	3	4	5	总汇
1	美国≥日本≥巴西≥中国≥巴基斯坦	25.58	8.32	6.67	3.03	8.42	14.13
2	美国≥日本≥中国≥巴西≥巴基斯坦	7.43	31.31	4.76	16.67	9.96	16.33
3	日本≥美国≥巴西≥中国≥巴基斯坦	0.43	0.67	8.57	3.03	0.29	0.69
4	日本≥美国≥中国≥巴西≥巴基斯坦	0.30	0.61	11.43	4.55	0.44	0.50
6	与排序方式 1 相反	12.61	3.55	0	0	3.51	6.75
7	与排序方式 2 相反	3.59	10.28	5.71	4.55	2.20	5.53
8	与排序方式 3 相反	1.64	0.49	12.38	3.03	0.44	1.16
9	与排序方式 4 相反	0.61	0.61	0	9.09	0.37	0.64
10	其他 114 种排序方式	47.81	44.16	50.48	56.06	74.38	54.28

总之,我们发现,被访者对发展水平的评分与联合国的评分是相似的,其中对日本和巴西的评分稍微低了一些,特别是对日本的评分明显偏低。但是被访者对不平等程度的评分和联合国的数据则有较大的出入,甚至完全搞错了。相当一部分人对不平等程度的评分来自他们对发展水平的评分。他们怎么看不平等程度和发展水平的关系呢?有些人认为二者是正向的关系,有些人则认为二者是负向

的关系。由于中国最近的经历表明，经济的发展和不平等程度之间是正向的关系，即经济的发展和不平等程度的增加是同步的，所以我们被访者中的主流观点是：二者之间是正的相关关系。这一结果反映了中国最近的经历和官方的宣传，与不平等是中国经济发展的代价这一观点相吻合。

结　论

在本文中，我提出了三点主张或曰看法。第一，中国的不平等在很大程度上是通过集体行为来实现的。因为有了集体作为产生不平等的机制，不平等的界限是结构性的而不是个人化的，不平等程度在日常生活中也得以淡化，这样不容易造成不满。第二，从意识形态来看，虽然中国有着很强的、要求平等对待的道德呼吁（Wu，2009），但中国的传统文化实际上还是接受不平等的。条件是：这些不平等会给一般劳动人民带来实惠，并且一般的劳动人民有得到权贵地位的可能性，即权贵地位可以通过自身努力得到。因为受到这样的中国传统文化的影响，许多中国民众目前还是能够容忍不平等的现状。第三，有些中国民众认为经济发展本身可能会带来不平等：因为我们要发展，为了改进大家的生活，就很难避免不平等，所以，一些对不平等不满的人也能被动地和勉强地接受中国现在的不平等状况。基于这三个原因，我认为，中国不平等的问题本身，在最近的一段时间里，不太可能造成社会不稳定。也就是说，尽管中国的不平等现象确实是存在的、是在增加的，可是它本身的危险性可能被夸大了。我认为，中国社会有一定的机制（如政治、文化、舆论、家庭、社会关系等）来调节不平等所带来的社会危害。我的这一初步的结论并不带有任何政治色彩，只是我对中国不平等的一点粗浅的理解而已。

参考文献

Han, Wenxiu. 2004. "The Evolution of Income Distribution Disparities in China Since the Reform and Opening-Up," pp. 9 – 25 in *Income Disparities in China: An OECD Perspective*, edited and published by Organisation for Economic Co-Operation and Development.

Hauser, Seth and Yu Xie. 2005. "Temporal and Regional Variation in Earnings Inequality: Urban China in Transition between 1988 and 1995," *Social Science Research* 34: 44 – 79.

Ho, Ping-ti. 1964. *The Ladder of Success in Imperial China: Aspects of Social Mobility, 1368 – 1911.* New York: Columbia University Press.

Measuring Worth. 2009. http://www.measuringworth.com/. Accessed on June 24, 2009.

Vidal, John. 2008. "Wealth Gap Creating a Social Time Bomb," *The Guardian*, 23 October 2008. Available on internet at: Guardian. co. uk, accessed on March 28, 2009.

Wang, Feng. 2008. *Boundaries and Categories: Rising Inequality in Post-Socialist China.* Stanford, CA: Stanford University Press.

Weber, Max. 1951. *The Religion of China: Confucianism and Taoism.* Glencoe, IL: Free Press.

Weber, Max. 1978. *Economy and Society: An Outline of Interpretive Sociology.* Edited by Guenther Roth and Claus Wittich. Berkeley, CA: University of California Press.

Wu, Xiaogang and Donald Treiman. 2004. "The Household Registration System and Social Stratification in China: 1955 – 1996," *Demography* 41: 363 – 384.

Wu, Xiaogang. 2009. "Income Inequality and Distributive Justice: A Comparative Analysis of Mainland China and Hong Kong," *The China Quarterly* 200: 1 – 20.

Xie, Yu and Emily Hannum. 1996. "Regional Variation in Earnings Inequality in Reform-Era Urban China," *American Journal of Sociology* 101: 950 – 992. Translated to Chinese and reprinted pp. 460 – 508 in *Market Transition and Social Stratification*, edited by Bian Yanjie, Beijing: Shanlian Press, 2002.

Xie, Yu and Guangzhou Wang. 2012. "Societal Projection: Beliefs Concerning the Relationship between Development and Inequality in China," *Social Science Research* 41: 1069 – 1084.

Xie, Yu and Xiaogang Wu. 2008. "*Danwei* Profitability and Earnings Inequality in Urban China," *The China Quarterly* 195: 558 – 581.

Zhao, Dingxin. 2006. "In Defense of Max Weber—The Logic of Comparison and Patterns of Chinese History," Manuscript. The Department of Sociology, the University of Chicago.

《地方年度统计公报》，2008，http://www.stats.gov.cn/tjgb/（部分数据来自省统计局网站），2009 年 7 月 16 日。

何炳棣，1999，《扬州盐商：十八世纪中国商业资本的研究》，《中国社会经济史研究》第 2 期，第 55～76 页。

谢宇、董慕达，2011，《天地之间：汉代官员的双重责任》，《社会》第 4 期，第 1～28 页。

中华人民共和国国家统计局编，2000～2004，《中国统计年鉴》，中国统计出版社。

15

人口学：过去、现在和将来

关于人口学的定义，Hauser 和 Duncan（1959）有一个经典的论述："（人口学）是对人口规模、地域分布、人口构成和人口变迁以及这些变迁的要素的研究。"（Hauser and Duncan, 1959: 2）幸运的是，Hauser 和 Duncan 的定义明确地包括了"人口构成"和"人口变迁"两个要素，因而这个定义把人口学拓展为两个分支：形式人口学（formal demography）和人口研究（population studies）。形式人口学可以追溯到 1662 年的 John Graunt，当时他已经关注到人口的生育、死亡、年龄结构和人口的空间分布。人口研究则是从另外一个学科如社会学的、经济学的、生物学的或人类学的角度去关注人口构成和人口变迁。人口研究可以追溯到 1798 年的 Thomas Malthus。根据定义，人口研究是交叉学科，介于形式人口学与另一学科之间，这个学科往往是社会科学，但又不仅仅局限于社会科学。

以这样的定义方式，人口学为其他社会科学提供了实证基础。如果不能首先了解研究对象的基本人口信息，很难想像社会科学可以稳步地向前发展。作为一个研究领域，人口学在 20 世纪有了长足的发展。例如，成立于 1931 的美国人口学家的主要组织——美国人口协会（PAA），其成员由 1956 年的 500 多名增加到 1999 年的 3000 多名。这种显著的增加是在美国大学没有人口系的情况下发生的（也有特例，如加州伯克利大学）。要认识人口学家的贡献，只需要提醒人们关注当代社会的实际事实即可。例如，我们所知道的许多关于美国社会的"统计事实"都是由人口学家提供或研究的，包括种族和性别的社会经济地位不平等（Farley, 1984; Bianchi and Spain, 1986），种族的居住隔离（Duncan, 1957;

Massey and Denton, 1993)、代际社会流动（Blau and Duncan, 1967; Featherman and Hauser, 1978）、离婚和同居的增加趋势（Sweet and Bumpass, 1987; Bumpass, Sweet, and Cherlin, 1991）、单亲家庭对子女的影响（McLanahan and Sandefur, 1994）、收入不平等的扩大（Danziger and Gottschalk, 1995），以及大学教育回报率的增加（Mare, 1995）等等。

除了提供事实的信息，人口学还一直是预测未来人类社会状况的基础。虽然如同其他类型的预测一样，人口预测也受到不确定性的影响，但利用过去的生育率（fertility rate）、年龄别死亡率（age-specific mortality）模式以及未来死亡趋势的信息，人口学家能够以较高的置信度预测年龄别的人口规模。一个有名的人口预测是由 Lee 和 Tuljapurkar（1994, 1997）做的，他们证明了人口势能（demographic forces，即预测的人口寿命延长）会如何显著影响社会保障的未来需求。

形式人口学和人口研究不仅研究不同的问题，而且采用不同的研究方法。形式人口学以其数学基础为特征，比较接近数理人口学。它拥有一个能够提供有力研究工具的宝库，如生命表（life table）和稳定人口理论，后者应归功于 Alfred Lokta 1922 年的工作。值得注意的是，形式人口学中的数学模型有时也包含随机过程。数理人口学的精练和形式化以及在人口研究中的成功应用可参见 Coale（1972）、Keyfitz（1985）、Preston 和 Campbell（1993）、Rogers（1975）、Sheps 和 Menken（1973）等人的论著。在这些应用中，数理人口学别具特色地处理人口数据，并且通过分组（即，将总人口分解为子人口）解决异质性问题。

人口研究中的方法是折中的，很大程度上借助了其他社会科学的方法。从 1960 年起调查数据被广泛利用，统计推断在所有社会科学中占据主导地位，因此，统计学毫无例外地成为人口研究中的典型方法（值得注意的是定性方法也被应用于人口学，如 Kertzer and Fricke, 1997）。人口学家所使用的统计方法不仅类型多而且变化快，包括路径分析（path analysis）、结构方程（Duncan, 1975）、对数线性模型（Goodman, 1984）、计量模型（Heckman, 1979; Willis and Rosen, 1979）以及事件史模型（Yamaguchi, 1991）。人口学中的大量研究通常都是有抽样数据（相对于总体数据）的多元框架下的统计分析，有时，一些学者应用统计模型检验来自个体行为模型的假设。从这个意义上讲，人口研究与统计人口学紧密相联。

虽然对形式人口学和人口研究的区分对研究大有裨益，但是两者之间的界限却是不固定的，且是相互渗透的。事实上，这种边界提供了许多研究的兴奋点。

例如，在做形式人口学的数学分析之前，用统计模型通过抽样数据估计人口事件的发生率是可能的，也是可及的（Clogg and Eliason, 1988; Hoem, 1987; Land, Guralnik, and Blazer, 1994; Xie, 1990; Xie and Pimentel, 1992）。结合数学模型并利用统计工具有几个很好的理由：第一，人口学的进步带来了大量丰富的质量较高的抽样数据；利用抽样数据需要统计工具，如果把抽样数据当作正确的已知数据分析，那么就有可能受到抽样误差（sampling error）的影响而导致失真。第二，统计模型可以较好地通过协方差（covariance）来检验组间差异，这是因为分组方法假定一个完全交互作用的模型而且小规模分组可能会导致错误的估计。第三，因为有时观察的数据是不规则的或是缺失的，统计模型可以帮助我们平滑或填补数据（Little and Rubin, 1987）。反过来，我们也可以利用形式人口学的技术（间接估计、两次普查间队列比较、模型生命表等）来改进统计分析。例如，在应用统计技术分析数据之前，人口要素的数学关系常常被用来校正数据错误或填补数据缺失。

我们再来审视 Hauser 和 Duncan 在人口学定义中所使用的两个重要短语的方法论含义，即"人口构成"（composition of population）和"（人口）变迁"（change therein）。前者涉及人口异质性，后者则指动态过程。人口的异质性或变异性是所有社会科学的基础。正如 Mayr（1982）所指出的，达尔文进化理论最重要且产生深远影响的一方面是他的"整体逻辑思维"，它区别于流行在自然科学领域中的"类型逻辑思维"。简单地说，类型逻辑思维试图发现社会和人类本性的"本质"或"真理"，一旦了解、把握了一个科学概念或规律，那么在任何时间、任何场合都适用。如果所观察的现象出现混乱，那么可忽略其偏差而取平均数。在统计学史上，类型逻辑思维与 Quételet 的社会物理学中的"普通人"相关联。相反，整体逻辑思维把变异作为重要的问题来研究。达尔文的表弟 Galton 将整体逻辑思维引入统计学领域，并且发现了相关和回归（Xie, 1988）。人口学家通过整体逻辑思维将注意力集中在子群体或个人特征的变异性上来研究社会现象，人口学家应该为此感到自豪。例如，人口学家一向关注不同性别、年龄、种族、地区和家族以及历史和文化背景下的人生事件的差异。

在社会变迁的研究中，人口学家提倡队列分析（Ryder, 1965）和生命历程（Elder, 1985）的视角。后者是关于个体生命中重大事件和重要转折点以及早期经历和社会外力对这些事件变化的影响。前者将微观层面的不同个体经历与宏观层面的社会变动相关联。因此，人口学家特别关注由队列置换导致的年龄代际的队列内部和队列之间的变迁。此外，人口学家认为，某些暂时效应具有时期性，会在特定时期影响所有年龄的个体。不过，由于年龄、时期和队列这三个概念模型在度量上是线性依赖的，所以，统计分析在顾及多方面的基础上，需要有约束性假定（Mason and Fienberg, 1985）。

在过去几十年里，人口学的优势无法与统计学分离。事实上，正是因为将统计学方法整合到人口学研究中，人口学家才能使用抽样数据来研究总体人口的异质性和变迁。统计学方法对人口学方法产生重大影响的一个典型例证就是事件史分析（也称生存模型或风险模型）。按照 Tuma 和 Hannan（1984）的观点，事件史分析最适合于研究社会动态变化和社会过程，因为它可以处理社会变迁或事件发生的时间性。虽然事件史分析方法由人口学家以生命表的形式发明，但是数理人口学中的生命表需要采用总体数据并且不易表现总体的异质性——除非进一步分组。Cox（1972）具有影响力的工作是通过利用抽样数据估计协方差效应，在生命表和回归分析之间架起了桥梁。Cox 在人口学中的影响超越了这种创新的估计方法本身，因为这代表着在方法论上转向了统计人口学。以这种新的视角，事件史分析方法可以被看作是生命表利用抽样数据的统计方法实践，这种应用关注的是分组差异或协方差效应。

以事件史分析方法通过观察到的组间或个体特征来研究总体异质性被证明是富有成效的，例如，Thornton、Axinn 和 Teachman（1995）关于教育对同居和结婚的影响的研究以及 Wu（1996）对婚前生育决定因素的研究。此外，人口学家还一直持续关注事件史分析和生命表研究中的未观察到的异质性（Sheps and Menken, 1973）。与线性模型不同，在事件史分析中，与共变无关联的未观察到的异质性会由于风险人群构成的改变而使估计风险率出现偏差（Vaupel and Yashin, 1985）。例如，令人口学家一直感到困惑的一个问题，即关于黑人与白人死亡率交叉的完整记录到底是由于生物选择性所致，即老年黑人比老年白人更健康（Manton, Poss, and Wing, 1979），还是由于年龄误报（Preston, Elo, Rosenwaike, and Hill, 1996）所致。有两种解决未观察到的异质性问题的方法：一种是参数混合模型（Powers and Xie, 2000），另一种是 Heckman 和 Singer（1984）的非参数模型，它类似于列联表的潜变量模型。为提高鉴别能力，人口学家已经开始从整群数据结构捕捉配对信息，如同胞兄弟姐妹或孪生兄弟姐妹等，并且假定组群水平上的未观察到的异质性不是个体水平上的（Guo and Rodriguez, 1992；Yashin and Iachine, 1997）。

如前所述，人口研究是以社会人口学和经济人口学为主的一门交叉学科。社会学和经济学都有用很强的理论作为前提、用结构方程模型表述多重过程的方法的传统。事件史分析已经以风险率作为有限的因变量（dependent variable）引入了这种分析架构。在这个分析框架中，人口学家已经超越了未观察到的异质性与协方差正交的假设。他们反倒认为未观察到的异质性是有选择性的，是与观察到的变量有关的（Lillard, Brien, and Waite, 1995）。但是，很难确认这种模型，因为它需要有重复事件的配对信息和苛刻的参数假定。

如果从这里出发，人口学将走向何方？虽然预测未来存在着固有的风险，但是，以往的经验还是提供了一些谨慎推测人口学未来的基础。第一，人口学，特别是在美国，已经成为一门非常成功的交叉学科，并且将继续如此。人口学领域不仅会继续留住那些强烈认同人口学的社会学家和经济学家，而且还将吸引其他社会科学、生物科学领域的学者。特别是在人口学研究中引入生物学方法看起来很有前途（Yashin and Iachine, 1997）。第二，交叉学科的特征使得人口学成为创新、验证和普及新统计方法的理想场所。这意味着统计科学和人口学关系将更加紧密，统计人口学将继续在人口学中发挥显著的作用。第三，在这个迅速成长的"信息时代"，公众需要更多容易获得的关于社会生活的信息，公众对美国2000年人口普查的关注就是一例。人口学家在提供信息方面可以发挥重要的作用。互联网已经是而且仍将是把人口信息带给普通民众和政策制定者的强有力的工具。

人口学中一个发展迅速的重大领域是对人口老龄化的研究。随着许多国家——包括美国在内——总人口中的老年人口不断大量增加，人口学家越来越关注人口老龄化的问题（Wachter and Finch, 1997）。经济学家和社会学家也已经投身于社会、经济方面的老龄化研究，例如退休、健康、居住、经济保障和家庭支持等。人口老龄化的研究也获益于从事生物学、心理学、公共卫生、老年医学和老年病学学者的研究成果。在这个领域中，前述关于人口学未来的推测都将会被证明，我们会发现研究老龄化的人口学将是更多交叉学科的研究，会应用更新和更好的统计方法，也会提供更多的公众和科学信息。

参考文献

Bianchi, S. M. and D. Spain. 1986. *American Women in Transition.* New York: Russell Sage

Foundation.

Blau, P. M. and O. D. Duncan. 1967. *The American Occupational Structure.* New York: Wiley.

Bumpass, L. L., J. A. Sweet, and A. Cherlin. 1991. "The Role of Cohabitation in Declining Rates of Marriage," *Journal of Marriage and the Family* 53: 913 – 927.

Clogg, C. C. and S. R. Eliason. 1988. "A Flexible Procedure for Adjusting Rates and Proportions, Including Statistical Methods for Group Comparisons," *American Sociological Review* 53: 267 – 283.

Coale, A. J. 1972. *The Growth and Structure of Human Populations: A Mathematical Investigation.* Princeton, NJ: Princeton University Press.

Cox, D. R. 1972. "Regression Models and Life-Tables," *Journal of the Royal Statistical Society* 34: 187 – 220.

Danziger, S. and P. Gottschalk. 1995. *America Unequal.* New York: Russell Sage.

Duncan, O. D. 1957. *The Negro Population of Chicago: A Study of Residential Succession.* Chicago: University of Chicago Press.

——. 1975. *Introduction to Structural Equation Models.* New York: Academic Press.

Elder, G. H., Jr. 1985. "Perspectives on the Life Course," pp. 23 – 49, in *Life Course Dynamics: Trajectories and Transitions. 1968 – 1980.* Edited by G. H. Elder, Jr., Ithaca, NY: Cornell University Press.

Farley, R. 1984. *Blacks and Whites: Narrowing the Gap?* Cambridge, MA: Harvard University Press.

Featherman, D. L. and R. M. Hauser. 1978. *Opportunity and Change.* New York: Academic Press.

Goodman, L. A. 1984. *The Analysis of Cross-Classified Data Having Ordered Categories.* Cambridge, MA: Harvard University Press.

Guo, G. and G. Rodriguez. 1992. "Estimating a Multivariate Proportional Hazards Model for Clustered Data Using the EM Algorithm, with an Application to Child Survival in Guatemala," *Journal of the American Statistical Association* 87: 969 – 976.

Hauser, P. M. and O. D. Duncan. (Eds.) 1959. *The Study of Population: An Inventory and Appraisal.* Chicago: University of Chicago Press.

Heckman, J. J. 1979. "Sample Selection Bias as a Specification Error," *Econometrica* 47: 153 – 161.

Heckman, J. J. and B. Singer. 1984. "A Method for Minimizing the Impact of Distributional Assumptions in Econometric Models for Duration Data," *Econometrica* 52: 271 – 320.

Hoem, J. M. 1987. "Statistical Analysis of a Multiplicative Model and Its Application to the Standardization of Vital Rates: A Review," *International Statistical Review* 55: 119 – 152.

Kertzer, D. I. and T. Fricke. (Eds.) 1997. *Anthropological Demography: Toward a New Synthesis.* Chicago: University of Chicago Press.

Keyfitz, N. 1985. *Applied Mathematical Demography* (2nd ed.). New York: Springer-Verlag.

Land, K. C., J. M. Guralnik, and D. G. Blazer. 1994. "Estimating Increment-Decrement Life Tables with Multiple Covariates From Panel Data: The Case of Active Life Expectancy,"

Demography 31: 297-319.

Lee, R. D. and S. Tuljapurkar. 1994. "Stochastic Population Forecasts for the United States: Beyond High, Medium, and Low," *Journal of the American Statistical Association* 89: 1175-1189.

——. 1997. "Death and Taxes: Longer Life, Consumption, and Social Security," *Demography* 34: 67-81.

Lillard, L. A., M. J. Brien, and L. J. Waite. 1995. "Premarital Cohabitation and Subsequent Marital Dissolution: A Matter of Self-Selection?" *Demography* 32: 437-457.

Little, R. J. A. and D. B. Rubin. 1987. *Statistical Analysis with Missing Data*. New York: Wiley.

Manton, K. G., S. S. Poss, and S. Wing. 1979. "The Black/White Mortality Crossover: Investigation From the Perspective of the Components of Aging," *The Gerontologist* 19: 291-300.

Mare, R. D. 1995. "Changes in Educational Attainment and School Enrollment," in *State of the Union: America in the 1990s*, Vol. II. Edited by R. Farley, New York: Russell Sage.

Mason, W. M. and S. E. Fienberg. 1985. *Cohort Analysis in Social Research: Beyond the Identification Problem*. New York: Springer-Verlag.

Massey, D. S. and N. A. Denton. 1993. *American Apartheid: Segregation and the Making of the Underclass*. Cambridge, MA: Harvard University Press.

Mayr, E. 1982. *The Growth of Biological Thought: Diversity, Evolution, and Inheritance*. Cambridge, MA: Belknap Press.

McLanahan, S. S. and G. Sandefur. 1994. *Growing Up with a Single Parent: What Hurts, What Helps*. Cambridge, MA: Harvard University Press.

Powers, D. A. and Y. Xie. 2000. *Statistical Methods for Categorical Data Analysis*. New York: Academic Press.

Preston, S. H. and C. Campbell. 1993. "Differential Fertility and the Distribution of Traits: The Case of IQ," *American Journal of Sociology* 98: 997-1019.

Preston, S. H., I. T. Elo, I. Rosenwaike, and M. Hill. 1996 "African-American Mortality at Older Ages: Results of a Matching Study," *Demography* 33: 193-209.

Rogers, A. 1975. *Introduction to Multiregional Mathematical Demography*. New York: Wiley.

Ryder, N. B. 1965. "The Cohort as a Concept in the Study of Social Change," *American Sociological Review* 30: 843-861.

Sheps, M. C. and J. A. Menken. 1973. *Mathematical Models of Conception and Birth*. Chicago: University of Chicago Press.

Sweet, J. A. and L. L. Bumpass. 1987. *American Families and Households*. New York: Russell Sage.

Thornton, A., W. Axinn, and J. D. Teachman. 1995. "The Influence of School Environment and Accumulation on Cohabitation and Marriage in Early Adulthood," *American Sociological Review* 60: 762-774.

Tuma, N. B. and M. T. Hannan. 1984. *Social Dynamics: Models and Methods*. San Francisco: Academic Press.

Vaupel, J. W. and A. I. Yashin. 1985. "Heterogeneity's Ruses: Some Surprising Effects of

Selection on Population Dynamics," *The American Statistician* 39: 176 – 185.

Wachter, K. W. and C. E. Finch. (Eds.) 1997. *Between Zeus and the Salmon.* Washington, DC: National Academy Press.

Willis, R. J. and S. Rosen. 1979. "Education and Self-Selection," *Journal of Political Economy* 87: s7 – s36.

Wu, L. 1996. "Effects of Family Instability, Income and Income Instability on the Risk of a Premarital Birth," *American Sociological Review* 61: 386 – 406.

Xie, Y. 1988. "Franz Boas and Statistics," *Annals of Scholarship* 5: 269 – 296.

——. 1990. "What is Natural Fertility? The Remodeling of a Concept," *Population Index* 56: 656 – 663.

Xie, Y. and E. E. Pimentel. 1992. "Age Patterns of Martial Fertility: Revising the Coale-Trussell Method," *Journal of the American Statistical Association* 87: 977 – 984.

Yamaguchi, K. 1991. *Event History Analysis.* London: Sage.

Yashin, A. I. and I. I. Iachine. 1997. "How Frailty Models can be Used for Evaluating Longevity Limits: Taking Advantage of and Interdisciplinary Approach," *Demography* 34: 31 – 48.

16 人 口 模 型

"人口模型"一词有两种含义:一种是广义的,另外一种是狭义的。广义人口模型指数理、统计、预测和微观仿真(microsimulation)等广泛应用于人口现象研究的模型。狭义人口模型是反映实际人口事件年龄模式的实证规律。广义人口模型出现在各种与人口学相关的研究中,本文仅讨论狭义人口模型。

人口事件的年龄模式

Hauser 和 Duncan(1959)对人口学的经典定义是:"(人口学)是对人口规模、地域分布、人口构成和人口变迁以及这些变迁的要素的研究。"在 Hauser 和 Duncan 对人口学的定义中,研究人口变化与研究人口变化的要素是紧密联系在一起的。因此,在全面理解人口变迁之前需要先将人口解构成各个要素,然后研究各要素的变迁。最基本也是最重要的解构方式是按年龄和性别解构。由于男性只是间接地参与人口再生产过程,人口统计分析往往简化为只分析女性。这种简化被称为"单性别模型",这种情况在生育和婚姻模型中很常见。不过,在死亡模型中,男性和女性一向是被分开研究的,在两性死亡率差异中,女性占有明显优势。

年龄是人口研究所关心的重要问题。毫无例外,所有人口事件的发生都与年龄有关。生命历程的含义之一就是对年龄影响的正确理解,一个事件发生的可能性是随着一个人(或队列,cohort)的年龄增长而变化的。这种情况即便是在绝大多数人口方法和人口模型使用截面数据（cross-sectional data）、利用人口生命统计（vital statistics）的年龄梯度做研究的情况下也是正确的。由于缺乏队列数据（cohort-based data），往往需要使用时期数据（period-based data）。

基于年龄结构构建的人口模型是根据这样一条观察经验，即人口事件的年龄模式往往具有规律性。以下两个方面的问题需要注意：第一，年龄规律在时间和空间上不具有普适性；第二，这种模型假设存在实证规律。规律背后的理论依据往往没有得到完整构建和充分理解，然而，使用实证规律的人口模型在实践中非常有用而且为理论研究提供了依据。下面将简要讨论人口模型的主要应用。

人口模型的应用

人口模型的目的是总结由人口事件的年龄模式反映出的实证规律。理想的人口模型是用简单的数学公式来表达的，实践证明这种数学模型在人口研究中非常有用。人口模型的一类应用是用于改善数据质量。例如，人口模型可以用于判断和修正错误数据、填补缺失数据、使研究者能够对不完整数据进行分析研究。因此，人口模型的这种应用常见于历史人口研究和缺乏高质量数据的发展中国家的人口研究。

人口模型的第二类应用是实质性的，主要应用于不同时间（趋势）、不同社会、不同区域或不同子群体的比较研究中。年龄结构模型广泛应用于精算人寿保险的保费和准备金、预测国家或区域人口研究之中（参见 Lee and Tuljapurkar, 1994）。在人口研究应用中，年龄模式的跨年龄组变化常被参数化为两部分，即反映年龄效应的形态部分和反映组间差异的修正部分。我们希望第二部分越简单越好。当人口模型完全参数化时，上述两部分是整合的，函数形式反映年龄形态部分，参数反映修正部分。然而，参数模型不是人口学的标准模型。下文将通过死亡、婚姻和生育研究的具体例子分别讨论参数模型和半参数模型。更详细的模型描述，请参见 Coale 和 Trussell（1996）。

参数模型

Gompertz（1825）发现人口死亡率按照年龄的指数函数的形式增长。这一规律仅在成年（25～30 岁）以后成立。根据 Gompertz 定律，死亡力（或死亡风险）是一个简单的年龄对数线性函数：

$$\ln(\mu_x) = A + Bx \tag{1}$$

μ_x 表示 x 岁的人口死亡力。显然，参数 A 是成年前的人口死亡水平，参数 B 是随着年龄变化的死亡增长率。虽然以简单著称，但 Gompertz 模型并不总是与实际的数据相拟合。其他研究者通过加入新要素或改变函数形式对模型进行修正。例如，Makeham（1867）在方程（1）的简单模型中加时间常数项，目的是获得特定死因的"偏死亡力"。Heligman 和 Pollard（1980）的三要素模型则是另外一种类似的拓展。

在研究女性初婚年龄时，Coale（1971）发现用一个共同的基本表达式来描述不同人口的普遍现象。经过不断尝试，Coale 总结出典型的初婚年龄双指数曲线模式：

$$r_x = (0.174)\exp[-4.411\exp(-0.309x)] \tag{2}$$

r_x 表示 x 岁初婚风险率（或风险）。这一数学分布函数与相应表示人口过程的累计分布密度函数（density function）非常接近（Coale and McNeil，1972）。

为了拟合观察到的生育年龄模式，Brass（1960）提出一个多元函数模型。虽然 Brass 的参数模型非常灵活，但模型需要对 4 个未知参数进行估计。生育率数据按 5 岁间隔分组方式提供，这种方法在评估拟合效果时自由度很少。Hoem 等（1981）使用实证数据对各种参数模型进行评估。

在参数模型中有三个值得注意的问题：第一，参数模型通常不能拟合观察到的现象。人口学者处理这种实际偏差时采用：（1）限定模型应用的年龄范围；（2）允许引入新的参数。这两种解决问题的方式在 Gompertz 模型应用研究中都有所体现。

第二，参数模型的主要缺点是缺少对主要参数行为含义的解释。这种问题源于几乎所有参数模型都是曲线拟合的结果。虽然参数模型可以再现人口事件观察到的年龄模式，但模型参数的理论解释经常很不清晰。

第三，即便参数模型建立的首要目的之一是用于进行人口或子人口比较，但通常情况下参数模型使用起来不太方便。例如，这种问题出现在多元函数模型中。当一个多元函数中的几个参数对于不同的两个人口取值不同时，很难辨别哪一个人口比另外一个具有更高或更低的比率。

半参数模型

为避免参数模型存在的上述问题,半参数模型被引入人口模型的研究中。半参数模型与参数模型类似,也是通过简单的数学函数来表达的。半参数模型与参数模型的差别是前者允许模型不以年龄为约束条件,并且符合实证估计。也就是说,半参数模型并不是试图用普适的约束条件来限制年龄模型的严格的数学参数方程;相反,年龄模式是通过观察数据或外部来源数据的实证估计。典型的半参数方法是采用模型序列或模型表方法。模型表允许在普通年龄函数中具有灵活性,将约束条件纳入人口或子人口年龄模式变化中。这种约束是对实际人口现象相关知识的反映。

例如,在死亡研究领域,模型生命表(model life table)被广泛应用。模型生命表主要是用作修正错误数据和估计缺失数据的工具。从本质上看,模型生命表反映一组具有共同人口死亡模式、不同死亡水平的典型年龄模式。年龄模式具有灵活性,是由所有年龄组的实际情况决定的,但它受不同人群条件的约束。不同人群的差异是总体死亡水平的反映。最早的模型生命表是联合国 1955 年为所有国家人口创建的。后来,Coale 和 Demeny (1966) 基于死亡年龄模式的地域差异改进了模型生命表构建技术,增加了模型生命表的灵活性,并创建了四个区域的模型生命表。

作为另一个可供选择的方案,Brass 等(1968)研制了生命表(life table)关系系统。在该系统中,标准的死亡模式是通过经 logit 变换的两个参数来表示的:

$$\text{logit}(p_{xj}) = \alpha_j + \beta_j \text{logit}(p_x^*) \tag{3}$$

p_{xj} 为人口 j 年龄到 x 岁的存活概率,p_x^* 为所选标准生命表年龄到 x 岁的存活概率,α_j 和 β_j 为人口 j 的特征人口参数。在 Brass 系统中,α_j 决定人口存活水平,β_j 为改变人口存活函数形状的参数。

在生育研究中,Henry (1961) 认为自然生育率有特定的年龄模式。由于生理和社会因素的影响,不同人口在没有生育控制的条件下可能呈现不同的生育水平,但是生育年龄模式相同。后来,Coale 和 Trussell (1974) 在研究婚内生育模式形成 Mm 方法时采用了这种思路。令 r_{xj} 为 x 岁人口 j 的婚内生育率,Coale –

Trussell 的 Mm 方法将不同人口婚内生育变化状况简单描述为：

$$r_{xj} = n_x M_j \exp(m_j v_x) \qquad (4)$$

n_x 为人口自然生育率的标准年龄模式；v_x 是控制后的生育率相对于自然生育率的典型年龄别偏差（age-specific deviation）；M_j 和 m_j 分别测度人口 j 的生育水平和生育水平控制。方程（4）表明婚内生育率可以通过自然生育率和反映控制生育因素的乘积来表示。前者用 $n_x M_j$ 来表示，后者用 $\exp(m_j v_x)$ 来表示。Coale 和 Trussell 估计了 n 和 v，并认为该生育年龄模式可作为已知条件普遍应用。Coale 和 Trussell 的 Mm 方法被 Xie（1990）、Xie 和 Pimentel（1992）的方法所取代。他们认为 n 和 v 可以作为参数与 M 和 m 一起通过任何一组实际生育率 r_{xj} 来估计。

人口统计学与数理人口学

构建、推导参数和半参数人口年龄模型在绝大多数情况下是通过数学或图形方法来完成的。人口模型自建立之初就被认为是数理人口研究的一个组成部分。自从 20 世纪 80 年代以来，由于某些有益的原因，主流统计方法在建立人口模型的发展过程中起着越来越重要的作用（Clogg and Eliason, 1988；Hoem, 1987；Xie, 1990；Xie and Pimentel, 1992）。其原因如下：

第一，人口学的发展带来了更多、更丰富和更好的抽样数据。使用抽样数据需要统计工具，把抽样数据完全看作总体会带来由于样本问题产生误差的危险。第二，数理人口学中经常使用分解方法，分解方法很容易由于样本分组太小造成估计错误。统计方法可以使用共变量来有效地检验组间差异。第三，由于观察数据有时是不规则的或是缺失的，统计方法可以对数据进行平滑和补漏。反过来，围绕人口模型的实证技术（如间接估计、生育的年龄模式和模型生命表等）可以为改进统计分析提供年龄模式的描述。

参考文献

Brass, W. 1960. "The Graduation of Fertility Distributions by Polynomial Functions," *Population Studies* 14: 148 – 162.

Brass, W. et al. 1968. *The Demography of Tropical Africa*. Princeton, NJ: Princeton University Press.

Clogg, C. C. and S. R. Eliason. 1988. "A Flexible Procedure for Adjusting Rates and Proportions, Including Statistical Methods for Group Comparisons," *American Sociological Review* 53: 267–283.

Coale, A. J. 1971. "Age Patterns of Marriage," *Population Studies* 25: 193–214.

Coale, A. J. and D. R. McNeil. 1972. "The Distribution of Age of the Frequency of First Marriage in a Female Cohort," *Journal of the American Statistical Association* 67: 743–749.

Coale, A. J. and P. Demeny. 1966. *Regional Model Life Tables and Stable Populations*. Princeton, NJ: Princeton University Press.

Coale, A. J. and T. J. Trussell. 1974. "Model Fertility Schedules: Variations in the Age Structure of Childbearing in Human Populations," *Population Index* 40: 185–258.

——. 1996. "The Development and Use of Demographic Models," *Population Studies* 50: 469–484.

Gompertz, B. 1825. "On the Nature of the Function Expressive of the Law of Human Mortality and on a New Mode of Determining the Value of Life Contingencies," *Philosophical Transactions of the Royal Society of London* 115 (part II): 515–585.

Hauser, P. M. and O. D. Duncan. 1959. *The Study of Population: An Inventory and Appraisal*. Chicago, IL: University of Chicago Press.

Heligman, L. and J. H. Pollard. 1980. "The Age Pattern of Mortality," *Journal of the Institute of Actuaries* 107: 49–80.

Henry, L. 1961. "Some Data on Natural Fertility," *Eugenics Quarterly* 8: 81–91.

Hoem, J. M. 1987. "Statistical Analysis of a Multiplicative Model and Its Application to the Standardization of Vital Rates: A Review," *International Statistical Review* 55: 119–152.

Hoem, J. M., D. Madsen, J. L. Nielsen, E. Ohlsen, H. O. Hansen, and B. Rennermalm. 1981. "Experiments in Modelling Recent Danish Fertility Curves," *Demography* 18: 231–244.

Lee, R. D. and S. Tuljapurkar. 1994. "Stochastic Population Forecasts for the United States: Beyond High, Medium, and Low," *Journal of the American Statistical Association* 89: 1175–1189.

Makeham, W. M. 1867. "On the Law of Mortality," *Journal of the Institute of Actuaries* 13: 325–367.

United Nations. 1955. *Age and Sex Patterns of Mortality: Model Life Tables for Under-Developed Countries*. United Nations, New York.

Xie, Y. 1990. "What Is Natural Fertility? The Remodeling of A Concept," *Population Index* 56: 656–663.

Xie, Y. and E. E. Pimentel. 1992. "Age Patterns of Marital Fertility: Revising the Coale-Trussell Method," *Journal of the American Statistical Association* 87: 977–984.

词 汇 表

年龄别死亡率（age-specific mortality）：分年龄组计算得出的某年每千人中死亡的人数。

方差分析（analysis of variance 或 ANOVA）：主要研究变量分布的离散属性及其来源，用于两个及两个以上样本平均数差别的显著性检验。方差分析在统计中的重要作用在于：一方面它提供了一种分析与检验多个变量间复杂关系的重要方法；二是这种分析方法适用面广，可用于各种测量层次的自变量。根据自变量的个数，方差分析可分为一元方差分析、二元方差分析、三元方差分析，等等。

贝叶斯方法（Bayesian approach）：采用贝叶斯统计学方法，利用先验信息，提供统计运算进行拟和，以求拟和误差最小，用于处理信息的综合，能够在不确定性的推理中提供一种模式和处理方法。

贝叶斯统计（Bayesian statistics）：是一种基于先验概率和不断积累的经验数据来推断未知量的概率的统计方法。是统计学的两个流派之一，另一个学派是经典统计学。经典统计学与贝叶斯统计学的主要区别在于它们对概率的理解不同。在经典统计推断中，概率定义为相对频率的极限、估计及检验在重复的样本下评估。在贝叶斯推断中，概率定义为个人对事件发生可能性的一种信念。

组间差异（between-group variance）：反映各组均值的差异，它反映了随机差异的影响与可能存在的处理因素的影响之和，用各组均值和总体均值的偏差平方和来表示。

偏误（bias）：指统计估计中的估计值和真实值之间的差。

分类变量（categorical variable）：只能由有限的数值或者类别来衡量的变量称为分类变量，也叫做定性变量、属性变量（qualitative variable），比如性别、观点。这些定性变量也可以由随机变量来描述，比如男性和女性的数目，同意某政策人数的比例等等。

天花板效应（ceiling effect）：所谓天花板效应是指人的高度不能超过天花板，否则天花板就必须升高，天花板升高的结果是人的高度永远也无法超过天花板。

人口普查（census）：是对一个国家的所有居民进行数据统计的过程。人口普查是以自然人为对象，主要普查全国人口和住房以及与之相关的重要事项。每10年进行一次，在逢"0"的年份实施。人口普查的方式可以是将所有的数据都集中起来的全面普查，也可以利用统计法的手段进行抽样调查。

中心极限定理（Central Limit Theorem）：是一种统计理论，解释了为什么实际中遇到的许多随机变量近似服从于正态分布。设 $\{X_n\}$ 为独立同分布随机变量序列，若 $E[X_k] = \mu < \infty$，$D[X_k] = \sigma^2 < \infty$，$k = 1, 2, \cdots$，则 $\{X_n\}$ 满足中心极限定理，当 n 充分大时，$p\left\{\sum_{i=1}^{n} X_j \leq x\right\} \approx \phi\left(\dfrac{x - n\mu}{\sqrt{n}\sigma}\right)$。

中心趋势（central tendency）：频数最多的组段代表了中心位置，从两侧到中心，频数分布是逐渐增加的。它的测试是一个表示该组数据的典型数据值，包括平均值（mean）、中位数（median）和众数（mode）。

卡方检验（chi-square test）：是一种统计假设检验方法，可用于列联表内两个分类变量之间关系的统计推断。已知总体均值 μ_0，检验总体方差 σ^2 是否等于（或小于或大于）已知常数 σ_0^2。

循环流动（circulation mobility）：指不同社会阶层的互换流动。循环流动不是由社会结构改变引起的，只在社会结构固定的时候发生。换句话说，循环流动需要两个社会成员交换他们的职业。

整群抽样（cluster sampling）：是将总体按照某种标准划分为一些子群体，每一个子群为一个抽样单位，用随机的方法从中抽若干子群，将抽出的子群中所有个体合起来作为总体的样本。整群抽样的优点在于可以通过转换抽样单位扩大抽样的应用范围；另外，它可节省人、财、物力。

队列（cohort）：在同一时期经历了同一起始事件的一群人。

队列数据（cohort-based data）：有相同统计特征的一组数据，这一统计特征通常是年龄。

条件比率比（conditional odds-ratio）：在一定条件下，一种情况发生的比率与另一种情况发生的比率的比（参见比率比）。

相关系数（correlation coefficient）：对两个随机变量之间线性相依程度的衡量，它与测量的单位无关，且在 $-1 \sim 1$ 之间。

相关度矩阵（correlation matrix）：由相关系数组成的矩阵，表示了一组变量中两两之间的相关关系。

协方差（covariance）：对两个随机变量之间线性相依程度的衡量。若随机变量 X 的期望 $E(X)$ 和 Y 的期望 $E(Y)$ 存在，则称 $Cov(X,Y) = E\{[X-E(X)][Y-E(Y)]\}$ 为 X 与 Y 的协方差。亦可表示为 $Cov(X,Y) = E(XY) - E(X)E(Y)$。

列联表（cross-classified table）：是观测数据按两个或更多属性（定性变量）分类时所列出的频数表。列联表分析的基本问题是，判明所考察的各属性之间有无关联，即是否独立。

累计分布（cumulative distribution）：给出随机变量小于或等于某一指定实数的概率分布。

自由度（degree of freedom）：在多元回归模型分析中，观测值的个数减去待估参数的个数。

人口势能（demographic forces）：也叫人口惯性，是指达到生育更替水平后人口继续增长的趋势。因为过去的高生育率，低龄组人口较多，达到或低于生育更替水平后人口还会继续增长数十年。

人口学（demography）：研究人口的科学，包括人口规模、人口构成、人口分布、人口密度、人口增长等特征，以及引起这些特征变化的原因及变化的结果。

密度函数（density function）：对于 n 维随机变量 $\xi = (X_1, X_2, \cdots, X_n)$，如果存在非负函数 $p(x_1, x_2, \cdots, x_n)$，使得对任意一个多维空间区域 D，有：$P(X_1, X_2, \cdots, X_n) = \int \cdots \int_D p(x_1, x_2, \cdots, x_n) dx_1 dx_2 \cdots dx_n$，则称 $p(x_1, x_2, \cdots, x_n)$ 为 $(X_1, X_2, \cdots, X_n)$ 的联合分布密度函数。

因变量（dependent variable）：又称应变量或依变量，它是随着自变量的变化而变化的。即被试的反应变量，它是自变量造成的结果，是主试观察或测量的行为变量。

偏差（deviation）：指具体值和某个特定值的差。从词源学上分析可以追溯到拉丁语，前缀 de 表示"离开"，词根 via 表示"道路"。因此，偏差表示的是一种"对道路的偏离"。既然称为偏离，必然先要有一个标准。这个标准就是某个特定的值，至于是哪个特定值，则根据研究的需要而定（一般指定平均值）。

虚拟变量（dummy variable）：取值为 0 或 1 的变量。

生态学谬误（ecological fallacy）：由于生态学研究是由情况不同的个体"集合"而成的群体为观察、分析单位，将汇总层次上的信息判断应用到组成这个汇总层次的低一级分析单位上而造成其研究结果与事实不相符。

内生性偏误（endogeneity bias）：由于变量的内在关联，因果关系可能倒置过来，从而产生的偏误。

误差（error）：指可以避免或是不可避免的测量值和真实值之间的差。

外生变量（exogenous variable）：外生变量指由模型以外的因素所决定的已知变量，它是模型据以建立的外部条件。

期望值（expected value）：随机变量的分布中对中心趋势的衡量，随机变量包括估计量。

解释性变量（explanatory variable）：在回归分析中，用于解释因变量中的变异的变量。

F 检验（F-test）：是一种统计检验，两总体的平均值和方差未知，比较两总体方差。如果假设成立的话，被检验的统计量具有 F 分布。

生育率（fertility rate）：指某年每千名 15~49 岁妇女的活产婴儿数。

固定效应模型（fixed effects model）：放弃解释组间差异，把它看作是固定的、不可改变的差异，仅关注组内差异。模型假定各组之间的差别可以由常数项的差别来说明，在回归结果中直接体现为截距项的不同。当多个研究结果合并后的总效应具有同质性时，可使用固定效应模型。

形式人口学（formal demography）：有人把形式人口学定义为用实验的、统计的、数学的方法研究人口规模、结构、分布、变化（由出生、死亡，结婚、离婚，迁入、迁出组成）的科学。也有人把形式人口学定义为关于人口变化及构成因素的计量和分析（特别是人口出生和死亡，以及作为人口变化内在因素的年龄、性别结构等），把它看作人口分析技术。

增长曲线模型（growth curve model）：由 Potthoff 和 Roy 于 1964 年提出，它包括了 Gauss - Markov 模型、多元线性模型和常见的所有正态增长曲线模型等。描述经济变量随时间变化的规律性，从已经发生的经济活动中寻找这种规律性，并用于对未来的经济预测。但是，时间并不是经济活动变化的原因，所以增长曲线模型不属于因果关系模型。它采用回归分析的方法估计模型的参数，揭示经济变量的某种变化规律。

异质性偏误（heterogeneity bias）：一般在回归分析中，皆假设参数为固定，如果忽略参数在截面或者时序上的齐次性，以截面、历时资料的方式直接进行分析，可能导致对所关注的参数的估计无意义或者缺乏一致性，这种误差叫做异质性偏误。

人力资本（human capital）：体现在人身上的资本，即对生产者进行普通教育、职业培训等支出和其在接受教育的机会成本等价值在生产者身上的凝结，它表现为蕴含于人身上的各种生产知识、劳动与管理技能和健康素质的存量总和。与之相对的是物质资本。

自变量（independent variable）：在一项研究中被假定为原因的变量，能够预测其他变量的值，并且在数量或质量上可以改变。

继承关系（inheritance）：子辈传承了父辈的特征，子辈与父辈之间的关系叫做继承关系。

代际流动（intergenerational mobility）：是指子女相对父母来说的地位的变化。

间距变量（interval variable）：是一种刻度变量，按对象的特征或者测量序列间的距离排序的变量。

迭代最小平方法（iterative generalized least squares，IGLS）：首先假定一个偏差的初始值，第一步是根据偏差的初始值，用普通最小二乘法来估计回归参数。第二步是用第一步算出来的回归参数，重新估计偏差的值。重复进行第一步和第二步，直到达到收敛的要求（参见普通最小二乘法）。

联合分布（joint distribution）：决定了涉及两个或多个随机变量的概率结果的概率分布。

潜在测度（latent scale）：未观测到的量度。

大数定律（Law of Large Numbers）：在多次重复试验中，频率有越趋稳定的趋势。设 $\{X_k, k=1, 2, \cdots\}$ 为独立的随机变量序列，且有相同的数学期望 μ，及方差 $\sigma^2 > 0$，则当 n 趋向于无穷大时，X_k 的均值 $\frac{1}{n}\sum_{k=1}^{n}X_k$ 趋向于它的期望 μ。

生命表（life table）：生命表是人口学中常用的模型之一。传统的标准生命表假定一批人（称为队列或假想队列）从出生到死亡遵循所观测到的某一时期年龄别死亡率，从而计算出人均期望寿命。标准生命表可集中而形象地反映某一时期一个地区或一个国家的死亡水平。多状态生命表的基本思想与标准生命表一样，其差异只是不仅考虑从存活到死亡的转换，还考虑其他人口状态的转换。

对数线性模型（log-linear model）：对数线性模型是用于离散型数据或整理成列联表格式的计数资料的统计分析工具。它对方程两边取自然对数以使之线性化，对数线性分析采用相对比，而不是比例，后者经常被用在卡方检验中。在对数线性模型中，所有用作分类的因素均为独立变量，列联表各单元中的列数为因变量。对于列联表资料，对数线性模型通常能够系统地评价变量间的联系，同时估计变量间相互作用的大小。

对数正态分布（lognormal distribution）：假设 X 服从正态分布，$Y = e^X$，则 Y 服从对数正态分布。

追踪分析（longitudinal analysis）：是对同一人群（同一样本）在不同时点上做的重复观察数据进行分析。

李克特量表（Likert scale）：是一种调查问卷上的问题方式，请被访者对某种观念赞许或者反对的态度选择不同等级的同意程度。

边缘分布（marginal distribution）：或者边际分布，设 $(\xi_{i_1}, \xi_{i_2}, \cdots, \xi_{i_m})$ 是 $(\xi_1, \xi_2, \cdots, \xi_n)$ 中任意取出 m（$m \leq n$）个分量构成的 m 维随机变量，则称 $(\xi_{i_1}, \xi_{i_2}, \cdots, \xi_{i_m})$ 的联合概率分布为 $(\xi_1, \xi_2, \cdots, \xi_n)$ 的关于 $(\xi_{i_1}, \xi_{i_2}, \cdots, \xi_{i_m})$ 的 m 维边缘分布。

边缘效应（marginal effect）：或边际效应，自变量的很小数量的一个改变所造成的对因变量的影响。

最大似然估计法（maximum likelihood estimation）：一种广泛的估计方法，通过最大化对数—似然函数来选择参数估计值。

平均值（mean/average）：又叫算数均值，等于一组数的总和除以这组数的总个数。

微观仿真（microsimulation）：是指在微观层面上对数学模型进行的计算机模拟，在给定初始条件、边界条件及约束条件的情况下，将数学模型用计算机来实现，求解并显示其结果。

流动研究（mobility research）：研究社会成员从某一种社会地位转移到另一种社会地位的现象。

流动表（mobility table）：显示人的社会地位、职业随时间变化的表格。在用职业结构的变化说明社会流动的特点时，常用流动表加以分析，即对父辈的职业和子辈的职业进行交互分类。具体做法是把父辈的职业或被调查者（子辈）的第一个工作作为他的职业流动的起点，把他当前的职业作为其职业流动分析的止点，以此考察代际或代内职业流动之间的关系。流动表一方面可以反映出从父辈到子辈职业的继承与流动关系（流出表），另一方面则能反映出职业组成人员的来源构成（流入表）。

模型生命表（model life table）：模型生命表是根据许多国家不同的实际死亡率水平编制而成的一套具有代表性的生命表。

嵌套模型（nested models）：通过对参数施加限制条件而被表示成另一个模型的特例的两个（或更多）模型。

正态分布（normal distribution）：在统计学和计量经济学中构造总体模型经常用到的一种概率分布。它的概率分布函数呈钟形，单峰并具对称性。

原假设（null hypothesis）：在经典假设检验中，我们把这个假设当作真的，要求数据能够提供足够的证据才能否定它。

比率（odds）：几率事件发生的可能性（p）与不发生的可能性（$1-p$）的比，比率等于$p/(1-p)$。

比率比（odds ratio）：一种情况成功的几率除以另一种情况成功的几率，也就是两个比率的比。

忽略变量偏误（omitted-variable bias）：在做回归分析的时候，如果忽略了某个或某些自变量，如果这个自变量的系数不为零，且与其他自变量相关，则回归分析结果会产生误差，这一误差叫做忽略变量偏误。

次序变量（ordinal variable）：又叫有序分类变量，按照对象的某种特征，把类别按顺序、等级排列。

普通最小二乘法（ordinary least square，OLS）：用来估计多元线性回归模型中的参数的一种方法。最小二乘估计值通过最小化残差的平方和得到。

过度抽样（oversampling）：是指当子总体比例不一致时，在一个子总体中抽样比例大，在另一个子总体中抽样比例小，目的是使样本比例平衡或达到我们想要的比例，因为在总体中它们的比例是不平衡的。

参数（parameter）：一种描述了总体关系的未知数值。

路径分析（path analysis）：是一种分析多变量间因果关系模型的非实验方

法，通常用图形来表示变量间的关系。路径分析方法促进了社会阶层、社会流动理论的发展。

总体参数（population parameter）：是描述总体数量特征的指标。人们在做研究时常常用样本数据去估计总体相应数据的特征，一般从样本数据得出总体参数的过程分为"估计"和"假设检验"两个阶段。

人口研究（population studies）：人口研究不仅与研究人口变量有关，而且还研究人口变量和其他变量（社会的、经济的、政治的、生物的、遗传的、地理的等等）之间的相互关系。

总体方差（population variance）：如果这组数据本身便构成一个总体，均差平方和除以数据中观察值的数目，称为总体方差。记为 σ^2，$\sigma^2 = SS/N = \sum_{i=1}^{N}(x_i - \mu)^2/N$，对于无限总体，$N$ 为无限大。

倾向分数（propensity score）：是一种用来对不完整数据进行填补的方法。它用不同于权重的方法来对不具代表性的样本进行调节。例如，在分析治疗效果时，假设治疗为二分变量 T，结果为 Y，背景变量为 X，倾向分数定义为给定背景变量时治疗效果的条件概率 $p(x) = Pr(T = 1 | X = x)$。当给定条件 X 时可能的结果与治疗无关时，认为治疗是没有根据的。

随机系数模型（random coefficient model）：即模型自变量的系数可能包含时间效应或个体效应，再加上一个随机数，系数通常用抽样方法或者贝叶斯方法来估计。

随机效应模型（random effects model）：模型假定组与组有差异，这种差异是随机的，把个体的特定常数项看作是跨截面随机分布的，回归结果中截距项由两部分组成，分别是常数项和随机误差项。当多个研究结果合并后的总效应不具有同质性时，可使用随机效应模型。

回归分析（regression analysis）：回归分析用来检验并建立一个响应变量与多个预测变量之间的关系模型。

残差（residual）：实际值与拟合（或预报）值之间的差；样本中的每次观测都有一个相应的残差，它们被用来计算 OLS 回归线。

样本量（sample size）：样本的大小。

样本统计量（sample statistic）：描述样本数量特征的指标，样本统计量就是从样本数据中计算出来的数值。由于样本是随机的，所以样本统计量是随机变量。

抽样分布（sampling distribution）：即指从一个总体里按照一定的样本大小独立抽取所有可能的样本，由这些样本计算得到的统计数所形成的分布。从这种分布中我们可以知道获得任何一个具有一定数值的样本统计数，其发生的概率有多大，可作为统计假设性测验的依据。其目的是要研究从总体中抽出所有可能样本统计数的分布与原总体的关系。

抽样误差（sampling error）：指由于随机抽样的偶然因素使样本各单位的结构不足以代表总体单位的结构，而引起抽样指标和总体指标之间的绝对离差。当然，抽样误差有别于登记性误差，它不是由于调查失误引起的，它是随机抽样所特有的误差，是不可避免的，只能加以控制。抽样误差的大小表明抽样效果的好坏，如果误差超过了允许的限度，调查也就失去了意义。

抽样间距（sampling interval）：是指两个被选择要素间的标准距离，等于总体大小除以样本大小。

饱和模型（saturated model）：分类变量各自效应及其相互间效应全部被纳入的模型。

选择性偏误（selection bias）：指在选取样本时因数据的局限或取样者的个人行为而引起的偏差。比如从总体中抽取样本的时候并非随机，非随机的抽样增加了变量与误差系统的相关性，使估计发生了偏误。

伪相关（spurious correlation）：是指两个变量的相关只是表面上的，它实际上是由第三变量引起的，当第三变量消失时，相关关系亦随之消失；或者是中介相关关系，即变量与中介变量相关。

统计补偿（statistical compensation）：通过对已知样本的数学分析，来决定如何进行补偿以及补偿多少。

统计显著（statistical significance）：统计显著性中的"显著"在统计上的意义并不"重要"，就是说"只靠抽样的随机性不容易出现这样的结果"，"显著"意味着可能正确，并非偶然，指的是正确的可能性非常高。

分层抽样（stratified sampling）：先将总体依照一种或几种特征分为几个子总体（类、群），每一个子总体称为一层，然后从每一层中随机抽取一个子样本，将它们合在一起，即为总体的样本，称为分层样本。

结构流动（structural mobility）：指的是社会结构特质（通常指的是职业结构）的分布的改变所引起的流动现象。比如，从农业社会变更到工业社会所引起的社会结构变化产生的社会流动。

系统抽样（systematic sampling）：也叫等距抽样，是简单随机抽样的一个变种。也就是系统化地选择完整名单中每第 K 个要素组成样本。如果名册包含 10000 个要素，而你需要 1000 个样本时，你选择每第 10 个要素作为样本。为了避免使用本方法时造成人为偏差，必须以随机的方式选择第一个要素。

离散趋势（tendency of dispersion）：从中心到两侧，频数分布是逐渐减少的。反映了数据的离散程度或者变异程度。它的测试包括极差〔或者全距（range）〕、方差（variance）、标准差（standard deviation）、四分位数间距（quartile）和变异系数（coefficient of variation）。

总期望值规则（total expectation rule）：$E(X) = \sum_{i=1}^{N} p_i X_i$，其中 P_i 是随机变量 X_i 发生的概率。

无条件比率比（unconditional odds-ratio）：没有条件约束的比率比（参见比率比）。

方差（variance）：表示随机变量分布的分散程度的一项指标。

变异/变异性（variation）：指从一种状态到另一种状态的变化。这个词是描述性的，不论这些变化究竟是本质上的变化还是表面上的变化。

垂直流动（vertical mobility）：在一个既定的社会阶层结构里，如果社会成员职业变动是由较低社会地位转移到较高社会地位，可称为上升流动，反之，则称为下降流动，这两种流动统称为垂直流动。

生命率（vital rate）：严格来说仅指出生率与死亡率，但是一般地也包括妇女生育率、结婚和离婚率等一类指标。

组内差异（within-group variance）：组内差异又叫随机误差，反映随机变异的大小，其值等于组内偏差的平方和。

后 记

二版序言
Preface to the Second Edition

一版前言
Foreword to the First Edition

方 法 篇
Methodology Section

1 当代社会学方法上的矛盾
  Methodological Contradictions in Contemporary Sociology
  摘自《密歇根评论季刊》(2005) 第 44 期, 第 506~511 页。
  Michigan Quarterly Review 44: 506 – 511.
  翻译: 成伯清
  校对: 任政

2 奥迪斯·邓肯的学术成就——社会科学中用于定量推理的人口学方法
  Otis Dudley Duncan's Legacy: The Demographic Approach to Quantitative Reasoning

in Social Science

摘自《社会分层与流动研究》(2007) 第 25 期，第 141~156 页。
Research in Social Stratification and Mobility 25: 141–156.

翻译：姜洋

校对：张磊　穆峥　朱海燕　宋曦　任强　邱泽奇　谢宇　靳永爱　胡婧炜

3　社会科学研究的三个基本原理
Three Basic Principles of Social Science Research

整理：陈雷　王振威

校对：谢宇　姜洋　任政

时间：2004 年

地点：中国社会科学院

4　社会科学与自然科学的关系
Relation of Social Science to Natural Science

校对：谢宇　曾真　姜洋　任政

时间：2002 年 10 月

地点：北京大学

5　因果推理
Causal Inference

校对：谢宇　曾真　姜洋　任政

时间：2002 年 10 月

地点：北京大学

6　研究设计和抽样理论的基础
Basics of Research Design and Sampling Theory

校对：谢宇　曾真　姜洋　任政

时间：2002 年 10 月

地点：北京大学

7　忽略变量偏误和生态学分析

Omitted-Variable Bias and Ecological Analysis

校对：谢宇　曾真　姜洋　任政

时间：2002年10月

地点：北京大学

8　相关模型

Association Model

摘自《社会科学研究方法百科全书》（2003）。

Encyclopedia of Social Science Research Methods, edited by Lewis-Beck, M., Alan Bryman, and Tim Futing Liao. Thousand Oaks, CA：Sage.

翻译：郑真真

校对：姜洋

9　流动表比较研究的对数可积层面效应模型

The Log-Multiplicative Layer Effect Model for Comparing Mobility Tables

摘自《美国社会学评论》（1992）第57期，第380～395页。

American Sociological Review 57：380–395.

翻译：陈华珊

校对：姜洋　朱海燕

研　究　篇
Research Section

10　美国亚裔的人口统计描述

A Demographic Portrait of Asian Americans

摘自《美国亚裔的人口统计描述》（2004）。

A Demographic Portrait of Asian Americans, edited by Xie, Y. and Kimberly A. Goyette New York：Russell Sage Foundation.

作者：谢宇　Kimberly A. Goyette

翻译：张婷　姜洋　袁苑

11 下乡给知青带来了好处吗？——对中国"文化大革命"期间城乡人口流动的社会后果的再评价

Did Send-down Experience Benefit Youth? —A Reevaluation of the Social Consequences of Forced Urban-rural Migration during China's Cultural Revolution

摘自《社会科学研究》(2008) 第 37 期，第 686~700 页。

Social Science Research 37: 686 – 700.

作者：谢宇　姜洋　绿人

翻译：李毅

校对：骆为祥　姜洋　於嘉　谢宇　巫锡炜　靳永爱　胡婧炜

12 改革时期中国城市居民收入不平等的地区差异

Regional Variation in Earnings Inequality in Reform-Era Urban China

摘自《美国社会学杂志》(1996) 第 101 期，第 950~992 页。

American Journal of Sociology 101: 950 – 992.

作者：谢宇　韩怡梅

翻译：郭莉

校对：曾真　谢宇

13 市场回报、社会过程和"统计至上主义"

Market Premium, Social Process, and Statisticism

摘自《美国社会学评论》(2005) 第 68 期，第 425~442 页。

American Sociological Review 68: 425 – 442.

作者：谢宇　吴晓刚

翻译：郭茂灿

校对：朱海燕　任政

14 认识中国的不平等

Understanding Inequality in China

摘自《社会》(2010) 第 3 期，第 1~20 页。

校对：胡楠　於嘉　赖庆　穆峥　巫锡炜　宋曦　董慕达　彭利国　程思薇　陶涛　黄国英　靳永爱　胡婧炜

15 人口学：过去、现在和将来

Demography: Past, Present, and Future

摘自《美国统计学学会期刊》（2000）第 95 期，第 670~673 页。

Journal of the American Statistical Association 95: 670 – 673.

翻译：李建新

校对：郑真真　姜洋

16 人口模型

Demographic Models

摘自《社会科学和行为科学国际百科全书》（2001）。

International Encyclopedia of the Social and Behavior Sciences, edited by Baltes, Paul B. and Neil J. Smelser. Oxford, England: Elsevier Science.

翻译：王广州

校对：姜洋

词汇表

Glossary

编写：胡颖

后　记

Notes

图书在版编目(CIP)数据

社会学方法与定量研究：第 2 版/谢宇著.—北京：社会科学文献出版社，2012.12（2024.10 重印）
（社会学教材教参方法系列）
ISBN 978 - 7 - 5097 - 3665 - 4

Ⅰ.①社…　Ⅱ.①谢…　Ⅲ.①定量社会学 - 研究　Ⅳ.①C91 - 03

中国版本图书馆 CIP 数据核字（2012）第 188315 号

社会学教材教参方法系列
社会学方法与定量研究（第二版）

著　　者 / 谢　宇

出 版 人 / 冀祥德
责任编辑 / 杨桂凤
责任印制 / 王京美

出　　版 / 社会科学文献出版社·群学分社（010）59367002
　　　　　　地址：北京市北三环中路甲 29 号院华龙大厦　邮编：100029
　　　　　　网址：www.ssap.com.cn

发　　行 / 社会科学文献出版社（010）59367028
印　　装 / 三河市尚艺印装有限公司

规　　格 / 开　本：787mm × 1092mm　1/16
　　　　　　印　张：20.75　字　数：356 千字
版　　次 / 2012 年 12 月第 1 版　2024 年 10 月第 6 次印刷
书　　号 / ISBN 978 - 7 - 5097 - 3665 - 4
定　　价 / 49.00 元

读者服务电话：4008918866

版权所有 翻印必究